DOMINIQUE VENNER

LES BLANCS
ET LES ROUGES

Histoire de la guerre civile russe, 1917-1921

éditions du
ROCHER

Première édition : 1997, Éditions Pygmalion / Gérard Watelet.

ISBN : 978 2 268 06385 0

Pour Erica et Frédéric

Prologue

Près de quatre-vingt-dix ans après la révolution d'Octobre 1917, cinquante-huit ans après sa mort, le général Anton Denikine (1872-1947), le plus illustre chef des armées blanches, dernier régent de Russie, a été réhabilité dans sa patrie. Par décision du président Vladimir Poutine, sa dépouille et celle de son épouse, Xénia, ont été rapatriées d'Ann Arbor, aux États-Unis (Michigan), où ils avaient fini leurs jours. Elles ont été solennellement inhumées, avec les honneurs militaires, le 4 octobre 2005, derrière les murailles rouges du monastère Donskoï, à Moscou. La cérémonie était présidée par le patriarche Alexis II en présence du maire de Moscou. Les cendres du philosophe orthodoxe Ivan Ilyne, décédé en Suisse en 1954, ont été rapatriées simultanément.

Boris Eltsine avait donné le ton en organisant en 1998 à Saint-Pétersbourg, quatre-vingts ans après leur exécution par les bolcheviks, des funérailles grandioses pour le dernier tsar, Nicolas II, et sa famille. Le président Poutine a poursuivi dans cette voie en affirmant sa volonté de réconciliation nationale après les divisions tragiques du siècle précédent.

Porté par une garde d'honneur, le cercueil du plus célèbre « général blanc », considéré comme un « traître » à l'époque soviétique, était ceint du drapeau national russe orné de l'aigle bicéphale, tandis que retentissait l'hymne national.

Deux jours après la réception des cendres à Donskoï, le président Poutine organisa une réception au Kremlin en l'honneur de Mme Marina Grey, fille du général Denikine et veuve de l'historien Jean-François Chiappe. Au cours de cette réception, elle remit au président russe le sabre (*chapska*) de son père, frappé de la croix de Saint-Georges. Ce sabre est désormais conservé et exposé au musée d'Histoire militaire de la capitale.

Au cours de son allocution, Vladimir Poutine souligna que ces cérémonies marquaient la volonté de réconciliation de la Russie avec son passé. La fille du général Denikine lui répondit qu'elle n'avait jamais désespéré. Née en 1920 à Ekaterinodar, en pleine guerre civile, elle avait connu l'exil et la pauvreté comme tant d'autres Russes blancs. Peu après son retour à Paris, Marina Grey s'est éteinte paisiblement chez elle, le 16 novembre 2005, le cœur en paix.

Je connaissais bien la fille du général Denikine avec qui j'avais toujours entretenu d'amicales relations. En me remémorant les cérémonies de Moscou et la disparition de cette femme, mission accomplie, je songeais aux fantômes déchiquetés des « gardes blancs » de Koltchak, de Denikine et de Wrangel, dont j'avais retracé la destinée tragique. Je pensais à tous ceux qui avaient désespéré de ne jamais voir la fin d'une tyrannie longtemps invincible. Méditant ainsi, la pensée s'imposait à moi que l'histoire est toujours le lieu de l'inattendu et qu'il n'existe pas de déterminismes irrévocables.

En 1981, j'avais publié une *Histoire de l'Armée rouge* portant sur la période fondatrice de cette institution. Dans une recension, Hélène Carrère d'Encausse avait écrit que, « *par une fresque impressionnante [ce livre] retrace l'histoire de la guerre civile mal connue en France et en explique avec précision les diverses phases et les divers fronts*[1] ». De fait, la guerre civile russe était peu ou mal connue. Il n'existait alors aucune synthèse satisfaisante, ni en Europe ni aux États-Unis. Quinze ans après, cette carence subsistait, bien que

1. Hélène Carrère d'Encausse dans la revue *Politique internationale*, n° 12, 1981.

l'ouverture de certaines archives soviétiques ait apporté entre-temps des informations parcellaires utiles [1].

Autant la bibliographie est abondante sur les événements de 1917 et la prise du pouvoir par Lénine, autant la période suivante, celle de la guerre civile qui se déploie de 1918 à 1921, est habituellement oubliée. C'est pourtant la guerre civile et elle seule qui assura le triomphe du bolchevisme. Au lendemain de la révolution d'Octobre, la survie des soviets était moins que certaine. Plus d'une fois, les Blancs ont failli les terrasser. C'est pourquoi cette histoire est fascinante, surtout si l'on en restitue les palpitations et la matière vivante.

Après l'abdication du tsar, dans le pays le plus vaste du monde, la révolution a pris la forme d'un soulèvement de millions de croquants hérissés de baïonnettes, conduits par une petite bande de fanatiques à bésicles. En 1917, les jeux ne sont pas faits, et l'histoire du monde aurait pu s'écrire autrement. Sur le territoire du Don, les cosaques ont proclamé leur indépendance. Quelques généraux s'y réfugient, Alexeiev, Kornilov ou Denikine. Ceux-là mêmes qui ont renversé le tsar ou ne l'ont pas défendu. Maintenant qu'ils ont le dos au mur, ils préfèrent mourir le sabre à la main. Voilà comment tout a commencé tandis que s'allumaient les incendies de plusieurs « Vendées » sur les hauteurs du Caucase, en Ukraine, dans l'Oural et jusqu'en Sibérie. Des paysans et des cosaques révoltés faisaient appel à d'anciens officiers tsaristes pour les commander. Ils constituaient des « armées blanches », que l'on

---

1. J'en fait état dans les notes qui indiquent les références des faits ou documents que je rapporte ou que je cite. Sur certaines sources nouvelles, on peut se reporter à l'étude d'Andrea Romano dans la revue *Communiste*, n°s 42/43/44, *Les Archives : la nouvelle histoire de l'URSS*. Paris, L'Âge d'Homme, 1995. D'une façon plus générale, je me suis fréquemment appuyé sur les nombreux souvenirs d'acteurs et de témoins publiés à chaud et que la plupart des historiens ont négligés. Si on leur applique la méthode critique, ce sont des documents irremplaçables pour restituer l'âme et la vérité de l'époque.

appelait ainsi pour les opposer à des armées rouges formées de bandes mutinées, que Trotski faisait marcher le revolver sur la nuque. Ailleurs, en Finlande, dans les Pays baltes, en Ukraine et en Pologne, profitant de la guerre civile, d'autres « gardes blanches » se transformaient en armées nationales pour chasser les Rouges et arracher l'indépendance de leur patrie.

C'est aussi sur l'enclume de la guerre civile qu'ont été forgés les hommes, les mentalités et les méthodes qui ont caractérisé le système soviétique jusqu'à sa disparition, notamment sous Staline. Avec la guerre des Rouges et des Blancs s'ouvrait une ère nouvelle de l'histoire du monde. Ayant fait la conquête de l'immense Russie, les bolcheviks déclaraient la guerre à l'ensemble du « vieux monde », une guerre nouvelle. Pas la guerre classique entre les États, mais une guerre civile à l'intérieur de chaque État. Cette guerre civile européenne et mondiale a marqué de son empreinte tout le XXe siècle. C'est à partir d'elle, par réaction, qu'ont surgi le fascisme italien et le national-socialisme allemand, avec toutes les conséquences que l'on sait [1].

Tout cela m'était clairement apparu durant mes premiers travaux. Les informations, documents et réflexions que je n'ai pas cessé de recueillir ont imposé à mes yeux la nécessité d'écrire une histoire enfin complète de la révolution et de la guerre civile. Il importait de remonter le temps à la recherche des racines capables d'expliquer les mouvements révolutionnaires russes et le bolchevisme en particulier bien avant 1917.

Ainsi est née *Histoire de la guerre civile russe*, publiée par Pygmalion en 1997. Cet ouvrage étant épuisé depuis longtemps fait l'objet de l'actuelle réédition, revue et complétée à la lumière de documents et de travaux nouveaux qui figurent soit en notes, soit dans la bibliographie.

D.V.

---

1. Le fascisme ne se limite pas à cette « réaction ». Je m'en suis expliqué longuement dans mon livre *Le Siècle de 1914* (Paris, Pygmalion, 2006).

Chapitre premier

Un régime en perdition

L'armée abandonne Nicolas II

À Petrograd, le 27 février 1917, des fenêtres de l'ambassade de France, Maurice Paléologue assiste à l'émeute qui inaugure la révolution. Hésitant sur la date, 27 février 1917 pour le calendrier russe, 12 mars pour le calendrier occidental[1], il note dans son journal :

« À huit heures et demie, ce matin, j'entends un bruit étrange et prolongé qui paraît venir du pont Alexandre. Je regarde : ce passage, si animé d'habitude, est désert. Mais presque aussitôt, une foule en désordre apparaît, portant des drapeaux rouges à l'extrémité de l'esplanade qui est sur la rive droite de la Neva. Un régiment accourt de l'autre côté. La collision va se produire ? Mais non, au contraire, les deux masses fusionnent. L'armée fraternise avec l'émeute !

---

1. Jusqu'au 31 janvier 1918, la Russie utilisa le calendrier julien en retard de treize jours sur le calendrier grégorien en usage en Europe depuis la fin du XVIe siècle. À partir de cette date, le calendrier grégorien sera adopté par décret du gouvernement des soviets. Jusqu'au 31 janvier 1918, j'ai mentionné les dates conformément au calendrier julien, en faisant suivre entre parenthèses la date correspondante du calendrier grégorien.

« Peu après, on vient m'annoncer qu'un régiment de la Garde, celui de Volhynie, s'est mutiné cette nuit en fracassant ses officiers. Il parcourt actuellement les rues de la ville en appelant le peuple à la révolution et il s'efforce d'entraîner les troupes restées fidèles.

« À dix heures, vive fusillade et lueurs d'incendie du côté de la perspective Liteiny. Des habitants effarés fuient par toutes les rues. Désordre indescriptible au carrefour. Des soldats mêlés au peuple élèvent une barricade. Un jet de flammes surgit du palais de justice. Les portes de l'arsenal sautent avec fracas !

« Soudain, un crépitement de mitrailleuses déchire l'air, ce sont les troupes régulières qui viennent de prendre position du côté de la perspective Nevski. Les émeutiers ripostent[1]... »

Des émeutes, des grèves et des manifestations violentes, la Russie tsariste en a l'habitude depuis le début du siècle. Mais il est nouveau que la force armée fasse cause commune avec l'émeute. De vieux régiments comme le Preobrajenski ou le Volhynie flanchent. À la même heure, la garnison de Tsarskoïe Selo, résidence de l'empereur, bascule dans la révolution. Le 28 février (13 mars), elle défile au centre de Petrograd.

En tête, marchent les cosaques de l'Escorte, l'élite de la Garde impériale. Derrière, vient le Régiment de Sa Majesté, légion sacrée recrutée par écrémage dans tous les corps de la Garde, qui assure la protection personnelle des souverains.

Tous, officiers et soldats, protestent de leur dévouement au nouveau pouvoir incarné par la Douma, comme si, brusquement, le précédent avait été effacé de leur mémoire et de leurs serments.

---

1. Maurice Paléologue, *La Russie des tsars pendant la Grande Guerre*, Paris, Plon, 1923. En réalité, il ne s'agit pas des régiments de la Garde qui combattent sur le front, mais des bataillons de dépôt formés de jeunes recrues mal encadrées. Ces recrues portent les uniformes de la Garde sans en avoir l'esprit ni la fermeté.

Que s'est-il passé pour que la Garde marche en tête d'un défilé révolutionnaire, elle qui était le plus ferme soutien du tsarisme, qui avait maté tant d'émeutes, distribué tant de coups de sabre et de coups de fusil aux ennemis du régime ?

Le matin même, au quartier général de Mohilev, le général Alexeiev, chef d'état-major général, a reçu un télégramme de Rodzianko, président de la Douma : « Les institutions gouvernementales ont cessé de fonctionner à Petrograd. Le seul moyen d'éviter l'anarchie est d'obtenir l'abdication de l'empereur en faveur de son fils. »

Alexeiev n'est pas surpris. Voici des nuits qu'il ne dort plus. Au poste qui est le sien, il a acquis la conviction que l'autocratie est condamnée. D'autres généraux, commandants d'armée, Rousski, Broussilov, Sakharov et même le grand-duc Nicolas Nikolaïevitch, oncle du tsar et ancien commandant en chef, inclinent comme lui pour l'abdication.

En cette fin d'hiver 1917, l'armée abandonne Nicolas II. L'effort effroyable qu'on exige d'elle depuis 1914 l'a brisée. Les désertions se multiplient. Des unités se mutinent. Les officiers sont insultés. À l'arrière, les troupes refusent de monter en ligne. Une seule pensée parcourt l'immense masse grise, celle que répandent ces révolutionnaires qu'on appelle bolcheviks ou maximalistes[1], la paix, le retour au foyer, la révolution.

La Russie se sacrifie pour la France

La Première Guerre mondiale est née à l'Est, de l'affrontement pluriséculaire des Slaves et des Germains. Elle a pour

1. Les maximalistes proviennent d'une scission de l'aile gauche du parti socialiste-révolutionnaire, en janvier 1906. Ils sont à l'origine de l'intensification de la lutte armée en 1906-1907, contribuant notamment à la formation des groupes de combat du parti bolchevique de Lénine.

origine directe le conflit latent qui oppose dans les Balkans le vieil Empire austro-hongrois sur le déclin, et la jeune puissance russe, dont l'éveil n'a pas cessé de préoccuper l'Europe depuis la débâcle de la Grande Armée et la victoire du tsar Alexandre sur Napoléon.

Pourtant, le plan stratégique russe d'août 1914 n'a pas été dicté par les intérêts de l'Empire, mais par ceux de l'allié français. Pour la Russie, l'adversaire immédiatement dangereux n'est pas l'Allemagne, mais l'Autriche, dont cinquante divisions sont prêtes à pénétrer en Ukraine et à marcher sur Kiev. La raison lui aurait donc commandé de masser le gros de ses troupes contre ce péril et de laisser un simple rideau de sécurité face à la Prusse-Orientale. En application du plan Schlieffen, ce bastion avancé de l'Empire wilhelminien est pratiquement dégarni de troupes.

Le plan du feld-maréchal comte von Schlieffen (1833-1913), chef d'état-major de l'armée impériale allemande, mis au point en 1905, puis révisé plusieurs fois par son auteur, était conçu comme une réplique militaire à la situation créée par l'alliance franco-russe. L'Allemagne étant condamnée à combattre sur deux fronts, Schlieffen voulait obtenir rapidement la décision sur le théâtre principal du front Ouest (France), ses forces se tenant sur la défensive contre la Russie. La défaite de la France devait amener son allié russe à renoncer à la lutte. Le succès de ce plan reposait donc sur un préalable et un pari, la passivité de l'armée russe sur le front Est [1].

---

1. Pour la conduite des opérations du front Ouest, le plan Schlieffen, voulant éviter une bataille frontale contre le système fortifié français, prévoyait de déborder celui-ci par un vaste mouvement à travers les Pays-Bas, la Belgique et le Luxembourg, l'aile droite pivotant ensuite sur la charnière Metz-Thionville afin de battre l'armée française dans les plaines de la Belgique et du nord de la France. « Renforcez l'aile droite », fut le dernier conseil laissé sur son lit de mort par le feld-maréchal, en 1913, à son successeur à la tête du grand état-major, le neveu du grand Moltke. Mais celui-ci, en 1914, n'eut pas l'audace de

Il eût fallu pour cela que la Russie se dérobât à l'une des clauses essentielles de la convention militaire secrète signée à Saint-Pétersbourg, le 17 août 1892, par le général Oboutchev pour l'armée impériale et par le général de Boisdeffre pour l'armée française. L'accord stipulait que « si la France est attaquée par l'Allemagne, la Russie emploiera toutes ses forces disponibles pour attaquer l'Allemagne ».

Le respect de cette disposition aura des conséquences incalculables. Il sauvera la France de l'invasion, lui créant des devoirs immenses vis-à-vis de l'allié loyal qui s'était sacrifié pour elle. Mais il acculait l'armée russe à une manière de suicide.

Le haut commandement impérial n'ignorait pas que l'offensive nécessaire aux intérêts stratégiques de la France était vouée à l'échec. Mais, comme l'écrira le général Danilov, quartier-maître général : « Nous n'avions pas le droit de laisser notre allié en péril, et, malgré les risques incontestables de l'entreprise, notre devoir était d'attaquer immédiatement [1]. »

En 1912, l'état-major russe a pris l'engagement secret d'attaquer en Prusse-Orientale le quinzième jour de la mobilisation, c'est-à-dire sans attendre que la concentration de ses troupes soit achevée, et sans renoncer pour autant à l'offensive contre les Autrichiens sur le dangereux saillant de Galicie. Nommé au commandement suprême, en août 1914, le grand-duc Nicolas Nikolaïevitch appliquera un plan de guerre à l'élaboration duquel il n'a pris aucune part. « Je me rends parfaitement compte que le jugement de l'Histoire me condamnera, déclare-t-il, mais je ne puis agir autrement.

---

porter toute la force allemande sur la droite, ce qui ruina la manœuvre. Cependant, Schlieffen lui-même avait sous-estimé plusieurs facteurs, notamment la panique provoquée par l'invasion russe en Prusse-Orientale, qui obligea le haut commandement allemand à ramener des forces vers le front Est.

1. Général Danilov, *La Russie dans la guerre mondiale*, Paris, Payot, 1927.

Mes premiers devoirs et obligations sont de venir en aide à la France. » Dans l'histoire des alliances, on connaît peu d'exemples d'une telle loyauté et d'une telle abnégation.

À leur avantage, les Russes disposent d'une supériorité numérique écrasante. Face aux 220 000 hommes de la VIIIe armée allemande dévolue à la défense de la Prusse-Orientale, ils font marcher 800 000 sabres et baïonnettes. De cette disproportion – que tempère la supériorité de l'artillerie allemande –, de l'angoisse qu'elle suscite en Allemagne et de l'espoir qu'elle éveille en France, naissent la légende et la formule de l'invincible « rouleau compresseur » russe.

Dès la déclaration de guerre, la *Stavka* (GQG russe) dépêche des avant-gardes de cavalerie vers la Prusse-Orientale. Elles y pénètrent le 3 août, incendiant systématiquement les villages et les bourgs sur leur passage. Le gros des forces ne suivra que deux semaines plus tard, le temps de mobiliser.

La campagne qui s'engage semble confirmer la réputation terrifiante faite à l'armée russe. Le « rouleau compresseur » avance et ne laisse que la mort et des cendres derrière son passage.

On exulte à Petrograd[1] et à Paris, tandis qu'un vent de panique souffle sur Königsberg et sur Berlin. La presse alliée célèbre Rennenkampf, le bouillant sabreur, « à deux étapes de Berlin ».

Un commandement indigne et incapable

À la Direction suprême de Coblence, cependant, on ne perd pas la tête. Dans les vingt-quatre heures, le général von Prittwitz, chef de la VIIIe armée allemande, est destitué et remplacé par le futur maréchal von Hindenburg, qui connaît bien

---

1. Le nom de Saint-Pétersbourg, jugé trop germanique, a été russifié en Petrograd dans les premières heures de la guerre.

la Prusse-Orientale. On lui affecte comme chef d'état-major le général Ludendorff qui vient de se distinguer en sauvant l'offensive allemande devant Liège. Des renforts, prélevés sur le front Ouest, sont dirigés vers la Prusse-Orientale. Leur absence ruinera l'offensive allemande sur la Marne.

Dans la nuit même, Ludendorff télégraphie les premiers ordres après avoir recueilli l'assentiment d'Hindenburg. Le plan qui a germé dans son cerveau est d'une folle audace[1].

Face aux deux armées russes qui envahissent la Prusse-Orientale par l'est et le sud, la Direction suprême avait prévu un repli général sur la Vistule. Ludendorff annule ces dispositions. Il livrera bataille, toutes forces réunies, à Samsonov (sud), le plus faible de ses adversaires. Puis, l'ayant battu, il se retournera contre Rennenkampf (est) avant que celui-ci n'ait eu le temps de secourir le premier. Servi par une incroyable chance et par la supériorité tactique des troupes allemandes, ce plan se réalisera point par point.

Cependant, la chance n'explique pas tout[2]. Dans les deux batailles de Tannenberg et des lacs Mazures, Hindenburg et Ludendorff font preuve d'une science militaire sans faille, d'un jugement sûr et d'une parfaite impavidité dans les périls. Ils sont constamment au cœur de l'action, sillonnant le front en automobile, soutenant les troupes, encourageant leurs chefs de corps. Enfin, la puissance de feu, l'organisation, la capacité de résistance et la qualité manœuvrière des troupes allemandes sont très supérieures à celles de leurs adversaires.

La déroute russe est précipitée par le comportement indigne de plusieurs généraux qui révèle la dégradation d'une partie

---

1. Ce plan a été en partie élaboré par le général Hoffmann, futur chef d'état-major de la VIIIe armée allemande.

2. Pour plus de détails sur le déroulement de la bataille dite de Tannenberg, voir du même auteur, *Histoire de l'Armée rouge*, Paris, Plon, 1981, p. 35-36. Dans *Août Quatorze* (*La Roue rouge, premier nœud*, Paris, Le Seuil, 1972), Alexandre Soljenitsyne offre une description saisissante des batailles de Prusse-Orientale du côté russe.

du commandement. Sur les cinq commandants de corps d'armée de Samsonov, trois s'enfuient en plein combat, abandonnant leurs troupes[1]. Seul, à pied, perdu dans la nuit, abandonné par son propre état-major, le général Samsonov cédera au désespoir et se suicidera d'une balle dans la tête.

À la 1re armée, après son succès de Gumbinnen, le général P.K. Rennenkampf est contraint de battre en retraite, mais sans céder à la panique. Les archives allemandes, citées par le général Andolenko en font foi : « La bataille était gagnée. Cependant, le grand coup que le commandement [allemand] avait visé et qui devait amener la ruine de l'armée russe, n'avait pas réussi. » Rennenkampf avait sauvé son armée de la destruction. Le désastre de Tannenberg était imputable avant tout à l'incurie du Haut Quartier Général et aux défaillances de certains généraux dont G.I. Gilinski. Pour sa part, Rennenkampf sera assassiné par les bolcheviks en 1918 alors qu'il tentait de rejoindre les Blancs. Ayant refusé de servir les Rouges, il fut battu à mort après qu'on lui eut fait creuser sa tombe. Les yeux crevés, il fut achevé à coups de revolver. Le général Wrangel et beaucoup d'autres lui ont rendu hommage.

La déroute de Tannenberg

À Tannenberg, 50 000 Russes ont péri dans la lande et les marais. On compte près de 80 000 blessés, tandis que 92 000 hommes, 13 généraux, dont 2 commandants de corps d'armée, 350 canons sont tombés aux mains allemandes. Ce désastre s'aggrave des 70 000 tués et blessés, des 45 000 prisonniers et des 150 canons capturés les jours suivants aux lacs Mazures. L'armée Samsonov, élite des forces russes, est anéantie. Les Allemands de 1914 ont pris la revanche écla-

1. Généraux Artamanov, Blagovietchenski et Kondratovitch.

tante des chevaliers Teutoniques battus en 1410 par les troupes slaves de Ladislas Jagellon sur les mêmes lieux.

Les batailles de Prusse-Orientale, si dommageables pour la Russie, ont eu d'heureuses conséquences sur le front Ouest en soustrayant deux corps d'armée qui font défaut sur le front principal au moment critique de la bataille de la Marne. Rendant hommage au sacrifice russe d'août 1914, le maréchal Foch dira : « Si la France n'a pas été effacée de la carte de l'Europe, c'est avant tout à la Russie qu'elle le doit. »

Pour l'armée impériale, ce titre de reconnaissance et de gloire est trop cher payé. Elle ne s'en relèvera pas. Les succès d'Ivanov en Galicie, contre les Austro-Hongrois, ne pourront effacer l'impression terrible laissée par Tannenberg. Le général Danilov a lucidement souligné les conséquences funestes de ce désastre : « On sait comme les premières défaites se font péniblement sentir sur tout le cours d'une campagne. La conviction fatale de la supériorité absolue des Allemands et le manque de foi en nos propres forces s'étaient gravés dans l'esprit de bien des chefs et de bien des unités. »

La déroute de Tannenberg, dans sa soudaineté et son ampleur, appelait chez les esprits simples des explications élémentaires. Deux accusations vont grandir que rien ne pourra freiner : l'incapacité des dirigeants et la trahison. Reprises et amplifiées, elles finiront par jeter bas l'édifice vacillant de l'autocratie.

Avec le recul du temps, la bataille de Tannenberg apparaît comme le tombeau de l'armée impériale russe. Elle en éclaire les carences irrémédiables.

En tout, 15 millions d'hommes seront mobilisés de 1914 à 1917. Malgré cet énorme effectif, il n'y aura jamais plus de 6 800 000 hommes à la fois, dont en principe 3 500 000 combattants (en réalité infiniment moins) sur la ligne de feu. Les pertes en deux ans et demi de guerre donnent le vertige : 2 500 000 tués, 3 850 000 blessés, dont le quart irrécupérable, et 2 410 000 prisonniers.

Malgré leur énormité, ces chiffres ne parlent pas. Ils ne disent pas pourquoi il y eut tant de morts, tant de non-combattants, tant de blessés. D'autres chiffres fournissent la clé et, avec elle, l'explication du soulèvement de 1917.

Dans ses souvenirs, l'ambassadeur de Grande-Bretagne, sir George Buchanan, se place au cœur de la question : « Le 25 septembre [1914], le général Joffre avait demandé si le stock de munitions de la Russie pouvait suffire à son importante consommation, et il avait reçu l'assurance réconfortante que, de ce point de vue, on n'avait pas à s'inquiéter. Puis soudain, le 18 décembre, l'ambassadeur de France et moi, nous fûmes informés par le chef d'état-major du ministre de la Guerre que, si la Russie avait dans ses dépôts plus d'hommes qu'il n'en fallait pour combler les pertes colossales de la guerre, elle n'avait pas de fusils pour les armer, et que ses réserves de munitions d'artillerie étaient épuisées. Le général Beliaïev ajouta qu'on avait fait des commandes à l'étranger et que l'on prenait des mesures pour augmenter le rendement des usines nationales ; mais que d'ici deux ou trois mois, la situation militaire serait non seulement difficile, mais encore dangereuse. Cette déclaration, ajoute sir George, fut un véritable coup de tonnerre dans un ciel bleu [1]. »

Déjà, faute d'obus, le général Ivanov est contraint d'interrompre les opérations de Galicie.

La production d'obus est de 35 000 *par mois* alors que les besoins sont de 45 000 *par jour*. La production prévue des cartouches est de 550 millions *par an*, tandis que la consommation est *par mois* de 250 millions.

Les arsenaux peuvent produire au maximum 700 000 fusils par an, mais 200 000 fusils sont détruits ou perdus chaque mois. Il n'y a pas de fusils pour armer les nouveaux contingents mobilisés. Dès la fin de 1914, la pénurie prend un tour catastrophique.

---

1. Sir George Buchanan, *Mémoires*, Paris, Payot, 1925, p. 64.

Des pertes colossales

Faute d'appuis d'artillerie, les combats tournent au massacre. À la fin de 1914, les pertes atteignent 1 200 000 hommes tués et blessés. L'infanterie est saignée à blanc. La plupart des officiers et sous-officiers de carrière sont tombés. La Garde n'est pas épargnée. Au régiment Semenovski, on confie le commandement d'une compagnie à un certain sous-lieutenant Toukhatchevski. Dans l'armée on voit des compagnies commandées par des sergents qui s'en tirent généralement avec honneur. Les régiments ont perdu près des trois quarts de leurs effectifs et les vides ne sont pas comblés. Il y a dans les dépôts 800 000 réservistes que l'on ne peut instruire ni diriger sur le front, faute de fusils.

La situation empire encore durant l'année 1915. En Galicie, les pertes sont colossales. Dans une division du 10e corps (effectif théorique : 18 000 hommes), il ne reste que 1 000 hommes, dans l'autre 900. Le 22 mai, Mackensen enfonce les défenses russes. Les combats en retraite sont de véritables boucheries.

Le général Denikine a décrit ce martyre de l'armée impériale : « Le printemps de 1915 restera à jamais gravé dans ma mémoire. La grande tragédie de l'armée russe, la retraite de Galicie. Ni cartouche ni obus. De jour en jour, combats sanglants ; de jour en jour, marches pénibles, une fatigue sans fin, physique et morale. Nous ne répondions presque plus. Il n'y avait pas de quoi répondre... Quand, après un silence total de trois jours, notre unique batterie de 120 a reçu 50 obus, la nouvelle en fut communiquée à tous les régiments par téléphone et tous les tirailleurs respiraient avec joie de soulagement [1]. » « Nous n'avions que 5 à 10 cartouches par homme »,

1. Général Denikine, *La Décomposition de l'armée et du pouvoir*, Paris, Povolozky et Cie, 1921.

dit A.V. Gorbatov, un soldat dont la révolution et la guerre civile feront un général de l'Armée rouge [1].

Faute de fusils, les renforts sont dirigés, sans armes, vers le front. Les soldats doivent ramasser les fusils des morts et des blessés.

L'état-major du front Sud donne l'ordre d'armer une partie de l'infanterie avec des haches montées sur de longs manches. Le général Letchitski, commandant la 9e armée, interdit de diffuser le télégramme, de crainte de compromettre l'autorité du commandement.

Durant l'été 1915, l'armée russe commence à perdre pied. On enregistre les premières redditions massives. Les mutilations volontaires augmentent dangereusement, ainsi que les désertions. Le soldat russe voulait bien se battre, mais pas se faire massacrer. Dans l'armée et dans le pays, le mécontentement est général. On parle de plus en plus de trahison. Des lettres des familles qui parviennent au front parlent de la famine et de l'effroyable désorganisation.

Imprévoyance et incurie

Il apparaît clairement que rien n'a été prévu pour adapter l'économie à la guerre que l'on imagine brève, comme chez tous les autres belligérants. En termes mesurés, l'intendant général Bogatko a dressé le réquisitoire des carences de son pays : « Les ressources de la Russie, tout en étant immenses et variées, exigeaient une répartition judicieuse. Le volume des besoins échappait à tous. L'autorité ferme et prévoyante a fait défaut et la distribution des ressources manqua de méthode et d'économie. Par suite de l'accaparement excessif par l'armée du matériel roulant, il a été impossible de faire venir de Sibérie les stocks immenses de grains et de viande qui y étaient accu-

1. A.V. Gorbatov, *Les Années de ma vie*, Paris, Stock, 1966, p. 52.

mulés. Les transports ayant été désorganisés, le ravitaillement de la population a été compliqué. S'ensuivaient la disette, la cherté de la vie, la désorganisation de l'économie nationale qui provoqua l'irritation de la population, le mécontentement général et l'hostilité contre le gouvernement. Les voies de la révolution étaient préparées d'autant plus facilement qu'on avait négligé d'expliquer aux masses les raisons des privations imposées par la guerre, alors que les éléments antitsaristes menaient une propagande aussi habile que logique. Les riches ressources de la Russie n'ont pas été employées car nous ne savions pas les utiliser[1]. »

Durant l'été 1915, le général Mannerheim, futur artisan de l'indépendance finlandaise, commande un corps de cavalerie dans un secteur du Dniestr. À la suite d'une maladie, il est envoyé au repos pendant quinze jours à Odessa. Le spectacle de l'arrière le remplit de stupeur : « Bien que les dépôts fussent encombrés par des millions de recrues qui passaient leur temps dans l'oisiveté et offraient un terrain propice à la propagande subversive, les effectifs combattants de l'armée avaient encore diminué d'un demi-million d'hommes depuis le début de l'année. Beaucoup de divisions n'avaient que deux mille baïonnettes. Tout complément était impossible par le manque d'armes. Les hommes qui parvenaient au front avaient reçu une instruction si rudimentaire qu'elle ne méritait même pas ce nom... Quant au matériel, la situation était alarmante. Tout s'usait ou disparaissait durant les retraites : fusils, canons, téléphones, parcs de wagons, cuisines de campagne, en un mot tous les instruments dont une armée ne saurait se passer[2]. »

---

1. Cité par le général Andolenko, *Histoire de l'armée russe*, Paris, Flammarion, 1967, p. 309.

2. Maréchal Mannerheim, *Mémoires*, Paris, Hachette, 1952, p. 44.

Le redressement de 1916

C'est dans ce contexte qu'intervient la décision inattendue de relever le grand-duc Nicolas du commandement en chef. Le tsar assumera dès lors cette fonction. En réalité, il ne le fera que nominalement. Son chef d'état-major, le général Alexeiev, officier relativement âgé, effacé et d'envergure moyenne, devient le véritable commandant en chef.

En se mettant à la tête des troupes à un moment inopportun, le tsar compromettra l'avenir même de la dynastie. Sa timidité et son caractère renfermé ne lui permettront pas de galvaniser les troupes. Absent de sa capitale, il ne surveillera plus les affaires de l'Empire, ce qui contribuera à aggraver le désordre, à accentuer son propre isolement et son impuissance finale.

Le grand-duc est éloigné au Caucase. On peut penser que le comportement de l'armée eût été tout différent lors des mutineries de 1917 sous sa main ferme. Très populaire dans la troupe, ce géant aime payer de sa personne, se porter au plus fort du combat pour redresser les situations périlleuses. On dit l'avoir vu dans les tranchées, apporter lui-même des munitions aux artilleurs en plein combat. On assure aussi qu'il avait châtié des intendants corrompus. Au demeurant, il est violent et il vit comme un satrape, ce qui n'est pas pour déplaire au soldat russe. Sans être un grand stratège, c'est un chef militaire averti qui a contribué activement aux réformes de l'armée après 1905. Les Allemands diront de lui : « Il avait un jugement sain des questions militaires et dépassait de beaucoup par son énergie la plupart des chefs russes. C'était un adversaire sérieux[1]. »

Le bilan de l'année 1915 est terrifiant. Deux millions et demi de tués et de blessés. Plus d'un million de prisonniers. À la date du 12 octobre, le général sir Alfred Knox écrit : « La force

---

1. *Der Weltkrieg*, II, Stuttgart, Verlag von Lenn & Müller, 1916.

réelle de l'armée russe n'atteint que le tiers de celle indiquée par ses tableaux d'effectifs. 650 000 fusils, c'est tout ce dont la Russie dispose pour défendre sa frontière de Reval à Tchernovtsy [1]. »

Cependant, un redressement s'amorce vers la fin de l'année avec la nomination de Polivanov, homme actif et intègre, au ministère de la Guerre. Sous son impulsion, la Russie achète des armes et du matériel dans le monde entier.

L'économie peu à peu s'adapte aux nécessités de la guerre. L'industrie se convertit pour répondre aux commandes gouvernementales. La production mensuelle d'obus de 76,2 mm passe de 103 000 à 838 000, celle des obus de 120 de 28 000 à 98 000, celle des cartouches de 69 à 85 millions. C'est encore faible en comparaison des besoins.

Pour combler les trous béants laissés dans l'encadrement, 144 écoles fabriquent des aspirants – les *praporchtchik* – en quatre mois. Les dépôts envoient vers le front de jeunes paysans qui, faute de fusils, n'ont pas appris à tirer, et sont tout juste bons à se faire tuer.

C'est cette armée qui reprend l'offensive en 1916, sous l'impulsion vigoureuse du général Broussilov. Dans les régiments d'infanterie à quatre bataillons, les trois premiers sont armés tant bien que mal. Le quatrième suit les mains vides et ramasse au fil des combats les fusils des morts et des blessés.

L'offensive Broussilov de l'été 1916 a permis de reconquérir 25 000 kilomètres carrés. Près de deux millions d'ennemis sont mis hors de combat. Mais l'effort se lasse, le reflux se produit à l'automne. Ces opérations ont coûté 1 200 000 tués et blessés. L'appel des classes 1918 et 1919 permettra de compléter à nouveau les effectifs.

1. Sir Alfred Knox, *Avec les armées russes, 1914-1917*, Paris, Payot.

Espoirs de paix et propagande révolutionnaire

L'armée est un grand corps usé, frappé d'une passivité animale. L'infanterie russe transformée, au sens littéral du mot, en chair à canon, n'aspire plus qu'à la paix à n'importe quel prix. Le plus ignorant des moujiks est arrivé à cette conclusion que toute la population mâle de l'Empire est menacée de destruction si la guerre doit durer.

À l'arrière, la désorganisation de la vie économique, la paralysie des transports ont affamé les villes. Des queues interminables s'allongent devant les magasins d'alimentation. Aucune famille qui ne soit touchée par le deuil d'un père ou d'un fils. Aucun village qui ne soit frappé par l'épouvante des jeunes mutilés. Le pays est assommé de souffrance. Mais son désespoir commence à se muer en colère.

La propagande révolutionnaire attise ce mécontentement. Aux classes dirigeantes, on assure que le gouvernement recherche une paix désastreuse et déshonorante. On l'accuse de trahison. Inversement, on convainc les masses que cette guerre insensée est poursuivie dans le seul but d'enrichir les riches. On dit qu'elle n'aura jamais de fin.

Le 14 novembre 1916, au milieu de la Douma frémissante, Milioukov, l'un des chefs du parti « cadet [1] », accuse ouvertement le Premier ministre Stürmer et fait des allusions à peine voilées à l'impératrice Alexandra, inspiratrice, selon ses dires, d'un parti allemand en Russie. Ces accusations entièrement imaginaires auront un immense retentissement. Les pires ragots vont courir. On murmure que la tsarine « allemande » travaille pour sa patrie d'origine. On assure qu'une ligne directe avec Berlin lui permet de transmettre tous les plans

1. Le parti cadet ou KD (constitutionnel-démocrate) qui réunit l'élite intellectuelle et bourgeoise, souhaite une « révolution par le haut », l'abolition de l'autocratie et l'instauration d'une monarchie parlementaire de type occidental. Il jouera un grand rôle dans la révolution de Février 1917.

militaires à Guillaume II, ce qui explique les échecs répétés des offensives russes [1]. On colporte qu'Alexandra est dans la main de Raspoutine, le moine fornicateur, qui fait et défait les ministres. Sur ce dernier point, les rumeurs ne sont pas sans fondement.

Pour redresser le courant, il faudrait un appareil d'État exceptionnellement solide, des hommes capables et forts. Mais l'autocratie russe n'a plus d'hommes de cette trempe, et ce régime, avant que d'être assailli, est déjà moribond.

Le drame de la famille impériale

Le règne de Nicolas II avait commencé sur un présage sinistre. Le 14 mai 1895, lors des fêtes du couronnement, à la Khodynka, près de Moscou, l'effondrement d'une tribune provoqua une panique meurtrière. Près de deux mille personnes, en majorité femmes et enfants, furent tuées ou grièvement blessées. Le peuple russe, naturellement superstitieux, murmura : « Commencé dans le sang, le règne finira dans le sang. »

Le couple impérial eut successivement quatre filles et se désespérait d'avoir un fils, un héritier. Cette attente prit chez l'impératrice Alexandra des formes névrotiques. Née princesse de Hesse-Darmstadt, petite-fille préférée de la reine Victoria, son mariage avec Nicolas II avait été le fruit d'une passion amoureuse réciproque qui ne se démentit jamais. Élevée dans la religion luthérienne, elle se convertit à l'orthodoxie par raison d'État, mais, rapidement, elle fut conquise au point de verser dans une dévotion effrénée.

---

1. L'impératrice Alexandra Féodorovna, née Alix de Hesse-Darmstadt, reçut une éducation britannique auprès de sa grand-mère, la reine Victoria. Après son mariage avec Nicolas II, elle épousa avec passion la cause russe et ne se départit jamais d'une absolue fidélité à sa patrie d'adoption.

Écoutant les conseils de son confesseur, l'archimandrite Théophane, elle s'enticha de la mémoire d'un ermite quelque peu thaumaturge, ayant vécu un siècle plus tôt, Séraphin de Sarov. Bousculant les résistances du saint-synode, elle obtint la canonisation de ce saint légèrement suspect. Le jour venu, après des cérémonies grandioses magnifiées par les fastes de la pompe orthodoxe, à minuit, la tsarine suivie de ses dames d'honneur se dépouilla de ses vêtements et s'immergea dans une fontaine miraculeuse qui coulait au pied de la sépulture. Autour, la voix grave des popes emplissait la nuit de cantiques lents et magnifiques.

Un an plus tard, jour pour jour, la tsarine accouchait d'un fils que l'on prénomma Alexis [1].

Le couple impérial en fut conforté dans ses penchants superstitieux. Le tsar accrocha le portrait de Séraphin dans son cabinet et fit distribuer son image aux troupes partant contre les Japonais en Mandchourie, ce qui ne remplaçait pas de bonnes mitrailleuses...

Les réjouissances furent brèves. Avant un an, Alexandra dut se convaincre avec horreur qu'elle avait transmis à son fils le germe de l'hémophilie, maladie qui avait fait mourir son propre frère, l'un de ses oncles et deux de ses neveux [2]. Les médecins ne pouvaient rien pour Alexis, aussi les parents éplorés s'adressèrent-ils aux puissances surnaturelles. Après avoir fait dire des messes qui se révélèrent inutiles, ils eurent recours aux guérisseurs et aux faiseurs de miracles.

---

1. Le 12 août 1904 du calendrier grégorien, et le 30 juillet du calendrier julien.

2. L'hémophilie est une maladie génétique transmise par les femmes et dont seuls les enfants mâles sont victimes. Elle se caractérise par l'absence d'une protéine spécifique dans le sérum sanguin, qui interdit la coagulation. Il semble que cette déficience fit son apparition chez la reine Victoria, car il n'existe aucune preuve de cette anomalie dans son ascendance. En revanche, elle la transmit à sa fille Alice et à sa petite-fille Alix, future tsarine Alexandra Féodorovna.

C'est ainsi qu'après un garçon boucher de Lyon, Philippe, vaguement hypnotiseur, un mage français appelé Papus, un moine tibétain et quelques autres, Grigori Efimovitch Raspoutine fit son entrée dans l'intimité du couple impérial.

Raspoutine devient indispensable

Raspoutine se prétendait *starets*, « saint homme ». Sa sainteté ne venait pas de ses vertus mais de ses vices, car il est dit que celui qui s'abîme dans la fange, celui qui foule au pied l'orgueil de l'homme, celui-là est proche de Dieu. Et ce débauché de Grigori Efimovitch y excellait, avec un aplomb, une simplicité et une vigueur animale qui fascinèrent la Cour, « cette société oisive, crédule, adonnée aux plus absurdes pratiques de la théurgie et de la nécromancie [1] ».

Introduit par l'archimandrite Théophane, confesseur de l'impératrice et recteur de l'Académie de théologie, il vit sa « sainteté » officiellement reconnue par le père Jean de Kronstadt, visionnaire d'une grande autorité religieuse.

En juillet 1907, le petit tsarévitch fut victime d'hémorragies internes qui le faisaient atrocement souffrir. Après trois jours, l'enfant était mourant. Sur le conseil de femmes de sa suite, la tsarine fit venir Raspoutine à Tsarskoïe Selo. Le *starets* s'assit familièrement au chevet du petit malade, lui prit la main et se mit à lui raconter des contes populaires de Sibérie. Le lendemain, Alexis ne ressentait plus aucune douleur. Il put se lever. Il était guéri.

En 1912, Alexis fit une chute provoquant une vive meurtrissure en haut de la cuisse gauche et se plaignit aussitôt de violentes douleurs. L'enfant resta entre la vie et la mort pendant une dizaine de jours. Il se vidait de son sang. Le 10 octobre, on lui administra les derniers sacrements.

---

1. Maurice Paléologue, *La Russie des tsars pendant la guerre*, *op. cit.*

Dans la nuit, Alexandra télégraphia pour appeler Raspoutine. Il était chez lui, en Sibérie. Il répondit par télégramme : « Dieu a vu vos larmes et entendu vos prières. Ne vous alarmez pas. L'enfant ne mourra pas. Ne permettez pas aux médecins de l'ennuyer trop. » Vingt-quatre heures plus tard, l'hémorragie cessait.

« Comment s'étonner que le *starets* fût devenu indispensable à la mère d'Alexis ? Comment imaginer d'autre part qu'un rapport de police faisant état de sa vie dissolue réussirait à la convaincre ? Il était l'homme unique pour lequel elle avait prié, l'homme doté de pouvoirs miraculeux, capable d'intercéder directement auprès de Dieu et d'obtenir ses faveurs. Puisque Dieu l'écoutait, Raspoutine ne pouvait qu'être un homme de bien ; et puisque c'était un homme de bien, quiconque s'opposait à lui et le dénigrait ne pouvait qu'être mauvais. Ce n'était pas plus compliqué que cela [1]. »

Ce qui allait le devenir, en revanche, ce sont les relations du tsar, de l'impératrice et du *starets* dans la conduite des affaires de l'Empire.

Aveuglement et faiblesse de Nicolas II

Pour le malheur de la Russie, Nicolas II, hormis sa maîtrise de soi et son courage personnel, n'a aucune des qualités nécessaires à un souverain autocrate. Il a même la plupart des défauts qui devraient écarter un prince de ces écrasantes fonctions. C'est un homme moyen, que le pouvoir inquiète et la politique ennuie. Son ambition est purement domestique. Il confie un jour à Édouard Julia : « Je voudrais être grand-père, parce qu'on n'a pas de responsabilités et qu'il est permis de s'abandonner entièrement à son affection. » De sa part, il n'y a dans cet aveu aucune affectation de simplicité, dont les

1. Dr F. Cartwright, *La Tragédie des Romanov*, Paris, 1974.

hommes politiques modernes sont coutumiers. C'est le fond de sa pensée qu'il exprime avec mélancolie.

Bon avec les serviteurs et les petites gens de la domesticité impériale, aimant la compagnie des humbles, fuyant celle des nobles intellectualisés, il dissimule son extrême timidité derrière un masque d'impassibilité. Influençable, irrésolu, entiché comme la tsarine de reliques et d'amulettes, il est intraitable sur les traditions et leur rituel. On a pu dire de lui qu'il était le dernier des *narodniki*, l'un de ces slavophiles qui voient dans la rusticité du moujik et dans le rite orthodoxe les sources d'une destinée russe menacée de grave altération par les idées corrosives venues de l'Ouest. Son engouement pour le petit peuple, son aversion pour l'Occident rationnel et libéral, son esprit superstitieux l'inclinent vers un Raspoutine. Ils le conduisent également à soutenir les violentes et naïves « bandes noires », dont l'antisémitisme n'est pas sans éveiller quelques échos chez lui. À l'instar de Dostoïevski, les Juifs, intellectuels, financiers ou révolutionnaires, lui apparaissent volontiers comme les agents privilégiés d'une corruption de la Sainte Russie. S'il en avait la force, Nicolas II romprait avec le glacial carcan de Pierre le Grand pour retrouver la chaude tradition de Boris Godounov.

Sa foi dans les vertus mystiques du peuple profond est indissociable de son attachement religieux aux principes immuables de l'autocratie. Il y voit le symbole et le ciment de sa patrie. Dans la société russe dépourvue de classe moyenne et de tradition démocratique, où le développement civique a peu de ressort, l'absolutisme pourrait être une force dans la conduite de la guerre. Mais dans les mains molles de Nicolas II, il avorte en irrésolutions, sombre dans des cabales bureaucratiques, se corrompt en pitoyables intrigues. Confiné dans le silence de ses palais ou de ses wagons-salons, le tsar se laisse berner par le murmure artificiel d'une popularité entretenue par la camarilla des courtisans. Jusqu'au dernier moment, il ignorera le mépris et le ressentiment qui montent dans la nation. En ces heures tragiques, il ne trouvera jamais une parole ni un geste capables d'émouvoir les cœurs. Réduit à des besognes stériles, comme la signature, des jours durant, de documents qu'il ne lit pas, il ne fera jamais sentir l'influence de son énergie personnelle sur les organismes dont le bon fonctionnement serait indispensable au salut de la Russie. « La puissance centrale s'émiette en anarchie de gratte-papier, en conjurations de goujats, en basse filouterie, en complots et en trahisons[1]. »

Le tsar semble un enfant entre les mains de son impériale épouse. Contrairement à lui, Alexandra n'est pas dépourvue de caractère. On lui fera même le reproche d'en avoir trop et de jouer les régentes. Plus aveuglément attachée que son mari aux apparences de l'autocratie, plus impérieuse, plus distante par timidité, elle est, pour leur malheur, tout aussi dépourvue de sens politique.

La démence au pouvoir

Quand il assume le commandement des armées, à partir de 1915, le tsar délègue le pouvoir politique à l'impératrice, c'est-à-dire à Raspoutine.

« Je tiens l'Empire dans cette main-là ! » proclame le starets devant ses admiratrices et ses obligés en frappant la table du poing. L'impératrice a une telle confiance en lui qu'elle l'écoute en toutes choses. N'est-il pas l'ami, le conseiller désintéressé, éclairé par Dieu ? De fait, il lui arrive de formuler des avis d'un certain bon sens. Il parle comme le feraient à sa place la plupart des moujiks, mais il ajoute à la grosse sagesse l'intuition du médium. En 1912, c'est lui qui conseille au souverain de ne pas s'engager dans les guerres balkaniques.

En juillet 1914, en pleines rumeurs de guerre, Raspoutine est victime d'une tentative d'assassinat. De sa chambre d'hô-

---

1. Ludovic Naudeau, *Les Dessous du chaos russe*, Paris, Hachette, 1920.

pital, il télégraphie au tsar : « Ne fais pas la guerre ! » Il ajoute ce qu'il faut bien prendre pour une prophétie médiumnique : « Un nuage effrayant s'étale sur la Russie. Malheur ! Souffrances innombrables... Il n'y aura pas eu, depuis l'origine des siècles, un plus affreux martyre que celui de la Russie. Elle sera toute submergée de sang et sa perte sera totale. »

Qui sait s'il n'eût pas conforté le tsar dans son opposition à la guerre, s'il s'était trouvé à ses côtés dans les journées dramatiques des 29 et 30 juillet 1914[1] ?

Ce rôle bénéfique a pour contrepartie son ivresse de moujik parvenu au faîte du pouvoir. Les plus grands noms de l'Empire font antichambre chez lui pour quémander une faveur. Il s'approprie insolemment toute femme qui éveille son désir, et malheur au mari qui se rebelle. Il impose son choix pour la promotion des généraux, des gouverneurs et pour la désignation des ministres, suivant le seul critère de son bon plaisir, qui l'oriente le plus souvent vers les gredins et les incapables. Les personnalités qui lui tiennent tête tombent rapidement en disgrâce.

Les lettres d'Alexandra à son époux publiées par Payot en 1924 prouvent que Raspoutine est consulté sur tout, qu'il intervient pour la nomination d'un ministre comme pour les décisions stratégiques.

Le Premier ministre, Kokovtsev, tente d'ouvrir les yeux du tsar. Il est congédié et remplacé par l'incapable Stürmer, créature de « notre Ami ». Le prince Orlov, qui dirige depuis des années la maison militaire de l'empereur, est exilé pour la même raison au Caucase. Des ministres efficaces et populaires comme Samarine ou le prince Chtcherbatov sont écartés pour avoir déplu à Raspoutine.

1. En juillet 1914, Nicolas II s'efforça de lutter contre la pression belliciste exercée par le haut commandement, le ministre des Affaires étrangères Sazonov et l'ambassadeur de France, Maurice Paléologue. Voir notamment Hélène Carrère d'Encausse, *Nicolas II ou la transition interrompue*, Paris, Fayard, 1996.

Le prochain objectif de l'aventurier est le général Polivanov, ministre de la Guerre. « Pardonne-moi – avait écrit Alexandra au tsar au moment de sa nomination – mais le choix que tu as fait du ministre de la Guerre ne me plaît pas. N'est-il pas un ennemi de notre Ami ? » La cause fut entendue le jour où Polivanov retira les quatre voitures militaires mises à disposition de Raspoutine par son ami Stürmer. Alexandra bondit sur son porte-plume : « Débarrasse-toi de Polivanov... Ne traîne pas, mon chéri, décide-toi, c'est bien trop sérieux. » Le 25 mars, Polivanov est remercié. « Oh, ce soulagement, écrit l'impératrice en apprenant la nouvelle, enfin je vais pouvoir dormir. » Les ennemis de la Russie également. Polivanov était l'organisateur le plus compétent de l'Empire. Son renvoi sera un désastre pour l'armée russe.

Dans cette période dangereuse, le ministère de l'Intérieur est le poste clé de la stabilité interne du pays. « Grigory te conseille vivement de nommer Protopopov, écrit Alexandra en septembre 1916. Il aime notre Ami depuis quatre ans au moins, cela en dit long sur un homme... » Les jours passent, Nicolas ne se décide pas. L'impératrice revient à la charge. Enfin, la nomination de Protopopov tombe. Folle de joie, l'impératrice écrit aussitôt : « Dieu bénisse ton choix. Notre Ami dit que tu as fait acte de grande sagesse en le nommant... »

À la Douma, la nouvelle fait l'effet d'une bombe. La nomination de ce personnage corrompu est considérée comme une provocation. Face aux lourdes fonctions qui sont les siennes, Protopopov se montrera d'une tragique incompétence. C'est entre ses mains, débiles et inexpertes, que le pouvoir s'effondrera en février suivant.

Nicolas II perd la confiance des généraux

Conseillée par son directeur de conscience, Alexandra ne craint pas d'étendre ses conseils vigilants au domaine militaire. « Mon petit ange, écrit-elle en novembre 1915, je voudrais te demander des tas de choses sur tes plans pour la Roumanie. Notre Ami est tellement impatient de savoir... » Mais Raspoutine ne se contente pas de poser des questions. Assuré de ses talents de stratège, il intervient dans la conduite des opérations selon ce que lui dictent ses rêves : « Avant que je ne l'oublie, écrit l'impératrice en novembre 1915, il faut que je transmette un message de notre Ami, inspiré par ce qu'il a vu pendant la nuit. Il t'adjure de faire avancer nos troupes vers Riga ; il dit que cela est nécessaire, sinon les Allemands consolideront si bien leurs positions durant l'hiver qu'il nous en coûtera des fleuves de sang pour les en déloger... Il te demande très sérieusement de donner l'ordre d'avancer... »

Avec une ingénuité désarmante, le tsar écrit le 7 juin 1916 : « J'ai dit à Alexeiev combien tu t'intéressais aux questions militaires... Je lui ai parlé de tous ces détails que tu me demandes dans ta dernière lettre. Il a souri et m'a écouté en silence. » Un silence qui cache une extrême inquiétude. Le général Alexeiev, chef d'état-major général, redoute à bon droit la divulgation de secrets militaires.

Nouvelle intervention lors de la grande offensive russe en 1916 qui a le malheur d'être désapprouvée par Raspoutine. Mais Nicolas laisse faire. Lettre véhémente de l'impératrice, le 23 septembre 1916 : « Notre Ami est très contrarié que Broussilov n'ait pas écouté l'ordre que tu lui avais donné d'interrompre son avance, il dit que cet ordre t'était inspiré d'En Haut et que Dieu t'aurait béni... »

Par retour du courrier, Nicolas s'excuse et s'explique : « Dis-lui [à Raspoutine] : Papa a pris des mesures raisonnables. »

Mais l'impératrice revient à la charge, le 25 septembre : « Oh, réitère ton ordre à Broussilov, arrête ce carnage inutile. Ton plan si sage a été approuvé par notre Ami, ne t'en écarte pas... Nos généraux ne comptent pas avec la vie des hommes, ils sont endurcis à la souffrance humaine, et cela est péché... » Deux jours plus tard, le 27 septembre, Nicolas a cédé : « Ma chérie, au reçu de mes instructions, Broussilov a immédiatement ordonné l'arrêt de notre avance. » La grande offensive de Broussilov est enrayée. Ulcéré, le général réagit avec aigreur : « Une offensive sans perte d'hommes ne peut se concevoir que sur un champ de manœuvres. L'ennemi subit d'aussi lourdes pertes que nous... Si nous voulons défaire l'ennemi, nous devons nous attendre à subir des pertes, et celles-ci peuvent être considérables. »

Est-il besoin d'expliquer après cela pourquoi Nicolas II a perdu la confiance de ses généraux ?

La conspiration des libéraux

Dans le cours de l'année 1916, les maladresses de l'impératrice, les scandales de Raspoutine, la valse des ministres, l'incompétence et l'impuissance du gouvernement, la dégradation de la situation sociale et économique, la crise inquiétante du ravitaillement, les pertes gigantesques et inutiles de l'armée vont être exploités par les opposants et les révolutionnaires.

Tout le monde complote. Chez les monarchistes libéraux, on prétend sauver le trône en exigeant une constitution. Chez les républicains et chez les socialistes, on veut une révolution. Tout le monde s'accorde sur le préalable d'un renversement du tsar et de la suppression physique de Raspoutine, certains ajoutent : de l'impératrice.

Les monarchistes constitutionnels, les républicains et les socialistes modérés constituent, en 1916, au sein de la Douma un « bloc progressiste » autour du prince Lvov président des *zemstvos* (les assemblées locales) et de Milioukov. Par ses attaques véhémentes contre le gouvernement, cette coalition devient le symbole de l'opposition au régime. Avec des discours violents, tout en souhaitant généralement des réformes modestes, ces placides parlementaires allument en toute inconscience un énorme incendie.

Cette coalition dispose depuis 1915 d'un moyen d'action très efficace et inattaquable. Soutenu par deux des plus riches industriels, Riabouchinski et Konovalov, le député libéral Goutchkov a fondé le Comité des industries de guerre pour organiser la production des armements. Reconnu par un décret du 27 août 1915, ce Comité a notamment pour fonction de répartir entre les usines locales les commandes de l'État et de surveiller la production. Il rendra des services incontestables, et sera à l'origine du redressement de la production d'armements et de munitions à partir de 1916.

Mais cette activité utile cache des intentions moins claires. Disposant à sa guise de crédits gouvernementaux d'un montant colossal, le Comité peut exercer une action politique considérable. Tel est bien le dessein de Goutchkov et de ses amis. Pour renforcer le courant politique et oppositionnel, ils font entrer des « représentants de la classe ouvrière », en l'occurrence les dirigeants des différents partis révolutionnaires.

Les « délégués » se font accorder des locaux spacieux, des appointements et un budget pour leur propagande. Puis ils exigent la création de groupes régionaux.

Ainsi, l'agitation subversive sera-t-elle en partie financée par les fonds de l'État et placée sous la protection d'un organisme officiel...

Naissance du mouvement révolutionnaire, intelligentsia et terrorisme

Le mouvement révolutionnaire russe est entré dans l'histoire un siècle plus tôt avec le complot avorté des officiers décembristes de 1825. Ces jeunes nobles, dépêchés en France avec les troupes d'occupation après Waterloo, y ont découvert le « message » de la Révolution française.

Ils sont fascinés par la France, les Lumières, l'Occident. Ils préfigurent ceux qu'on appellera les *occidentalistes* pour les distinguer des *slavophiles*. S'opposant en tout, occidentalistes et slavophiles, ces deux figures antagonistes de l'intelligentsia russe du XIXe siècle, continueront à nourrir un débat qui n'est pas clos à l'aurore du XXIe siècle.

Depuis qu'à Sainte-Hélène Napoléon avait prédit : « La Russie, c'est la puissance qui, à grands pas et avec la plus grande assurance, s'avance vers la domination du monde », la hantise de la puissance russe avait nourri les inquiétudes européennes. L'intervention armée de la Russie, en 1848, pour écraser la révolte hongroise de Kossuth, semblait une confirmation des prophéties de Tocqueville. *De la démocratie en Amérique* (1835) montrait les Américains et les Russes comme les deux peuples de l'avenir, mais « l'un a pour principal moyen d'action la liberté, l'autre la servitude »... Parti pour la Russie dans l'espoir d'y découvrir un régime conservateur vigoureux, le marquis de Custine en était revenu épouvanté et converti au libéralisme. Son récit de voyage, *La Russie en 1839*, publié en 1843, ne sera dépassé dans la sévérité que par Karl Marx, acharné à stigmatiser l'impérialisme slave, mais aussi par les Russes occidentalistes.

Le modèle en est Pierre Tchaadaev qui, dans ses livres ou dans la revue *Teleskop*, cultive la haine de soi avec délectation. D'autres l'imiteront, tel V.G. Bielinski, dénigrant tout ce qui est russe comme stérile et désespérant, l'histoire, les mœurs, la religion. Une seule solution : occidentaliser, imiter l'Europe, comme l'avait fait Pierre le Grand. À son exemple, l'intelligentsia de gauche professera la même fascination pour ce qui vient d'Europe, mais sur un mode passionné qui la fera plus hégélienne que Hegel et plus marxiste que Marx.

L'intelligentsia n'est pas un groupe social, un simple groupement d'intellectuels, c'est une communauté idéologique. Elle se recrute dans la minorité de Russes occidentalisés, nobles ou instituteurs, avocats, ingénieurs ou médecins, qu'unit le sentiment d'une mission privilégiée à accomplir pour la rédemption du peuple. Un grand frémissement mystique l'anime, qui concilie l'idéal jacobin et le Sermon sur la montagne, mélange explosif de messianisme fanatique et de sensiblerie populiste.

L'intelligentsia fait de la révolution socialiste une valeur suprême. Elle énonce une conception originale qui va colorer définitivement le mouvement révolutionnaire russe, celle de la minorité éclairée, actrice de la révolution au nom du peuple (de l'idée purement abstraite qu'elle se fait du peuple).

En 1863, le journaliste populiste Nicolas Tchernychevski publie un roman intitulé *Que faire ?* Ce livre, inconnu en Occident[1], est sans doute celui qui exerça la plus grande influence sur la société russe de la fin du XIXe siècle. Bien plus que *Le Capital* de Marx, le roman de Tchernychevski fournit la dynamique émotive d'où sortira la révolution russe. « Nous en avons tiré et de la morale et de la foi en un avenir meilleur », écrit Plekhanov, fondateur du marxisme russe.

Vladimir Ilitch Oulianov (le futur Lénine) lut *Que faire ?* après l'exécution de son frère Alexandre, qui en avait fait lui-même son livre préféré[2]. « J'y ai passé non des jours mais des semaines, écrira-t-il. C'est alors seulement que j'en ai compris la profondeur. C'est une œuvre qui vous change pour la vie entière. » Ce n'est sans doute pas un hasard si Lénine reprit le titre du roman de Tchernychevski pour l'un de ses premiers ouvrages, le plus fameux, qui trace sa théorie du parti.

Lénine et les révolutionnaires professionnels

L'un des personnages de Tchernychevski retient particulièrement l'attention, celui de Rakhmetov, car il préfigure le révolutionnaire professionnel dévoué corps et âme à la révolution, adonné à l'action clandestine, inébranlable dans sa foi,

---

1. Mais non des spécialistes. Ainsi Boris Souvarine dans son *Staline*, Joseph Frank dans *Le Contrat social* de mars-avril 1963, et Alain Besançon dans *Les Origines intellectuelles du léninisme*, Paris, Calmann-Lévy, 1977, en ont analysé la portée.

2. Alexandre Ilitch Oulianov fut exécuté en 1887 pour sa participation à une tentative d'assassinat du tsar Alexandre III.

ignorant les troubles de conscience, s'arrogeant le droit d'intervenir dans la vie d'autrui et de la plier à sa volonté. C'est un enragé qui s'impose une vie d'ascète, renonce au vin et aux femmes, méprise le bonheur personnel, se nourrit de rien et couche sur une planche à clous pour s'éprouver. Se voulant l'instrument de la « nécessité historique », il sacrifie sa vie personnelle, ne trouvant de compensation que dans une haine frénétique qu'il appelle « amour de l'humanité ». Bref, le portrait avant la lettre du bolchevik idéal.

Peu de temps après la publication de *Que faire ?* le personnage de Tchernychevski trouve une saisissante incarnation en Netchaïev, auquel on attribuera la paternité du *Catéchisme révolutionnaire*. Instituteur quelque peu mythomane, né en 1847, ses exploits commencent en 1869 quand il entreprend de mystifier ses propres camarades (dont Bakounine, le pape en exil de l'anarchisme russe), afin de se hausser à leurs yeux. L'étudiant Ivanov ayant percé à jour ses supercheries sera froidement assassiné. Réfugié à Genève, il séduit la fille du vieux Herzen pour s'emparer des fonds destinés à la propagande populiste. Arrêté pour le meurtre d'Ivanov, Netchaïev meurt en prison en 1882, sans avoir jamais baissé le masque.

Avec Netchaïev, on tient une sorte d'archétype du fanatique pervers, du délinquant politique, monomane calculateur et froid, impitoyable pour lui et pour les autres, ne reculant devant rien pour satisfaire sa passion, refusant même la solidarité de la camaraderie. Porté par une confiance absolue en sa mission, il estime que tout lui est permis dans l'intérêt de sa cause. Il n'hésite pas à tromper, compromettre, corrompre et sacrifier les naïfs ou les faibles dont il se fait des alliés. Inversement, il éprouve une satisfaction trouble dans la fréquentation de la pègre. Ce promoteur de la révolution tortueuse et du terrorisme glacé inspirera le personnage de Verkhovenski dans *Les Démons* de Dostoïevski.

Son contemporain, le populiste Tkatchev, qui mourra fou à Paris, élabore une théorie du parti révolutionnaire élitiste destinée à une illustre postérité. Ce ne sont pas les masses qui feront la révolution, mais une minorité de professionnels issus de l'intelligentsia, militairement disciplinés, s'emparant de l'État par un coup de force et transformant la société dictatorialement.

La charge émotionnelle de Tchernychevski, l'exemple de Netchaïev et la théorie de Tkatchev fournissent les ingrédients qui vont modeler la première ébauche d'un parti clandestin structuré et monolithique, sans équivalent, à l'époque, hors de Russie, le groupe *Zemlia i Volia* (« Terre et Liberté ») [1], fondé en 1876. Son programme est la « libération » des paysans. Sa méthode : le terrorisme.

La témérité, la jeunesse, l'origine sociale et le discours « généreux » des poseurs de bombes de la *Zemlia i Volia* émeuvent en leur faveur l'opinion libérale qui applaudit au meurtre des officiers de la gendarmerie impériale. En 1881, deux bombes tuent le tsar Alexandre II qui rêvait de vastes réformes libérales. Elles installent sur le trône Alexandre III, partisan convaincu du tour de vis. La police, réorganisée, capture cinq des principaux conjurés qui sont pendus.

Les rescapés vont donner naissance aux deux grands partis révolutionnaires de 1917.

Un premier groupe formé d'adeptes de la tradition populiste et terroriste, partisans de la révolution paysanne, constitue en 1902 le parti socialiste-révolutionnaire (S-R). Le grand nombre d'instituteurs qui rejoint ses rangs lui vaudra de conquérir une influence importante dans les campagnes.

Une seconde tendance se convertit au marxisme qu'a répandu en Russie Gueorgui V. Plekhanov (1856-1918) [2]. Elle

---

1. D'où sortira la *Narodnaïa Volia* (Volonté du peuple).

2. *Le Capital* de Karl Marx (1867) a été traduit en russe, dès 1872, par Danielson. L'État tsariste ne discernera dans cette œuvre aucun danger subversif et y verra même une justification de sa politique d'industrialisation accélérée. C'est pourquoi la propagation du marxisme en tant que tel connaîtra peu d'entraves.

entend s'appuyer sur la force nouvelle d'un prolétariat naissant. Elle crée en 1898 le parti social-démocrate. En 1903, sous l'action du jeune Lénine, ce parti se scinde en deux fractions rivales : la fraction bolchevique (majoritaire) extrémiste, animée par Lénine ; et la fraction menchevique (minoritaire) plus modérée.

Finis les balbutiements de la *Zemlia i Volia*. Lénine réalisera avec une obstination butée, une rigueur mathématique et une énergie implacable les anticipations les plus inquiétantes de Tchernychevski, de Netchaïev et de Tkatchev. La fraction bolchevique leur sera redevable de sa conception de la révolution planifiée à l'avance par une minorité qui avance masquée, pratiquant comme un art l'amoralisme politique, le despotisme et la conspiration.

Les libéraux et le parti cadet

La guerre de Mandchourie contre le Japon, engagée en 1904 avec une légèreté révélatrice, un mauvais commandement et une armée inapte à la guerre moderne, se solde par une série de désastres militaires et un début de révolution à l'intérieur. Ces événements étaient annoncés depuis 1903 par des jacqueries dans les campagnes et l'agitation des libéraux et des socialistes.

À l'époque, l'opposition politique dominante est formée par les libéraux. Les partis socialistes ne sont encore que de petits groupes de conspirateurs et ne jouent qu'un rôle limité dans les événements, très inférieur à celui que leur a conféré rétrospectivement la mythologie de 1917.

Le mouvement libéral s'exprime à travers les *zemstvos*, ces assemblées locales concédées par Alexandre II. Au début du siècle, l'influence d'une bourgeoisie montante et de l'intelligentsia s'y est substituée à celle de la noblesse. Deux événements ont précipité sa mobilisation politique : la grande famine de 1891 qui a fouetté la conscience sociale de la bonne société, et l'avènement de Nicolas II, en 1894, qui a réveillé – puis déçu – les espoirs de libéralisation. Les libéraux se sont donné un journal en 1902 avec la *Libération* de l'économiste et écrivain Pierre Struve, transfuge du marxisme. Ils disposent également d'une organisation avec l'Union de libération (1903) qui devient le parti constitutionnel-démocrate ou *cadet* (KD), en 1905.

La convergence de tous les mécontentements et de toutes les oppositions transformera les événements de 1905 en crise générale du régime.

La révolution de 1905

Les troubles commencent le dimanche 9 janvier (22 janvier) 1905, à Saint-Pétersbourg, par une sanglante méprise. Conduit par le pope Gapone, un agent de l'Okhrana (police politique), un cortège d'ouvriers venus réclamer une assemblée constituante, tout en manifestant leur attachement au tsar, est mitraillé par la troupe qui se croit menacée. Nicolas II et son gouvernement ont déserté la capitale, affichant la démission de l'État.

Ce massacre absurde « rompt l'espèce de charme séculaire établi depuis trois siècles entre le peuple russe et les Romanov. Cette cassure constitue la pire conséquence du Dimanche rouge. En sapant les fondements sentimentaux du loyalisme dynastique, la tuerie permettra le renversement de la monarchie douze ans plus tard [1] ». Elle offre immédiatement aux révolutionnaires l'occasion de tenter le coup de force. Pendant près de deux ans, la Russie va connaître une épidémie de soulèvements armés, de grèves insurrectionnelles, de jacqueries, d'actions de terrorisme et de brutales répressions. L'as-

1. Gilbert Comte, *La Révolution russe par ses témoins*, Paris, La Table ronde, 1963.

sassinat du grand-duc Serge à Moscou ouvre la longue liste des soldats et des fonctionnaires victimes d'attentats : 114 gouverneurs, hauts fonctionnaires et généraux, 286 chefs de la police, 452 agents, 109 officiers et 750 soldats tués ou blessés. Au cours du printemps et de l'été 1905, les troupes doivent intervenir à Lodz, à Nijni-Novgorod, à Kharkov, à Minsk et dans bien d'autres villes. À Odessa, des marins se mutinent (cuirassé *Potemkine*). Au Caucase, il faut lutter contre des bandes armées. Des soviets se constituent, notamment à Saint-Pétersbourg. Les campagnes flambent. En novembre, nouvelles révoltes de matelots à Kronstadt et à Sébastopol. En décembre, une grève générale se transforme en insurrection armée à Moscou. La garnison flanche. Il faut envoyer le régiment Semenovski avec de l'artillerie. Le général Minn qui dirige cette rude opération sera assassiné par la suite. Une république autonome de Sibérie est proclamée à Tchita. L'armée elle-même n'est pas épargnée. Elle doit faire face à plusieurs mutineries.

Conseillé par le comte Witte, Nicolas II se résout de mauvais gré à publier en octobre 1905 un « Manifeste » dont les concessions amorcent une évolution vers une monarchie constitutionnelle : liberté d'expression (presse) et d'association (partis), élection d'une Douma (assemblée) dont la sanction sera nécessaire pour la promulgation des lois. Cette révolution légale calme les libéraux qui font la paix avec l'empereur. Les révolutionnaires sont isolés et virtuellement vaincus. Ils se réfugient dans la guérilla urbaine ou le terrorisme rural, et se font battre par petits groupes par une police réorganisée.

Après coup, la révolution avortée de 1905 apparaîtra comme la répétition générale sans laquelle celle de 1917 eût peut-être échoué. La plupart des grands acteurs de 1917 et des fondateurs de l'armée rouge y ont fait leurs premières armes. Trotski bien sûr, qui fut président de l'éphémère Soviet de Saint-Pétersbourg en 1905. Antonov-Ovsenko, officier rallié au mouvement révolutionnaire depuis 1901, expert militaire du parti en 1905 et artisan de l'insurrection de Petrograd en octobre 1917. Frounze, l'un des meilleurs généraux de l'armée rouge, et organisateur de l'insurrection de Moscou en 1905. On peut encore citer, parmi les plus connus des futurs chefs ou commissaires politiques de la guerre civile, ayant participé aux combats de 1905 : Vorochilov, Smirnov, Sokolnikov, Ordjonikidzé, Kirov ou Staline.

Le calme ne reviendra vraiment qu'en 1907, avec l'arrivée au pouvoir de Stolypine.

La réaction slavophile

L'importance attribuée rétrospectivement aux courants intellectuels et aux mouvements de gauche par les événements de 1917 et la victoire des Rouges, ne doit pas masquer l'existence d'autres idées et d'autres actions diamétralement opposées qui relèvent toutes plus ou moins du courant slavophile.

Version russe des nationalismes culturels qui fleurissent partout en Europe au XIXe siècle, le slavophilisme procède de ce romantisme dont Herder et Schelling furent les inventeurs. De même qu'en France la nation révolutionnaire avait été une réponse à la perte de charisme de l'ancienne monarchie et à l'effondrement de l'ancienne religiosité, de même le slavisme témoigne-t-il de l'évolution qui s'opère dans la relation peuple-souverain-religion.

En réaction à l'occidentalisme d'une partie de l'intelligentsia, la slavophilie est née de la redécouverte du passé russe. Celle-ci s'appuie d'abord sur la monumentale *Histoire de l'État russe* en douze volumes qu'a publiée Nicolas Karamzine de 1819 à 1826. Nul slavisme encore chez cet écrivain, mais une volonté bien arrêtée de faire découvrir à ses compatriotes qu'eux aussi ont une histoire.

Sur la génération suivante, cette œuvre aura valeur de révélation. Elle suggère l'existence d'une « âme russe » résistant aux accidents de l'histoire, la permanence d'un être national, le *Narodnost*, équivalent russe du *Volkstum* allemand, qui trouve provisoirement son expression dans la doctrine officielle : « autocratie, orthodoxie, *narodnost* ».

L'influence des idées occidentales, l'industrialisation progressive de la Russie, les grands changements qui s'opèrent dans la société au milieu du XIXe siècle précipitent une crise de légitimité du pouvoir tsariste et, par conséquent, un besoin de compensation idéologique que combleront les slavophiles. Chez eux, l'idéologie fait plus appel aux sentiments qu'aux abstractions. Son imprécision même favorise sa diffusion dans les milieux les plus inattendus. Les populistes et les nihilistes n'y échappent pas.

Première idéologie vraiment autochtone, comme le soulignera Nicolas Berdiaev, la slavophilie trouve son expression littéraire achevée en Dostoïevski, d'abord tenté par le nihilisme. Dans son *Journal d'un écrivain*, recueil d'articles postérieurs à 1860, il libère toute la force d'un nationalisme mystique et sentimental. Pour l'écrivain, la nation russe est unique en tout et d'abord dans le principe de son unité, qui est étranger à celui des classes : « Le principe de cet ordre est établi depuis des temps immémoriaux ; il a ses assises posées par la nature même, dans l'âme russe, dans l'idéal de la nation[1]. » La distinction entre slavophilie et panslavisme n'est pas toujours bien nette chez Dostoïevski. On trouve fréquemment exprimée par l'écrivain cette idée que la Russie a une mission universelle de purification spirituelle au service de l'humanité entière. Mais pour assumer cette mission qui peut justifier tous les expansionnismes, encore faut-il d'abord que le peuple russe se débarrasse de la « juiverie », car l'antisémitisme chrétien est un attribut de Dostoïevski : « Le maître de tous, le maître de l'Europe est

1. Dostoïevski, *Journal d'un écrivain*, Paris, Gallimard, 1951, p. 21. Ce *Journal* réunit des articles publiés dans les revues *Le Temps* et *Le Citoyen*.

uniquement le *youpin* et sa banque, écrit-il. Le *youpin* et la banque règnent de nos jours sur tout : l'Europe, l'enseignement, la civilisation, le socialisme – surtout le socialisme car c'est de ce moyen qu'il se servira pour extirper le christianisme et détruire sa civilisation [1]. »

Les « centuries noires »

La grande crise de 1904-1905, les soulèvements sanglants et l'ampleur du terrorisme font naître des ripostes organisées uniques en leur genre dans la Russie prérévolutionnaire. La gauche leur donnera le surnom de « centuries noires » ou « Cent Noirs ». Cette appellation recouvre plusieurs mouvements dont le principal est l'Union du peuple russe (SRN) fondée en octobre 1905 par un médecin, A.I. Doubrovine, doué d'une énergie et d'un sens politique qui expliquent le développement de son mouvement.

Puisque le « Manifeste » de l'empereur autorise la libre expression des idées et la constitution des partis politiques, il est nécessaire que les partisans du tsarisme s'organisent et s'expriment. Ce sera le but initial du SRN. Le mouvement s'en tient à la trilogie tsariste, « autocratie, orthodoxie, *narodnost* », mot, on l'a vu, qui suggère à la fois l'âme nationale et la monarchie populaire. Il forme une ligue qui ressemble à celles que connaît la France entre 1880 et 1930. Doubrovine a imaginé un mouvement de masse capable de manifester dans la rue et de mobiliser des partisans qui seront autant de propagandistes. Il entend aussi que le SRN soit apte à des opérations contre-terroristes. Le Dr Doubrovine parvient à se

1. Note du *Carnet* de 1880, cité dans David I. Goldstein, *Dostoïevski et les Juifs*, Paris, Gallimard, 1976, p. 310, et Jean Plumyène, *Les Nations romantiques*, Paris, Fayard, 1979, p. 373. Dostoïevski emploie le mot russe *jid*, terme insultant auquel correspond en français *youpin*, et non pas *juif* choisi habituellement par les traducteurs français.

faire entendre à la Cour et par certains hauts fonctionnaires de l'Okhrana. Le grand-duc Nicolas Nikolaïevitch fait approuver son action par l'empereur en personne qui est intimement convaincu de l'existence d'un complot juif international contre la couronne. Nombre de personnalités lui apporteront leur soutien au sein de l'aristocratie, du clergé et même de l'Université. Il semble que l'État ait favorisé le financement de l'organisation qui se développe dans la plupart des grandes villes. Le SRN fera élire plusieurs députés à la Douma, parmi lesquels deux brillants orateurs, N. E. Markov et surtout V. M. Pourichkevitch, futur assassin de Raspoutine[1].

Plus intéressante et novatrice sur le plan des idées est la naissance après 1905, chez un certain nombre de jeunes intellectuels marxistes ou populistes, d'un nouveau courant de droite qui s'apparente par certains aspects à la « révolution conservatrice » allemande[2]. Sous le titre *Veche* (Orientations), paraît en 1909 un recueil d'articles dont les auteurs les plus célèbres sont Pierre Struve, Nicolas Berdiaev et Serge Boulgakov. Ils annoncent une rupture avec le simple conservatisme qui n'aura pas le temps de se développer avant 1914, mais qui influencera les générations suivantes. En émigration, le professeur N. V. Oustrialov dans sa revue *Smena Veche* (Nouvelles Orientations) tentera notamment une synthèse « nationale-bolchevique » fort en avance sur les réflexions de son époque.

L'affaiblissement des « centuries noires » suivra la disparition de la grande marée rouge contre laquelle ce mouvement s'était levé et qui justifiait son existence. Après 1907, le SRN

---

1. Walter Laqueur, *Histoire des droites en Russie, des centuries noires aux nouveaux extrémistes*, Paris, Michalon, 1996, ouvrage partial mais documenté.
2. Dominique Venner, *Histoire d'un fascisme allemand, les corps-francs du Baltikum, 1918-1934*, Paris, Pygmalion / Gérard Watelet, 1996.

entre en déclin. L'action énergique de Pierre Stolypine, souvent critiquée par cette droite extrême, commence à porter ses fruits.

Pierre Stolypine, l'espérance au pouvoir

Pierre Stolypine incarne une image à la fois traditionnelle et moderne de la Russie, celle du réformateur puissant qui aurait pu changer le destin de ce grand pays et par conséquent celui du monde.

D'emblée, écrit Soljenitsyne dans sa biographie fervente du grand ministre [1], celui-ci apporte dans le gouvernement impérial un souffle puissant de jeunesse et de vigueur. Débordant d'énergie physique, direct et franc, il a fait toute sa carrière dans les provinces rurales, loin des intrigues et de l'agitation de Saint-Pétersbourg. Il entend s'attaquer aux racines du mal qui mine sa patrie. La loyauté de ses sentiments monarchistes le fait haïr des révolutionnaires. Mais sa volonté d'adapter le gouvernement autocratique à l'évolution de la société russe le fait également détester des conservateurs bornés.

Tandis que d'une main ferme, il écrase les soulèvements révolutionnaires, il entreprend la réforme fondamentale de la propriété paysanne et la transformation de l'autocratie en un type de gouvernement ouvert à la représentation populaire.

---

1. Alexandre Soljenitsyne a consacré à Stolypine le cœur de son ouvrage *Août Quatorze, op. cit.* La figure de Pierre Stolypine est évoquée de façon personnelle dans les mémoires de son fils, Arcady Stolypine, *De l'empire à l'exil* (Paris, Albin Michel, 1996). On consultera également Robert K. Massie, *Nicolas et Alexandra* (Paris, Stock, 1971) ; Leonard Schapiro, *Les Révolutions russes de 1917* (Paris, Flammarion, 1987) ; Marc Ferro, *Nicolas II* (Paris, Payot, 1991) ; André Ropert, *La Misère et la Gloire, histoire culturelle du monde russe* (Paris, Armand Colin, 1992) ; Georges Sokoloff, *La Puissance pauvre, une histoire de la Russie de 1815 à nos jours* (Paris, Fayard, 1993).

« Vous ne me faites pas peur... », rugit-il, tourné vers les députés de la gauche révolutionnaire, dans la seconde Douma. « Vous voulez de grands bouleversements. Nous voulons, nous, une grande Russie ! »

Pierre Arkadievitch Stolypine est né en 1862 dans une famille de la noblesse rurale qui compte Souvorov parmi ses ancêtres. Il ne s'apparente ni à la haute aristocratie cosmopolite ni à la bureaucratie fossilisée de l'empire. De son grand-père, officier de la Garde à cheval et gentilhomme campagnard, il a hérité un immense amour pour le paysan russe, sans rien ignorer des maux qui rongent son pays. L'immense empire est composé à 80 % de populations rurales à peine sorties du servage. Elles sont en partie analphabètes, mais elles sont attachées à leurs traditions et à leur foi. Dans les villes une petite bourgeoisie récente, acquise aux utopies révolutionnaires, côtoie une classe de nobles plus ou moins occidentalisés et irresponsables. Au-dessus, une lourde bureaucratie, peu apte à prendre des initiatives et passablement corrompue. Cet édifice archaïque souffre de l'absence d'étages intermédiaires, et oscille de façon dangereuse du despotisme à l'anarchie.

Après la faculté des sciences de Saint-Pétersbourg, Stolypine entre au ministère de l'Agriculture. À 42 ans, en 1904, il devient à la tête de la province de Saratov le plus jeune gouverneur de Russie. Peu après sa nomination, commence l'époque des troubles révolutionnaires. À l'automne 1905, le général Sakharov, aide de camp de l'empereur, envoyé à Saratov pour réprimer les émeutes, est tué par une bombe dans la propre maison de Stolypine.

Ce n'est pas le premier attentat essuyé par le jeune gouverneur, que l'on a déjà essayé de tuer trois fois. Mais il sait que les émeutes paysannes qui roulent en incendie, de domaine en domaine, ne sont pas seulement le fruit de l'agitation révolutionnaire. Elles sont des explosions de désespoir causées par un système aberrant. Tout est sapé par le *mir* qui interdit au paysan d'être maître sur sa terre et d'y consacrer son avoir.

Le bruit de ses exploits est parvenu à Saint-Pétersbourg. Le 9 mai 1906, à la veille de l'ouverture de la première Douma, alors que le pays sombre dans le chaos, Nicolas II le nomme ministre de l'Intérieur, poste conduisant plus rapidement au cimetière que tout autre. La Russie est à feu et à sang. Avant de songer aux réformes, il faut vaincre la terreur.

Pour restaurer la paix, Stolypine établit des tribunaux d'exception. Moins de trois jours après leur arrestation, les assassins se balancent au bout d'une corde. Six cents sont ainsi pendus avant la fin de l'été 1906 à ces « cravates de Stolypine ». Dans la même période, seize cents fonctionnaires, soldats et gendarmes du tsar sont tombés sous les balles ou les bombes des terroristes.

Le 7 juillet 1906, à la veille de la dissolution de la première Douma, Stolypine a été nommé Premier ministre. Dès lors, tout en poursuivant le rétablissement de l'ordre, il se consacre de plus en plus aux réformes qui lui tiennent à cœur.

Stolypine ne partage pas la répugnance du tsar à l'égard de l'assemblée. Ne craignant pas d'intervenir fréquemment dans les débats pour défendre sa politique, il sait que c'est la condition pour recueillir l'adhésion du pays. Il voit également dans le travail sérieux en commission l'occasion de former une pépinière de futurs hommes d'État qui font dramatiquement défaut à la Russie.

L'espérance assassinée

Pour tous ceux qui rêvent de grands bouleversements, l'ère Stolypine est celle du découragement. Démoralisé, Trotski a regagné les États-Unis. Lénine, réfugié en France, erre, désenchanté, de bibliothèque en bibliothèque.

Les relations du tsar et de son Premier ministre ont été d'abord confiantes. Stolypine nourrit une grande dévotion pour la fonction impériale et une sorte d'affection à la fois respectueuse et protectrice pour la personne fragile et incertaine de Nicolas II. Gagné par la vigueur contagieuse de son ministre, l'empereur ne semble plus douter de lui-même ni de l'avenir. Aussi a-t-il soutenu sans équivoque les projets de décentralisation de l'Empire et la grande réforme de la paysannerie.

Par les lois du 9 novembre 1906 et du 14 juin 1910, Stolypine abolit les entraves du monde rural. Les paysans ont désormais la faculté de sortir du *mir* et de réclamer à la commune la cession de leur lot d'un seul tenant en propriété privée. Une banque paysanne reçoit un fonds de terres provenant de la couronne, afin de les morceler et de les revendre aux paysans avec d'importantes facilités de crédit. Avant 1917, plus de neuf millions de paysans deviennent ainsi propriétaires. Le rendement des terres privées se révèle très supérieur à celui des terres restées dans le système du *mir*. Ce sont ces petits propriétaires ruraux, éléments pilotes d'une agriculture d'avenir, que les bolcheviks extermineront en priorité sous le nom de *koulaks*, de 1929 à 1933.

Stolypine est aussi l'homme du développement industriel et plus encore celui de la colonisation de la Sibérie. L'empereur soutient d'abord son ministre contre les adversaires des réformes, mais, avec le temps, plusieurs influences contribueront à troubler leurs relations.

Pour son malheur, Stolypine s'est fait, bien malgré lui, un ennemi de l'impératrice. Même vis-à-vis du Premier ministre, le tsar et son épouse sont parvenus à tenir secrète la maladie du tsarévitch. On sait naturellement que le tsarévitch est de santé fragile, mais en dehors de l'étroit cercle familial, personne ne soupçonne l'hémophilie de l'enfant impérial.

Stolypine lui-même l'ignore. Ainsi le Premier ministre ne s'explique-t-il pas la présence au palais d'un personnage aussi douteux que Raspoutine, sur qui courent les rumeurs les plus scandaleuses.

Voyant le scandale grossir, il décide d'éloigner Raspoutine de Saint-Pétersbourg. L'impératrice en concevra une haine inexpiable à l'encontre du ministre. Il lui semble que Stolypine a intentionnellement tranché le lien auquel est suspendue la vie de son fils.

Quand il est assassiné deux ans plus tard à Kiev, le 14 septembre 1911, par un jeune révolutionnaire juif nommé Bogrov, le ministre est tombé dans une complète disgrâce[1].

C'est à l'étranger que l'on prend la mesure exacte de l'attentat. On comprend que ce n'est pas un individu qui a été frappé, mais la nation russe. Toute la presse européenne souligne la perte irréparable du plus grand homme d'État de l'Empire. Chacun sent que la disparition de cet homme ferme et avisé aura en politique étrangère d'aussi graves conséquences que pour la stabilité intérieure de la Russie.

De fait, avec un Stolypine aux affaires durant l'été 1914, l'Europe n'eût sans doute pas dérivé comme elle le fit. Le grand ministre eût conforté le tsar dans ses intentions pacifiques, s'opposant aux débordements de l'état-major. La paix eût été vraisemblablement sauvegardée et la révolution évitée.

L'agitation révolutionnaire gagne du terrain

Après l'assassinat du ministre, les révolutionnaires vont retrouver des conditions favorables au développement de leur action.

De 1907 à 1914, le petit parti de Lénine bénéficie de circonstances inattendues. Contrairement aux socialistes-révolutionnaires, les bolcheviks ne préconisent pas l'usage systématique du terrorisme. Ils usent secrètement de la violence armée pour se procurer des fonds. Ce sont les « ex » (expropriations), où s'illustre au Caucase un certain Koba que l'on connaîtra plus tard sous le nom de Staline. De plus,

1. Sur les circonstances de l'attentat et sa préparation, Dominique Venner, *Treize meurtres exemplaires*, Paris, Plon, 1988.

les bolcheviks refusent de collaborer avec les autres groupes révolutionnaires qu'ils semblent combattre avec plus d'énergie que le régime lui-même.

Pour ces raisons, le parti de Lénine jouit d'un préjugé favorable à l'Okhrana, dont la subtile politique vise toujours à utiliser certains révolutionnaires contre d'autres. Elle favorise donc son développement au détriment des socialistes-révolutionnaires. La police infiltre dans ses rangs plusieurs agents, dont le plus fameux sera Roman Malinovski, futur représentant personnel de Lénine en Russie et porte-parole talentueux des thèses bolcheviques à la Douma[1]...

Cette période est doublement bénéfique pour le parti bolchevique. Les luttes sectaires entre exilés, auxquelles Lénine consacre l'essentiel de son énergie et de son attention, vont se révéler une irremplaçable école de tactique et de stratégie politique. Comme le souligne Alain Besançon : « Les procédés qui permettent de conquérir une majorité dans un congrès infime et la prépondérance dans un journal confidentiel restent valables à n'importe quelle échelle et conviennent fort bien à la conquête d'un État géant[2]. »

Méditant l'échec de 1905, le parti bolchevique comprend la nécessité de s'attaquer à l'armée de l'intérieur. Dès le début de la guerre mondiale, il élabore des techniques de décomposition qui porteront leurs fruits bien avant 1917.

« L'état d'esprit des troupes inspire les plus vives inquiétudes », consigne dans son rapport d'octobre 1916 un inspecteur des services de ravitaillement envoyé sur le front Nord, considéré comme le mieux tenu. « Des incidents sanglants ont eu lieu. Les soldats se montrent très arrogants. Ils accusent ouvertement leurs chefs de concussion, de lâcheté, d'ivrognerie, voire de trahison. On rencontre par milliers des déserteurs

---

1. Malinovski sera exécuté par la Tcheka en 1918.
2. Alain Besançon, *Être russe au XIXe siècle*, Paris, Armand Colin, 1974.

qui terrorisent la population locale, laquelle exprime le regret de ne pas voir venir les Allemands [1]. »

Depuis le début de l'été 1916, circule dans les unités une *Lettre du front*, due à des socialistes-révolutionnaires de gauche. Cette feuille donne des consignes pour le cas où les soldats seraient engagés dans la répression de mouvements populaires. La police n'ignore pas que des cellules révolutionnaires se constituent dans les dépôts et sur les arrières du front, mais à cette époque elle est elle-même trop affaiblie pour intervenir.

Assassinat de Raspoutine

La décomposition de l'armée, sensible dès que l'on quitte la ligne de feu, est aggravée par la médiocrité du commandement, exercé par les innombrables aspirants *praporchtchik* nommés en hâte et sans véritable formation, pour combler les pertes dans le corps des officiers. Beaucoup de ces civils en uniforme subissent avec peine les dangers, les fatigues et les privations de la vie du front. Pour eux, la guerre n'est que souffrance. Ils sont incapables d'agir sur la troupe, de ranimer l'âme de leurs hommes.

« Dans le haut commandement, écrit le général Wrangel, certains chefs souffraient cruellement des erreurs funestes que commettait l'empereur, voyaient venir et grandir le danger, et, s'abusant sincèrement, croyaient à la possibilité d'une révolution de palais, d'un coup d'État sans effusion de sang. Cet état d'esprit avait un représentant convaincu en la personne du général Krymov, mon supérieur immédiat, commandant de la division des cosaques d'Oussouri, dont faisait partie le régiment des cosaques de Nertchinsk, placé sous mes ordres.

---

1. Cité par Gérard Walter, *Histoire de la révolution russe*, Paris, Gallimard, 1953.

Que de fois, pendant des soirées d'hiver entières, ne s'était-il pas efforcé de me démontrer que les choses ne pouvaient plus marcher de la sorte, que l'on devait trouver des hommes qui élimineraient l'empereur sans tarder un jour de plus[1]. »

Wrangel ajoute que, dans le haut commandement, certains « désiraient une révolution dans des buts purement personnels, espérant trouver là un champ pour leur ambition ou bien profiter des troubles pour régler leurs comptes avec des chefs détestés... ».

En décembre 1916, plusieurs membres de la famille impériale tentent d'ouvrir les yeux de Nicolas II sur la douteuse personnalité de Raspoutine et sur la gravité de la situation. Vaine tentative. Raspoutine reste intouchable, alors que tous les mécontentements et toutes les haines de la bonne société se concentrent sur son nom. Plusieurs projets d'assassinat sont élaborés dans l'aristocratie.

Le matin du 30 décembre 1916, Petrograd est réveillé par l'annonce du meurtre. Les trois acteurs de ce drame oriental sont l'équivoque et richissime prince Youssoupoff, son ami le grand-duc Dimitri, et le député de droite Pourichkevitch.

« La nouvelle a excité chez les officiers une joie débordante et bruyante, s'étonne le général Janin, chef de la mission militaire française. Une bataille gagnée avec cent mille prisonniers n'en eût pas excité davantage. »

Dans son journal, la nuit même, à deux heures et demie du matin, le grand-duc Nicolas Mikhaïlovitch[2], homme paisible, esprit libéral, historien érudit et membre à ce titre de l'Institut de France, consigne ses pensées tumultueuses. Elles donnent la mesure du tourment des esprits : « Dieu merci ! Le cauchemar de ces jours derniers a pris fin. Autrement, à mon âge, je serais devenu assassin moi-même, moi qui abhorre le meurtre

1. Général Wrangel, *Mémoires*, Paris, Tallandier, 1930, p. 5-6.

2. Ne pas confondre avec le grand-duc commandant en chef de l'armée impériale.

sous quelque forme que ce soit. » Ce qu'il écrit ensuite est encore plus révélateur : « Je n'arrive vraiment pas à comprendre ces jeunes gens [les meurtriers]. Ce n'est qu'une demi-mesure. Car il faut absolument en finir avec Alexandra Féodorovna [la tsarine !] [1]... »

L'annonce d'événements terrifiants

Lorsque commence l'année 1917, il devient évident, sauf pour l'entourage impérial, que l'on galope vers des événements terribles. Les complots se multiplient au plus haut niveau, tandis que les signes annonciateurs d'un cyclone sont perceptibles dans la masse houleuse et grise des hommes en uniforme. Rien ne rend mieux compte du pourrissement du régime que le témoignage du général Guérassimov, ancien chef de l'Okhrana de Saint-Pétersbourg sous le gouvernement de Stolypine :

« Un de mes bons amis, qui occupait un haut poste dans l'armée, m'apprit que le mécontentement était à ce point ancré dans les hautes sphères qu'il avait pris la forme de complots militaires. Un de ces complots englobait les chefs de l'armée, tant au gouvernement militaire de Saint-Pétersbourg qu'aux états-majors du front. Un autre consistait en une grande conspiration de palais dirigée, disait-on, par le grand-duc André Vladimirovitch, et à laquelle prirent part presque tous les grands-ducs et les officiers de leur entourage. Le programme de ces deux groupes était identique : l'abdication de l'empereur et la proclamation du prince héritier comme son successeur, sous la régence du grand-duc Michel Aleksandrovitch. »

1. Dans ses lettres à Frédéric Masson publiées par Payot en 1968 sous le titre *La Fin du tsarisme*, le grand-duc est moins explicite.

Ces révélations faites sur le ton de la conversation mondaine plongent l'ancien chef de la police dans un abîme de perplexité. Son devoir lui dicte d'aller trouver les dirigeants de l'Okhrana et de les avertir. Mais d'un autre côté, se sentant en pleine sympathie avec les organisateurs de ces complots et pensant que le seul moyen de prévenir l'explosion populaire est de hâter la révolution par en haut, il décide de se taire. « La situation était à ce point tragique, estime-t-il, que seul un changement rapide de chef de l'État pouvait encore empêcher la révolution et sauver le régime et la dynastie [1]. »

Illusions. L'abdication du tsar, arrachée par les chefs militaires et les politiciens libéraux à la faveur des émeutes de Petrograd, déchaînera un ouragan qui les balaiera, eux et leurs combinaisons, comme poussière.

---

1. Général Guérassimov, *Tsarisme et terrorisme*, Paris, Plon, 1934. L'ancien chef de l'Okhrana de Saint-Pétersbourg, disgracié, était à la retraite en 1917.

Chapitre II

Février : la révolution de Kerenski

Émeutes de la faim à Petrograd

En janvier 1917, les prix montent brutalement. On assiste à la fermeture en masse de commerçants, boulangers, bouchers, crémiers, par suite d'arrivages insuffisants de produits alimentaires à Petrograd. Les grossistes ont réduit leurs opérations commerciales, faute de crédits. En prévision de la crise qui approche (d'autres diront : en vue de la précipiter) les banques ont retiré leurs capitaux, exigeant les remboursements de prêts, ce qui contribue à désorganiser encore la vie économique.

Les éléments s'en mêlent ! Vers le 14 (27) février, des tempêtes de neige arrêtent les trains de céréales qui roulent vers la capitale. Le 16 février, en accord avec le commandant de la place, la municipalité de Petrograd décide de rationner le pain au moyen de cartes. Affolés, les petites gens se précipitent sur les boulangeries, qui sont instantanément pillées. Les volets sont enfoncés, les vitres brisées, les installations détruites. Par contagion, les boucheries, les épiceries et autres commerces d'alimentation subissent le même sort.

Durant les journées du 18 et du 19, des rassemblements houleux se forment devant les boutiques éventrées. La foule exige : « Du pain ! » Le gouvernement reste passif. Il dispose pourtant du moyen de satisfaire la population.

Le 23, des femmes se rassemblent à Vyborg, le faubourg ouvrier de Petrograd, et marchent vers l'hôtel de ville, scandant le même cri : « Du pain ! » Les organisateurs des partis révolutionnaires : les bolcheviks et les socialistes-révolutionnaires tentent de s'opposer à cette manifestation. Ils estiment que « le temps de passer à l'action n'est pas encore venu ». Cependant, des étudiants membres du groupuscule des « unitaires » s'infiltrent dans le cortège, déploient des drapeaux rouges et des banderoles et crient des slogans hostiles au régime et à la guerre. La police montée disperse difficilement la manifestation qui se reforme dans les petites rues jusqu'à la nuit.

L'ambassadeur de France offre à dîner en son hôtel à une assistance brillante. Les incidents de la soirée jettent une ombre sur la réception.

Le 24, les femmes de Vyborg reviennent à la charge. But de la manifestation : comme la veille, la perspective Nevski, cœur de la capitale. Leurs rangs sont considérablement grossis par les grévistes des usines Poutilov et Erikson qui ferment leurs portes. Les premières vagues de manifestants parviennent sur la Nevski peu après midi. Cette fois, on ne demande plus du pain, mais on réclame la république. En avant, des enfants, suivis par les femmes, et, à l'arrière-plan, la masse des hommes qui ne cesse de grossir.

Pendant tout l'après-midi, la police s'efforce en vain de disperser les cortèges qui piétinent dans la neige. Elle y parvient dans la soirée avec l'appui d'une compagnie du 3e régiment de tirailleurs de Sa Majesté, et le secours du froid.

Jusqu'alors, les principales organisations révolutionnaires sont restées passives. Devancées par la masse, elles se mettent à leur remorque. Dans la nuit, le comité bolchevique lance un appel pour la création immédiate de soviets « dans les usines, dans les casernes, dans les villes ».

Samedi 25 février (10 mars). On reprend le schéma des jours précédents : marche sur la Nevski. Des pancartes et des banderoles sont prêtes : « À bas le tsarisme ; à bas la guerre ! » Les manifestants se sont armés avec les moyens du bord. Quelques revolvers, des barres de fer, des bouteilles, des boulons. Un policier qui passe dans un fiacre est arraché de sa voiture, on lui prend son sabre et son revolver puis on le relâche.

D'autres ont moins de chance et sont lynchés. Ce sont des indices d'aggravation qui devraient inquiéter le pouvoir, le pousser à agir. Il reste inerte, et s'en remet aux seuls moyens de police.

Mutinerie des cosaques

Sur la Nevski, la police montée lance plusieurs charges. Des cosaques sont là également, sur leurs petits chevaux poilus. Mais, ô surprise, on les voit prendre ouvertement le parti des manifestants. Au début de l'après-midi, un commissaire de police sur le point d'être débordé supplie l'officier qui commande une *sotnia*[1] de le dégager. Le toisant de sa monture, celui-ci répond nonchalamment qu'il n'est pas chargé de garder ce côté-là de la rue. Une heure plus tard, une patrouille de cosaques charge des policiers qui entraînent des manifestants arrêtés, et les fait s'échapper.

Ce comportement d'un corps d'élite réputé pour sa fidélité au tsarisme ne peut surprendre que ceux qui ignorent l'évolution de l'armée, et des cosaques en particulier, depuis 1914.

La fidélité cosaque reposait sur les particularités de leur statut et sur des privilèges très anciens, confirmés au XVIIIe siècle. Contrairement aux autres populations rurales de l'Empire, ils ne furent pas réduits au servage et leurs terres ne furent pas distribuées à la noblesse. Ils restèrent des hommes libres, des paysans armés. En échange de ces franchises et du maintien de leurs institutions démocratiques (assemblées et chefs élus), ils eurent la charge de défendre les frontières et furent astreints à vingt ans d'obligations

1. Escadron cosaque.

militaires marquées par un long service et des périodes régulières. Par surcroît, ils devaient fournir leur cheval d'arme et leur équipement.

Leur rôle dans la répression des troubles de 1905 a masqué l'ambiguïté profonde sur laquelle reposent les relations des cosaques et du tsarisme. Car c'est pour vivre libres qu'ils étaient devenus les gardiens de l'autocratie. Cela ne posait d'ailleurs aucune difficulté pour eux à l'époque. Ils nourrissaient le plus épais mépris, voire même de la haine pour tous ceux qui leur étaient étrangers et qui, par définition, représentaient un danger pour leur façon de vivre. Ils ont traité les ouvriers révoltés de 1905 comme des moujiks voleurs de terres. Leur sauvagerie naturelle a fait le reste.

La contradiction fondamentale de leur statut n'en subsistait pas moins. La guerre, trop meurtrière et trop longue pour eux aussi, la fera éclater. Les appels à la liberté ne pouvaient pas ne pas éveiller un profond écho en eux.

La garnison de Petrograd étant peu sûre, il avait été convenu d'y envoyer au repos à tour de rôle des régiments cosaques retirés du front. Dès leur arrivée, ils étaient mis à la disposition de la police qui les utilise pour des patrouilles, des gardes et des interventions musclées, leur réservant les tâches les plus rebutantes du maintien de l'ordre. Ces abus ont pour résultat de monter les cosaques contre les policiers.

Le 4e régiment de cosaques du Don se trouve « au repos » à Petrograd en février. Il y est arrivé depuis quatre mois et les innombrables corvées qu'on lui impose ont développé chez les cosaques et leurs officiers une grogne qui ne demande qu'à se manifester.

Une garnison délabrée

La garnison de Petrograd compte par ailleurs 170 000 hommes que l'on peut difficilement appeler des soldats. Ils traînent, inutiles et désœuvrés, dans des casernes lugubres et des dépôts d'instruction sans instructeurs. Une seule préoccupation domine cette masse sous-encadrée : ne pas être envoyée au front, échapper à l'abattoir. Si des gens sont prêts à crier : « À bas la guerre ! », ce sont eux. Dans toutes les unités, il existe des cellules révolutionnaires qui ont la partie belle.

La Garde n'échappe pas à cette loi commune. Il faut dire qu'elle n'est plus que l'ombre d'elle-même. Ses officiers et ses hommes ont été tués sur tous les fronts depuis 1914. Et, dans les dépôts de la capitale, leurs successeurs sont à l'image des autres troupes de l'arrière : en dessous du médiocre.

Le seul moyen imaginé par le commandement militaire pour éviter la contamination des troupes par les révolutionnaires est de les consigner dans les casernes, ce qui n'améliore pas leur moral.

Les officiers sont à l'image de l'arrière. Médiocres ou franchement incapables. Quant au corps des sous-officiers, il est quasi inexistant. C'est une des graves faiblesses de l'armée impériale.

Le 25 février (10 mars), plusieurs unités sont mises à la disposition de la police. La 1re compagnie du régiment de la Garde Preobrajenski est chargée d'interdire l'accès du pont qui mène au palais d'Hiver. Le capitaine recommande à ses soldats de ne pas tirer quoi qu'il arrive. Avisant les policiers qui chargent les manifestants, il interpelle le colonel de la police :

– Monsieur le colonel, veuillez immédiatement retirer vos agents.

– Comment ? les retirer ! s'indigne le chef de la police. C'est à vous de donner l'ordre de tirer. Commandez le feu !

– La première salve sera pour vous.

Sur ces bonnes paroles, il rassemble sa compagnie et s'en va.

Une journée indécise

Le lendemain, dimanche 26, tout Petrograd est en ébullition. Le commandant de la place a donné l'ordre incongru d'installer des mitrailleuses sur les toits des édifices publics, c'est-à-dire d'une façon telle que leur efficacité soit nulle [1]. Le reste est à l'avenant. Personne ne peut ignorer que les régiments de dépôts de la capitale sont des foyers d'agitation révolutionnaire et qu'il est exclu de compter sur eux pour rétablir l'ordre. Cependant, aucune mesure n'est prise pour dépêcher sur la capitale quelques troupes sûres. Il en existe cependant parmi les unités du front bien commandées.

Ludovic H. Grondijs, envoyé spécial de *L'Illustration* à Petrograd, note dans son journal : « Qu'un homme résolu, fidèle, sans scrupule, chien de garde du tsar, avec deux régiments de cosaques d'une lointaine tribu et une compagnie de mitrailleuses entre dans la capitale, et cette nuit, une fois de plus, on maîtrisera l'émeute qui n'est pas encore une révolution, on hachera en pièces ces soldats sans discipline, sous les ordres d'étudiants à casquette verte, on changera le ministère responsable d'une si dangereuse conflagration, et tout sera fini [2]. »

Peut-être. Mais le serpent se mord la queue. Un pouvoir capable d'une telle énergie, d'une telle décision, ne se serait pas laissé enfermer dans cette impasse. La force brutale ne peut réparer les ravages de l'imprévoyance, de l'aveuglement et de la déraison. Enfin, la part active prise par la plupart des chefs militaires dans les complots visant au renversement de Nicolas II exclut toute intervention efficace de l'armée.

Le gouvernement et le général Khabalov disposent du moyen de mettre fin aux désordres. L'intendance et les coopératives privées de la capitale ont des stocks de ravitaillement considérables. Il suffirait de les distribuer pour éteindre le principal foyer de mécontentement. Ils n'y songent pas. Quelques jours plus tard, le Soviet de Petrograd s'en chargera après les avoir renversés.

---

1. L'efficacité d'une arme automatique tient à la rasance du feu.
2. Publié par *L'Illustration* du 21 avril 1917.

Ce dimanche 26 février (11 mars) est surtout remarquable par la propagande acharnée que mènent ouvertement des civils – agitateurs des partis révolutionnaires – dans les rangs des régiments formés en barrages sur les grands axes et les carrefours de la ville. Ces prêches incessants ne restent pas sans résultat. Des hommes de la 4e compagnie du régiment Pavlovski ouvrent le feu sur un régiment de la Garde pour protéger des manifestants. C'est encore une exception. Dans l'ensemble, l'habitude de la subordination reste plus forte. La compagnie mutinée est rapidement désarmée.

Des détachements du Volynski tirent au commandement des salves sur la foule ameutée place de Kazan et place Znamenskaïa, provoquant des débandades éperdues.

À la nuit tombée, on entend encore des coups de feu sur la perspective Nevski. Dans les petites rues voisines, des bandes de soldats tiennent des conciliabules et dépêchent des émissaires vers d'autres groupes armés que l'on distingue confusément.

Vers minuit, le calme semble revenu. L'infanterie barre la perspective Nevski. Les soldats ont arraché les pavés de bois pour les brûler. Leurs feux de bivouac rougeoient sur la neige.

La journée du 26 février a été indécise, mais elle semble se terminer à l'avantage du pouvoir. C'est dans la nuit et à l'aube du lundi 27 février (12 mars) que tout basculera et que la défection de l'armée deviendra définitive. Que s'est-il passé ?

Premier assassinat d'un officier

Tout a commencé dans l'après-midi du dimanche quand une compagnie d'élèves sous-officiers du régiment Volynski, placée devant l'hôtel de ville et commandée par le capitaine Lachkevitch, refuse de tirer sur la foule et décharge ses fusils par-dessus des manifestants. Le capitaine passe dans les rangs, menaçant chacun des pires sanctions. Puis il commande aux hommes de tirer à tour de rôle, sous sa surveillance. Cette fois, il y a des tués et des blessés.

La compagnie est maintenue sur pied jusqu'après minuit. Les hommes sont dans un état d'épuisement physique et moral complet lorsqu'ils regagnent leur caserne vers une heure du matin. Avant de se retirer, le capitaine jette un ordre : se tenir prêt pour le lendemain matin, huit heures.

La chambrée s'endort, mais quelqu'un veille, l'adjudant Kirpitchnikov. Ce sous-officier est l'animateur du comité révolutionnaire clandestin qui s'est constitué au sein du régiment. Après le départ du capitaine, il tient plusieurs conciliabules. Ce qu'il dit porte droit au cœur des hommes encore bouleversés par la journée précédente :

– Savez-vous ce que l'on va faire de vous pour vous punir d'avoir tout d'abord désobéi ? On va vous envoyer au front. La décision est déjà prise.

Pour ne pas partir au front, ces hommes sont prêts à tout.

Le lendemain, quand le capitaine Lachkevitch paraît, la compagnie est déjà rassemblée, fusils chargés. L'officier est accueilli par des huées. Il tient tête. On le menace. Il se retire précipitamment. Un coup de feu claque. L'officier s'effondre. Un mince filet de sang s'échappe de ses lèvres.

La mort du capitaine Lachkevitch, tué par ses propres hommes de l'illustre régiment Volynski, annonce le début de la révolution.

L'adjudant Kirpitchnikov lance un ordre : « Tout le monde dehors ! » Une multitude vociférante se rue dans la cour, piétinant le cadavre du capitaine. On tire en l'air. On hurle des hourras. Tous les officiers ont disparu.

Kirpitchnikov sait par quoi il faut commencer. D'abord entraîner les Preobrajenski, dont la caserne est mitoyenne. On bouscule la garde qui s'éclipse. Aucun officier en vue. On se mêle aux hommes du régiment qui se laissent entraîner à l'extérieur.

Les mutins envahissent ensuite la caserne des Pavlovski, dont la 4e compagnie s'est placée, la veille, du côté des émeutiers. Ce sont maintenant plusieurs milliers de soldats révoltés qui déferlent dans la rue. Certains sont surexcités. D'autres suivent en silence, vaguement inquiets.

L'aspirant Astakhov, du régiment Pavlovski, rejoint théâtralement les rebelles. « Frères, je marche avec vous ! » Bref conciliabule avec Kirpitchnikov. Les deux meneurs décident de faire le tour des casernes de la capitale.

On commence par celle du Génie, toute proche. Les sapeurs rallient le cortège après avoir chassé leurs sous-officiers à coups de fusil. Puis c'est au tour du régiment Moskovski, caserné au cœur de Vyborg, le quartier ouvrier, épicentre de l'insurrection naissante. Là, il faut déloger les sous-officiers à coups de mitrailleuse. Le commandant est tué. La foule se rue dans la caserne, pille le dépôt d'armes. Le ralliement de cette unité apporte aux mutins le renfort d'un groupe d'automitrailleuses qui mettra fin aux scrupules de beaucoup d'hésitants durant les heures suivantes.

« Le reste, note le journaliste Ludovic Naudeau [1], fut une avalanche de pourpre et de feu. » Une foule débordée, ivre de joie, où se mêlaient des soldats, des ouvriers, des étudiants, des femmes, des enfants, emporte d'un élan le palais de justice, la prison des Kresty, l'Arsenal, la forteresse Pierre-et-Paul. Tous les commissariats de police flambent. Les troupes envoyées pour combattre les mutins font défection. Des compagnies entières, débonnaires et ravies de ne plus devoir combattre distribuent aux civils leurs fusils et leurs cartouches. On tiraille un peu partout, et ces salves désordonnées jettent l'affolement dans les rangs de ceux qui les ont provoquées. »

Attaché à l'ambassade de France, Louis de Robien consigne minutieusement le déchaînement de l'orage : « Dans l'après-midi, la fusillade a repris avec une telle intensité que j'ai cru tout d'abord à l'arrivée de troupes venues rétablir l'ordre... Mais ce sont seulement des soldats qui,

1. Ludovic Naudeau, *Les Dessous du chaos russe*, *op. cit.*

s'imaginant que des policiers, qu'on appelle maintenant des "pharaons", sont cachés sur les toits des églises et des maisons, sont pris d'une véritable phobie. À chaque coin de rue, les camions s'arrêtent, et leurs mitrailleuses braquées vers le haut dévident leurs bandes... Les balles retombent sur les assaillants ou sur des soldats d'une autre troupe, ce qui leur donne l'impression qu'on leur répond. Aussi l'on tire de tous côtés[1]. »

Des soldats fuient éperdument, l'air affolé. Ils se débarrassent de leurs armes pour courir plus vite. Il y en a tout un tas devant l'ambassade de France. Un diplomate, Chambrun, ramasse un fusil ; il est tout rouillé, la hausse est faussée, le mécanisme en mauvais état. Il commente : « Rien d'étonnant à ce que des soldats qui entretiennent si mal leurs armes se mutinent. »

Les mutins prêtent serment à la Douma

Un mot d'ordre commence à courir et une partie de la garnison se dirige en masse vers le palais de Tauride, siège de la Douma. Elle veut se mettre à la disposition des représentants de la nation qui symbolisent l'opposition au régime abhorré.

Ces paisibles députés ont commencé de siéger le 14 février (27 février). Il est difficile de ne pas voir dans cette date plus qu'une coïncidence avec le début des troubles séditieux. Non que la majorité modérée de la Douma ait songé à ne point s'en tenir à son habituelle opposition verbale. Elle n'a pas vu sans déplaisir la montée des manifestations porter atteinte au crédit du gouvernement et du tsar. Mais elle n'a pas prévu qu'une éruption prodigieuse de la foule noire et de la soldatesque mettrait subitement en cause, non seulement la per-

---

1. Louis de Robien, *Journal d'un diplomate en Russie*, Paris, Albin Michel, 1967, p. 19.

sonne de l'autocrate, mais la stabilité de l'État, les principes séculaires du droit et les fondements sacrés de la propriété privée...

Le matin même de ce fatidique lundi 27 février (12 mars), la Douma s'apprête à se mettre en vacances, en application du décret de dissolution signé la veille par le tsar « en raison de la gravité des événements ».

C'est alors que dans la majesté de son palais se rue la vague des émeutiers et des soldats brandissant des drapeaux rouges. Les régiments arrivent en rangs serrés, précédés de leurs musiques jouant une *Marseillaise* ininterrompue. Et la Douma, emportée par cette tempête, devient soudainement l'assemblée de la révolution.

Le premier de ses membres à comprendre ce qu'elle doit faire pour diriger ces forces brutalement déchaînées est un avocat socialiste qui va désormais beaucoup faire parler de lui, Alexandre Fédorovitch Kerenski. Il bondit à la tribune, ses yeux lancent des flammes, ses paroles sonnent comme des ordres sur l'assemblée en plein désarroi :

« Ce qui vient de se passer confirme qu'il n'y a plus un instant à perdre. Je vais me rendre immédiatement dans les casernes. Mais il faut que je sache ce que je peux dire aux soldats. Puis-je leur annoncer que la Douma est avec eux, qu'elle se place à la tête du mouvement ? »

Création d'un soviet des ouvriers et des soldats

Mais comment les grands bourgeois de la Douma, révolutionnaires en paroles et conservateurs par nature, pourraient-ils inspirer confiance aux meneurs du soulèvement ? Parmi la foule armée qui envahit le grand hall du palais de Tauride, plusieurs agitateurs songent à renouer avec la tradition du soviet révolutionnaire de 1905. C'est ainsi que les membres du « Groupe ouvrier du Comité des industries de guerre » se réunissent dans la salle n° 12, non sans avoir, fort civilement, obtenu l'accord du président Rodzianko qui n'ose les éconduire. À ce noyau initial, se joignent bientôt les dirigeants des divers mouvements révolutionnaires.

Un comité exécutif du « Soviet des ouvriers et des soldats » se désigne lui-même dans la nuit. Il comprend trois députés socialistes de la Douma, dont Kerenski, deux dirigeants bolcheviques, Chliapnikov et Molotov, ainsi que des socialistes-révolutionnaires et des mencheviks. Un bolchevik assure la présidence, N.D. Sokolov, mais c'est Kerenski, avec son talent de cabotin, qui dominera les débats.

C'est dans la journée du 27 février (12 mars) que les socialistes de toutes tendances ont lancé le mot d'ordre de l'élection de députés au Soviet de Petrograd, à raison d'un pour mille pour les ouvriers, et d'un par compagnie pour les soldats. Pour les S-R (socialistes-révolutionnaires) et les mencheviks, le soviet est un organe d'autogestion populaire et de maintien de l'ordre qui n'a pas à se substituer à l'État. Le gouvernement et les questions constitutionnelles sont l'affaire des partis bourgeois de la Douma. Les bolcheviks n'ont pas d'opinion précise sur la question. Lénine se chargera bientôt de leur en donner une. Malgré son éloignement depuis Genève d'où il suit avec avidité les événements de Russie, il écrira bientôt pour préciser que le soviet doit devenir un organe insurrectionnel et l'embryon du futur État révolutionnaire.

Dès sa première séance, le comité exécutif du soviet décide de se doter d'une force armée. Il crée une milice ouvrière (les « gardes rouges »). Le principe est d'armer 10 % des ouvriers de Petrograd. La formation de cette milice est confiée au colonel Mstislavski, professeur à l'Académie militaire, qui avait adhéré en 1905 à l'Union des officiers révolutionnaires. Le comité exécutif décide aussi de veiller à l'approvisionnement de la capitale. Il se dote également d'un journal, les *Izvestia* (Les Nouvelles), dont la direction est confiée à des intellectuels bolcheviques.

À l'autre extrémité du palais de Tauride, les députés bourgeois de la Douma se félicitent d'enregistrer le ralliement des officiers de plusieurs régiments de l'ex-Garde. Mais la confiance des soldats est d'emblée acquise au soviet. Tandis que la Douma s'empare des apparences du pouvoir, le soviet n'est pas loin d'en posséder la réalité. Il suffit d'attendre que les circonstances surgissent pour que sa force se manifeste.

Dans la situation très particulière de la Russie de 1917, les revendications des paysans (c'est-à-dire des soldats) s'identifient provisoirement à celles des révolutionnaires : la paix et un bouleversement social qui, dans leur esprit, signifie le partage des terres. Le soviet est d'emblée populaire auprès des soldats d'origine paysanne parce qu'ils croient pouvoir compter sur lui et non sur la Douma pour réaliser leurs rêves.

Une grève insurrectionnelle des soldats

La révolution de Février (mars) n'est pas, comme on le dit couramment, une « révolution bourgeoise ». C'est une énorme sédition militaire, une gigantesque grève insurrectionnelle de soldats, greffée sur des troubles prolétariens d'importance limitée et savamment exploitée par une minorité de révolutionnaires dont l'audace et le fanatisme compensent le petit nombre.

Si l'on en croit les chiffres ultérieurement publiés par les bolcheviks, les combats de rue des jours précédents auraient fait près de 1 400 victimes, dont 869 soldats, 237 ouvriers et 276 étudiants et divers.

Au cours des journées qui suivent le lundi « historique », la ruée triomphale vers le palais de Tauride continue, au son des musiques, sous l'envol des drapeaux rouges. Gagnés par l'ivresse générale, instruits par la mise à mort de leurs collègues plus téméraires, les officiers prennent place dans le cortège, au milieu de foules armées dont ils sont plus les prisonniers que les chefs.

À ceux qui refusent de s'incliner, on fait la chasse. Le général Stackelberg, d'ascendance franco-balte, est massacré sous les yeux de sa femme et son cadavre est jeté à la Neva. Le général Tchartorigski subit le même sort.

L'exemple du ralliement vient de haut. L'un des premiers pèlerins à se précipiter au palais de Tauride est le grand-duc Cyrille, cravaté de rouge, à la tête de l'Équipage de la Garde.

Louis de Robien ne cache pas le mépris que lui inspire ce spectacle : « Nous avons rencontré huit vieux généraux qui, eux aussi, se dirigeaient vers la Douma pour prêter serment. Quatre d'entre eux avaient la croix de Saint-Georges. Tous portaient des brassards rouges... Tous les officiers doivent en effet faire leur soumission et prêter serment à la Douma. De plus, ils sont obligés de se faire immatriculer par une organisation installée dans le cercle militaire [1]. » Les officiers comparaissent devant un comité composé d'étudiants et de simples soldats qui siège à une grande table, au milieu d'une foule vociférante. On leur délivre des certificats à trois degrés : carte d'identité, carte de libre circulation et enfin, pour ceux qui ont donné des gages, une sorte de carte de civisme les confirmant dans leurs fonctions.

Le triomphe de l'indiscipline devient, par son unanimité, une sorte de discipline inversée, qui balaie tout. « Des camions automobiles où se serraient, coude à coude, des troupiers, louvoyaient à travers la ville, se ruaient à toute vitesse vers des ailleurs que leurs conducteurs eux-mêmes ne connaissaient pas. Sur les garde-boue, sur les marchepieds de ces véhicules, des soldats, très convaincus de la grandeur de leur rôle, étaient vautrés, l'arme épaulée, dans l'attitude du tireur couché, le cou redressé, la nuque raidie, l'œil perdu dans l'espace, pareils à ces figures allégoriques sculptées à l'étrave des anciens voiliers. Sublimes de bêtise dans leur surveillance obstinée des derniers gendarmes, ils s'imaginaient encore en voir embusqués là-haut, parmi les cheminées et les clochetons [2]. »

---

1. Louis de Robien, *Journal d'un diplomate en Russie*, *op. cit.*
2. Ludovic Naudeau, *Les Dessous du chaos russe*, *op. cit.*, p. 172.

De ces camions sont lancés sur la foule, par milliers, les exemplaires des *Izvestia*, imprimés et répandus dès le premier jour de la révolution par le soviet, alors que tous les autres journaux ont cessé de paraître.

Rôle du parti bolchevique

L'explosion de la colère populaire est-elle, comme on le dira, une déflagration spontanée, ou bien l'œuvre des partis révolutionnaires ? La réponse semble être à mi-chemin de ces propositions extrêmes.

Le fait certain, comme l'a très clairement montré l'historien soviétique Roy Medvedev [1], c'est que personne n'avait prévu ni préparé sous cette forme l'explosion initiale de Février 1917. Cependant les partis révolutionnaires avaient fourni un effort intense dans les années précédentes. Les partis bourgeois, les monarchistes libéraux, en critiquant publiquement le pouvoir tsariste, préparaient eux aussi la révolution. « Mais, observe Medvedev, ce sont les bolcheviks qui accomplirent le plus gros travail de préparation en 1916 surtout et en janvier-février 1917. En fait, seuls les bolcheviks surent conserver et dans l'armée et dans les principaux centres industriels une organisation clandestine bien ramifiée. »

À la veille de la révolution de Février, Chliapnikov, représentant de Lénine en Russie, écrit dans un rapport au Comité central de son parti : « En comparaison de ce qui se passe chez les autres, notre situation est magnifique. On peut dire que nous sommes les seuls à avoir en ce moment une organisation qui couvre toute la Russie (...). Le mécontentement est à son comble dans le pays. L'ouragan révolutionnaire peut se déchaîner à tout moment. Le climat est menaçant. »

---

1. Roy Medvedev, *La Révolution d'octobre était-elle inéluctable ?*, Paris, Albin Michel, 1976.

En février 1917, le parti compte dans tout le pays 24 000 adhérents, dont 2 000 à Petrograd et 600 à Moscou. Si les développements rapides des événements ont surpris les bolcheviks comme les autres, très vite, ils s'associent au mouvement et mettent en avant leurs hommes afin d'encadrer le déferlement des énormes foules militaires et prolétariennes.

Le haut commandement contre le tsar

À la Stavka (le GQG) de Mohilev, les nouvelles de Petrograd sont parvenues atténuées. Le dimanche 26 février (11 mars) on communique à l'empereur une dépêche du gouverneur, le général Khabalov : « Les désordres continuent. Impossible d'exécuter les ordres de Sa Majesté. »

Tard dans la soirée, le chef d'état-major général, le général Alexeiev, entreprend une démarche insolite. Il prie instamment le tsar de nommer un nouveau chef de gouvernement « qui ait la confiance de la nation », c'est-à-dire de la Douma. Il lui conseille au surplus de se rendre en personne à Petrograd, dans cette capitale où l'émeute triomphe.

Nicolas écoute sans mot dire et va se coucher. Le lendemain, jour où tout bascule à Petrograd, il reçoit successivement, vers midi, deux télégrammes de l'impératrice qui réside à Tsarskoïe Selo : « La révolution a pris des proportions effroyables », puis : « Des concessions sont indispensables. »

C'est à ce moment sans doute que Nicolas II prend, pour la première fois, la mesure des événements. Pour que l'irréductible Alexandra, toujours si ferme, parle de « concessions », il faut que les choses aient pris un tour vraiment fâcheux.

Il fait appeler le vieux général Ivanov qui, en 1905, avait rétabli énergiquement la situation :

– Je vous nomme commandant de Petrograd, avec pleins pouvoirs. Partez.

Mais Ivanov est maintenant un vieillard sans troupes. Il n'atteindra jamais Petrograd.

À la nuit tombée, le tsar décide de rejoindre sa famille à Tsarskoïe Selo. Au moment de monter dans son train spécial, il n'est pas conscient de la trahison militaire qui déjà l'emprisonne.

Sans doute, la plupart des généraux qui vont imposer l'abdication de leur tsar le feront-ils la mort dans l'âme et au nom d'un devoir qu'ils estiment supérieur : sauver la dynastie et surtout la Russie d'une catastrophe trop prévisible. Les chefs de l'armée allemande, le maréchal von Hindenburg en tête, n'agiront pas autrement en novembre 1918 vis-à-vis de Guillaume II. Dans l'histoire de la Russie, l'armée était plusieurs fois intervenue pour déposer un tsar jugé pernicieux. Ivan VI, Pierre III et Paul Ier ont été ainsi détrônés par leur propre garde. Mais cela se passait au XVIIIe siècle, dans le silence des palais, sans foules immenses grondant aux portes et sans troupes mutinées.

À l'échelon subalterne, sur le front, les réactions sont parfois inverses. Le général de Monkévitz, qui commande une division sur le front roumain, en témoigne dans ses souvenirs : « J'étais sûr de mes soldats, aussi proposai-je séance tenante à mon commandant de corps d'informer le commandant en chef que je me tenais prêt avec ma division à aller où l'on nous dirigerait pour rétablir l'ordre. Je ne sais pas, ajoute-t-il, si ma proposition fut transmise au QG, mais j'en doute ; par la suite, j'appris que le général comte Keller, un excellent tacticien, commandant un corps de cavalerie, avait fait une offre analogue [1]. » Il y en aura d'autres, celles du général Mannerheim ou du général Wrangel, mais elles ne pouvaient nullement convenir à leurs supérieurs les plus élevés qui, à la seule exception du général V. Gourko, voient tous dans les troubles de Petrograd l'occasion attendue de se débarrasser du couple impérial et de ses créatures haïes.

1. Général de Monkévitz, *La Décomposition de l'armée russe*, Paris, Payot, 1919.

Généraux et francs-maçons

Plusieurs chefs militaires se trouvent associés plus ou moins consciemment à la conspiration qui mettra en place le gouvernement provisoire dans les heures suivantes. L'un des historiens de cette période, Grégoire Aronson, s'est efforcé d'apporter sur ce point quelques lumières, attirant notamment l'attention sur le rôle sans doute réel bien que peu connu de la petite franc-maçonnerie russe. Aronson était menchevik et membre du comité central du Bund (organisation socialiste juive de Russie). Il fut emprisonné sous le tsarisme. Président du soviet de Vitebsk en 1917, incarcéré par les bolcheviks en 1918, il put s'exiler aux États-Unis en 1922. Selon lui, il s'agit d'une « organisation peu nombreuse mais influente, qui a joué un grand rôle dans les années décisives 1915-1917, à l'époque de la Première Guerre mondiale et de la révolution de Février. Le trait particulier de cette organisation fut son caractère occulte. Autre trait distinctif : les origines hétérogènes de ses adhérents qui, bien qu'affiliés à des groupes fréquemment hostiles, s'efforcèrent de former un centre politique actif au-dessus des partis[1] ».

Au sein de ce groupe, le député de droite Goutchkov était chargé des relations avec l'armée. « Nous devions gagner les militaires à notre cause, écrit Catherine Kouskova, éminente personnalité de la maçonnerie russe. Le mot d'ordre était : une Russie démocratique et ne pas tirer sur le peuple. Il fallut expliquer cela et longtemps, le milieu est routinier. Le succès fut relativement grand[2]. »

---

1. *Le Contrat social*, vol. VII, n°s 5 et 6 (1963). Également S.P. Melgounov, *Vers la révolution de palais*, Paris, 1939 ; Nina Berberova, *Les Francs-Maçons russes au XXe siècle*, Arles, Actes Sud, 1991.

2. Cité par Aronson.

Le cercle de Goutchkov est notamment composé du général Alexeiev, chef d'état-major général, des généraux Krymov et Konovalov, ainsi que du prince Viazemski. Dans la marine, le « cercle de la Baltique » est animé par le capitaine de vaisseau Jitkov, rédacteur en chef du *Morskoï Sbornik* (« Recueil de la marine »), les capitaines princes Tcherkasski, Dovkout et Rengardten. Ils sont en liaison avec le comte Kapnist de l'état-major de la marine.

Dans ses *Mémoires*, Goutchkov a décrit le plan des conjurés : « Si la révolution n'avait pas éclaté, notre plan eût été probablement mis à exécution. On devait, pendant la nuit, s'emparer du train impérial. On aurait forcé le tsar à abdiquer en faveur du tsarévitch. Des manifestes appropriés avaient été préparés. Qu'aurions-nous fait si le tsar avait refusé de renoncer au trône ? Nous l'aurions probablement arrêté et pendu. Une révolution de palais était l'unique moyen de sauver la Russie et la dynastie [1]. »

Goutchkov et ses amis militaires n'auront pas à se livrer à de telles extrémités, la mutinerie de Petrograd leur fournit l'occasion de parvenir à leurs fins.

Abdication de Nicolas II

Toute la journée du mardi 28 février (13 mars), le train spécial roule vers Tsarskoïe Selo. Le lendemain, 1er mars (14 mars), le général Lomonossov, du service des chemins de fer, homme acquis à la conjuration, détourne le train impérial vers Pskov, QG du front Nord. C'est là que les chefs militaires porteront l'estocade.

À 20 heures, sur le quai de Pskov, le général Rousski, commandant du front Nord, accueille le tsar. Il jouit d'une

1. L'ancien député termine l'exposé de ce plan par une profession de foi qui l'éclaire : « Monarchiste j'étais, monarchiste je mourrai. »

réputation de bon tacticien, mais l'homme est sensible au découragement. Ses nerfs n'ont-ils pas craqué en novembre 1914, sur le front de Pologne ? Sous la casquette grise, son visage est livide. Derrière ses lunettes cerclées de fer, ses yeux accusent une immense fatigue. Ses bottes sont maculées de boue. Il sollicite de l'empereur un entretien immédiat.

Chapitré par Alexeiev, Rousski dissimule sa gêne sous une apparente brusquerie. Il s'efforce de démontrer à son souverain que toute résistance au soulèvement est inutile. Le tsar, qui croyait trouver en lui un appui, découvre un adversaire. Pourtant, on ne parle pas encore d'abdication.

Dans la nuit, Rodzianko, président de la Douma, fait le siège du général qui avouera dans ses *Mémoires* : « Je ne tenais plus debout. » Le dialogue s'échange à travers l'appareil de transmission américain *Hughes*, que les Russes appellent *Iouz*. Cet ancêtre des télécopieurs est une sorte de petit monstre épais, trépidant, sifflant et crachotant qui va devenir l'acteur inévitable, impartial et froid des grandes heures de la révolution, vomissant des heures durant d'interminables rubans vaporeux « chargés d'inexorables messages [1] ».

Rodzianko, sur le ruban du Iouz, se fait pressant. La révolution qui a conquis la capitale et gagne l'armée exige une abdication immédiate, seule capable, assure-t-il, d'éviter l'anarchie et le bain de sang.

Rousski s'inquiète pourtant des conséquences entrevues de l'abdication : « Qu'allons-nous faire si l'anarchie gagne l'armée et si les chefs perdent leur autorité ? »

La réponse rassurante mais présomptueuse du président de la Douma arrive en crachotant : « J'affirme qu'il n'y aura pas d'effusion de sang ni de victimes. Je ne le permettrai pas. »

À l'instant même, les marins mutinés de la base maritime de Kronstadt assassinent le gouverneur, l'amiral Viren, et font la chasse aux officiers, avec la liste de ceux qui doivent immé-

1. La formule est de Gérard Walter.

diatement être mis à mort. Le massacre dure toute la nuit du 1er au 2 mars (14 au 15 mars). Le capitaine Graf, historiographe de ces événements, parle de 77 ou 78 officiers et sous-officiers tués. L'anarchiste Iartchouk en décompte 180 : « Les marins pénétraient dans les demeures de leurs chefs, les traînaient dehors et les fusillaient au bord du fossé [1]. » Deux amiraux, Boutakov et Rein, sont encore assassinés dans la journée du 2 mars. Les tueurs n'ont pas songé à solliciter la permission du président Rodzianko.

Le général Alexeiev intervient

À la Stavka, le général Alexeiev a suivi sur son propre Iouz la conversation. Jugeant Rousski trop timoré, il lui adresse ce message : « Il n'y a pas de choix, l'abdication devient absolument nécessaire. » Puis il expédie aux commandants en chef des cinq fronts le télégramme suivant : « L'abdication de l'empereur Nicolas II est indispensable pour rétablir le calme dans le pays et permettre de continuer la guerre. Si vous êtes du même avis, veuillez en informer aussitôt télégraphiquement Sa Majesté. »

En début d'après-midi, le 2 mars (15 mars), le général Rousski, escorté des généraux Savitch et Danilov, porte au tsar les réponses des cinq commandants en chef (dont la sienne) exigeant l'abdication. Un long silence suit cette lecture. Nicolas II se tourne vers la fenêtre du wagon, un pli amer aux lèvres. Puis, brusquement, il déclare d'une voix ferme : « Je me suis décidé. Je renonce au trône en faveur de mon fils. »

Il est quinze heures [2].

---

1. H. Graf, *La Marine russe dans la guerre et la révolution*, Paris, Payot, 1928. R. Iartchouk, *Kronstadt dans la révolution*, New York, 1923.

2. La relation complète des événements de ces journées a été faite par le général Rousski au grand-duc André qui la transcrivit dans son journal. Elle fut publiée en 1928.

Trois jours après l'abdication, le général Alexeiev dira : « Je ne me pardonnerai jamais mon rôle dans cette triste affaire. J'ai eu le tort de croire à tous les mensonges qui parvenaient de Petrograd. »

Une délégation de la Douma, formée des députés Goutchkov et Chouguine, se verra confirmer l'abdication. L'acte officiel sera rédigé non en faveur du tsarévitch Alexis, mais du grand-duc Michel, frère de Nicolas II. Décision prise après qu'un médecin eut confirmé le caractère incurable de la maladie du petit Alexis. Mais cela n'est que péripétie. Dans les jours qui suivront, sur pression de Kerenski, le grand-duc Michel renoncera à sa prétention au trône, déléguant son pouvoir au seul gouvernement provisoire.

Dans son wagon personnel, vers minuit, le dernier Romanov écrit : « Il n'y a que trahison, lâcheté et fourberie autour de moi. » Son train l'emmène vers le GQG de Mohilev pour ses adieux à l'armée.

Constitution du gouvernement provisoire

Au cours de la même journée, à Petrograd, avec l'accord du comité exécutif du soviet, les membres de la Douma constituent un gouvernement provisoire, dont la plupart des membres, selon Grégoire Aronson, appartiennent à la franc-maçonnerie. Le grand-duc Nicolas Mikhaïlovitch, maçon lui-même, fait l'éloge de cette équipe en des termes qui montrent l'euphorie du moment : « Nous avons un gouvernement de Girondins avec le prince Lvov à la tête, mais le véritable chef est le ministre de la Justice, le socialiste Kerenski, de tout premier ordre ; un homme pareil manquait aux Girondins [plus tard, le grand-duc déchantera]. Le choix des gens est admirable (...). S'ils durent un mois, nous aurons partie gagnée... » Ils dureront huit mois et perdront la partie.

Pour le retour de Nicolas II à Mohilev, les chemins de fer font diligence. Le tsar déchu arrive à la Stavka dans la journée du 3 mars (16 mars).

Dans les rues, les drapeaux rouges remplacent déjà les étendards impériaux. Les plantons, chauffeurs et soldats des services du grand état-major ont constitué un soviet. Sans attendre, le comte Grabbé, chef de la Garde cosaque, s'est mis à la disposition du gouvernement provisoire. Le général Zabel, chef de l'escorte du train impérial, ordonne à ses hommes d'arracher leurs épaulettes marquées au chiffre du souverain. Le baron Nolde, propre aide de camp de Nicolas II, découd lui-même le N brodé sur sa tunique...

Revêtu de la *koubanka* des cosaques de sa Garde, portant seulement la croix de Saint-Georges sur la poitrine, le bonnet de fourrure noire en biais sur son front pâle, Nicolas II adresse ses adieux aux soldats du GQG. Il termine par ces mots qui délient l'armée de son serment envers lui et fondent une nouvelle légitimité :

« Soumettez-vous au gouvernement provisoire, obéissez à vos chefs... »

Quelques hommes pleurent. Les officiers des missions militaires alliées sont blêmes. Le tsar monte dans une automobile. C'est fini. Nicolas est désormais un prisonnier.

Le général Alexeiev se voit confier les fonctions de généralissime [1].

Ce même 3 (16) mars, le général Kornilov, qui a la confiance du gouvernement provisoire, est nommé gouverneur de Petrograd. À ce titre, il accomplit sa première mission le lendemain à Tsarskoïe Selo, pour notifier à l'impératrice son arrestation. Des sentinelles arborant un foulard rouge sont postées devant les portes de l'appartement impérial.

Dès l'annonce de l'abdication, la flotte de la Baltique, basée à Helsingfors (Helsinki) en Finlande, s'est soulevée. Des soviets se sont constitués à bord de tous les bâtiments, ont

1. Au moment d'abdiquer, Nicolas II a désigné le grand-duc Nicolas Nikolaïevitch au commandement suprême. Les soviets feront obstacle à cette nomination. Le grand-duc s'inclinera.

désarmé les officiers et arboré un fanal rouge en haut des mâts. Dans la journée du 4 mars (17 mars), l'état d'exaspération de plusieurs équipages s'aggrave. Des agitateurs venus de l'extérieur montent sur plusieurs navires. Comme à Kronstadt, quelques jours plus tôt, la chasse aux épaulettes commence. Selon le capitaine Graf, trente-huit officiers sont ainsi massacrés durant cette journée, de façon parfois exceptionnellement odieuse.

L'amiral Népénine, chef de la flotte, bien que rallié au gouvernement provisoire, n'en est pas moins assassiné. Son corps restera exposé trois jours durant aux insultes de la foule. Les mutins tirent de sa cabine le vieil amiral Maximov. Il est connu pour ses manières simples et pour sa mésentente avec Népénine. Cela suffit pour qu'on le nomme commandant de l'escadre. Il se laisse orner la poitrine d'un immense ruban rouge et, escorté par les matelots qui viennent d'abattre son prédécesseur, il passe un simulacre de revue, devant la gare, tandis que débarquent quelques députés de la Douma.

Satisfactions contradictoires chez les Alliés et les Centraux

La révolution est saluée par les Alliés comme par leurs ennemis. Les premiers, mal informés et favorables par principe à une démocratisation, attendent des miracles d'un gouvernement provisoire inspiré des grands principes de 1789. Le cours du rouble et des valeurs russes monte à la Bourse de Paris. Le banquier new-yorkais Jacob Schiff télégraphie à Milioukov: « Permettez-moi, en qualité d'ennemi irréductible de l'autocratie tyrannique qui pourchassait sans pitié mes coreligionnaires, de féliciter par votre entremise le peuple russe [1]. »

1. Publié dans le *New York Times* du 10 avril 1917. Jacob Schiff avait notamment aidé de ses deniers Trotski en exil. Aux États-Unis et en

Les Allemands, plus clairvoyants, pressentent une anarchie rapide et un effondrement de l'armée russe capables de renverser la situation en leur faveur. Ludendorff ne s'y trompe pas quand il écrit : « Souvent je rêvais à cette révolution qui devait soulager les difficultés de notre guerre. Aujourd'hui mes rêves se réalisaient d'une façon inattendue. Je me suis senti très soulagé. »

Avec le tsar disparaît l'idée même de l'État. Le peuple russe, et notamment le peuple en uniforme, voit s'évanouir ses anciennes obligations. L'entité abstraite et vague du gouvernement provisoire ne peut remplacer ni ce pouvoir ni ces obligations. « La conscience de l'État, chez le Russe, se nuance fortement d'émotivité. Le Russe cherche à bâtir non pas un État-trust comme l'Anglais, ni un État-régiment comme l'Allemand, mais un État-temple, ce que l'on ne comprend généralement pas. Le Russe adore sa patrie qui, pour lui, est la Sainte Russie. Pas toujours parfaite, bien entendu, sujette aux abus des grands et des forts de ce monde, à la fourberie des fonctionnaires, aux combinaisons louches des profiteurs, sans parler des péchés propres à toute nature humaine. Mais, dans son essence, elle demeure quand même sainte parce que, par-dessus la boue humaine, elle représente une sorte de démocratie spirituelle, force et ressort moral du peuple. Cet amour de la patrie, historiquement, se concentrait sur le tsar, qui, dans l'esprit russe, personnifiait l'État depuis des siècles, comme étant son premier serviteur. En plaçant sa confiance et son amour dans le tsar, le Russe le faisait sur la base d'un échange réciproque. Cela créait un équilibre très stable, puisque spirituel, entre

---

Europe, le soutien de financiers israélites bénéficia parfois aux partis révolutionnaires dans leur lutte contre l'autocratie réputée peu favorable à l'émancipation juive. Voir Éric Laurent, *La Corde pour les pendre*, Paris, Fayard, 1985.

les deux pôles duquel se développait l'histoire de la Russie[1]. »

Attentisme de l'armée

Rares sans doute sont les esprits qui prennent la mesure de l'événement. Sur le front, le sous-officier Gorbatov observe la réaction de la majorité des soldats qui l'entourent : « Puisque c'en est fini avec le tsar, on en aura bientôt fini avec la guerre. Quelques-uns seulement s'inquiétaient : comment allons-nous vivre sans le tsar[2] ? »

Le général Wrangel résume quant à lui son sentiment en une formule lapidaire : « C'est la fin, c'est l'anarchie. »

Le général de Monkévitz, commandant une division sur le front roumain, annonce lui-même l'abdication au régiment d'infanterie proche de son PC. « Un silence sépulcral régnait. Dressé sur la selle de mon cheval et entouré d'une forêt de baïonnettes, je prononçai quelques paroles, m'efforçant de pénétrer au plus profond de l'âme des soldats. Mon petit discours terminé et le silence régnant toujours, je passai dans les rangs du régiment et je ne vis autour de moi que des figures graves et tristes. Il y avait des larmes dans bien des yeux. L'atmosphère était accablante et tendue à l'extrême. En quittant le régiment ce jour-là, 5 mars (18 mars), j'avais encore conscience de mon autorité sur lui. Mais de retour à l'état-major de la division, je sentis mon impuissance devant le désastre menaçant de la Russie[3]. »

Au fort IX d'Ingolstadt sont enfermés deux cents officiers alliés, prisonniers de guerre et coupables de tentatives d'éva-

---

1. Boris Mouravieff, *La Monarchie russe*, Paris, Payot, 1962.
2. *Op. cit.*
3. Général de Monkévitz, *La Décomposition de l'armée russe*, *op. cit.*, 1919.

sion. Parmi eux, le capitaine de Gaulle, mais aussi plusieurs officiers russes, notamment le lieutenant Toukhatchevski. L'annonce de l'abdication semble tout d'abord moins émouvoir les Russes que leurs camarades français ou britanniques. Pourtant, l'un d'eux se lance dans une diatribe inattendue : « Ce que je reproche à Nicolas II, ce n'est pas de n'avoir pas réalisé des réformes, mais d'avoir songé à en réaliser, d'avoir marqué quelque hésitation devant la démocratie occidentale. Il lui fallait retrouver, au contraire, le souffle de Pierre le Grand, la ruse orientale de Catherine II et régner en despote, sans égard à la vie et aux besoins de ses sujets. Leur seul besoin, d'ailleurs, était d'être menés durement dans le droit chemin (...). Le vêtement qui convient à la Russie, c'est le despotisme[1]. »

Le jeune officier qui prononce ces paroles surprenantes est lieutenant au régiment Semenovski. Il s'appelle Mikhaïl Toukhatchevski. Quelques années plus tard, il sera commandant en chef de l'Armée rouge.

1. Propos rapportés sous le pseudonyme de Pierre Fervacque par Rémy Roure, compagnon de captivité de Toukhatchevski, *Le Chef de l'armée rouge*, Paris, Bibliothèque Charpentier, 1928.

CHAPITRE III

OCTOBRE : L'HEURE DE LÉNINE

Kerenski n'est pas Noske

L'abdication de Nicolas II et le ralliement du corps des officiers au gouvernement provisoire annoncent la fin de l'armée impériale. Cependant, ce corps immense de plus de six millions d'hommes mettra plusieurs mois à mourir et à disparaître.

Durant cette longue agonie, les foules en uniforme seront à la fois l'enjeu et l'instrument des luttes politiques qui conduisent à la révolution bolchevique d'Octobre (novembre) 1917.

Le parallèle est tentant avec la situation que connaîtra l'Allemagne au lendemain de l'abdication de Guillaume II et de l'armistice de novembre 1918. L'armée impériale allemande s'effondrera en quelques jours, plus rapidement sans doute que l'armée russe. Mais, contrairement à cette dernière, elle conservera un haut commandement ferme et surtout elle recevra le soutien total d'un pouvoir qui, pour être provisoire, n'en sera pas moins résolu à assumer les fonctions essentielles de l'État : l'ordre à l'intérieur, la défense des frontières à l'extérieur. Ce pouvoir, incarné notamment par le ministre socialiste Noske, s'appuiera sur des formations de volontaires, les corps francs issus des débris de l'armée, pour briser impitoyablement les tentatives insurrectionnelles des spartakistes, émules des bolcheviks.

Dans cet affrontement souvent sanglant, les rôles, par rapport à la Russie, sont inversés, Noske se révélera un homme d'État d'une tout autre envergure que Kerenski, tandis que le spartakiste Liebknecht se conduira en mauvais imitateur de Lénine. Quant aux armées, réserve faite pour la qualité du haut commandement, il existe probablement autant d'atouts dans l'une que dans l'autre. Dans le cours de 1917, il était possible de lever des volontaires déterminés dans l'armée russe comme le prouvera la création des « bataillons de la mort », dont les hommes seront inutilement massacrés dans les offensives de juillet[1]. Il subsiste pourtant une grande différence. Hormis quelques conflits frontaliers et l'aventure du Baltikum, l'armée allemande de 1919 est déchargée du poids gigantesque de la guerre à l'extérieur. Ses forces peuvent donc être employées en priorité à l'intérieur pour la préservation de l'État. La priorité pour l'armée russe de 1917 est inverse. La guerre continue contre l'Allemagne et l'Autriche-Hongrie. Le gouvernement provisoire a proclamé sa fidélité à l'Entente et ses buts de guerre restent ceux de 1914 : le contrôle de Constantinople (Istanbul) et l'accès aux mers chaudes. La poursuite de cette guerre qui a déjà provoqué la chute du tsar entraînera la sienne propre avant la fin de l'année.

Les illusions des libéraux

On comprend que la France et l'Angleterre aient tout fait pour maintenir la Russie dans la guerre, afin de soulager le front de l'Ouest. On s'explique moins la soumission suicidaire du gouvernement provisoire aux intérêts franco-britanniques[2].

1. Le général Mannerheim assure dans ses *Mémoires* avoir songé dès le 2 mars (15 mars) 1917 à créer un mouvement contre-révolutionnaire.
2. Par la voix de son chancelier, l'Allemagne fait implicitement des ouvertures de paix séparées à l'Est, dès le 16 (29 mars) 1917.

Il faut dire que ses membres sont persuadés que l'établissement durable d'un régime copié sur ceux de l'Ouest dépend avant tout de la victoire des démocraties occidentales. Ils vivent aussi dans l'illusion qu'un redressement suivrait automatiquement le renversement de l'autocrate défaillant. « Il nous semblait, dira le général Alexeiev, que la révolution allait apporter un renouveau moral, l'élan et la victoire... »

Les monarchistes constitutionnels, les démocrates libéraux et les socialistes modérés qui constituent le gouvernement provisoire n'ont aucune conscience du raz de marée qui emporte la Russie. Tout à leur rêve tolstoïen de bonheur candide et de douce concorde, de liberté, d'égalité et de fraternité, ces rhéteurs ingénus ne doutent pas que leur révolution, d'un coup de baguette magique, ne change le fruste moujik, affolé par la guerre, en un modèle de raison et de vertus civiques. Ils ne perçoivent rien du cataclysme, dont le sombre murmure, pourtant, annonce la monstruosité. Ils semblent avoir tout oublié, les défaites accablantes, la disette générale, la souffrance des soldats, les exigences de la guerre.

« Ainsi, ricane Ludovic Naudeau, journaliste français présent à Petrograd, la révolution russe débuta par un malentendu tragique. Des messieurs convenables et bien gantés, des libéraux distingués, des savants, des bourgeois riches, des gentilshommes, des écrivains de talent, des historiens avaient voulu, dans un but des plus patriotiques, organiser toute la mise en scène d'un amendement du régime ; ils préparaient une commotion mais qui fût mesurée, tempérée, à risques limités, respectueuse des biens, des titres, des grades, des apanages, des dividendes, et dont le résultat serait une remise de portefeuilles entre de bonnes mains. Et quelles mains eussent pu être meilleures que les leurs ?

« Mais au moment où la répétition du drame commençait, quel tumulte survint ! Une foule qui semblait en léthargie, un public qu'on avait cru passif et respectueux, toute une innombrable ribambelle de croquants, de va-nu-pieds et de sansculottes dont personne jusqu'alors n'avait soupçonné les sournoiseries, s'était à l'improviste ruée sur la scène, frappant à tour de bras non seulement le tsar et ses alguazils, mais aussi rouant de coups tous les Joseph Prudhomme qui avaient voulu inciter le despote à se contenter, comme sceptre, du parapluie de Louis-Philippe [1]. »

Dualité du pouvoir avec le Soviet

Victime de ses illusions, mais aussi de sa couardise, le gouvernement provisoire laisse s'instituer une dualité du pouvoir avec le soviet. Le Soviet, ici avec une majuscule, c'est celui de Petrograd, le premier en date, réunissant ouvriers et soldats. Son exemple et ses mots d'ordre sont repris dans toute l'armée et dans tout le pays. Ce n'est pas qu'il soit uni, cohérent, maître des hommes et des événements. C'est une assemblée disparate où s'affrontent toutes les tendances socialistes et anarchistes. Ce qui fait sa force, c'est d'être le centre vers quoi convergent les pulsions de la soldatesque en furie et d'où partent les directives parfois contradictoires qui entretiennent et amplifient la houle de la marée grise.

L'inconscience et une certaine dose de lâcheté expliquent en partie la passivité du gouvernement provisoire. Il faut y ajouter les motivations secrètes et le tempérament tortueux du personnage central de la combinaison gouvernementale : Alexandre Kerenski. À deux reprises, en mai et en juillet 1917, le futur président et ministre de la Guerre [2] aura la faculté d'écraser le Soviet et sa fraction bolchevique, la plus

1. Ludovic Naudeau, *Les Dessous du chaos russe, op. cit.*

2. Ministre de la Justice lors de la constitution du gouvernement provisoire en mars 1917, Kerenski cumulera le portefeuille de la Guerre en mai, puis deviendra président du gouvernement avec pouvoirs étendus en juillet.

dangereuse. Il s'y refusera délibérément. Ce socialiste de gauche, devenu belliciste par haine des monarchies allemande et austro-hongroise, est doublement hanté, par une soif effrénée de pouvoir personnel et par une méfiance viscérale à l'encontre des officiers de l'ex-armée tsariste. Il craint ceux-ci plus que ses anciens camarades du Soviet au sein duquel il conserve bien des intelligences. Il voit dans le corps des officiers une menace constante de restauration monarchique.

Pour ménager sa propre suprématie, Kerenski pratique une politique d'équilibre entre l'armée et le Soviet, qui lui paraît le comble de l'habileté. Il ne songe pas qu'en tolérant à côté du gouvernement un organe illégal, il mine son propre pouvoir. Il ne voit pas qu'en encourageant implicitement les ferments de dissolution, il détruit irrémédiablement une institution militaire qui lui fera défaut lorsque le Soviet bolchevisé décidera, à son heure, de lui porter le coup fatal.

Le *prikaz n° 1*

L'instrument de la décomposition de l'armée est l'ordre ou *prikaz n° 1* adopté par le Soviet de Petrograd dès le 1er mars (14 mars) 1917, deux jours avant l'abdication de Nicolas II. Mélange de revendications de bidasses mécontents et de dispositions méditées, le *prikaz n° 1* ordonne l'élection de soviets de soldats dans toutes les unités, à partir de la compagnie. Ces soviets reçoivent le contrôle des armes et des véhicules qui sont soustraits à l'autorité des officiers. Ils sont juges des punitions au titre de la discipline.

Ces mesures ont pour effet de transformer les officiers en prisonniers et en otages au sein de leurs unités et de limiter leurs attributions à un rôle de directeur technique des opérations, pour autant que celles-ci aient l'agrément des soviets. Les soldats se voient reconnaître tous les droits politiques sous l'uniforme : adhésion à un parti, diffusion de la presse révolutionnaire, organisation de « meetings » et de manifestations dans les unités. Enfin, les signes extérieurs de respect sont supprimés.

Le *prikaz n° 1* reçoit la caution de plusieurs généraux saisis de panique[1], dont un ancien ministre de la Guerre. Il est affiché sur les murs, et répandu sous forme de tracts, d'articles de presse et de bouche à oreille.

Le gouvernement provisoire ne se sent pas la force d'affronter le Soviet et de condamner son initiative. Goutchkov, dûment chapitré par ses collègues, télégraphie au général Alexeiev, indigné par les rumeurs de Petrograd : « Vous prie instamment de ne pas prendre de mesures sévères contre les fauteurs de troubles. Cela ne ferait que verser de l'huile sur le feu et empêcherait le calme de renaître à l'arrière. Or, si l'arrière ne s'apaise pas, jamais on n'arrivera à rétablir le calme sur le front. » La politique de l'autruche que le gouvernement provisoire suivra jusqu'à son brutal renversement se trouve explicitement résumée dans ces quelques phrases.

Sans recevoir la caution du gouvernement, mais sans être contesté par lui, le *prikaz n° 1* acquiert force de loi. Le cordon sanitaire que le grand état-major tente de tisser pour préserver les troupes du front est vite crevé. Les délégations envoyées « tous azimuts » par le Soviet de Petrograd vont propager la contagion en incendie. Du jour au lendemain, les régiments du front épargnés par l'agitation et soumis à leurs chefs sombrent dans le chaos.

Le cyclone révolutionnaire prend des allures de jacquerie. Les soldats font subir aux officiers le sort que les paysans révoltés réservent au même moment aux propriétaires fonciers, les barines. La haine des officiers, attisée par la propagande révolutionnaire, trouve un aliment dans leurs propres insuffisances, dans le mur qui les sépare de leurs hommes. Contrairement à leurs homologues français ou allemands, la plupart des officiers russes n'ont pas su tisser de liens de

1. Généraux Polivanov, ancien ministre de la Guerre, Tséil et Potapov.

camaraderie avec la troupe. Une certaine désinvolture pour le sort du soldat, une brutalité fréquente, une morgue mal dissimulée vont se payer férocement.

Apathie du haut commandement

Le grand quartier général en la personne du généralissime Alexeiev a perdu la tête dès les premiers jours. Étroitement renfermé dans la conduite des affaires purement militaires, il ne fait aucune tentative pour s'emparer d'une influence dominante sur les événements politiques. Il n'en a d'ailleurs pas les moyens. Privé d'organe d'expression, sans lien avec la presse, timide devant l'opinion publique, il se trouve désarmé.

Il se révèle incapable de donner aux troupes une version claire et satisfaisante de l'abdication qu'il a provoquée, ni de la constitution du gouvernement provisoire qu'il a soutenue. Les mesures de décomposition du *prikaz n° 1* ne lui inspirent que de timides protestations. Il est comme paralysé par l'événement et reste muet, privant l'armée et le corps des officiers de directives fermes et claires sur la conduite à tenir.

Cédant au délabrement général, le GQG va même ordonner la création de soviets dans toutes les unités. Puis il cautionnera l'envoi de commissaires nommés par le soviet, dans l'espoir que ces agitateurs, choisis parmi les amis politiques de Kerenski, pourront rappeler les soldats à leur devoir. « Ainsi, au lieu d'une seule autorité, on en vit apparaître trois de genres différents et tout à fait incompatibles : le commandement, le soviet et le commissaire. Pouvoirs fantômes, sur lesquels pesait, les écrasant de toute sa masse inculte et sauvage, la puissance de la foule[1]. »

---

1. Général Denikine, *La Décomposition de l'armée et du pouvoir*, *op. cit.*

Dans les premiers jours de mars, l'état-major du général Rousski observe dans un rapport que « l'incendie a atteint Dvinsk où on vient d'arrêter le général Bezladnov. Tous les efforts du commandement de la Ve armée pour empêcher les excès sont restés sans effet. On annonce l'assassinat du colonel du 1er régiment de hussards qui s'est mutiné à Réjitza. Partout on tue et on arrête, principalement les commandants de garnison et les chefs d'unité ».

À la date du 14 mars (27 mars), Louis de Robien note dans son *Journal* que « la plupart des officiers de marine de Kronstadt sont à la merci des équipages et sont astreints par ceux-ci aux travaux les plus durs et les plus humiliants. Ceux qui se rebellent sont mis à mort ». Au même moment, le général Dragomirov qui commande un secteur important du front Nord écrit dans un rapport confidentiel que « les arrestations d'officiers continuent. Aux griefs exprimés au début : attachement à l'ancien régime et mauvais traitements infligés aux soldats, sont venues se joindre ces jours-ci les accusations de ne pas respecter l'ordre de roulement dans l'envoi des troupes en première ligne. La combativité de la troupe est tombée à zéro. Toutes les pensées des soldats vont à l'arrière[1] ».

Le gouvernement provisoire, redoutant d'encourir l'irritation du Soviet, surenchérit. Il prescrit aux commandants d'unité de recevoir les délégués envoyés aux troupes du front par d'innombrables commissions exécutives qui fleurissent à la cadence des soviets de toutes sortes. Il abolit la peine de mort dans l'armée, ce qui paraît difficilement conciliable avec le maintien de la discipline et la lutte contre la désertion en temps de guerre[2]. Les officiers qui déplaisent aux soviets

---

1. Kakourine, *La Décomposition de l'armée en 1917*.

2. Dans l'armée française, d'août 1914 à mai 1917, la moyenne mensuelle des condamnations à mort prononcées par les tribunaux militaires est d'une vingtaine et les exécutions de 7 à 8. Les mutineries de 1917 seront suivies de 412 condamnations à mort et de 55 exécutions.

sont chassés. En un mois, 35 généraux de corps d'armée sur 68 et 75 généraux de division sur 240 sont mis à la retraite, sans compter ceux qui démissionnent de leur plein gré, ceux qui se suicident ou sont massacrés.

Pouvoir de la soldatesque et soumission des officiers

Très soucieux de ménager la soldatesque qui vient vociférer sous ses fenêtres, le gouvernement provisoire fait encore droit à une exigence du Soviet de Petrograd qui revendique pour la garnison de la capitale la garantie de ne jamais être envoyée au front. C'est la récompense de son rôle éminent dans le renversement de l'autocratie... La violation de cet exorbitant privilège par Kerenski, en octobre 1917, fera passer la garnison de Petrograd dans le camp bolchevique.

Brimés, insultés, otages des mutins dans leurs propres unités, astreints aux corvées les plus dégradantes sous les quolibets, menacés de mort, la plupart des officiers sombrent dans un désespoir absolu et ne réagissent plus, sinon par la démission ou le suicide. Rares sont ceux qui parviennent encore à affirmer leur supériorité technique et morale.

Pourtant, une attitude ferme, exempte de provocation, en impose parfois aux mutins. À Sébastopol, les matelots révoltés montent sur le navire de l'amiral Koltchak, commandant en chef de la flotte de la mer Noire. Ils exigent la remise de son *korkit*, le sabre de commandement, une arme splendide à poignée en or offerte par Nicolas II. L'amiral refuse. Les matelots s'approchent pour l'arracher. Promptement, l'amiral décroche son sabre et, d'un large mouvement, il le lance dans la mer :

Le tsar me l'a donné, seul le tsar a le pouvoir de le reprendre.

Ce geste inattendu déconcerte les mutins qui abandonnent le navire sans toucher à leur chef.

À Pskov, le général Boldyrev, chef d'état-major du général Rousski, pénètre dans la chambrée des automobilistes placés sous ses ordres. Il s'étonne de ne pas être salué. Un chauffeur répond :

– Le salut est un hommage rendu à l'épaulette. L'épaulette a été établie par le tsar. À présent qu'il n'y a plus de tsar, il n'y a plus d'épaulette. Et puisqu'il n'y a plus d'épaulette, il n'y a plus de salut.

– Et l'argent, les pièces de monnaie avec le portrait du tsar, tu n'en veux pas non plus ? rétorque le général au chauffeur dialecticien.

Celui-ci, un peu désarçonné par cet argument inattendu, essaie de protester :

– Ah mais, c'est que l'argent, c'est...

– C'est tout pareil, conclut péremptoirement le général. Tant qu'il n'est pas remplacé par un autre, l'argent du tsar a cours. De même pour le salut militaire, tant qu'une loi ne l'a pas aboli, il reste obligatoire.

Voici encore le général Wrangel, commandant la 3e division de cosaques. Apprenant que ses cavaliers siègent sous la présidence d'un pope devenu propagandiste révolutionnaire, il se rend sur les lieux et salue ses hommes à son habitude :

– Bonjour, mes braves cosaques !

Les cosaques répondent suivant la tradition. Le pope bondit :

– Je vous ferai observer, général, que les personnes ici présentes ne sont pas, comme vous le dites, « de braves cosaques », mais des citoyens.

– Vous avez raison, Père, nous sommes tous des citoyens. Ce qui ne nous empêche pas, moi, d'être général, vous pope, et, eux, de braves cosaques. Qu'ils sont braves, je le sais, car plus d'une fois je les ai vus au feu. Qu'ils sont cosaques, je le sais aussi, ayant porté moi-même des années leur uniforme dont je suis fier.

Puis, s'adressant à l'assemblée :

– Encore une fois : bonjour mes braves cosaques.

– Salut et bonne santé à Votre Excellence, crient les cosaques, comme un seul homme.

Désertions et fraternisations

Mais les Koltchak, Boldyrev ou Wrangel sont des exceptions. Il faut non seulement du caractère et de l'à-propos, mais encore un rare prestige personnel pour retourner une situation houleuse à son avantage. Certains donnent des gages et affichent des convictions révolutionnaires de circonstance. Le général Broussilov se laisse porter devant les troupes sur un fauteuil orné de drapeaux rouges, et le général Tchérémissov, successeur de Rousski au commandement du front Nord, subventionne les journaux pacifistes diffusés dans ses propres unités. L'armée se transforme en bandes anarchiques et sans autre ressort que de brusques poussées de violence pour le meurtre et le pillage. Les soldats passent leurs journées à palabrer dans les « meetings » et font commerce des vêtements et des équipements militaires, vendant tout : chaussures, farine, cigarettes. Eux qui n'étaient rien sont devenus par un coup de baguette magique les héros du jour à qui tout est dû, les places dans les trains surchargés, la boisson dans les cabarets et la nourriture chez les marchands. Autorisés par les soviets à se pourvoir de tout avant les civils, ils pénètrent les premiers dans les magasins, achètent des marchandises qu'ils revendent avec bénéfice aux habitants qui, en longues files, attendent dans la rue.

Le *prikaz n° 1* a retiré le pouvoir disciplinaire aux officiers pour le remettre aux tribunaux de régiment et de compagnie élus et dont les membres, cherchant à être populaires dans la troupe, ne sont nullement enclins à infliger des punitions. De sorte que l'impunité la plus totale règne dans toute l'armée, sauf quand on juge des officiers. Des verdicts d'acquittement sont invariablement prononcés, même pour les cas les plus graves, y compris la désertion qui prend des proportions massives.

On trouve une évaluation dans le *Journal* de Louis de Robien, témoin toujours bien informé, à la date du 24 avril 1917 : « Le nombre des déserteurs a dépassé sept cent mille pour le mois dernier. Beaucoup partent avec leur fusil ou même avec des mitrailleuses qui pourront leur *servir* dans leur village. » Louis de Robien a souligné le mot *servir* afin d'en éclairer le sens. Il poursuit :

« Les officiers, eux aussi, regardent en arrière. Ils sont découragés par ce qu'ils ont sous les yeux et sont obsédés par la pensée des leurs qu'ils laissent dans les campagnes exposés aux revendications et aux violences des paysans (...). Les officiers vraiment patriotes, voyant qu'il n'y a rien à faire, demandent tous à aller en France, et nous en recevons tous les jours qui nous supplient de leur obtenir cette faveur. Bien entendu, nous ne pouvons intervenir. Mais hier encore, j'en ai reçu un qui m'a fait pitié, chevalier de Saint-Georges et de la Légion d'honneur, blessé deux fois, et qui, dans un mauvais baragouin, avec des larmes dans les yeux, m'a supplié de le faire aller se battre en France. J'ai dû répondre que je ne pouvais rien pour lui[1]. »

Quelques chiffres donnent une idée du désordre. Le nombre des rationnaires de l'armée s'élève en tout à 12 500 000, dont en principe 6 000 000 dans la zone des armées. Mais sur ce dernier chiffre, 2 500 000 rations représentent des employés de chemin de fer, des familles et autres à-côtés. Les rations sont perçues même pour les absents, la plupart irréguliers, dont le nombre s'élève à environ 3 000 000 suivant les estimations de la Stavka. Le ravitaillement assuré, la solde payée, les vêtements fournis semblent bien les seuls freins aux désertions.

Le grand quartier général est soumis à la loi générale : « Il s'y était constitué comme partout des soviets de tout genre, rapporte le général Niessel, dont les membres, touchant de 5 à 10 roubles par jour pour tenir de vagues palabres, trouvaient l'institution superbe : soviet de garnison, soviet de chaque corps de troupe, soviet des ouvriers, soviet des paysans, etc.

---

1. Louis de Robien, *Journal d'un diplomate en Russie*, *op. cit.*

Ce dernier présidé par un *praporchtchik* [aspirant] israélite, Goldmann, qu'on disait avoir été déserteur, rançonnait les particuliers jusqu'au jour où Kornilov le fit arrêter[1].» Au groupe des armées du front Sud-Ouest, 94 943 hommes sont employés aux seules tâches des divers soviets, et sont spécialement rétribués à cet effet. La proportion est la même sur les autres fronts et à l'intérieur.

En face, le commandement allemand observe avec prudence cet effondrement, dont il hésite tout d'abord à reconnaître l'ampleur. Peu à peu, il suspend les opérations afin de dégager des effectifs pour le front occidental. De part et d'autre les tirs cessent. Pour accélérer la déliquescence de leurs adversaires, les Allemands fabriquent et distribuent pardessus les barbelés un journal, *Le Messager russe*, qui proclame les intentions pacifistes de l'Allemagne et appelle à la fraternisation.

Le général Denikine décrit cette irréalité extravagante du front dans un secteur du Sud-Ouest :

« Toujours le silence, pas un coup de canon. La semaine précédente, le comité du régiment a fait paraître un arrêté prohibant le tir contre les positions ennemies. Le commandant d'artillerie, membre du comité, a entièrement approuvé l'arrêté. Lorsque, hier, le commandant d'une batterie de campagne a ordonné de tirer sur une nouvelle ligne de tranchées allemandes, notre infanterie a ouvert le feu contre son propre poste d'observation ; un téléphoniste a été blessé. La même nuit, les soldats ont allumé un grand feu sur l'emplacement de la batterie nouvellement arrivée[2].»

---

1. Général Niessel, *Le Triomphe des bolcheviks et la paix de Brest-Litovsk, op. cit.*

2. Général Denikine, *La Décomposition de l'armée et du pouvoir*, *op. cit.*

Le train « plombé »

Après douze ans d'exil, Lénine rentre à Petrograd le 16 avril (29 avril) 1917, venant de Suisse, grâce aux autorités allemandes qui l'introduisent en Russie « comme un bacille de la peste », selon l'expression imagée de Winston Churchill. Le chef du parti bolchevique va avoir quarante-sept ans.

Lénine ne revient pas seul. En tout, près de quatre cents socialistes de diverses obédiences rentrent ainsi, en trois convois successifs, via l'Allemagne et la Suède[1]. L'initiative de ce voyage a été prise par le menchevik Martov. La Wilhelmstrasse devait rapidement approuver ce projet qui reçut également l'accord de Ludendorff, mais sans que le Kaiser en fût informé. Dès la fin de 1915, devant l'obstination de Nicolas II à respecter ses engagements vis-à-vis de l'Entente, le Reich décidait de favoriser les mouvements révolutionnaires et séparatistes afin de provoquer l'effondrement interne de la Russie et sa disparition comme belligérant. L'artisan de cette politique fut le comte Brokdorff-Rantzau, ambassadeur à Copenhague, futur ministre des Affaires étrangères en 1919, puis ambassadeur à Moscou de 1922 jusqu'à sa mort en 1928. De l'argent fut distribué, dont les aigrefins du genre Parvus, ex-ami de Trotski, semblent avoir profité au moins autant que les divers groupes révolutionnaires[2]. « Entre avril et octobre 1917, le parti bolchevique fait un nombre prodigieux de

1. Le wagon de Lénine n'était pas « plombé », contrairement à la légende. Voir la mise au point de Boris Souvarine dans *Est & Ouest*, n° 570. Voir aussi Jean des Cars, *Dictionnaire amoureux des trains*, Paris, Plon, 2006.
2. Israël Helphand, dit Parvus, journaliste, intrigant, théoricien marxiste à ses heures et filou notoire, a souvent été présenté comme le chef d'orchestre occulte de la révolution pour le compte de l'état-major allemand. Cette légende a été mise en pièces par Alfred E. Senn, Alexandre Dallin et Boris Souvarine. Trotski, l'ayant bien connu, écrit dans *Ma Vie* : « Ce révolutionnaire était possédé par une idée tout à fait inattendue, celle de s'enrichir... »

recrues, ce qui ne révèle pas seulement l'habileté de ses dirigeants (et l'inefficacité de leurs adversaires), mais aussi l'écrasante supériorité de leurs ressources. Ils pouvaient dépenser sans compter pour leurs journaux, les agitateurs et propagandistes qu'ils employaient à temps complet. Des sommes aussi considérables ne pouvaient provenir des cotisations ni des ventes de la *Pravda*. Les activités révolutionnaires requéraient beaucoup d'argent. Transféré de Berlin par la Banque impériale d'Allemagne ou la Disconto Gesellschaft, celui-ci parvenait jusqu'à la Banque sibérienne de Petrograd par la VIA Bank ou plus fréquemment par la NYA Banken, deux établissements installés à Stockholm. Le dernier appartenait à Olof Aschberg, surnommé par la presse allemande le *banquier de la révolution*[1]. » L'agitation bolchevique sert la politique allemande. Évoquant le printemps 1917, le colonel Nicolaï, chef des services secrets du Reich, écrira : « On sentait déjà les progrès de la propagande bolchevique, pacifiste. Le service secret allemand l'appuyait. Ses buts étaient souvent les mêmes[2]. »

Rien de surprenant donc que Lénine s'attende à être arrêté dès son arrivée à Petrograd. À sa vive surprise, il est accueilli à la gare de Finlande par des musiques militaires jouant *L'Internationale*, des bannières écarlates, des milliers de soldats et de matelots. Plusieurs membres du Soviet lui adressent des paroles de bienvenue.

Un Pougatchev d'université

Cependant, le voyage de Lénine et de ses camarades grâce à l'ennemi soulève l'indignation de la presse qui exige leur arres-

1. Éric Laurent, *La Corde pour les pendre*, *op. cit.*, p. 29. Voir aussi Dimitri Volkogonov, *Le Vrai Lénine d'après les archives secrètes soviétiques*, Paris, Robert Laffont, 1995.
2. Colonel Nicolaï, *Forces secrètes*, Paris, Éd. de la Nouvelle Revue critique, 1932.

tation. Les *Izvestia*, organe du Soviet, prennent la défense de Lénine, se portent garantes de lui et brossent un tableau flatteur de sa carrière révolutionnaire. Le travail préparatoire avait été orchestré par le propre organe du parti bolchevique, la *Pravda*, dont le premier numéro avait paru le 18 mars 1917 sous la direction collective de Staline, Kamenev et Alexandra Kollontaï.

Devant ses camarades éberlués, qui refusent d'abord de le suivre, Lénine développe sans attendre ses « thèses d'avril » que résument trois slogans : « À bas la guerre ! À bas le gouvernement provisoire ! Tout le pouvoir aux soviets ! »

Le scandale fait autour de son nom, les polémiques qu'il provoque vont involontairement servir sa publicité. Lénine devient une sorte de vedette. Tout le monde veut voir et entendre ce personnage extraordinaire que la presse accuse si furieusement. Il s'est installé avec la direction de son parti dans l'extravagant palais de la ballerine Kchechinskaïa, près de la grande mosquée tatare aux minarets turquoise. On vient comme au spectacle pour le voir haranguer la foule, d'une sorte de petit kiosque que domine un immense drapeau rouge.

« J'ai observé de près, dans les meetings, ce petit homme au gros crâne chauve, à la barbiche roussâtre, aux yeux bridés et luisants d'un kalmouk enfiévré, se souvient drôlement Ludovic Naudeau. Il a l'air d'un professeur de mathématiques de petit collège, attristé par un récent veuvage. Son aspect suggère une certaine estime ; on ne devine en lui ni le charlatan ni le filou. Fort bonhomme d'abord, et goguenard, il s'anime et tout à coup ses yeux s'enflamment, prennent une expression hagarde et sinistre, sa bouche se crispe, devient cruelle. Nous sommes fixés, conclut Naudeau, nous avons devant nous le type du monomane, du fanatique, le type du maniaque raisonneur et visionnaire [1] ! »

---

1. Ludovic Naudeau, *Les Dessous du chaos russe*, *op. cit.*

Martelant ses mots, l'orateur affirme que le conflit a été provoqué par les *bourjouï* (mot nouveau du vocabulaire russe), les capitalistes français et anglais qui, seuls, ont intérêt à ce qu'il continue indéfiniment. Il dépeint les horreurs du carnage, puis exhorte l'auditoire à se rallier à la formule de la « paix immédiate, sans annexion ». Il s'indigne des préparatifs d'offensive. Le devoir du soldat russe est de fraterniser avec le soldat allemand. Selon lui, le Reich allemand est sur le point d'adopter les thèses de la social-démocratie. Il le sait. Il en est sûr. La révolution en Allemagne est imminente. L'heure de la grande fraternité de tous les prolétaires a sonné !

Dès lors, pourquoi continuer à guerroyer ? Le peuple russe a mieux à faire et tout de suite. Il faut, incontinent, que les paysans se partagent les terres, il faut donner les usines aux ouvriers. Il faut socialiser les banques et le commerce, édifier sans plus tarder un monde de justice.

Cette bonne nouvelle que porte sa voix grasseyante n'est pas chez lui pure démagogie. Certes, il sait flatter ses auditoires, mais il est pénétré de la plus ardente conviction. Et son ascendant vient de cette logique qui le pousse à vouloir être socialiste *en fait* et tout de suite, tandis que ses concurrents du Soviet et du gouvernement provisoire ne le sont que timidement avec des paroles destinées à un avenir lointain.

Lénine, Trotski et Kerenski

La foule des misérables et des loqueteux frémit quand elle entend sa phrase laconique : « Volez ce qui a été volé ! » Il assène comme des dogmes les formules qui manquent aux multitudes révoltées. Tout en lui est audace, énergie, volonté de puissance, discipline. Il semble l'incarnation même du « Pougatchev d'université » pressenti par Joseph de Maistre.

En cette veille de l'été 1917, l'armée russe tient encore tant bien que mal, par habitude et parce que la soupe est servie. Les désertions touchent surtout l'arrière. La troupe bouillonne du sourd désir d'abandonner le front, mais elle n'a pas encore conçu, d'une manière précise, qu'elle en viendrait à le faire. Lénine aura l'habileté de lui présenter la trahison comme un devoir.

Les chefs socialistes de la révolution de Février, Kerenski, Tseretelli, Skobélev, ne voient tout d'abord en Lénine qu'un exalté qui a le seul tort de vouloir trop ardemment et trop vite ce qu'ils veulent aussi, mais avec le prudent souci de ménager les transitions. Ils ne perçoivent pas que Lénine est d'une autre nature. Ils sont loin de soupçonner quelles arrière-pensées, quelle ruse, quelle audace, quelle assurance, quelle volonté despotique se dissimulent sous l'apparente simplicité du chef bolchevique. Ils n'ont pas deviné que le proscrit de Genève est un homme entièrement différent d'eux parce qu'insensible au doute et tout pénétré de ce principe que la fin justifie toujours les moyens.

Comme preuve de sa bonne volonté, le gouvernement provisoire en la personne de l'un de ses membres les plus conservateurs, Milioukov, intercède auprès de l'ambassadeur d'Angleterre, pour que le gouvernement du Canada libère un autre révolutionnaire de marque, proche de Lénine, Lev Davidovitch Bronstein, alias Trotski, suspect d'intelligences avec l'Allemagne.

Dès son retour à Petrograd, le 16 mai 1917, Trotski se rallie à Lénine, dont il anticipe même le projet subversif par une hardiesse moins calculatrice et un tempérament plus fougueux. Tout aussi dénué de scrupules, il est plus cultivé, plus brillant, meilleur orateur. C'est un artiste, un prophète, agité, querelleur, vaniteux, se laissant prendre au jeu de son personnage et au lyrisme de la révolution, jusqu'à en perdre sa capacité de jugement et le sens des limites qui font la supériorité tactique de Lénine.

À ce redoutable attelage, à la clarté et à la force de ses mots d'ordre, à l'irrésistible désir de paix et l'intense convoitise des masses en uniforme, Kerenski oppose un optimisme de commande, un flot oratoire et un programme résumé par un seul mot : *attendre*. Attendre une imprévisible victoire pour obtenir la paix, attendre l'élection d'une assemblée constituante pour délibérer des questions agraires et économiques. Or les moujiks en uniforme, désireux de ne pas être bernés, préfèrent, eux, ne pas attendre. Simplistes, ils constatent que Kerenski leur adresse des exhortations patriotiques auxquelles ils ne tiennent pas, mais que ce ministre ne leur donne pas la terre à laquelle ils tiennent. Les ouvriers constatent que depuis la chute du tsar les choses ont peu changé pour eux et que Kerenski ne semble pas pressé de réaliser la révolution sociale.

Kerenski ne parvient pas mieux à convaincre ses alliés naturels. Son portrait par Maurice Paléologue, l'ambassadeur de France, en témoigne : « Derrière cette grandiloquence théâtrale, derrière ces prouesses de tribun et d'estrade, qu'y a-t-il ? Rien, sinon de l'utopie, du cabotinage et de l'infatuation [1]. »

Albert Thomas en Russie

Le retour de Lénine entraîne un crescendo, dont l'évolution peut être suivie, les yeux sur un calendrier.

3 mai (16 mai) 1917. Petrograd connaît une nouvelle journée insurrectionnelle. Une multitude grise, hérissée de baïonnettes, déferle devant le palais Marie. Elle invective Milioukov, ministre libéral des Affaires étrangères. L'imprudent a prononcé un discours pour rappeler les devoirs de la Russie en guerre. La soldatesque pousse des cris de mort, exige la démission du ministre et de son collègue Goutchkov. Le gouvernement tremble, mais son embarras s'accroît lorsque, deux jours plus tard, des troupes fidèles manifestent en sa faveur à l'instigation du général Kornilov.

1. Maurice Paléologue, *La Russie des tsars pendant la guerre*, *op. cit.*

L'affaire trouve son dénouement dans la démission de Milioukov et du ministre de la Guerre, Goutchkov. Kerenski remplace ce dernier. Le général Kornilov, désavoué par le Soviet, doit quitter Petrograd. Il reçoit le commandement de la 8e armée en Galicie. Le général Alexeiev, qui a dénoncé l'effondrement de l'armée, est destitué. Il est remplacé au grand quartier général par le général Broussilov.

Ce mois de mai 1917 coïncide avec le voyage d'Albert Thomas, socialiste et ministre français des Armements, venu réveiller les ardeurs belliqueuses de ses collègues russes. Louis de Robien a laissé une description hautement colorée de son arrivée en gare de Petrograd :

« Je suis arrivé un peu en avance et j'ai vu des groupes de tovarichs avec des drapeaux rouges et des fusils rouillés qui se massaient sur le quai. Le spectacle de la gare valait la peine d'être regardé. D'un côté l'ambassadeur [de France] en chapeau haut de forme, accompagné du général Janin et de tous les officiers en tenue. En face, des miliciens aux mines patibulaires. Des soldats élus officiers avec des capotes en guenilles, des épaulettes attachées avec des épingles de nourrice, des chiffons rouges en bandoulière, criant très haut et donnant l'impression d'émeutiers... » Sur ce, arrivent les membres du gouvernement provisoire. « Les tovarichs, poursuit Robien, ont compris que le personnage attendu devait être plus important qu'un quelconque assassin de grand-duc (...) ils se sont rangés dans un ordre vraiment étonnant. Le train entrait en gare. Albert Thomas gagna la sortie entre une double haie d'apaches armés et en ordre, poussant des hourras tonitruants en l'honneur de l'homme de la guerre à outrance, arrivant de France pour faire triompher cette idée [1]. »

---

1. Louis de Robien, *Journal d'un diplomate en Russie*, *op. cit.* L'auteur de ce *Journal* est un esprit des plus perspicaces qui mesure très bien la tâche impossible assignée aux ambassadeurs alliés. À la date du 4 juin 1917, il écrit : « Pour servir la politique de leurs gouvernements et sauver leur propre pays de la catastrophe, ils devaient à tout prix

Miracle, Albert Thomas, les cheveux et la barbe en broussaille, cravate lavallière sur une « brioche » confortable, semble près de réussir. Courant de meeting en réunion de cabinet, parlant sur le front des troupes, se démenant sans compter, il repart vers la France avec la promesse d'une prochaine offensive.

L'offensive de Broussilov et le désastre de Tarnopol

Échauffé par cet exemple, Kerenski entreprend une tournée des fronts, une campagne de discours afin de ranimer l'héroïsme de l'armée. Les jambes serrées dans des houseaux de cocher, vêtu d'une espèce d'uniforme kaki, coiffé d'une casquette moitié yachtman, moitié chauffeur, il « se démenait en possédé, raconte un témoin, haranguait les troupes, les suppliait à grands cris de "sauver la révolution". Des contingents nouveaux et de nouveaux renforts marchaient, précédés de placards avec des inscriptions : "Guerre jusqu'au bout !", "La mort vaut mieux que l'esclavage", et autres exclamations du même goût. Mais ces renforts arrivaient rarement au lieu de leur destination. D'ordinaire, les contingents "prêts à mourir pour la révolution" filaient en route [1] ».

Le commandement prend une mesure plus efficace mais qui a pour conséquence d'écrémer l'armée de ses meilleurs éléments. Il constitue des unités de choc, parfois appelées « bataillons de la mort » avec des volontaires. Ces unités d'élite fort mal vues du reste de la troupe permettront d'entreprendre l'« offensive révolutionnaire » voulue par Kerenski. Le 18 juin (1er juillet), sur le front Sud-Ouest, elles se ruent sur

pousser la Russie à faire la guerre à outrance. Or, fatalement, la continuation de la guerre, dont le peuple russe ne voulait plus depuis l'hiver 1914, devait amener la révolution... et fatalement celle-ci doit à son tour entraîner la paix. »

1. Général Wrangel, *Mémoires*, *op. cit.*

les tranchées allemandes assoupies et forcent le passage en direction de Lemberg. L'infanterie suit mollement. Puis, malgré les supplications des officiers, les régiments s'arrêtent pour délibérer et font demi-tour. Le 23 juin (6 juillet), la 8e armée s'élance à son tour. Le mince bélier des bataillons de choc, officiers en tête, crève le front allemand et pénètre loin à l'intérieur. On parle déjà de victoire. Mais lorsque les renforts allemands contre-attaquent, les unités de choc ne peuvent tenir et l'infanterie s'enfuit.

À Tarnopol, devant le refus des troupes, seuls les officiers, suivis de quelques hommes, marchent à l'assaut. Les soldats, restés à l'abri dans les tranchées, leur tireront dans le dos avant qu'ils ne soient touchés par le feu ennemi. On comprend le général de Monkévitz disant de ce jour qu'il fut « le plus honteux de toute l'histoire de l'armée russe ».

Ayant mesuré la faiblesse de l'offensive, les Allemands lancent une contre-attaque générale. L'infanterie russe se débande. Ni l'intervention de la cavalerie ni même le tir de l'artillerie ne parviennent à endiguer le flot des fuyards. Au passage, ceux-ci pillent, violent, se livrent aux plus bestiales atrocités, mutilant femmes et enfants, massacrant et incendiant tout sur leur passage. Le soviet de la 9e armée télégraphie à Petrograd : « L'offensive tourne à la catastrophe sans précédent, qui menace de perdre la Russie révolutionnaire. » La situation n'est pas meilleure sur les autres fronts.

Échec des bolcheviks en juillet 1917

Le 2 juillet (15 juillet), les nouvelles du désastre ont ébranlé à ce point le gouvernement provisoire que quatre ministres cadets démissionnent. Cette crise accroît le malaise dans la capitale. Depuis plusieurs jours, les soldats de la garnison craignent d'être expédiés en renfort sur le front. Des meetings de protestation se tiennent dans les casernes. On projette une manifestation monstre.

Le 3 juillet (16 juillet), plusieurs milliers de mitrailleurs défilent sur la perspective Nevski avec leurs armes, drapeaux rouges en tête. Ils sont rejoints par les ouvriers de Poutilov et par des marins de Kronstadt. Les bolcheviks tentent tout d'abord de s'opposer à cette manifestation qui tourne à l'insurrection. Ils sentent que la situation n'est pas mûre. Le gouvernement dispose encore de partisans armés capables d'écraser un soulèvement. Lénine avouera ensuite avoir été débordé par la rue, et s'être laissé entraîner contre son gré.

Le lendemain, 4 (17) juillet, enhardis par la passivité du gouvernement, les bolcheviks prennent la tête du mouvement. Mais, dans la nuit, des cosaques dépêchés sur Petrograd, le bataillon de Saint-Georges [1], et quelques troupes loyales, aux ordres du général Polotsev, entreprennent de nettoyer la ville. La fusillade ne cesse pas de la journée, et le soir, les troupes gouvernementales restent maîtresses du terrain.

Découragés, les bolcheviks se résignent au repli. Lénine confie à Trotski : « Maintenant, ils vont tous nous fusiller. C'est le bon moment pour eux ! »

À la place de Kerenski, il eût certainement agi ainsi, comme le fera Noske, l'année suivante, à Berlin, contre les spartakistes allemands. L'histoire de la Russie et celle du monde en eussent été changées. Mais Kerenski n'est pas de cette trempe.

Pour le moment, il savoure sa victoire. Le facile écrasement du soulèvement bolchevique lui fait imaginer que Lénine et les siens sont finis. Cet adversaire lui paraît d'autant moins redoutable qu'il craint maintenant une réaction militaire. Il va donc tempérer la répression. Lénine a pris le large et s'est réfugié clandestinement en Finlande. Trotski est arrêté,

1. Le bataillon du Saint-Georges avait été formé d'officiers et de soldats décorés de la croix de Saint-Georges (qui n'était accordée que pour faits de guerre) et tirés de tous les régiments pour constituer une garde à l'empereur. En février, le bataillon refusa tout d'abord de reconnaître le gouvernement provisoire.

comme d'autres bolcheviks, mais pas pour longtemps. Des archives ont été saisies. Aucun juge ne les exploitera. La *Pravda* cesse provisoirement de paraître. Le parti est désorganisé et moralement atteint par l'échec, mais il se ressaisira. Ses deux mots d'ordre : la Paix et la Terre, n'ont jamais eu tant de succès chez les soldats, les moujiks et les ouvriers.

Le 8 (21) juillet, le prince Lvov démissionne. Kerenski le remplace à la présidence comme chef du gouvernement. Il conserve provisoirement les portefeuilles de la Guerre et de la Marine, emménage au palais d'Hiver, couche dans le lit de l'empereur et ne se montre plus qu'escorté d'aides de camp aussi chamarrés que ceux du tsar.

L'ombre de Bonaparte

Puisqu'il faut un responsable à la déroute des armées, le général Broussilov est relevé de son commandement et remplacé à la Stavka par le général Kornilov. Celui-ci n'accepte ce poste qu'en échange du rétablissement de la peine de mort dans les armées.

Curieuse destinée que celle de ce cosaque du Turkestan au masque émacié de conquérant asiatique. Né à cheval, comme tous les siens, il a réussi sans efforts des études qui l'ont conduit à l'école des cadets, à l'école supérieure d'artillerie, puis à l'académie d'état-major. Jeune officier, il sert aux frontières de Perse et de Chine, apprenant maints dialectes indigènes. En 1898, il pénètre au cœur de l'Afghanistan, déguisé en indigène. Au risque d'être capturé et torturé à mort, il rapporte une moisson de renseignements militaires. Plus tard, déguisé en mandarin, il effectue une mission analogue en Chine. Ces exploits lui font une réputation de hardiesse et de bravoure exceptionnelles que rehaussera une évasion spectaculaire après sa capture par les Autrichiens en 1915. En février 1917, il partage les rancœurs des autres chefs militaires contre le tsar et il accueille la révolution avec sympathie. Ce penchant lui vaut d'être nommé gouverneur de Petrograd par la Douma et, à ce titre, il devient, on s'en souvient, le geôlier de la famille impériale.

Démissionnaire après avoir vainement tenté de rétablir la discipline dans la garnison de la capitale, nommé au commandement de la 8e armée, il s'illustre en faisant fusiller les déserteurs et les mutins. Cette énergie contraste avec la mollesse des autres généraux qui tremblent devant leurs soviets respectifs.

Sa réputation d'homme à poigne fait de lui le candidat de tous ceux qui espèrent l'avènement d'un Bonaparte. Ceux-là lui prêtent volontiers les vertus qu'ils n'attendent plus du gouvernement provisoire. Personne ne s'avise que l'audace militaire de ce général ne prouve pas nécessairement ses aptitudes politiques. Il y a trop de gens inquiets à ce moment-là en Russie qui recherchent un sabre protecteur, pour s'interroger sur ses limites éventuelles.

Sa nomination au commandement en chef et son ultimatum au gouvernement pour le rétablissement de la peine de mort portent son prestige au zénith. Kerenski ne tarde pas à en prendre ombrage.

La méfiance du chef du gouvernement se transforme en hostilité déclarée après la conférence nationale de Moscou, en août, où Kornilov, escorté par une garde farouche de cavaliers turkmènes, vient faire sonner ses éperons, se posant en accusateur du chaos généralisé, exigeant des mesures extrêmes « pour sauver le pays de la perdition et l'armée de la débâcle ».

Tous les milieux qui souhaitent une réaction se sont trouvés un drapeau, et Kerenski s'est découvert un dangereux concurrent, sinon un candidat à sa succession.

C'est dans ce contexte que survient en septembre ce que l'on appelle le « putsch » de Kornilov, qui fut bien moins que cela dans les faits et beaucoup plus par ses conséquences.

L'affaire Kornilov

Le 10 (23) août 1917, à la demande de Kerenski, et en plein accord avec le commissaire à la Guerre, l'ancien terroriste S-R Boris Savinkov, qui le soutient, Kornilov envoie à Petrograd un corps de cavalerie pour établir l'état de siège. Kerenski craint des troubles graves à la suite de mesures aussi impopulaires que celle du rétablissement de la peine de mort à l'arrière du front. Il a pris seul cette décision, sans avertir ni le gouvernement ni le Soviet. D'aucuns pensent que Kerenski songe à établir à son profit une dictature en s'appuyant sur Kornilov. Pourtant, s'il craint la rue et les masses bolchevisées de la capitale, Kerenski, en ce mois d'août, craint plus encore le général et ses cosaques. Il a mis, paraît-il, deux conditions à l'envoi de troupes à Petrograd : que ce ne soient pas les cosaques de la Division sauvage et que le commandement ne soit pas confié au général Krymov suspect d'être lié à une conspiration militaire.

Or, le 11 août, un ordre spécial du général Kornilov place la Division sauvage sous le commandement du général Krymov et lui prescrit de faire mouvement sur Petrograd...

Kerenski croit-il alors à une véritable tentative de coup d'État, ou feint-il de le croire pour se débarrasser de Kornilov ? La réponse n'est pas claire. Une enquête minutieuse montre que Kornilov n'a fait aucun préparatif en vue d'un coup de force. Aucun des généraux favorables à un retour à l'ordre n'a été pressenti en vue d'une action concertée, ni Krasnov, ni Wrangel, ni Denikine, ni Monkévitz, ni d'autres. L'association des anciens officiers constituée à Petrograd avec l'assentiment de Kornilov n'est pas avertie du mouvement de la Division sauvage. Le général Krymov lui-même est le premier surpris en apprenant sa nomination. Au sein du propre état-major de Kornilov, à Mohilev, aucune disposition n'a été prise en vue d'une action quelconque.

Trois explications s'imposent donc. Soit un malentendu entre Kerenski et Kornilov sur la Division sauvage que Kornilov expédie de bonne foi. On peut penser aussi que Kornilov, très conscient de l'interdiction de Kerenski, mais se sentant indispensable, ait voulu le braver pour prendre avantage sur lui et lui dicter des mesures conformes à ses désirs. Enfin, on ne peut écarter l'hypothèse d'une provocation sciemment ourdie par Kerenski pour se débarrasser de Kornilov[1].

Dès que le chef du gouvernement provisoire apprend le mouvement de la Division sauvage, il réunit le cabinet (13 août), dénonce un complot et fait adresser aux commandants de front un télégramme annonçant la destitution de Kornilov et sa propre élévation aux fonctions de généralissime.

Apprenant qu'il est joué ou trahi, le fougueux général refuse de s'incliner. C'est alors et alors seulement que commence sa folle aventure. Le 15 (28), la Stavka diffuse cette proclamation : « Moi, général Kornilov, je déclare que le gouvernement provisoire sous la pression de la majorité bolchevique des Soviets, agit en complet accord avec les plans de l'état-major général allemand, au moment même où va se produire une descente de l'ennemi sur les rivages de Riga, détruit l'armée et bouleverse l'intérieur du pays. »

Ce n'est évidemment pas la déclaration politique d'un homme en marche vers le pouvoir, mais le cri de détresse d'un chef militaire hanté par les succès du front allemand. Kornilov envoie encore l'ordre à tous les généraux commandants de front de le soutenir. Cet appel aura des conséquences

---

1. Plus tard, le général Alexeiev déclarera au *Rousskoïë Slovo* : « Le mouvement dirigé par Kornilov n'a pas été une tentative aventureuse. Quelques personnes et les autorités de Petrograd ont été avisées que Kornilov marchait sur la ville avec ses régiments. C'est même sur leur ordre que le mouvement avait eu lieu. Tout cela aurait pu être expliqué, le moment venu, sans qu'il ait été créé cette mise en scène de rébellion. » Consacrant au sujet plusieurs pages de son ouvrage, *Les Révolutions russes de 1917* (Paris, Flammarion, 1987), Leonard Schapiro conclut implicitement à une machination de Kerenski.

tragiques pour tous les officiers qui lui auront manifesté un semblant d'allégeance au cours de ces journées.

Les bolcheviks retournent la Division sauvage

À Petrograd, c'est l'affolement. Le mythe des cosaques est encore vivace, malgré les coups répétés qu'il a subis depuis février. Le Soviet apporte son soutien à Kerenski, ainsi que les bolcheviks, contraints à une semi-clandestinité depuis l'insurrection ratée de juillet. Ce ralliement n'est pas gratuit. Kerenski fait libérer Trotski et ses camarades encore emprisonnés, puis il accède à la demande formulée par le Soviet d'armer les ouvriers pour défendre Petrograd. Ces armes, distribuées aux gardes rouges, ne seront jamais restituées.

La Division sauvage est bloquée par des coupures de voie ferrée à 42 verstes de Petrograd. Elle n'ira pas plus loin et se décomposera de l'intérieur. Les terribles cosaques ne sont plus que l'apparence de ce qu'ils étaient. En février, ils étaient gagnés par avance à la révolution libérale. Quelques mois plus tard, la contamination générale ne les a pas épargnés. Ils sont sensibles à la propagande bolchevique.

L'auteur du *Don paisible* met dans la bouche d'un de ces cosaques de la Division sauvage des paroles qui résument bien les choses : « Les bolcheviks ne me prendront pas mon dernier lopin de terre, mon capitaine. Je n'ai qu'un lot, en tout et pour tout, ils n'ont pas besoin de ma terre... Tandis que, par exemple, soit dit sans vous offenser, Monsieur votre père possède dix mille déciatines... Vous pensez bien que c'est vexant pour le peuple ! Les bolcheviks visent juste, et vous parlez de leur faire la guerre... »

Les agitateurs bolcheviques dirigés par Frounze, membre du soviet du front de l'Ouest, sont au travail au sein même des *sotnias*. Le manque de nourriture et de fourrage, la mauvaise organisation du transport irritent les hommes. Ils sont tout prêts à écouter les délégués caucasiens que les bolcheviks ont l'habileté de leur dépêcher. À Orcha, l'intervention d'un sous-officier nommé Boudienny, président du soviet de la division de cavalerie caucasienne, est décisive. Sous son impulsion, une brigade débarque du train et refuse de poursuivre, bloquant l'ensemble de la division.

Le 16 au soir, tout est fini, les cosaques décident de faire demi-tour. Les officiers qui veulent s'y opposer sont molestés ou arrêtés par leurs propres hommes. Les gardes rouges et les soldats de la garnison de Petrograd qui se sont portés dans les faubourgs pour défendre la capitale n'ont pas eu à tirer un coup de feu. La tentative désespérée du général Kornilov a échoué. Le général Krymov entrera seul dans Petrograd. Après une entrevue orageuse avec Kerenski, il se suicidera.

Déroute des « kornilovistes » et retour des bolcheviks

Le général Alexeiev est rappelé au service et nommé chef d'état-major général, Kerenski se réservant, comme le tsar, le titre de généralissime. Pour éviter des complications, Kornilov est interné à Bykhov avec ses principaux collaborateurs et quelques généraux qui l'ont suivi : Denikine, Markov, Loukhomski, Romanovski. Alexeiev confie sa surveillance – sa protection – à sa garde personnelle, un escadron de cavaliers asiatiques qui lui vouent une dévotion féroce et menacent de tout massacrer si l'on touche à leur général.

Une nouvelle purge frappe l'armée et la marine. Des représailles impitoyables s'abattent sur tous ceux que l'on suspecte de sympathie pour l'ancien commandant en chef. À Vyborg, une dizaine d'officiers sont jetés dans la rivière et achevés à coups de fusil. À Helsinki, plusieurs jeunes officiers de marine sont massacrés à coups de crosse. De pareilles tueries se produisent un peu partout. On estime à environ 40 000 le nombre d'officiers qui sont chassés de l'armée ou démissionnent en septembre 1917, dont les généraux Dragomirov, Erdeli et Selivatchev. « La situation des officiers était réellement devenue effroyable, écrit le général de Monkévitz. Presque tous les jours, je rencontrais des chefs qui n'avaient pu échapper aux agressions barbares des soldats qu'en sacrifiant tout ce qu'ils possédaient... »

L'échec de Kornilov a une autre conséquence. Sous l'empire de la peur, Kerenski a recherché l'alliance des bolcheviks. Une semaine plus tôt, ces derniers semblaient rayés de la carte politique. En pratiquant cette politique de bascule contre Kornilov, Kerenski éliminait sans doute un adversaire, mais c'était pour en tirer un autre du néant, beaucoup plus dangereux.

La chasse aux « kornilovistes » et aux supposés comploteurs de droite remet en selle les bolcheviks qu'avait désarçonnés leur soulèvement raté de juillet. D'accusés, ils deviennent accusateurs. Ils se présentent comme les seuls défenseurs de la « légitimité révolutionnaire », le seul rempart contre une réaction militaire. Leurs promesses d'une paix immédiate et du partage des terres monopolisent les aspirations vagues et les confuses espérances de soldats et de moujiks qui se soucient fort peu des théories marxistes.

Ils affichent leur intention de s'emparer du pouvoir, au besoin par la force, dès qu'ils se sentiront suffisamment organisés et ne cachent pas que cela ne saurait tarder. Sous leur impulsion, des désordres redoublent partout. Des gouvernements entiers, tels ceux de Tambov, de Jitomir ou d'Astrakhan, sont en proie à de véritables jacqueries. À Bendery, après avoir pillé les réserves de vodka, des soldats ivres massacrent des juifs, il faut faire venir des cosaques du front roumain pour rétablir l'ordre. Dans de nombreuses localités de l'intérieur, les soldats des dépôts terrorisent les habitants, se livrent à des actes de pillage et de destruction gratuits.

Le grand-duc Nicolas Mikhaïlovitch, que l'on a vu saluer avec ferveur la révolution de Février et l'avènement de Kerenski, est bien revenu de ses illusions. « Partout le Juif s'incruste et c'est lui qui gouverne la Russie, écrit-il à Frédéric Masson, le 15 octobre (28 octobre) 1917. On les voit en majorité dans les soviets, dans les commissions du pré-parlement, dans presque toutes les municipalités, et dans toutes les organisations politiques. Ils vont se venger des misères de jadis et ils se vengent déjà en espérant démembrer mon pays et le faire descendre dans la fange et dans l'opprobre. Tout a l'air de leur réussir pour le moment, mais le rôle qu'ils ont joué ne sera pas oublié, et ils passeront, eux surtout, par l'agrément des jacqueries qui pourraient être toutes spéciales [1]. » La véhémence de ces propos, sous la plume d'un homme aussi libéral et aussi peu suspect d'antisémitisme, témoigne du trouble des esprits.

La garnison de Petrograd contre Kerenski

Ces désordres et cette effervescence extrême sont interprétés par Lénine comme le signe indubitable d'une « bolchevisation des masses ». De fait, dans le courant du mois de septembre, avec le soutien des S-R de gauche, on assiste à un changement de rapport de force qui se traduit par un renversement de majorité dans les soviets des grandes villes, à Moscou, Helsinki, et surtout Petrograd, dont Trotski devient le président sur la promesse solennelle et gratuite que « le bras du présidium ne sera jamais utilisé pour étouffer une minorité socialiste ». Le rusé personnage semble avoir conçu à ce moment la stratégie liant la prise du pouvoir bolchevique au congrès des soviets en préparation. En cela, il s'écarte de la ligne que Lénine (toujours réfugié en Finlande) s'efforce de faire prévaloir à coups de messages comminatoires et furibonds. Depuis septembre, le « Vieux », comme l'appellent ses camarades, croit le moment venu d'une insurrection bolchevique et du renversement de Kerenski par les armes. Ce en quoi il est en avance de quelques semaines sur le mûrissement des esprits pourtant rapide. Si les ouvriers et les

1. Grand-duc Nicolas Mikhaïlovitch, *La Fin du tsarisme, op. cit.*

soldats de Petrograd sont massivement favorables à un gouvernement des soviets, c'est à la condition qu'il réunisse *tous* les partis socialistes. Une insurrection exclusivement bolchevique, comme le souhaite Lénine, rencontrerait leur hostilité. Cela, Trotski en est conscient. Avec un art consommé du mensonge, vertu communiste, il s'emploie à rassurer les masses favorables. Dès lors, le compte à rebours de l'insurrection est commencé. Plusieurs bévues de Kerenski vont l'accélérer.

Le chef du gouvernement provisoire nourrit des inquiétudes justifiées sur la loyauté de la garnison de Petrograd. Non que celle-ci fût dans son ensemble au bord de la rébellion, mais elle échappe à toute autorité. L'inactivité et l'incurie la plus complète règnent dans cet énorme dépôt. On ne fait plus l'exercice depuis longtemps, on ne monte plus les gardes. Le jeu de cartes se répand dans des proportions extraordinaires. Dans certaines unités, les hommes jouent toute la nuit et passent la journée à dormir. Les enjeux sont considérables. Quand ils ont perdu, ils vendent leurs effets, leurs équipements ou des vivres. Logés, chauffés, éclairés, habillés et soldés, ils se refusent à tout service, cultivant avec application un sourd mécontentement. Les bolcheviks ont su exploiter cette situation et se sont emparés des soviets dans la plupart des régiments.

Pour assainir cette tourbière, le gouvernement imagine imprudemment d'envoyer au front les dépôts de la capitale. C'est oublier la fameuse promesse accordée aux héros de la révolution de Février. La masse amorphe entre brusquement en ébullition. Le gouvernement Kerenski fait l'unanimité contre lui.

Le 12 (25) octobre, afin de réchauffer l'ardeur patriotique des troupes, les mencheviks du soviet proposent ingénument de créer un *Comité militaire révolutionnaire*, CMR, qui aurait pour tâche d'organiser la défense de la capitale dans le cas d'une improbable offensive allemande. À la stupéfaction des modérés, les bolcheviks approuvent cette initiative, dont

Trotski perçoit aussitôt les avantages : « La difficulté que jusqu'alors on n'avait pas surmontée, était de combiner l'organe de l'insurrection avec le soviet, élu et agissant ouvertement. L'initiative patriotique des mencheviks vint tout à fait à propos faciliter la création d'un état-major révolutionnaire et devint le principal levier de l'insurrection[1]. »

Le 21 octobre, le soviet de la garnison annonce qu'il ne reconnaît plus l'état-major. Il ne prendra ses ordres que du seul Comité militaire révolutionnaire. Entre le palais d'Hiver, siège du gouvernement Kerenski, et l'Institut Smolny, siège du Soviet, entre les deux légalités, la soldatesque choisit déjà la seconde pour renverser la première.

Armement des gardes rouges

Les bolcheviks ne peuvent souhaiter évolution plus favorable. Couvert par l'autorité du Soviet, le CMR est entre leurs mains. Il est présidé par un S-R de gauche que manipule Trotski, et ses trois membres, Antonov-Ovsenko, Podvoïski et Tchoudnovski, sont des hommes du parti. Sous prétexte de défendre Petrograd, il décide d'armer officiellement les gardes rouges[2].

Cette formation paramilitaire, on s'en souvient, a été créée par le Soviet dans les premières heures de la révolution de Février. Elle était formée d'ouvriers révolutionnaires qui

---

1. Trotski, *Ma Vie, op. cit.*

2. Le 15 octobre (28 octobre), le Comité central du parti a désigné un *centre révolutionnaire militaire* (Boubnov, Dzerjinski, Ouritski, Staline et Sverdlov) qui entre dans le CMR du Soviet de Petrograd. Quelques jours plus tard, le bolchevik Podvoïski remplace le S-R Lazimir à la présidence du CMR. Enfin, le 25 octobre (7 novembre), le CMR constituera un état-major de campagne pour la conduite de l'insurrection, avec Podvoïski, Antonov-Ovsenko, Boubnov, Tchoudnovski et Ieremeiev.

s'étaient emparés d'armes raflées dans les casernes et ramassées dans la rue. En avril, deux dirigeants bolcheviques, Chliapnikov et Ieremeiev, en contrôlent l'organisation, constituent un état-major central et des directions dans chaque usine. Les gardes rouges sont formés sur la base du volontariat collectif, chaque soviet d'usine décidant de former et de désigner un contingent. En juillet, les gardes rouges comptent déjà dix mille hommes. Mises alors en veilleuse, elles resurgissent à l'occasion de l'affaire Kornilov et se font remettre des armes par le gouvernement. En septembre, on enseigne le maniement d'armes dans soixante-dix-neuf usines de Petrograd. Courant octobre, les effectifs atteignent près de vingt mille hommes groupés en bataillons de quatre cents à six cents hommes, comprenant au moins une section de mitrailleuses. Le bolchevik Ieremeiev en assure le commandement. Les cadres sont désignés par les soviets d'usine et suivent des cours de formations dispensés par les spécialistes militaires du parti.

Le prétexte systématiquement utilisé est celui d'une terrifiante menace kornilovienne et contre-révolutionnaire. Trotski résout le problème de l'armement avec des bons de réquisition. Ainsi l'arsenal de Sestroretsk livre cinq mille fusils. La forteresse Pierre-et-Paul fournit des mitrailleuses et quatre canons. « Quelques jours avant l'insurrection, écrira Trotski, plusieurs chariots transportèrent sans arrêt les armes dans les usines. Nous souhaitions en faire des bastions en cas de besoin. »

Toutes ces mesures que l'on dit défensives préparent l'assaut. Lénine est revenu clandestinement à Petrograd le 7 (20) octobre. Le 10 (23), barbe coupée et le crâne coiffé d'une perruque, il a participé à une réunion restreinte du Comité central. Malgré Zinoviev et Kamenev qui s'y opposent, il a fait adopter la décision de l'insurrection sans qu'une date soit encore fixée.

Préparation du coup de force

La presse non bolchevique s'indigne de ces préparatifs apparents, mais le gouvernement, frappé d'apathie, reste coi. Pourtant, chacun sait que l'insurrection doit coïncider avec l'ouverture du congrès de tous les Soviets convoqués pour le 25 octobre (8 novembre). Ainsi en ont décidé Lénine et Trotski. L'insurrection sera déclenchée le premier jour du congrès. Ni la veille, parce que les délégués venant de toute la Russie ne seraient pas tous arrivés. Ni le lendemain, parce qu'on craint le rétablissement d'une majorité en faveur de Kerenski. Il faut placer le congrès devant le fait accompli de « sa » prise du pouvoir afin de se défendre de la contre-révolution présentée comme menaçante. On reconnaît dans cette tactique la marque d'un cynisme qui fera école.

En face, Kerenski confie à ses proches : « Qu'ils se soulèvent, je n'attends que cela pour les écraser... »

La mise en place insurrectionnelle du Comité militaire révolutionnaire supervisé par Trotski commence lentement le 25 octobre (8 novembre) vers 2 heures du matin. Les gares, les ponts, les centrales électriques et les postes télégraphiques sont occupés par de petites unités formées de gardes rouges et de volontaires sélectionnés par les soviets des régiments.

Le CMR nomme des commissaires dans les unités de la garnison de Petrograd pour contrôler l'exécution de ses directives et désamorcer les tentatives de résistance. La veille de l'insurrection, ils sont six cents sur place. Malgré cela, sur les deux cent mille hommes de la garnison, moins d'un dixième participe à l'action, et mollement, sans bien comprendre le sens de ce qu'on leur commande. Aux hommes qui sont engagés dans l'affaire, comme aux mille cinq cents matelots qui arrivent de Kronstadt, on se garde bien de parler d'insurrection contre le gouvernement. Ils croient participer à des opérations de « défense » du Soviet, menacé par on ne sait quelle sombre conspiration. Renverser un pouvoir légal au nom de la défense de la légalité est une ficelle inusable des bons coups d'État. Les acteurs de ces journées « historiques » le seront donc pour la plupart en parfaite inconscience. C'est plus tard que sera accréditée la légende du soulèvement populaire.

La politique du pire

Après plusieurs semaines de totale atonie, Kerenski semble se réveiller à la veille d'une insurrection dont plus personne ne doute. Il a ordonné l'arrestation des membres du Comité militaire révolutionnaire et appelé en renfort les écoles d'élèves officiers des environs. Plusieurs de celles-ci refusent d'obéir, se déclarant neutres. Il en est de même des régiments de cosaques présents à Petrograd.

Le général Niessel effectue une tournée d'inspection sur le front Nord, quelques jours avant le coup de force bolchevique. Il résume l'impression générale recueillie auprès des officiers : « Tous, sans exception, étaient complètement dégoûtés par Kerenski. Presque tous parlaient de lui avec un mépris non dissimulé et attribuaient à sa lâcheté le désordre actuel. »

Les commentaires d'un Louis de Robien, a priori fort peu disposé à l'égard des bolcheviks, sont révélateurs des sentiments qui vont favoriser Lénine en neutralisant pour un temps ses adversaires les plus résolus. Leur mépris de Kerenski les conduit à souhaiter le pire : « J'ai encore rencontré Kerenski avec son uniforme kaki, note le diplomate, il n'ose pas encore s'habiller en cosaque comme l'empereur, mais s'installe dans la Rolls-Royce impériale avec à sa gauche un aide de camp à aiguillettes. Je n'appelle pas ces gens-là des révolutionnaires, mais des "ôte-toi de là que je m'y mette", et je préfère de beaucoup à ce "m'as-tu-vu" Lénine qui du moins est un honnête homme et un convaincu. »

Un autre Français, le lieutenant de réserve Pierre Pascal, féru de culture russe et quelque peu séduit par le tourbillon révolutionnaire, rapporte dans son *Journal*, à la date du 25 octobre (8 novembre), jour du coup d'État : « Un officier, sur la place Marie, disait : – Pour rien au monde je ne défendrai cette ordure de Kerenski. Hier, M. Poutilov, propriétaire des usines de ce nom et magnat de la finance franco-russe, me disait qu'il avait voté pour les bolcheviks... »

« Le rôle des officiers a été étonnant, renchérira Trotski en évoquant cette période. Il y avait apparemment dans la plupart des cas le désir de nous aider à renverser Kerenski. » Il citera notamment l'exemple du colonel Walden. « Apparemment, sa haine de Kerenski était assez forte pour lui inspirer une sympathie provisoire pour nous [1]. »

Le putsch d'Octobre

Le coup d'État bolchevique se répartit sur trois jours, les 24, 25 et 26 octobre (7, 8, 9 novembre) 1917, ponctué, dans la nuit du 25 au 26, par l'épisode saillant de la prise du palais d'Hiver, siège du gouvernement provisoire, déserté par Kerenski dès les premières heures de l'alerte. Les assaillants que conduit Antonov-Ovsenko n'y sont guère plus combatifs que les assaillis qui n'ont aucune raison de donner leur vie. Malgré leur écrasante supériorité numérique, les bolcheviks n'osent pas attaquer le palais sans le soutien de l'artillerie. Un navire de guerre, le croiseur *Aurore*, s'est embossé sur les rives de la Neva, où son commandant, sous menace de l'équipage, l'a conduit. L'un de ses canons tire un coup *à blanc*. La forteresse Pierre-et-Paul, tombée sans coup férir aux mains des insurgés, tire à son tour quelques coups de canon qui, malgré la courte distance, manquent le palais et vont se perdre en ville. Une pièce de campagne placée à deux cents mètres le manque également et ses

---

1. Propos tenus pour le troisième anniversaire du coup d'État. Cité par *Est & Ouest*, n° 390-391, 1er octobre 1967. Sur les journées d'Octobre, on se reportera aux souvenirs de N. N. Sukhanov, *La Révolution russe de 1917*, Paris, Stock, 1965.

obus tombent dans le quartier rouge de Vyborg... À la suite de cette brillante démonstration, les défenseurs se rendent. Les élèves officiers sont conduits à la forteresse Pierre-et-Paul, tandis que les membres d'un bataillon féminin, dernier rempart gouvernemental, subissent le sort que l'on devine. Le surlendemain, les élèves officiers qui défendent le central téléphonique seront proprement massacrés. À Moscou, l'indécision des bolcheviks prolonge la lutte de quelques jours et la rend plus sanglante. En province, un télégramme suffit généralement à assurer le changement de régime.

L'ultime tentative de Kerenski pour rallier les régiments cosaques du général Krasnov et marcher sur Petrograd se termine sans combat, par la fuite du « généralissime », sous les huées de ses propres soldats. De ces incidents sans importance, molles escarmouches suivies d'occupation de villages évacués, la légende fera le « soulèvement » de Petrograd, la « bataille » de Gattchina et de Tsarskoïe Selo.

La prise du pouvoir des bolcheviks, autrement appelée « révolution d'Octobre », événement considérable par ses conséquences, mais modeste dans son déroulement, a suscité une littérature diluvienne que ne justifie nullement la médiocrité de l'action.

Dans la nuit du 24 au 25 octobre, tandis que les groupes armés se mettent en marche, la foule se presse dans les salles de spectacle. Au théâtre Alexandre, on joue *Flavia Tessini*, et au théâtre Michel *Le Verre d'eau*. Au Narodny Dom, on vient entendre Chaliapine interpréter *Don Carlos*, et, dans la petite salle, on donne *Le Revizor* de Gogol. Le cirque Ciniselli lui-même présente ses clowns et ses écuyères. Le téléphone fonctionne ce jour-là et toute la nuit, comme à l'ordinaire. Les citadins qui se sont endormis dans l'inquiétude du lendemain s'éveillent dans une ville calme. De petites affiches indiquent les permanences pour appeler la garde rouge en cas de violences ou de pillage. Vers 9 heures du matin, Kerenski s'est enfui de Petrograd à bord d'une automobile de l'ambassade des États-Unis.

Une folle bacchanale

Réuni au Smolny dans la journée du 25 octobre (8 novembre), le Congrès panrusse des soviets entérine au petit matin du 26 la prise du pouvoir effectuée en son nom et désigne un conseil des commissaires du peuple (*Sovnarkom*), dont la composition a été préparée par les bolcheviks. Lénine en assure la présidence. Trotski reçoit les Affaires étrangères. La Guerre et la Marine sont confiées à une troïka : Antonov-Ovsenko, Krylenko et Dybenko.

Le jour même, le CMR adresse une circulaire à tous les soviets d'unités d'avoir à surveiller de près le commandement et de traiter en ennemis (mise à mort) les officiers qui ne reconnaîtraient pas le gouvernement des commissaires du peuple.

La soldatesque de Petrograd a célébré à sa façon l'insurrection d'Octobre par une gigantesque soûlerie et une bacchanale démente qui se poursuit plusieurs semaines et finira par menacer la révolution. Antonov-Ovsenko, le nouveau commandant de la garnison, a laissé un incroyable récit de cette folie collective dans ses *Mémoires* publiés à Moscou en 1924 :

« La garnison se désintégrait complètement. (...) Une orgie sauvage et sans exemple déferla sur Petrograd (...). Ici et là, des bandes d'émeutiers surgissaient, généralement des soldats, qui envahissaient les caves, les celliers et allaient parfois jusqu'à piller les cafés. Les rares soldats restés disciplinés s'épuisaient, comme les gardes rouges, en tâches de surveillance.

« Les caves du palais d'Hiver constituèrent le problème le plus embarrassant... Le régiment Preobrajenski, qui avait jusque-là gardé sa discipline, s'enivra complètement alors qu'il était de garde au palais. Le régiment Pavlovski, notre rempart révolutionnaire, ne résista pas plus à la tentation. On envoya des gardes d'origine différente choisis dans diverses unités. Eux aussi s'enivrèrent. Les membres des comités de régiment succombèrent à leur tour...

« Au crépuscule, la folle bacchanale faisait rage au cri de "Liquidons ces débris du tsarisme !" »

Cette anarchie quasi tellurique, même si elle les gêne, ne peut déplaire aux bolcheviks. Ils savent que ce déchaînement des forces primitives est leur meilleure arme pour liquider l'ancienne société.

Dès son premier discours devant le Soviet, le soir du 25 octobre (8 novembre), Trotski, avec un bel aplomb, a déclaré : « Nous allons fonder un pouvoir qui ne se proposera pas d'autre but que de satisfaire les besoins des soldats, des ouvriers et des paysans. L'État doit être un instrument de libération des masses de tous les esclavages... » Lénine et Trotski sont aussi parvenus à faire croire aux congressistes et même à la plupart des membres de leur propre parti que leur intention était de constituer un véritable gouvernement de coalition avec tous les partis socialistes, à l'exclusion des partis bourgeois.

Inventer des menaces contre la liberté...

Durant ses deux mois d'existence, en octobre et novembre 1917, le CMR sous contrôle bolchevique a toujours affirmé qu'il n'existait que « pour défendre la démocratie et s'opposer à la contre-révolution ». Mais l'examen de sa brève activité, montre qu'il fut ce qu'il prétendait ne pas être [1]. Pendant cette

1. Leonard Schapiro, *Les Révolutions russes de 1917*, *op. cit.*, p. 207. Ces habiletés ne doivent pas masquer les faiblesses des bolcheviks que souligne dans ses souvenirs le socialiste N. N. Sukhanov (*La Révolution russe de 1917*, *op. cit.*, p. 312) : « Il suffit de lire les Mémoires de l'un des principaux artisans d'Octobre, Antonov-Ovsenko, pour s'apercevoir combien l'analyse consciente des événements échappait aux auteurs du coup d'État eux-mêmes. De là, toute absence de système, le caractère désordonné des mesures militaires et techniques des bolcheviks. Face à un autre adversaire, leur action pouvait faire long

période décisive, il est le seul organe du maintien de l'ordre et de sécurité dans la capitale « face à la contre-révolution ». Ce prétexte défensif contre un danger inexistant à l'époque, permet d'éliminer suspects et opposants virtuels. Une commission d'enquête et un tribunal militaire révolutionnaire sont mis en place le 12 (25) novembre. Neuf jours plus tard, sur proposition de Dzerjinski, le CMR crée un Comité de lutte contre la contre-révolution, en clair l'embryon d'une police secrète qui deviendra la Tcheka en décembre. Perquisitions, confiscations et arrestations se multiplient. Orchestrée par la presse, la psychose d'un danger contre-révolutionnaire transforme tout un chacun en mouchard tandis que des comités de vigilance (mot convenu pour délation) se mettent en place dans les usines, les casernes et les quartiers, offrant à la multitude le pouvoir enivrant de surveiller, dénoncer, persécuter ses voisins.

Pendant ce temps Petrograd est en plein chaos, ce dont les Rouges se moquent bien. Selon une statistique très incomplète publiée par *Krasnaïa Gazeta*, du 15 décembre au 20 janvier, ont été enregistrés 15 600 vols à domicile, 9 370 vols dans les magasins, 203 801 vols avec agression dans la rue, 135 assassinats crapuleux.

Quelques timides manifestations d'opposition au nouveau pouvoir sont démesurément grossies. Tel le mouvement d'une poignée d'élèves officiers, le dimanche 29 octobre (11 novembre), qui permet d'en tuer une dizaine et de justifier la mise en place d'un régime policier.

La méthode qui s'élabore est reprise des grands ancêtres de la Révolution française, au temps de la Terreur, mais cette fois sans perspective d'un Thermidor, hantise de tous les chefs bolcheviques. Le procédé que le communisme ne cessera d'exploiter durant toute son histoire abuse encore les contempo-

---

feu. Par chance, ils n'eurent qu'un ennemi futile, aveugle et sans force réelle. »

rains avant d'en tromper beaucoup d'autres. Il consiste à inventer des menaces contre la liberté afin de l'étrangler. Il consiste aussi à rassurer et à désarmer par des serments hyperdémocratiques ceux dont on prépare la liquidation.

Aucune protestation n'a accueilli le décret du 28 octobre (10 novembre) permettant au CMR de fermer les « journaux séditieux », ce qui met fin pour soixante-quinze ans à la liberté de la presse en Russie.

Le 4 (17) novembre, la proposition bolchevique de saisir toutes les imprimeries et de suspendre les journaux qui ne soutiennent pas le nouveau pouvoir soulève cependant des protestations chez les socialistes-révolutionnaires de gauche. À cette époque, les bolcheviks ont encore besoin de ces alliés.

C'est sur la question de la guerre que s'était créée au sein du parti socialiste-révolutionnaire une fraction dite « de gauche », proche des bolcheviks. Ces S-R de gauche font définitivement scission en novembre 1917 pour créer leur propre parti. Comme leur influence reste importante dans les campagnes, Lénine se met en frais. Le 12 (25) décembre, sept S-R de gauche entrent ainsi au Sovnarkom (gouvernement). Romantiques, bavards et inexpérimentés, ils sont mal armés face à leurs collègues bolcheviques, d'autant que la politique de distribution des terres adoptée par Lénine comble leurs vœux. Mais ce qui, pour Lénine, relève de la tactique, a chez eux valeur de dogme. L'équivoque est grosse de conflits futurs, comme on le verra.

Au cours de cette période, l'opposition démocratique place tous ses espoirs dans la réunion de l'Assemblée constituante préparée par le défunt gouvernement provisoire. Ce seront les dernières élections libres que connaîtra la Russie avant celles de 1993. Elles ont lieu comme prévu le 12 (25) novembre 1917. Le lendemain, s'adressant au Soviet de Petrograd, Lénine affirme de façon touchante : « Même si les paysans élisent à l'Assemblée une majorité socialiste-révolutionnaire, nous répondrons : qu'il en soit ainsi... Nous devons laisser entièrement libre la puissance créatrice des masses populaires.» Un tonnerre d'applaudissements salue les promesses du bon apôtre.

Dissolution de l'Assemblée constituante

Les bolcheviks obtiennent moins d'un quart des 41 millions de suffrages exprimés. 4 millions de voix vont aux cadets ou divers, et 7 autres aux minorités nationales. Le reste, un peu plus de 20 millions de suffrages, va aux socialistes de diverses tendances. Les trois quarts des électeurs ont donc refusé leurs votes aux bolcheviks qui ne décolèrent pas. En revanche, la moitié des suffrages se sont portés sur les divers socialistes. Sur 707 députés, il y a 175 bolcheviks, 370 socialistes-révolutionnaires, 40 S-R de gauche, 16 mencheviks, 16 cadets et 90 divers. Les bolcheviks n'ont la majorité que dans les centres industriels et chez les troupes proches de la capitale. En revanche, les S-R restent largement majoritaires dans toute l'immense Russie rurale.

Comme les rescapés du gouvernement provisoire ont appelé à la réunion de l'Assemblée à la date prévue, le 28 novembre (11 décembre), les bolcheviks ripostent en dénonçant une manœuvre de la contre-révolution. Derechef, ils ferment les journaux qui ont publié l'appel. Pour faire bonne mesure, le 28 novembre, un décret du Sovnarkom ordonne l'arrestation de tous les dirigeants cadets et appelle à la vigilance contre leur parti, appelé «parti des ennemis du peuple».

Le 11 (24) décembre, un meeting des troupes de la garnison de Petrograd dénonce le slogan «tout le pouvoir à l'Assemblée constituante» comme contre-révolutionnaire. D'évidence, quelque chose se prépare.

Pour l'ouverture de la Constituante, remise au 5 (18) janvier 1918, les bolcheviks ont rédigé une longue «Déclaration des droits du peuple travailleur et exploité», stipulant que l'Assemblée «reconnaît sa propre incompétence, sinon pour certains problèmes d'organisation de la société sur une base socialiste», autant dire qu'elle se voit privée de sens et de pouvoir.

Simultanément, au Sovnarkom, Lénine propose la dissolution immédiate de l'Assemblée, ce qui soulève la protestation de quelques S-R de gauche et de mencheviks. La dissolution ayant été adoptée, le 6 (19) janvier au matin, des gardes rouges avec fusils et baïonnettes interdisent l'accès de la salle de réunion et déclarent tout bonnement l'Assemblée dissoute.

Sur le moment, cette brutale mise à mort de la démocratie ne suscite aucune autre manifestation visible que de l'indifférence.

Maniant toujours une ironie réjouissante, Louis de Robien note dans son *Journal*: «Ces commissaires du peuple s'y entendent pour mater le peuple et, de même que les anciens braconniers font les meilleurs gardes, ces révolutionnaires savent comment on vient à bout des révolutions. Si nous avions eu l'année dernière un Lénine ou un Trotski pour défendre le tsar, l'ordre aurait été vite rétabli et ils n'auraient pas fait placer leurs mitrailleuses sur les toits où elles ne pouvaient servir à rien.» [5 (18) janvier 1918.]

La prise du pouvoir par la base

La révolution va se manifester par l'accaparement direct du pouvoir par les organisations primaires (les soviets) des paysans, des ouvriers et des soldats. Mais depuis longtemps déjà, parfois sans bruit, parfois dans la violence, les *volost*, dans les campagnes, les gouverneurs, les chefs de la police dans les petites villes, les officiers dans l'armée ont été, en beaucoup d'endroits, priés d'abandonner leurs fonctions et remplacés au hasard, pour les besoins strictement élémentaires de la vie sociale, par des hommes pris dans la masse.

L'avènement au pouvoir des bolcheviks est interprété dans le pays et dans l'armée comme une consécration de cet état de fait, comme un encouragement à étendre le système. Au congrès des *zemstvos* et des villes qui s'ouvre à Petrograd le 9 novembre (22 novembre), c'est-à-dire moins de quinze jours après le coup d'État, tous les représentants dépeignent la situation de la même façon : « C'est partout, dit l'un d'eux, la même chose qu'à Petrograd... Les commissaires sont pris parmi les premiers venus. Un d'entre eux est un criminel de droit commun condamné pour viol, d'autres savent à peine lire et écrire [1]... »

Les bolcheviks encouragent officiellement cette prise du pouvoir par la base qui fait table rase de l'ancien corps social.

La première manifestation d'opposition au coup de force viendra des fonctionnaires des administrations publiques, des employés des postes et des cheminots qui se mettent en grève. Au bout d'une quinzaine, le mouvement menace gravement la révolution, notamment par la paralysie des transports. Les gardes rouges arrêtent les grévistes qui sont incorporés séance tenante sur le front dans les unités de première ligne. Mesure qui remet rapidement les trains en marche et les administrations au travail.

Dans le mois qui suit la prise du pouvoir, le parti envoie dans toutes les provinces (*gouberniia*) une centaine de commissaires et sept cents propagandistes confirmés, accompagnés de petits détachements de matelots de Kronstadt pour assurer leur protection et imposer les changements. Des dirigeants expérimentés sont chargés de coiffer les opérations : Ordjonikidzé pour l'Ukraine et le Donets, assisté de Volodarski et de Vorochilov. Tchoudnovski dans le Sud-Ouest, Rochal au front de Roumanie, Boubnov sur le Don, Sloutski en Crimée, Blücher en Sibérie. Plusieurs d'entre eux joueront un rôle essentiel dans la guerre civile.

---

1. Étienne Antonelli, *La Russie bolchéviste*, Paris, Grasset, 1919.

Chapitre IV
Brest-Litovsk

Les bolcheviks tiennent leurs promesses

Le deuxième jour du coup d'État, tandis que des fusillades retentissent encore dans la capitale et que le danger d'un retour en force des cosaques n'est pas écarté, les bolcheviks font voter trois décrets par le Congrès panrusse des soviets. Le premier offre une paix immédiate, le second ordonne le partage de la terre, le troisième affirme le droit des nationalités de l'ancien Empire à l'indépendance. « Pour la première fois depuis le renversement du tsarisme, commente le général Niessel, les actes du gouvernement au pouvoir devenaient conformes à ses déclarations et à sa doctrine. »

« Le gouvernement ouvrier et paysan, peut-on lire dans le préambule du décret sur la paix, invite toutes les nations belligérantes et leurs gouvernements à ouvrir sans délai les négociations d'une juste paix démocratique. » En aparté, Lénine corrige : « Nous voulons la paix générale, mais nous ne redoutons pas la paix révolutionnaire. Si le peuple allemand nous voit disposés à discuter toutes les offres de paix, la coupe débordera, ce sera la révolution allemande[1]. » La proclamation sur la paix est donc une machine de guerre poli-

1. Victor Serge, *L'An I de la révolution russe*, Paris, Maspero, 1971, t. I.

tique destinée à déclencher la révolution en Allemagne, espoir suprême des bolcheviks.

Dans la soirée du 7 novembre (20 novembre), Lénine, Trotski et Krylenko adressent un télégramme au général Doukhonine, chef d'état-major général, lui ordonnant de proposer aux commandements adverses un armistice immédiat. Durant le coup d'État, la Stavka et son chef avaient observé une totale passivité. Mais devant ce qu'il considère comme une trahison, Doukhonine refuse. Le gouvernement bolchevique lui notifie dans l'heure qu'il est relevé de ses fonctions « pour désobéissance », et décrété « ennemi du peuple », c'est-à-dire bon à abattre. Le *praporchtchik* Krylenko, commissaire du peuple à la Guerre, membre du parti depuis 1904 et célèbre pour avoir obtenu la défection de son régiment à Tarnopol, est nommé généralissime[1]. Avant de partir pour la Stavka, Krylenko adresse un message à toute l'armée qui se termine par cette exhortation :

« Soldats, vous ne permettrez pas aux généraux contre-révolutionnaires de briser la grande œuvre de la paix... Que chaque unité du front élise immédiatement des délégués pour engager des pourparlers d'armistice avec l'ennemi. Le Conseil des commissaires du peuple vous en donne le droit. »

La bolchevisation de l'armée

Le général Doukhonine songe sans doute à résister, peut-être à rejoindre le territoire du Don où l'on dit que l'ataman Kaledine s'efforce d'organiser la résistance des cosaques. Il hésite, tergiverse, facilite l'évasion des généraux Kornilov et

1. Il sera remplacé dans cette fonction par Trotski au printemps 1918, et deviendra le fondateur et premier procureur des tribunaux d'exception. Dénoncé à son tour comme « ennemi du peuple », il tombera, victime du système qu'il avait contribué à édifier.

Denikine, mais lui-même attend sur place l'arrivée de son successeur. Pourtant, il dispose semble-t-il encore de troupes fidèles. Trois brigades de cosaques à Orcha, une division finlandaise à Chklov et un régiment de choc près de Mohilev. Il éloigne ce régiment et laisse les autres troupes sans instructions. L'énergique général Boldyrev, qui commande la 5e armée sur le front Nord, lui demande comment recevoir Krylenko que veulent enlever les officiers d'un bataillon de la mort.

Doukhonine répond qu'il n'a plus d'ordres à lui donner[1]. Gagné par un découragement sans fond, il renonce à combattre et s'abandonne au sort.

Krylenko arrive en train spécial à la Stavka le 18 novembre, escorté de matelots de Kronstadt. Doukhonine, sans méfiance, se rend à son wagon. Il est assailli, jeté sur le quai et tué à coups de baïonnettes.

L'un des membres de la Stavka, le général Bontch-Brouïevitch, frère d'un dirigeant bolchevique, est traîné plus mort que vif devant Krylenko :

– Le général Doukhonine a été assassiné, annonce celui-ci. Le gouvernement vous offre le poste de chef d'état-major général. Votre frère nous a beaucoup parlé de vous. Nous sommes persuadés que nous pourrons nous entendre...

Le général accepte. « J'étais attiré par les bolcheviks, écrira-t-il plus tard, car je voyais en eux la seule force capable de sauver la Russie de l'effondrement et de l'anéantissement[2]. »

Malgré sa bonne volonté, le général devra faire effort pour réprimer son indignation quand il lira le décret du 30 novembre (13 décembre) 1917 prescrivant la suppression des anciens

1. Krylenko fait arrêter Boldyrev, mais ce chef à poigne est si populaire que des délégations de soldats de son armée obtiennent sa libération.

2. M. Bontch-Brouïevitch, *L'Heure du choix*, Moscou, Éd. du Progrès, 1966.

grades et celle des décorations, même attribuées aux simples soldats, ainsi que l'élection de nouveaux chefs dans toutes les unités par les soins des soviets de soldats. Aucun supérieur ne pourra récuser ou destituer l'un de ses subordonnés. Le pouvoir disciplinaire sera remis aux soviets et assemblées d'unités. Certaines promotions accélérées qui font songer à celles de la Révolution française, se révéleront heureuses. La guerre civile se chargera d'effectuer la sélection. Par ailleurs, ce décret, destiné à détruire les derniers vestiges de l'armée impériale, porte l'anarchie à son point extrême et partout déclenche de nouvelles violences. À Sébastopol, cinquante-huit officiers de marine sont massacrés. L'un d'eux est précipité dans la chaudière d'un navire, après quoi les assassins vont chercher un pope et le contraignent à célébrer une messe pour obtenir le pardon de leur victime... Dans le Turkestan, le général Korovitchenko agonise des heures durant et ses bourreaux font payer trente kopecks à ceux qui veulent assister au spectacle. Les soldats, si paisibles devant l'ennemi, sont animés d'une sauvagerie sans nom avec leurs propres officiers.

Des généraux sous le drapeau rouge

Pourtant, plusieurs généraux et non des moindres se sont mis au service du nouveau pouvoir [1]. Leurs mobiles sont variés, mais vient en premier l'acceptation du fait accompli. Ainsi, durant les premiers mois, le général Bontch-Brouïevitch assure-t-il les fonctions de chef d'état-major général, sous le contrôle de Krylenko.

Les officiers destitués qui parviennent à échapper à leurs régiments errent dans les villes à la recherche d'un emploi.

1. Ce sont notamment les généraux Alexandre Svietchine, Vladimir Egorov, Odintsev, Samoylo, Sytine, Parsski, Goutor, Neznamov, Baltiski, Zebediev, Kembovski, Zaïontchkovski, etc.

Certains essaient de fuir à l'étranger. D'autres s'efforcent de rejoindre le territoire du Don où, dit-on, s'organise une résistance. Mais dans ce qui restait des anciennes unités les destitutions successives des nouveaux chefs créent un tel désordre que les soviets perdent à leur tour toute autorité.

Cette situation est aggravée par les difficultés du ravitaillement. Les magasins des différents fronts ont été pillés, les transports ne sont plus assurés. Il se forme partout des bandes qui rançonnent et ravagent les arrières. On vend ouvertement les chevaux de troupe, les vêtements, les vivres, parfois même ce commerce se fait avec les Allemands.

Sur le front Nord, les commandants en chef se succèdent au jour le jour. Le général Tchérémissov, très favorable aux bolcheviks, est ulcéré de ne pas avoir succédé à Doukhonine. Il le dit. On l'écarte. Les généraux Notbeck et Ioussefovitch déclinent sa succession. C'est un monarchiste connu, le général Novitski, qui accepte. Il sera bientôt arrêté et remplacé par un simple *praporchtchik*.

À l'arrière, beaucoup de régiments et de dépôts ont conservé une partie de leurs effectifs. Les soldats sont nourris et payés, ils peuvent se livrer à de substantiels petits trafics en parfaite impunité. Ce sont des privilèges qui incitent à rester sous l'uniforme, fût-il débraillé, mais qui ne poussent pas nécessairement à l'ardeur guerrière. À Petrograd, en décembre 1917, on compte encore quatre-vingt mille hommes qui se refusent à tout service et s'enivrent copieusement. Situation identique à Moscou. Les régiments qu'Antonov-Ovsenko reçoit l'ordre de diriger en Ukraine refusent de partir.

Pourparlers à Brest-Litovsk

La demande d'armistice est officiellement notifiée au GQG allemand par Krylenko, le 13 novembre (26 novembre) 1917. La réponse allemande étant positive, la délégation bolchevique franchit les lignes allemandes à Dunabourg, le

19 novembre (2 décembre), pour se rendre à Brest-Litovsk. La délégation des soviets est dirigée par Ioffe et Kamenev, assistés notamment de quatre officiers[1]. Ces derniers ont été avertis que leur refus entraînerait l'exécution immédiate de leurs supérieurs, les généraux Manikovski et Mourachevski. Les méthodes ont changé depuis la chute de Kerenski !

Le général Hoffmann, chef d'état-major des armées allemandes de l'Est, est chargé de mener les préliminaires des négociations du côté des Empires centraux. Après quelques passes d'armes oratoires qui donnent aux représentants des puissances centrales un avant-goût de l'argumentation bolchevique, l'armistice est accepté aux conditions allemandes. Les négociations de paix proprement dites vont pouvoir commencer. Elles seront conduites, cette fois, par les représentants des divers gouvernements, il ne s'agit plus de questions strictement militaires[2]. Cependant, le rôle du général Hoffmann restera considérable.

Les diplomates s'efforcent d'apprivoiser leurs interlocuteurs par les manières affables dont ils ont une pratique naturelle. Des relations détendues semblent s'instaurer. Le 11 décembre (24 décembre), les deux parties se mettent d'accord sur une déclaration de principe prévoyant « une paix sans annexion ». Ioffe exulte. Le général Hoffmann s'empresse de doucher son enthousiasme en lui précisant verbalement ce que les Empires centraux entendent par cette formule :

---

1. Colonels Chichkine et Stanislavski ; amiral Altvater et capitaine de vaisseau Dolivo-Dobrovolski. Le général Skalon qui leur sera adjoint le 10 décembre préférera se suicider plutôt que de se prêter au déshonneur d'un acte qu'il réprouve.

2. La délégation bolchevique est conduite par Ioffe, Kamenev et Pokrovski. L'Empire allemand est représenté par le secrétaire d'État von Kühlmann. La monarchie danubienne a délégué le comte Czernin. La mission bulgare est conduite par le ministre Popov. Celle de la Turquie par l'ancien grand vizir Bakki.

– Votre gouvernement a reconnu aux nationalités de l'ancien Empire russe le droit à se séparer. Plusieurs d'entre elles, notamment la Pologne, la Lituanie et la Lettonie, ont proclamé leur indépendance. Vous comprendrez donc que les puissances centrales ne considèrent pas comme des annexions le fait de régler le sort de ces États par une entente directe avec leurs représentants, à l'exclusion de la Russie.

Ioffe reçoit ces paroles comme un coup en pleine poitrine. Ne cherchant pas à maîtriser son indignation, il menace de rompre les négociations. Les deux parties conviennent de se séparer pour consulter leurs gouvernements.

Les délégations se retrouvent autour de la table de négociation le 25 décembre (7 janvier 1918). L'atmosphère change. Ioffe a été remplacé à la tête de la délégation des soviets par Trotski, commissaire aux Affaires étrangères. C'est la fin des relations courtoises. Trotski exige sèchement que les délégués prennent leurs repas dans leurs appartements et non plus à la table commune. Il interdit toute relation en dehors des séances.

Le commissaire du peuple, dont l'intelligence agressive s'exerce sarcastiquement sur des interlocuteurs peu préparés à sa dialectique, va cependant commettre une grave faute tactique. Il accepte la présence aux négociations d'une délégation de la Rada [1] ukrainienne et reconnaît qu'elle a qualité pour traiter en toute indépendance.

Il a convenu d'un protocole secret avec les Ukrainiens afin de se concerter avant toute décision. Il comprendra trop tard qu'on l'a joué. Ses prétentions pour faire admettre une délégation du comité bolchevique ukrainien de Kharkov seront dédaigneusement repoussées par les puissances centrales qui signeront une paix séparée avec la Rada le 25 janvier 1918 (10 février). Ce traité aura d'importantes conséquences : il favorisera notamment l'intervention militaire austro-allemande en Ukraine et dans le sud de la Russie.

1. Assemblée.

Trotski prend sa revanche au cours de duels oratoires interminables qui l'opposent à Kühlmann. Son but est d'utiliser la tribune de Brest-Litovsk pour sa propagande en direction de l'Allemagne. Après une semaine de débats inutiles, le général Hoffmann n'y tient plus. Pour couper court aux discussions, il déplie une carte et, du doigt, il trace la nouvelle frontière russe qui résume les conditions allemandes. Furieux, Trotski quitte la salle et se jette dans le train de Petrograd afin de se concerter avec les siens.

Échec de Trotski et paix désastreuse

Une âpre controverse divise le Comité central du parti. Porté par son imagination, Trotski assure que les Empires centraux ne sont plus en état de reprendre la guerre sur le front Est. Leurs armées, dit-il, se mutineraient si les généraux commandaient une nouvelle offensive. L'Allemagne et l'Autriche menacées de famine sont au bord de la révolution. Les dirigeants autrichiens veulent signer la paix à n'importe quel prix (cela est vrai). Il propose donc de prendre le risque d'une rupture d'armistice en proclamant une paix révolutionnaire qui brisera l'armée allemande comme elle a brisé l'armée russe. S'il le faut, on mènera la guerre de partisans.

Lénine, plus réaliste, trouve cette thèse séduisante mais risquée. Pour lui, il faut céder aux volontés allemandes, abandonner quelques territoires pour sauver la révolution.

Des deux thèses, celle de Trotski emporte la majorité. Lénine s'incline à contrecœur. Le déclenchement de grèves politiques avec création de soviets ouvriers à Berlin, puis à Vienne, Hambourg, Kiel, Düsseldorf, Leipzig, Essling et ailleurs semble donner raison à Trotski.

Le 18 janvier (31 janvier) 1918, la *Pravda* titre : « La tête de l'impérialisme allemand est sur le billot ! La révolution en Allemagne ! Un soviet à Berlin ! »

Trotski rejoint le même jour Brest-Litovsk. Il est sûr de lui, plus arrogant que jamais, ignorant que la grève générale est matée en Allemagne. Une nouvelle semaine se passe. Trotski adresse appel sur appel aux troupes allemandes. L'un d'eux est interprété à Berlin comme une incitation à l'assassinat des officiers. Un télégramme du Kaiser exige la fin des pourparlers et une réponse immédiate des bolcheviks aux exigences des Centraux.

La réponse de Trotski tombe le 28 janvier (10 février) :

« La Russie des soviets ne peut accepter les conditions de paix des puissances centrales ni les discuter. Elle déclare la guerre terminée, démobilisera son armée et portera ces faits à la connaissance de tous les peuples et de tous les États. »

« Cette déclaration de Trotski provoqua la stupéfaction générale [1] », écrira le général Hoffmann. Le soir même, les diplomates austro-hongrois et allemands se réunissent en sa présence. « Les diplomates furent unanimes à dire qu'ils acceptaient cette déclaration, rapporte-t-il. Je fus le seul à protester. Nous avions conclu avec les Russes un armistice à l'effet d'engager des pourparlers et d'aboutir à la paix. Si l'on n'arrivait pas à conclure la paix, l'armistice cessait automatiquement, et c'était du même coup la reprise des hostilités. La déclaration de Trotski n'était rien moins qu'une dénonciation de l'armistice. »

Hoffmann télégraphie immédiatement au GQG qui fait approuver sa position par le gouvernement du Reich. Sans la fermeté du chef d'état-major allemand, qui sait donc si la manœuvre de Trotski n'aurait pas abouti ?

Respectant les délais prévus par les conventions d'armistice, l'armée allemande reprend l'offensive huit jours plus tard. Ce qui subsiste des troupes russes, démoralisées, à demi débandées, n'oppose aucune résistance. L'état-major de la 5e armée, qui a reçu l'ordre de défendre Dvinsk, n'a

1. Général Max Hoffmann, *La Guerre des occasions manquées*, Paris, Payot, 1927.

pas osé le communiquer aux soldats. Il évacue la ville, abandonnant deux mille canons et mortiers.

Ce jour-là, à Petrograd, le Comité central délibère deux fois sur la proposition de Lénine de reprise immédiate des pourparlers. Une première fois cette proposition est rejetée. À la deuxième séance, Trotski annonce la prise de Dvinsk et l'entrée des troupes allemandes en Ukraine. Reconnaissant son erreur, il vote au côté de Lénine. La reprise des pourparlers est adoptée. Un télégramme est adressé sur l'heure aux Austro-Allemands acceptant les conditions de paix. Berlin répond évasivement : « Faites vos propositions par écrit... »

Pendant ce temps les troupes allemandes progressent sans rencontrer de résistance notable. Minsk tombe entre leurs mains, puis Polotsk, Loutsk, Doubno, Rovno, Pskov. Les débris de la Stavka évacuent Mohilev. Des états-majors, abandonnés par les troupes, sont faits prisonniers. L'armée russe est morte.

La délégation bolchevique fait diligence pour rejoindre Brest-Litovsk, non pour reprendre des pourparlers mais pour s'incliner devant les nouvelles exigences austro-allemandes : démobilisation de l'armée russe, cessation de toute agitation dans les autres pays, reconnaissance de l'indépendance de l'Ukraine, de la Finlande et de trois républiques transcaucasiennes, détachement définitif de la Pologne, de la Lituanie, de l'Estonie et de la Lettonie. Les pertes représentent 26 % de la population de l'ancien Empire russe, 27 % des terres cultivables, 33 % de son industrie.

Le traité signé le 3 mars 1918[1], les troupes allemandes poursuivent leur avance en Ukraine jusqu'au Caucase, à tra-

---

1. On sait que jusqu'au 31 janvier 1918, la Russie utilisa le calendrier julien, en retard de treize jours sur le calendrier grégorien adopté à partir de cette date par décret du Sovnarkom. Jusqu'ici, j'ai indiqué les dates des divers événements conformément au calendrier julien, en indiquant entre parenthèses la date correspondante du calendrier grégorien. Ce dernier était en usage en Europe depuis la fin du XVIe siècle.

vers le Don et la Crimée où elles se maintiendront jusqu'en novembre 1918.

Le plan du général Hoffmann

Il est possible de se demander pourquoi les Allemands n'ont pas poussé leur avantage et profité de l'effondrement complet de l'armée russe pour prendre Petrograd et liquider le pouvoir flageolant des commissaires du peuple. Le général Hoffmann expliquera plus tard que les intentions allemandes étaient de profiter de la révolution bolchevique pour laisser pourrir le colosse qui avait si lourdement pesé politiquement et militairement sur le Reich dans le passé. Le bolchevisme apparaissait comme le meilleur moyen de mettre hors de cause la puissance russe pour plusieurs années.

« Mais plus j'entendais parler des ravages causés par les bolcheviks, plus mon opinion se modifiait. Honnêtement, on ne pouvait pas rester spectateur et laisser égorger tout un peuple. J'entrai donc en relation avec plusieurs représentants de l'ancien gouvernement russe. De plus, un état de paix véritable ne se produisait pas dans l'Est. »

Hoffmann craint notamment que l'Entente, appuyant la Légion tchécoslovaque (dont on reparlera plus loin) et les armées blanches, ne parvienne à rétablir un gouvernement favorable aux Alliés et que le cercle mortel ne se referme sur l'Allemagne.

« C'est pourquoi, dès le printemps 1918, je fus d'avis qu'il était bon de créer dans l'Est une situation claire. C'est-à-dire de dénoncer la paix, de marcher sur Moscou [nouvelle capitale depuis le 12 mars 1918], d'y placer un autre gouvernement russe et de lui accorder des conditions meilleures que celles de Brest-Litovsk. On pouvait, par exemple, lui rendre d'abord la Pologne. On conclurait alors une alliance avec ce nouveau gouvernement russe. »

Mais avec quelles troupes mener une telle action ? Depuis la signature du premier armistice, toutes les unités allemandes ayant une valeur militaire ont été dirigées vers le front Ouest. Ce mouvement était terminé au début de mars 1918. Il allait permettre à Ludendorff d'entreprendre sa grande offensive de printemps. Ne restaient sur le front Est que des formations médiocres, constituées de vieux réservistes. Selon le général Hoffmann, elles eussent cependant fait l'affaire :

« Il n'eût pas été nécessaire d'envoyer dans l'Est aucun renfort de troupe. Le commandant Schubert, notre nouvel attaché militaire à Moscou, qui fut le premier à réclamer une action énergique contre les bolcheviks, estimait alors que deux bataillons étaient suffisants pour mettre de l'ordre à Moscou et y établir un nouveau gouvernement. Bien que son opinion me parût un peu optimiste, je crois que les quelques divisions dont nous disposions encore auraient suffi pour exécuter ce plan. À ce moment-là, Lénine et Trotski n'avaient pas encore une armée rouge à leur disposition. Leur puissance s'appuyait sur quelques bataillons lettons et quelques bandes de coolies chinois qu'on avait armés et qu'on employait surtout comme bourreaux. »

Il ne semble pas douteux que l'opération eût été possible au printemps 1918. L'armée allemande exerçait un tel ascendant sur les soldats russes qu'ils se débandaient en masse à la seule vue d'un casque à boulons.

Donc, poursuit Hoffmann, « si l'on avançait sur la ligne Smolensk-Pétersbourg, on n'avait qu'à former, une fois arrivés dans la capitale, un gouvernement russe qui dirait simplement que le tsarévitch vivait encore, nommer à sa place un régent, transporter ensuite le gouvernement provisoire à Moscou. Ainsi, il eût été à mon avis très facile de balayer le gouvernement bolchevique. On aurait du moins pu épargner à la Russie des maux indicibles et éviter la mort de milliers d'êtres humains ».

Dans quelle mesure de pareils événements eussent-ils pesé sur l'avenir de la Russie, de l'Allemagne et du monde, c'est à chacun de l'imaginer.

Une certitude seulement. À cette époque, les bolcheviks n'ont aucune force militaire à opposer à un envahisseur tant soit peu organisé. La garde rouge est une milice sans consistance réelle, tout juste bonne pour des escarmouches. La Tcheka est une police politique dont la vocation n'est pas d'intervenir contre des troupes[1]. L'armée impériale, qui n'était plus constituée que de troupes décomposées, a été dissoute et l'armée rouge n'est pas encore née. Dans l'esprit de ses fondateurs, ce sera une armée de volontaires, une sorte de milice, formée par l'amalgame imprécis des soldats de l'ancienne armée qui voudront rester en service, et par les gardes rouges.

Création de l'armée rouge

Le décret ordonnant la dissolution de l'ancienne armée et la création d'une *armée rouge des ouvriers et des paysans* a été adopté le 2 janvier (15 janvier) 1918 par le Sovnarkom. On était en pleines négociations à Brest-Litovsk. Lénine, craignant que ce décret ne le prive complètement de forces alors qu'une rupture d'armistice était possible, décida d'ajourner de quelques semaines sa publication.

« L'ancienne armée était entre les mains de la bourgeoisie un instrument d'oppression des classes laborieuses, lit-on dans ce texte. Le passage du pouvoir aux classes laborieuses et exploitées rend nécessaire la création d'une nouvelle armée qui sera le rempart du pouvoir des soviets, préparera la substitution, dans un avenir rapproché, de la nation armée à

1. Le 7 décembre (20 décembre) 1917, Lénine a signé l'acte de création de la Commission extraordinaire de lutte contre le sabotage et la contre-révolution, en abrégé : *Tcheka*. Il place à sa tête un bolchevik d'origine polonaise qui se fera une réputation impitoyable, Félix Dzerjinski.

l'armée permanente et servira d'appui à la révolution socialiste imminente en Europe.

« 1. L'armée rouge des ouvriers et des paysans est formée des éléments les plus conscients et les plus organisés des classes laborieuses. 2. L'accès en est ouvert à quiconque est prêt à mourir pour les conquêtes de la révolution d'Octobre, les soviets et le socialisme. »

On voit que la Russie est absente. L'armée en création se voit assigner une vocation purement socialiste et révolutionnaire, sans aucun lien national.

Le 21 février 1918, en pleine panique créée par l'offensive allemande après la rupture des pourparlers de Brest-Litovsk, un décret proclame « la patrie socialiste en danger ». La loi martiale est instaurée à Petrograd. Le 23 février, pour appuyer l'ordre de levée en masse, des meetings se tiennent dans la capitale. Cette date entrera dans l'histoire soviétique comme l'anniversaire de l'armée rouge.

Celle-ci n'existe encore que sur le papier, tandis que l'ancienne armée achève de mourir dans la débandade.

C'est au cours du mois de mars que les anciens corps sont dissous. Les routes et les chemins de fer sont encombrés de centaines de milliers de soldats rentrant chez eux ou happés par le désir d'un voyage sans fin.

Dans les bureaux de recrutement, les volontaires ne se bousculent pas. Il y a bien sûr les soldats tentés par la sécurité de la gamelle. D'autres, fortement politisés, sont sensibles aux slogans de la révolution en danger. Beaucoup de gardes rouges sont versés d'office dans la nouvelle armée. Enfin des étrangers, anciens prisonniers de guerre, comme les Hongrois, des Slovaques, des Serbes, mais aussi des Chinois employés aux travaux de chemin de fer.

Avant même la publication du décret constitutif de l'armée rouge, le 1er février 1918, l'un des membres du CMR de Petrograd, K.S. Ieremeiev, a organisé par sélection dans la garnison de Petrograd le 1er corps d'armée rouge, seule troupe disponible pour la défense de la capitale lors de la rupture des négociations de Brest-Litovsk. Après la création officielle de l'armée rouge, un certain nombre d'unités y seront versées en totalité, sans trop se soucier du volontariat de leurs hommes. Ce seront notamment la 5e division Zaamour, la 12e division de tirailleurs finlandais, la division de tirailleurs lettons et la 48e division d'infanterie qui ont donné des gages de fidélité au nouveau pouvoir. Ces divisions sont loin d'avoir des effectifs complets et ce sont des exceptions. Sur le front Sud, des unités cosaques favorables à la révolution seront également incorporées en totalité, mais avec un effectif diminué par de nombreuses démobilisations volontaires.

Tous les chefs sont élus, jusqu'au commandant de régiment. Des écoles sont créées pour assurer la formation des nouveaux cadres, les *komandir* (commandants), souvent dépourvus de toutes connaissances militaires.

Ces troupes improvisées sont utilisées pour briser les résistances aux décrets révolutionnaires. « En mars 1918, rapporte Cyrille Meretskov, la section militaire de Soudogda qui avait reçu des instructions concernant la création de l'armée rouge de la part de la section militaire de province, dut envoyer chaque jour des détachements dans les cantons afin de faire appliquer le partage des terres. » Ailleurs, sur le Don, dans l'Oural, en Crimée, en Ukraine, en Finlande, d'autres détachements sont engagés dans les premiers combats, avec de premiers succès ou de premiers revers face à ceux que l'on commence à appeler les « gardes blancs ».

Révolte du général Kaledine sur le Don

Dans les semaines qui suivirent le coup de force bolchevique, le territoire du Don, *Donski-Kraï*, sembla un asile de paix dans la tourmente générale. À la fin de mai 1917, on y avait procédé à l'élection du *Kroug*, l'antique assemblée du peuple cosaque[1], symbole de son autonomie, suspendue depuis Pierre le Grand. Près de sept cents délégués de toutes les *stanitzas* (districts) et de tous les régiments du Don participèrent aux séances de ce parlement cosaque. Parmi eux, une majorité d'officiers, plus ou moins monarchistes, s'y manifesta. Il y eut aussi un cosaque bolchevique, Kovaliov, et un sympathisant, adjudant d'artillerie, Podtiolkov, voué à jouer un certain rôle au début de 1918.

L'assemblée procéda à l'élection des membres du gouvernement général et de son chef, premier ataman du Don élu depuis le XVIIIe siècle, le général Kaledine[2].

Le 27 octobre (10 novembre) 1917, deux jours après le coup d'État bolchevique, l'ataman Kaledine déclara s'opposer à cette usurpation et « dans l'attente du rétablissement d'une autorité légitime » assumer la plénitude du pouvoir gouvernemental sur le territoire du Don, depuis sa capitale, Novotcherkassk.

Cette proclamation fut accueillie sans surprise ni véritable inquiétude à Petrograd. D'autres priorités retenaient l'attention du Sovnarkom. On adressa cependant des consignes draconiennes « à tous » : surveiller les trains et les routes en direction du Don afin de capturer les officiers qui tenteraient de s'y rendre pour y susciter une Vendée russe. Cet ordre contenait une condamnation à mort implicite de tous les

---

1. En 1917, les cosaques de l'ancien Empire russe forment onze *voskos*, mot qui signifie à la fois peuple et armée. Leur importance était très inégale. Le plus important était celui du Don avec une population de 1 022 000 cosaques (et 1 200 000 non-cosaques). Venaient ensuite le Kouban avec le chiffre de 724 000, puis l'Orenbourg avec 354 000, la Transbaïkalie avec 187 000, le Terek avec 163 000, l'Oural et la Sibérie, tous deux avec 112 000, l'Astrakhan avec 27 000, Semiretchinsk avec 26 000, l'Amour avec 20 000 et l'Oussouri avec 7 000 (chiffres de 1905).

2. Depuis la révolte de Kondrati Boulavine, Pierre le Grand avait suspendu les élections cosaques. Les atamans furent alors « désignés ».

suspects. Les récits de l'époque sont pleins de ces contrôles dans les gares où, par fournées, de « supposés officiers » étaient fusillés séance tenante. Cependant, beaucoup parvinrent à passer.

Le 2 novembre (15 novembre) 1917, après un voyage mouvementé et périlleux, le général Alexeiev arriva à Novotcherkassk. Après s'être concerté avec le général Kaledine, il entreprend aussitôt d'organiser des détachements de volontaires parmi ceux qui rejoignent le Don, officiers, Junkers, hommes des bataillons de choc, quelques cosaques aussi. Maigres résultats.

Résignation et fatalisme des officiers

Ceux qui viennent se réfugier sur le Don ne sont pas pour autant décidés à combattre. C'est l'un des faits les plus surprenants sans doute et les plus significatifs de cette période que l'apathie, la passivité, la résignation de ces officiers, de ces aristocrates, de ces propriétaires, promis à une mort certaine par la révolution bolchevique et que cette menace, loin d'animer, semble au contraire écraser davantage, comme sous le poids d'une insurmontable malédiction. Malgré le danger du cliché, on est tenté d'invoquer un certain fatalisme russe devant les coups du destin.

On ne peut manquer aussi d'être frappé par le contraste entre cette atonie et l'énergie de la minorité bolchevique. Serait-ce le signe même qui désigne les forces ascendantes et inversement celles qui sont déjà frappées par l'aile de la mort ? La comparaison ne manque pas d'être troublante. Elle confirme bien d'autres observations historiques. Elle tend naturellement à accréditer chez le vainqueur l'idée exaltante que la raison historique marche avec lui. Elle confirme l'ascendant moral du groupe porteur de la plus forte agressivité.

Selon Roy Medvedev, bon historien de certains aspects de la guerre civile : « Au début de 1918, il y avait à Rostov et à Novotcherkassk près de seize mille officiers dont seulement deux cents s'engagèrent dans l'Armée volontaire [d'Alexeiev] et quelques centaines dans les détachements de Kaledine[1]. » Les proportions font image. Elles me semblent cependant un peu exagérées. Le général Alexeiev, qu'auront rejoint en décembre 1917 Kornilov, Denikine et beaucoup d'autres chefs militaires de valeur, parviendra finalement à mettre trois mille cinq cents hommes en campagne vers le mois de février 1918, dont nombre d'officiers. Cela au milieu de difficultés immenses, dont la plus mince n'est pas le manque d'argent[2].

Payer semble pourtant l'un des seuls gestes de défense que puisse encore esquisser l'ancienne société balayée par le maelström révolutionnaire. Ainsi, au début de 1918, un flot d'officiers vient remplir les petites villes d'eaux du Caucase et de Crimée, depuis Kislovodsk jusqu'à Yalta. Les montagnards des vallées voisines restent fidèles au tsar ; quant aux stations elles-mêmes, elles sont bondées de grands-ducs, d'officiers de l'ex-garde impériale, d'anciens ministres, d'industriels et de membres de l'ancienne aristocratie.

On pourrait penser qu'entre deux tasses de thé et une partie de bridge, ce grouillement d'hommes, dont beaucoup sont formés pour la guerre, songerait à s'organiser en cas d'irruption locale des révolutionnaires. Erreur.

« Nous vîmes un jour apparaître dans les rues de Kislovodsk, rapporte un témoin, des soldats à rubans rouges qui, s'approchant des anciens officiers, leur arrachaient les épau-

1. Roy Medvedev, *Qui a écrit « le Don paisible ? »*, Paris, Christian Bourgois éditeur, 1975. Roy Medvedev fut mis à l'index en Union soviétique en raison de ses recherches en marge du conformisme, et malgré des convictions restées marxistes.

2. Tous les comptes bancaires ont été bloqués par les bolcheviks dans les régions qu'ils contrôlent.

lettes. Le désordre pourtant ne devint pas général, et les officiers purent demeurer dans la ville[1]... »

On serait presque tenté de dire que ce n'est pas justice. Mais n'est-il pas trop facile de juger ces événements terribles de loin, dans le calme paisible de son cabinet, sans autre menace que celle d'un jugement hâtif. Et pourtant...

Dans son *Carnet de campagne d'un officier français sur la bataille de la Vistule* publié en 1920, le futur général de Gaulle décrira chez les Slaves qu'il a côtoyés quotidiennement des traits de caractère bien semblables : « L'angoisse, je ne l'ai jamais rencontrée chez ce peuple placide ; mais c'est la résignation, pire. Je l'ai remarqué bien souvent chez les Slaves, le sentiment du péril ne les surexcite pas, il les abat. Plus la crise approche, moins ils réagissent. Voilà pourquoi à toute époque de l'histoire, une poignée de barbares a pu dominer dans ces régions des territoires immenses. Voilà pourquoi les hommes que j'ai vu fusiller ont ici une extraordinaire apparence d'indifférence[2]. »

Remarque à longue portée. Les chefs bolcheviques ne sont-ils pas pour la plupart des « allogènes », Lettons, Juifs, Caucasiens, Allemands ou Polonais ?

Le capitaine Guinet, de la mission militaire française, fournit un autre exemple de ce fatalisme difficilement imaginable. Il rejoint le front roumain en décembre 1917. L'armée russe y a subi la décomposition générale, malgré son relatif isolement et l'appui que le commandement peut trou ver auprès de l'allié roumain qui intervient plusieurs fois en armes pour chasser les commissaires bolcheviques. « Nous trouvons au retour à Botoani, écrit-il, nos camarades russes,

---

1. Prince Michaguine-Skrydloff, *Russie blanche et Russie rouge*, Paris, Plon, 1935.

2. Texte publié sans signature dans *la Revue de Paris* du 1er novembre 1920, et dont la paternité a été établie par M. Gérard Saucey dans *Le Monde* du 19 septembre 1967.

depuis des mois résignés, sans grand souci des événements qui marquent l'effondrement de l'armée, le "lâchage" du front. Ils parlent de réceptions plus que jamais, nous apercevons sur nos tables plusieurs invitations [1]... »

Une poignée d'hommes hardis refuse cependant de s'étourdir dans une dernière fête avant le grand saut. Une poignée seulement, ici ou là.

---

1. Capitaine Guinet, *En mission à travers la Russie de Lénine*, L. Fournier, 1921.

Chapitre V
Kornilov et Denikine

L'Union des officiers

Dès avril 1917, des officiers du grand quartier général de l'armée, à Mohilev, avaient senti le besoin de créer une organisation afin d'agir de façon concertée face à la tornade qui mettait en péril l'armée et la Russie. Alors que se faisaient entendre avec violence toute sorte de catégories sociales et de groupes politiques surgis du pavé, la voix des officiers restait muette.

Les officiers recevaient des coups, subissaient les événements et ne disaient rien, tandis que le premier excité venu décidait des questions militaires et de l'existence de l'armée.

Dans un premier temps, le généralissime Alexeiev et son nouveau chef d'état-major, le général A.I. Denikine, se montrèrent hostiles à ce projet dans lequel ils voyaient l'amorce d'une sorte de soviet des officiers et donc un facteur supplémentaire de désagrégation de l'institution militaire. Mais la réalité, qui brisait chaque jour un peu plus les anciens cadres, se moquait de ses prudences d'une autre époque. Spontanément, des *Unions d'officiers* s'étaient formées dans les différentes armées et dans les grandes villes, Petrograd, Moscou, Kiev, dès les premiers jours de la révolution de Février. Dans le brouillard opaque des événements, chacune de ces organisations allait de son côté, à tâtons, sans lien entre elles.

Cédant aux sollicitations du lieutenant-colonel Lebedev, créateur de l'Union des officiers de l'état-major général, Alexeiev finit par accepter la convocation d'un congrès des officiers à Mohilev. Cela ne se fit pas sans difficultés. Soit que certains aient mal interprété cette initiative (un soviet de plus, disaient-ils), soit qu'ils y aient vu un empiétement inadmissible sur leur autorité, plusieurs commandants d'armée s'y étaient fermement opposés. Malgré tous les obstacles, 300 officiers délégués s'étaient assemblés au GQG le 7 (20) mai 1917. Pour l'ouverture de ce congrès qui brisait avec des siècles d'obéissance aveugle et muette, le généralissime avait prononcé un discours, lui aussi inhabituel. Mais, depuis trois mois, toutes les habitudes et toutes les traditions avaient été pulvérisées par le cyclone de la révolution.

« La Russie marche à sa perte... » Voilà ce qu'avait dit Alexeiev, dans l'espoir que tout le pays l'entende. « Bien souvent, dans les appels ou les pages des journaux, nous rencontrons cette phrase brève : *la patrie est en danger*. Nous nous y sommes habitués. C'est comme si nous lisions de vieilles chroniques des temps anciens et ne puissions saisir tout le sens de ces mots brefs. Cependant, c'est une vérité fatale. La Russie marche à sa perte. Elle est au bord de l'abîme. Encore quelques chocs et de tout son poids elle y sombrera. L'ennemi occupe la huitième partie de son territoire. On ne le réduira pas avec ces paroles utopiques : la paix sans annexion. Il tend sa patte avide vers toute la rive droite de notre Dniepr... L'armée russe laissera-t-elle faire ? Ne rejetterons-nous pas hors de notre pays cet insolent ennemi ? Soyons francs : l'esprit guerrier de l'armée russe est abattu. Hier encore forte, menaçante, elle est aujourd'hui impuissante devant l'ennemi. L'ancienne tradition de fidélité à la Patrie a laissé place au désir de paix et aux instincts les plus bas... L'armée avait accueilli loyalement et avec enthousiasme le nouveau régime... Mais la Russie est en danger. Où donc est le pouvoir qui saura imposer à chaque citoyen son devoir envers la patrie ? On nous dit que ce pouvoir va venir, mais rien ne l'annonce[1]... »

Ce discours témoignait du drame personnel d'Alexeiev et de sa rupture implicite avec une révolution qu'il avait ouvertement favorisée, on s'en souvient, en provoquant l'abdication de l'empereur Nicolas II, trois mois plus tôt, puis en se ralliant au gouvernement provisoire. De cette révolution, il attendait que naisse un pouvoir national, énergique et populaire, capable de redonner à l'armée les moyens de combattre efficacement. Ce qui avait suivi dépassait en horreur tout ce que l'esprit le plus pessimiste aurait pu imaginer.

Bref, depuis son discours du 7 (20) mai, la rupture était consommée entre Alexeiev et la révolution. C'est bien ainsi que les choses furent comprises. La presse de gauche lança aussitôt les attaques les plus violentes contre le généralissime, et Kerenski le congédia au profit de Broussilov. Puis, après la défaite de Tarnopol, il remplaça Broussilov par Kornilov.

Devenu trop populaire, celui-ci avait été débarqué à son tour après être tombé dans le piège ourdi par le chef du gouvernement. Cette fois, Kerenski s'était lui-même nommé généralissime. Pour pallier la minceur de ses talents militaires, derechef, il avait fait appel à Alexeiev en qualité de chef d'état-major. Le général avait accepté, mais il avait posé ses conditions, obtenant que lui soit confiée la détention de Kornilov et de ceux qui l'avaient soutenu, Denikine, Loukhomski, Markov et quelques autres. C'était la seule façon de les protéger.

Les suspects s'étaient ainsi retrouvés enfermés non loin du GQG, dans une école de Bykov, confiée à la garde de cosaques du Tek, qui se seraient fait couper en morceaux plutôt que de livrer Kornilov.

---

1. Général A.I. Denikine, *La Décomposition de l'armée et du pouvoir*, *op. cit.*, p. 224-227.

La Vendée du général Alexeiev

Ayant été compromise avec Kornilov, l'Union des officiers fut dissoute par Kerenski, mais elle se reconstitua en partie et de façon clandestine, sous l'autorité personnelle d'Alexeiev, très vite libéré de ses fonctions de chef d'état-major au profit du très docile général Doukhonine. L'ancien généralissime avait abrité son organisation secrète à Petrograd, dans un dispensaire pour tuberculeux. On y préparait notamment des faux papiers. Avec la plus grande peine, on s'efforçait aussi de réunir quelques fonds.

Malgré les risques et les difficultés, on pouvait bénéficier ici et là de quelques complicités. Rares, il faut bien le dire. Un grand nombre d'officiers se sentaient trahis par le gouvernement provisoire qu'ils avaient loyalement servi pour la plupart et même approuvé au début. Point n'était nécessaire d'être un grand prophète pour comprendre que venaient à toute vitesse des orages effrayants. Mais ce n'était pas suffisant pour transformer en rebelles actifs des hommes façonnés par une vie de soumission au pouvoir établi et d'obéissance aux ordres, à qui des mois de révolution et d'humiliations avaient fait perdre tout honneur. Ainsi que l'écrira Denikine dans ses commentaires sur la révolution bolchevique : « Les événements s'abattirent sur les officiers à l'improviste, les trouvant non organisés, éperdus, n'ayant pris aucune mesure pour assurer leur propre sécurité. »

Il est extraordinaire que l'exemple de la rébellion soit venu du « vieux » général Alexeiev. Rien ne semblait préparer celui-ci à un tel destin. Il avait fait toute sa carrière dans les états-majors. C'était un homme d'ordre, sévère et méticuleux au point d'en être maniaque. Son aspect était celui d'un vieux fonctionnaire et pas du tout celui d'un chef. À la différence d'un Kornilov, il était complètement dépourvu de rayonnement. Sa santé était plutôt chancelante et il semblait plus âgé que ses soixante ans. Ajoutons que les hautes fonctions exercées en étroite collaboration avec les Alliés lui auraient assuré, s'il l'avait souhaité, l'asile et la sécurité d'un pays ami. Et c'est pourtant cet homme-là, ce « grand-père tranquille » qui, le premier, renonçant au repos, va allumer une torche dans la sinistre nuit de 1917.

Dès le coup d'État bolchevique, Alexeiev décide de mettre de l'espace entre les « commissaires » et lui. Plus de 2 000 kilomètres à vol d'oiseau séparent Petrograd du Territoire du Don où le général transfère son organisation, dans l'espoir d'y constituer une sorte de Vendée chez les cosaques de son ami l'ataman Kaledine. Cet ancien général de l'armée impériale est connu pour son hostilité aux désordres révolutionnaires. En civil, traînant une valise, faisant la queue devant les guichets de chemin de fer et empruntant un itinéraire périphérique peu surveillé, Alexeiev arrive à Novotcherkassk, capitale du Don, nous l'avons dit, le 2 (15) novembre 1917, la veille de son soixantième anniversaire. Il est discrètement escorté de son aide de camp, également en civil, le capitaine de cavalerie Chaperon du Larrêt, descendant d'émigrés français[1].

Alexeiev espérait voir affluer plusieurs milliers d'officiers sur les 300 000 que comptait la Russie de 1917. Ils ne seront qu'une centaine à l'avoir rejoint à la fin novembre. Il leur faut d'ailleurs se faire discrets à Novotcherkassk où les cosaques se montrent sensibles aux sirènes bolcheviques. Les officiers volontaires sont logés dans un ancien hôpital rue Barotchnaïa, mais ils sont priés de sortir en civil pour ne pas effaroucher la population. L'une des questions les plus inquiétantes est le manque d'argent. La cassette d'Alexeiev est vide. Comment assurer la subsistance et l'aide aux familles de ceux qui rejoignent ? Par chance, à la fin décembre, quelques mécènes tiennent enfin les promesses qu'ils avaient faites à l'ancien

1. Chaperon du Larrêt terminera la guerre civile avec le grade de général. En émigration, il épousera Nathalie Kornilov, fille du généralissime. Il mourra à Bruxelles, où il a tenu une librairie.

généralissime. Huit cent mille roubles parviennent entre ses mains, de quoi assurer un semblant de solde.

Arrivent bientôt Kornilov, Denikine et les ex-détenus de Bykov qui ont pu s'échapper avec la complicité du général Doukhonine, et ont rejoint la capitale du Don sous divers déguisements, après des périples rocambolesques, serrant dans leur poche un pistolet, tandis que partout on leur fait la chasse.

Rejoindre les Blancs sur le Don

Kornilov sur le Don, parmi les cosaques, au côté d'Alexeiev, cela fait soudain beaucoup de bruit, sinon beaucoup de monde. D'autant que le général lance un appel à tous les volontaires pour créer une armée antibolchevique. Cet appel rencontre un écho hystérique dans la presse rouge qui se charge ainsi de répercuter gracieusement le message d'un bout à l'autre de la vaste Russie. Mais dans l'état d'effondrement moral et de prostration qui frappe une majorité d'officiers, les volontaires sont rares. L'historien russe Roy Medvedev, on l'a vu, assure qu'il y a 16 000 officiers réfugiés à Rostov et Novotcherkassk en janvier 1918. Même si le chiffre est exagéré, il est loin des maigres centaines d'officiers qui répondent à l'appel de Kornilov.

Pendant ce temps, une poignée de téméraires s'efforcent au péril de leur vie de parvenir jusqu'à la Vendée du Sud. Dans toutes les gares, sur les itinéraires conduisant au Don, des comités de soldats rouges sont à l'affût, rabattant les suspects à coups de crosse vers des tribunaux improvisés fonctionnant à la vodka. En deux minutes, il faut prouver que l'on n'est ni un officier déguisé, ni un « bourgeois », ni un étudiant réfractaire. On pose quelques brèves questions et surtout on examine les mains, signes de la condition sociale. Le temps écoulé, le « président » décide : « libre » ou « à la fonte ». Dans ce deuxième cas, le condamné est conduit à l'extérieur et aussitôt abattu. Pour ceux qui attendent, l'interrogatoire continue. Les gardes plaisantent, crachent et rigolent. À intervalles irréguliers retentit le fracas des exécutions.

C'est l'épreuve dont réchappe par miracle le capitaine Schoultz. Engagé en 1915, sous-lieutenant l'année suivante à dix-neuf ans, campagne de Galicie, deux blessures, la croix de Saint-Georges, de nouvelles batailles, la décomposition de l'armée. Dans son régiment, plusieurs officiers sont fusillés ou pendus. Il s'est réfugié dans sa famille en Ukraine. En novembre 1917, il en a assez de se terrer. Il rejoindra le Don. Le voici dans le train, en 3e classe. Il fait froid. À part son revolver d'ordonnance dans une poche, rien n'est à lui, ni ses papiers, ni ses vêtements, ni même son argent. À la gare de Liski, il doit changer de train. Le quai grouille de monde. Surgissent des soldats débraillés, fusils et longues baïonnettes. Ils se saisissent de tous les hommes jeunes dont le visage trahit l'origine peu rustique. Schoultz se retrouve avec les autres dans la salle du buffet transformée en tribunal. Il serre la crosse de son Nagant dans la poche, guettant l'instant de bondir vers la porte, avant d'être expédié « à la fonte ». On le pousse devant le « président ». L'homme le dévisage. Le jeune officier a un mouvement de surprise, puis il bondit : « Mais c'est mon frère, mon pays ! » En fait de frère, c'est un de ses anciens soldats. Il lui avait sauvé la vie en Galicie. Et voilà que l'homme paye sa dette. Schoultz se retrouve libre avec un certain tremblement du côté du cœur. Le lendemain, il arrive à Rostov. Il y rejoint la petite Armée des volontaires qu'organisent Alexeiev et Kornilov. Mais pour un Schoultz qui a réussi à passer, combien de volontaires inconnus ont été abattus par des soldats ivres sans laisser de traces [1] ?

Le nom d'armée des Volontaires est bien pompeux pour la troupe hétéroclite et dérisoire qui se rassemble à Novotcher-

1. Ce fait, parmi d'autres, est rapporté par Marina Grey, *La Campagne de glace, Russie 1918*, Paris, Perrin, 1978.

kassk ! Mais tout est toujours dérisoire au commencement d'une grande aventure. En 1916, Lénine n'était-il pas encore convaincu de ne jamais voir la révolution de son vivant ? L'armée ne compte guère plus de deux mille hommes en décembre 1917. Et la plupart des arrivants n'ont pas d'équipements ni d'armes. Les dépôts des unités cosaques vont bientôt les fournir.

Les Blancs prennent Rostov

À la faveur de la décomposition de l'armée, la plupart des régiments de cosaques sont bien rentrés, eux aussi, sur leurs territoires d'origine, mais ils ne constituent pas un soutien pour les Blancs, au contraire. Ils sont tous plus ou moins infectés par la propagande bolchevique. De retour chez eux, les cosaques du front y apporteront la contagion. Un conflit dramatique oppose les générations. Les vieilles traditions et les nouveaux mythes se heurtent avec violence dans les familles et les villages. Seuls les cosaques aux cheveux gris suivront Kaledine sous le regard ironique ou hostile de leurs fils et de leurs cadets.

L'ataman s'efforce pourtant d'utiliser ces mauvaises troupes. Il dissout quelques unités particulièrement séditieuses, puis, à la fin de novembre, il ordonne une opération sur Rostov pour balayer le soviet. Les cosaques refusent d'avancer malgré les exhortations et les menaces de leurs officiers.

Le général Alexeiev propose alors d'engager ses premiers détachements de Volontaires. Ceux-ci atteignent les faubourgs de Rostov le 25 novembre (8 décembre) 1917. En face, les gardes rouges, dont beaucoup tiennent un fusil pour la première fois, lâchent pied. Ils sont sauvés par un feu précis d'obus de marine tirés par les matelots rouges de la flotte de la mer Noire. Les Volontaires sont contraints de se replier.

Les combats reprennent le lendemain. Ils vont durer dix jours. On se bat dans les rues, dans les maisons saccagées. Durant ces dix jours, on ne fait de prisonniers ni d'un côté ni de l'autre. Évoquant cette sauvagerie réciproque, l'auteur du *Don paisible* met des paroles éloquentes dans la bouche d'un de ses personnages, le bolchevik Bountchouk, qui observe deux gardes rouges abattre un officier prisonnier : « Ça, c'est bien ! Il faut les tuer, les exterminer sans pitié. Eux n'auront pas pitié de nous, d'ailleurs nous n'avons pas besoin de leur pitié et ça ne sert à rien de leur faire grâce. Ah ! Bon Dieu ! Il faut nettoyer la terre de cette vermine. En règle générale, pas de sentimentalité quand le destin de la révolution est en jeu. Ils ont raison, ces gars-là. »

Les gardes rouges sont contraints d'abandonner la ville à l'aube du 12 décembre (25 décembre). C'est la première victoire remportée par ceux que l'on commence à appeler les « gardes blancs ».

Le quartier général des Volontaires se transporte dans Rostov.

L'ataman Kaledine reste seul à Novotcherkassk et sur le territoire cosaque. Il fait avancer ses unités vacillantes sur les frontières de sa région, espérant faire jouer le particularisme cosaque contre les Rouges. Sa seule troupe sûre est un corps franc d'officiers formé par le capitaine Tchernetsev, homme vaillant que désespère la lâcheté de ses anciens camarades qui, par centaines, « s'embusquaient comme des chacals ».

Au moment même où les Volontaires d'Alexeiev lançaient leur première attaque sur Rostov, à mille kilomètres plus à l'ouest, et sans possibilité de concertation, le général Doutov, ataman de l'Orenbourg (Oural) tente de mobiliser ses propres cosaques contre le gouvernement des commissaires du peuple. Il agit en accord avec un comité local de salut public composé de socialistes-révolutionnaires et de mencheviks.

Dans la lointaine Sibérie orientale, en Transbaïkalie, un capitaine de cosaques de vingt-huit ans, Semenov, se fait proclamer ataman par ses cavaliers bouriates. Avec son adjoint, le capitaine baron Ungern, il passe la frontière chinoise et, depuis ce sanctuaire, lance une série de raids contre le Transsibérien.

Buts de guerre des Blancs

Le 26 novembre (9 décembre) 1917, Lénine riposte à ces nouvelles alarmantes par un décret proclamant l'état de siège sur « tous les territoires de l'Oural, du Don et autres lieux où apparaîtront des détachements contre-révolutionnaires ».

C'est sur le Don que la situation semble la plus sérieuse pour les commissaires. Un pouvoir blanc s'y organise avec le soutien de Kaledine. Pouvoir représenté par la petite armée des Volontaires des généraux Alexeiev et Kornilov. Pour le moment son effectif est encore très inférieur à celui d'un seul régiment sur pied de guerre. Mais ses chefs croient à son avenir et ils ne se trompent pas. Aussi lui assignent-ils d'emblée une grande ambition, la définissent-ils comme « une force armée capable de s'opposer à l'anarchie menaçante et à l'occupation tant bolchevique qu'allemande ; une force armée devant permettre aux citoyens russes de choisir librement le gouvernement de leur patrie par la convocation d'une Assemblée constituante ». Cela fait beaucoup d'ennemis et un certain flou dans le programme politique à opposer à celui des bolcheviks.

Que les Blancs aient pour but principal de combattre les Rouges, c'est évident et même sans doute suffisant dans un premier temps. La lutte contre l'Allemagne soulèvera plus de difficultés, comme on le verra. Mais les sentiments anti-allemands sont vifs chez les officiers et les patriotes russes. L'Allemagne est l'ennemi au moins depuis 1914, et la haine que l'on porte aux bolcheviks tient en partie à leur réputation d'agents stipendiés de l'Allemagne. Mais au-delà de ces raisons, il faut comprendre que les chefs des armées blanches se considéreront toujours comme les seuls représentants de l'État russe. Ils en revendiqueront l'héritage et les obligations.

Jusqu'à la défaite allemande de novembre 1918, et malgré leurs incroyables difficultés, ils estimeront que l'honneur de la Russie leur fait un devoir de soutenir le combat des Alliés. Leur germanophobie intransigeante se révélera dans une certaine mesure payante à terme. C'est elle qui justifiera l'aide très limitée et parfois empoisonnée que les Alliés leur fourniront de temps en temps. Une aide qui sera pourtant décisive en Crimée lors du sauvetage des rescapés en 1920. Dès la fin de 1917, le général français Berthelot a dépêché vers Alexeiev le capitaine Guy de Courson, porteur d'un message de Maklalov, ambassadeur de Russie à Paris, pour lui demander de poursuivre la lutte contre les Allemands.

La volonté de défendre l'État russe, la grande Russie, un État impérial sans empereur, aura bien d'autres conséquences, parfois catastrophiques. Les chefs des armées blanches sont des soldats et non des politiques. La vision à long terme des révolutionnaires leur est étrangère. Aussi seront-ils incapables de pratiquer la ruse et la souplesse tactique des bolcheviks devant les revendications séparatistes très fortes dans certaines régions, chez les cosaques, en Ukraine, dans le Caucase, et même en Sibérie. Ils pourraient faire la part du feu, prodiguer de bonnes paroles, se réservant de revoir ces questions après la victoire. Ainsi éviteraient-ils de se faire de nouveaux ennemis en la personne des nationalistes ukrainiens ou caucasiens. Mais non. Face à ces alliés potentiels, ils se dresseront avec une intransigeance cassante qui leur vaudra les pires déboires et pèsera lourd dans leur échec final.

Quant au programme politique à opposer aux bolcheviks pour la reconquête des masses, il restera aussi sommaire que peu exaltant. On ne se fait pas tuer pour la promesse d'une Assemblée constituante.

Et pourtant, cette promesse est sincère. C'est déjà elle que Kornilov avait formulée dans son fameux appel d'août-septembre 1917, face à Kerenski : « Moi, général Kornilov, fils d'un paysan-cosaque, je déclare qu'aucun intérêt personnel ne me guide... Je jure de conduire le peuple jusqu'au seuil de l'Assemblée constituante, où il pourra lui-même décider de la forme de son futur gouvernement... »

La quasi-totalité des futurs chefs des armées blanches, Kornilov, Alexeiev, Denikine, Koltchak, sans parler de Kaledine et de quelques autres, sont hostiles à une restauration monarchique. On ne doit pas oublier en effet que c'est Alexeiev qui a contraint Nicolas II à abdiquer, et que Kornilov, quelques jours plus tard, faisait arrêter l'impératrice Alexandra. Avant son exécution, Koltchak confessera l'indifférence dans laquelle il avait accueilli l'abdication du dernier Romanov. « En politique, dira de son côté Denikine, mon idéal c'est le libéralisme russe. » L'ataman Kaledine, lui, est un républicain avoué. Le seul des grands généraux blancs à éprouver peut-être un soupçon de fidélité dynastique est Wrangel. Encore ne l'exprimera-t-il jamais, s'en tenant à la formule de la défense de la Russie en tant qu'État national.

À la différence des bolcheviks, unis par une idéologie monolithique (un nouvel Islam, selon Jules Monnerot), les Blancs sont un rassemblement, dont la composition s'étend de l'extrême droite aux socialistes-révolutionnaires. Le dénominateur commun de ce rassemblement hétéroclite est la lutte contre le bolchevisme, ce qui n'est pas forcément un désavantage. Il est toujours plus facile de trouver des raisons d'être contre que d'être pour. La simplicité du but est un atout puissant, mais elle ne fait pas disparaître les oppositions internes et ne fournit pas de réponse aux grandes questions russes que sont par exemple la terre et les nationalités.

À défaut, le charisme de certains chefs, Kornilov d'abord, Koltchak et Denikine dans une moindre mesure, et à la fin Wrangel, se révélera aussi un puissant fédérateur.

Kornilov et l'armée des Volontaires

Après des conversations tumultueuses entre les deux anciens généralissimes Alexeiev et Kornilov qui ne s'entendent pas, une répartition des tâches sera officiellement annoncée le 25 décembre 1917 (7 janvier 1918), date officielle de création de l'armée des Volontaires, la première des armées blanches. Kornilov prend le commandement effectif des troupes, tandis qu'Alexeiev assure le pouvoir civil et politique, les finances et les relations extérieures. Le général Denikine est nommé vice-commandant : « Pour me remplacer au cas... », lui dit Kornilov. L'ataman Kaledine est associé à cette troïka dirigeante, conservant sa charge de gouverneur du Don.

Tout le monde aime et respecte le « vieux » général Alexeiev qui a veillé sur la naissance de l'armée avec une attention quasi maternelle. Mais c'est seulement derrière Kornilov que l'on accepte de se battre. C'est un chef et ça se voit.

En soi, la vie de cet officier est une légende. Nous l'avons déjà évoquée. De son père cosaque, il a hérité la passion du cheval et de la guerre, tandis que sa mère bouriate lui léguait un fascinant visage de cavalier des steppes. « Il suffisait de le voir pour comprendre qu'on avait devant soi un homme d'une énergie à toute épreuve », dira Wrangel qui s'y connaissait. Se faisant l'écho des souvenirs familiaux, la fille du général Denikine écrira que celui-ci, « comme la plupart des officiers, subissait l'ascendant quasi magique de Kornilov ». Elle ajoute : « Denikine aimait autant l'homme que le général, ses inquiétudes secrètes, ses crises d'optimisme, suivies de crises de pessimisme, ses élans d'affection [1]. »

---

1. Général Wrangel, *Mémoires*, *op. cit.* Marina Grey, *La Campagne de glace, Russie, 1918*, *op. cit.*, p. 41. Pour être complet, il faut citer en contrepoint le mot féroce du général Alexeiev qui n'aimait pas Kornilov : « cœur de lion, cervelle de mouton ». Opinion que n'est pas loin de partager Louis de Robien si l'on en croit ce qu'il écrit quatre mois plus tôt dans son *Journal (op. cit.)*, à la date du 29 août 1917, après être allé l'écouter : « Le général Kornilov sur qui [les cadets] comptaient pour renverser le gouvernement [de Kerenski] a été lamentable. Il a pourtant fait une entrée sensationnelle dans la salle de l'assemblée, suivi d'une escorte de cosaques de la Division sauvage, au milieu d'une

En janvier 1918, l'armée des Volontaires ne compte encore qu'un peu plus d'un millier d'hommes, dont presque 80 % d'officiers servant comme simples soldats, le reste est composé pour l'essentiel de lycéens ou d'étudiants. Ces effectifs doubleront au cours du mois suivant.

L'état-major est prestigieux, mais tout manque, l'argent, les armes, les uniformes, les équipements. Chaque volontaire a signé un engagement de quatre mois. Les soldes sont dérisoires, mais forte est la volonté d'en découdre.

Le drapeau est celui de la Russie, à trois bandes horizontales, blanc, bleu et rouge. Pas de signe distinctif encore. Kornilov imposera un peu plus tard une simple bande ou une cocarde blanche sur la casquette d'uniforme. Le blanc opposé au rouge. Depuis quelque temps déjà, dans la presse bolchevique, Lénine dénonce la révolte du Don comme une nouvelle Vendée. La référence obligée à la Révolution française imposera l'assimilation des volontaires de Kornilov aux « Blancs » de 1793. Ainsi le public prendra-t-il l'habitude de parler de gardes blancs et d'armées blanches.

Mobilisation rouge contre le Don

En face, les Rouges ne manquent pas d'atouts, notamment dans la région industrielle du territoire, le bassin du Donets. La population ouvrière égale presque celle des cosaques. Elle est fortement travaillée par la propagande bolchevique. Le Sovnarkom a sur place des auxiliaires tout trouvés. Quant aux régiments cosaques, on a vu qu'il suffisait de peu de chose pour les faire basculer.

---

tempête d'applaudissements... Mais son discours a été d'une telle médiocrité que ses partisans ont été découragés. » On peut naturellement être bon général et mauvais orateur.

La décision d'envoyer des troupes révolutionnaires sur le Don contre Kaledine a été prise le 19 novembre (2 décembre) 1917. Le commandement en est confié à Antonov-Ovsenko, l'un des rares spécialistes militaires du parti. Fils d'un officier de carrière, il est devenu lui-même officier, non par vocation, mais sur ordre du parti social-démocrate qu'il a rejoint dès l'adolescence. Pendant la révolution de 1905, il a dirigé le soulèvement de Sébastopol. Arrêté, il s'est évadé. Repris, il s'échappe encore. Il joue plusieurs années le jeu de la clandestinité avec une dureté et un sang-froid qui deviennent proverbiaux dans le parti. Le temps ne fait que renforcer sa haine de la caste militaire et de la Russie traditionnelle. Proche de Trotski, il se rallie à Lénine à la veille d'Octobre et dirige l'insurrection de Petrograd.

Tel est l'homme qui part pour le front Sud dans les premiers jours de décembre 1917[1].

Le commissaire à la Guerre, Krylenko, parvient péniblement à mettre à sa disposition deux trains blindés et près de quinze mille hommes composés de gardes rouges et de soldats plus ou moins volontaires des régiments de Petrograd et de Moscou. La difficulté est d'acheminer ces troupes sur le Don.

Rupture des Rouges avec l'Ukraine

Les voies ferrées qui relient Moscou au Sud, via Kharkov ou Voronej, passent sur le territoire ukrainien. Or l'Ukraine, en ce début de décembre 1917, est pratiquement un État indépendant. À la faveur de la révolution de Février, le 4 mars (17 mars) 1917, une assemblée nationale ukrainienne,

---

1. La conduite des opérations fera douter de son talent militaire, mais son inflexibilité et sa férocité ne se démentiront jamais. Sa médiocrité tactique lui vaudra d'être écarté des postes de commandement en mai 1918 pour être dirigé vers des tâches politiques, répressives et policières.

la Rada, s'est réunie à Kiev. Sa personnalité principale est le chef du mouvement national et démocrate, Simon Petlioura. Celui-ci est un trop vieux militant pour ignorer que sans armée nationale il n'y a pas d'indépendance nationale. Il a donc concentré ses efforts sur la création d'une telle armée. Il constitue des détachements de partisans, les *haïdamaks*, qui reprennent le nom des insurgés ukrainiens contre les hobereaux polonais au XVIIIe siècle. Il travaille également au regroupement des soldats ukrainiens au sein d'unités nationales, notamment le 34e corps du général Skoropadski[1]. Le gouvernement bolchevique acceptera tout d'abord le mouvement d'émancipation des nationalités qui s'était développé à la faveur de la révolution de Février. Un commissariat aux Nationalités a été créé sous la direction de l'un des principaux dirigeants du parti, le Géorgien Joseph Vissarionovitch Djougachvili, dit Staline. Celui-ci a préparé le décret du 2 novembre (15 novembre) 1917 qui reconnaît le droit à l'indépendance des peuples de l'ancien Empire. Les nationalités, une à une, profiteront de ce droit[2]. En ce qui concerne l'Ukraine, le Sovnarkom est trompé par les apparences que se donne la Rada, dont les votes semblent s'aligner dans l'ensemble sur la

1. Le gouvernement provisoire, sur la pression des Alliés, avait donné son accord pour que soient formées des unités nationales regroupant les Ukrainiens, les Lituaniens, les Géorgiens, etc., dans l'espoir que ce lien national les préserverait de la contagion bolchevique. Il n'en fut rien dans la plupart des cas. Cela aggrava la désorganisation de l'armée, tout en accélérant l'éclatement de l'Empire.

2. La Finlande est la première, le 24 novembre (7 décembre) 1917, suivie de la Lituanie le 29 novembre (12 décembre), puis de l'Ukraine le 9 janvier (22 janvier) 1918, de l'Estonie le 24 février, de la Géorgie le 26 mai, de l'Arménie et de l'Azerbaïdjan le 28 mai, de la Pologne (déjà soustraite de la Russie par le traité de Brest-Litovsk) le 3 novembre, et de la Lettonie le 18 novembre 1918. Le cœur même de l'ancien Empire où siègent les bolcheviks recevra le 3 janvier (16 janvier) 1918 la nouvelle appellation de République *fédérative* des soviets de Russie. L'Union soviétique sera proclamée le 30 décembre 1922.

politique des soviets. C'est pourquoi Trotski commettra l'erreur d'accepter la délégation de la Rada à Brest-Litovsk.

Mais le 4 décembre (17 décembre) 1917, le commissaire à la Guerre Krylenko soulève la question qui va faire éclater le conflit. Dans un télégramme peu diplomatique, il somme la Rada de rompre avec Kaledine, de livrer passage aux troupes des soviets vers le Don. Quelques jours passent, puis, en guise de réponse, Petlioura fait arrêter les membres des comités bolcheviques ukrainiens par ses haïdamaks. C'est désormais la lutte ouverte.

En riposte, le 12 décembre (25 décembre) 1917, le Premier Congrès panukrainien des soviets réuni à Kharkov proclame la République soviétique d'Ukraine. Et Antonov-Ovsenko, commandant en chef des futures opérations dans le Sud, reçoit une mission supplémentaire : écraser les contre-révolutionnaires de la Rada afin d'établir un pouvoir rouge à Kiev [1].

Offensive des Rouges sur le Don

Antonov-Ovsenko divise ses forces en trois corps distincts. Le premier, commandé par Sabline, un S-R de gauche acquis aux bolcheviks, est formé par une partie des contingents venant de Petrograd et de Moscou. Il avancera droit sur le territoire du Don avec comme objectif : s'emparer de Novotcherkassk et liquider le pouvoir de Kaledine.

Le second est commandé par Sivers, ancien agitateur bolchevique du front Nord qui s'était acquis une célébrité en conseillant dans la *Pravda des tranchées* d'empaler les offi-

1. Quelques chiffres situent l'enjeu de l'Ukraine. À la veille de 1914, elle représentait un cinquième de la population de l'Empire, elle produisait les trois quarts de son charbon, les deux tiers du minerai de fer, les trois quarts du manganèse, les quatre cinquièmes du sucre, les neuf dixièmes du blé exporté par la Russie, car en ce temps-là, elle en exportait... L'Ukraine était de loin le pays le plus riche de l'Empire.

ciers. Il reçoit le reste du contingent et attaquera Taganrog et Rostov avec pour mission de détruire les Volontaires d'Alexeiev.

Dans les deux cas, on espère que les effectifs initiaux seront renforcés sur place par des détachements de cosaques gagnés à la cause des soviets.

Le troisième groupe, formant un corps expéditionnaire spécial commandé par l'ex-colonel Mouraviev, marchera sur Kiev pour renverser la Rada.

Les deux premières opérations mobilisent les plus gros effectifs et sont concentrées sur la région du Don et le bassin du Donets. Les premières troupes, venant de Moscou, commencent à arriver sur les bases de départ, à Kharhov et à Voronej, vers la mi-décembre.

De faibles engagements opposent Rouges et Blancs à Ekaterinoslav et à Voronej. Antonov-Ovsenko n'est guère satisfait de ses contingents. Le 15 décembre (28 décembre), il télégraphie au Sovnarkom dans le crachotement de sa machine Iouz : « Quelques troupes d'infanterie mobilisées contre le Don et surtout contre la Rada ukrainienne arrivent dans un tel état de décomposition qu'elles ont perdu toute valeur militaire. »

L'une des meilleures armes des bolcheviks reste encore les détachements de « cosaques défenseurs des droits des cosaques travailleurs », en clair, les agitateurs qui « expliquent » et font basculer dans la désertion des *sotnias* entières, parfois même avec leurs officiers.

La guerre qui commence n'est pas une guerre d'armées régulières, c'est, de part et d'autre, une guerre de partisans, conduite par les Rouges le long des voies ferrées que tiennent leurs trains blindés.

Sous le nombre, les détachements de Volontaires sont peu à peu rejetés sur Rostov par une pression incessante des forces rouges de Sivers qui compensent leur médiocrité par une écrasante supériorité en nombre et en armes, surtout en artillerie.

Sur le territoire cosaque du haut Don, traditionnellement plus remuant, les bolcheviks réunissent à Kamenskaïa, le 10 janvier 1918, un congrès des anciens du front que domine l'adjudant Podtiolkov, président du Comité militaire révolutionnaire. Le 10e régiment de cosaques du Don, envoyé par Kaledine pour arrêter les meneurs, fait cause commune avec eux.

Quelques jours plus tard, le corps franc d'officiers du capitaine Tchernetsev est capturé à proximité de Kamenskaïa après un vif engagement avec le 27e régiment de cosaques du Don passé en totalité aux Rouges, son chef, le lieutenant-colonel Goloubov, en tête. Ce gros officier joufflu a aussitôt retrouvé le ton du commandement ; brandissant un sabre court, il hurle qu'il fera fusiller les « saboteurs et les contre-révolutionnaires masqués », nouvelle terminologie pour désigner les tire-au-flanc.

Livrés à l'adjudant Podtiolkov, le capitaine Tchernetsev et ses camarades sont massacrés à coups de sabre. Des quarante officiers, pas un ne survivra.

Avec le capitaine Tchernetsev disparaît le dernier rempart de l'ataman Kaledine et du pouvoir autonome du Don. La route est libre pour Sabline.

Suicide de Kaledine

Dans le secteur de Taganrog, Sivers a subi un revers infligé par les Volontaires du colonel Koutiepov[1] qui ont semé la panique parmi ses troupes. Cependant, le jour même de cette débandade, une insurrection ouvrière éclate à Taganrog. Les gardes rouges des usines chassent les élèves officiers chargés de tenir la ville. Sivers fait demi-tour et passe à la contre-

1. Futur chef de l'Organisation des combattants des armées blanches en exil, enlevé à Paris le 26 janvier 1930 par des agents du Guépéou.

offensive. Les Blancs sont contraints d'abandonner la ville. À l'appel des soviets, le bassin du Donets entre en insurrection. La situation devient intenable pour les maigres contingents des généraux Alexeiev et Kornilov, talonnés par les colonnes toujours plus nombreuses de gardes rouges et de cosaques ralliés aux bolcheviks.

Le 28 janvier 1918, après un conseil de guerre houleux, Kornilov adresse à l'ataman Kaledine un télégramme l'informant que l'armée des Volontaires, dans l'impossibilité de se maintenir à Rostov, évacue la ville et s'enfonce vers le Kouban, dans l'espoir d'y trouver le soutien des cosaques[1].

Le lendemain, l'ataman Kaledine convoque une réunion extraordinaire du gouvernement du Don. Ses yeux sont rougis par l'insomnie et son visage a pris une couleur grise. D'une voix lente, il lit le télégramme de Kornilov, puis les rapports des chefs de détachements engagés contre l'offensive des gardes rouges. Il commente :

« L'armée des Volontaires se retire. Il reste 147 hommes pour défendre Novotcherkassk. Notre situation est désespérée. La population, loin de nous soutenir, nous est hostile... L'égoïsme le plus vil nous a perdus. Au lieu de défendre la terre natale, les officiers russes fuient honteusement devant une poignée d'usurpateurs. Il n'y a plus ni sentiment du devoir, ni sentiment de l'honneur, ni amour de la patrie, ni même simple moralité. Je ne veux pas de victimes superflues, d'effusion de sang inutile. Je propose que nous déposions notre pouvoir en d'autres mains. Je me démets de mon mandat d'ataman régional. »

Puis le général se retire pour laisser le conseil délibérer. On entend une détonation. Le vieil officier cosaque s'est suicidé.

---

1. Cette petite armée de 3 500 hommes, l'effectif d'un régiment, compte 3 généraux d'armée, 8 lieutenants généraux, 25 majors généraux, 199 colonels et 215 capitaines...

Le soulèvement des cosaques de l'Oural dirigé par le général Doutov connaît un échec analogue. Orenbourg est repris par les gardes rouges dès le 18 janvier 1918.

Quelques jours plus, tard, les avant-gardes de Sivers pénètrent dans Rostov.

Le 24 février 1918, le régiment rouge du colonel Goloubov entre dans Novotcherkassk abandonné par les derniers cosaques blancs du général Popov. Le successeur de Kaledine, l'ataman Nazarov, est abattu de la main même de Goloubov. La totalité du Don est soumise au pouvoir bolchevique. Un pouvoir en réalité très divisé. Le colonel Goloubov est bientôt menacé d'arrestation par le comité bolchevique de Rostov. Il s'enfuit dans les collines et sera abattu deux mois plus tard par des partisans blancs. Pourtant, les Rouges ne rencontrent pratiquement plus de résistance dans le sud de la Russie. La petite armée des Volontaires de Kornilov semble perdue dans les montagnes du Kouban, pourchassée par les 10 000 gardes rouges et le train blindé de Sorokine, ex-chirurgien de l'armée impériale, qui a pris le commandement des forces révolutionnaires du Nord-Caucase.

En marche vers le Kouban

Cette campagne du Kouban que les Blancs appelleront « campagne de glace [1] », a commencé par l'évacuation forcée de Rostov, dans la nuit du 9 février 1918.

Depuis des semaines, l'apathie des cosaques et la pression des Rouges sur la grande ville industrielle rendaient sa défense impossible. Au cours d'un conseil de guerre houleux, Kornilov et Alexeiev étaient pour une fois tombés d'accord. Livrer bataille à Rostov et à Novotcherkassk pour défendre des cosaques qui ne voulaient pas être défendus était un

1. Marina Grey, *La Campagne de glace*, Paris, Perrin, 1978.

suicide. Mais alors, que faire et où aller? Deux directions s'offraient.

Ou bien, comme le proposait le général Popov, commandant des fantomatiques cosaques du Don, s'enfoncer dans les steppes au nord-est du Territoire. On y trouverait les hivernages où les cosaques faisaient passer la saison froide aux chevaux et au bétail. Ainsi attendrait-on des jours meilleurs.

Ou bien se diriger plein sud pour rejoindre Ekaterinodar, capitale du Kouban, à 400 kilomètres de là. Dans un rapport, le général de cavalerie Erdeli, dépêché à Ekaterinodar auprès de l'ataman du Kouban, Filmonov, signalait les bonnes dispositions de la grande ville et les facilités qu'elle apporterait. Une unité de volontaires y était même en formation, à l'initiative d'un jeune officier énergique, le capitaine aviateur Pokrovski, bientôt nommé colonel.

Alexeiev avait vertement critiqué la première option. Cette histoire d'hivernage dans des hameaux éparpillés aurait pour effet de dissoudre l'armée et de lui faire perdre tout esprit combatif. Restait donc l'option du Kouban, marcher de vive force en direction d'Ekaterinodar et livrer bataille en cours de route aux unités rouges que l'on savait nombreuses et soutenues par des trains blindés. Kornilov s'était rallié à ce choix.

Organisée par Kornilov et son état-major, la petite armée des Volontaires s'ébranle le soir du 9 février sous la neige qui tombe en rafales. Au loin, rougeoie la lueur des dépôts incendiés. Les officiers eux-mêmes portent un fusil ou une carabine en bandoulière.

Des officiers et des étudiants

L'armée compte un peu plus de 3 500 combattants, l'effectif d'un bon régiment d'infanterie. Elle est divisée en trois petits régiments, auxquels s'ajoutent trois escadrons de cavalerie, un groupe d'artillerie, un bataillon du génie et des transports. Elle est suivie par des civils et des familles fuyant les massacres, ce qui compliquera la marche.

Le 1er régiment, ou régiment d'officiers, comme son nom l'indique, est uniquement composé d'officiers servant en qualité de soldats. Il est commandé par le général Markov, ancien professeur à l'Académie militaire, officier d'état-major chevronné et meneur d'hommes hors pair. Sa réputation de baroudeur l'a précédé. Il s'était couvert de gloire en 1915 dans les Carpates, à la tête du 13e régiment de tirailleurs. Deux ans plus tard, à Briansk, en pleine mutinerie, son culot avait retourné en sa faveur un soviet qui avait déjà massacré plusieurs officiers. Mince et vif, le sourire carnassier, Markov ne vivait pas, il brûlait d'un élan continuel, bousculant les obstacles, fouettant l'air de sa *nagaïka*, la cravache cosaque. Les hommes du régiment se donnent eux-mêmes le nom de Markovtzi.

Le 2e régiment, ou régiment de choc Kornilov, maintient le nom d'une unité célèbre, formée durant l'été 1917. Il est commandé par le colonel Niejentzev, ami personnel de l'ancien généralissime, bâti comme lui dans une étoffe maigre et dure. Les hommes du régiment Kornilov, les Kornilovtzi, portent sur le bras gauche une tête de mort au-dessus de deux épées croisées. Tout un programme qui conviendrait aussi au 3e régiment, celui des fantassins cosaques, tous volontaires, que commande le général et futur ataman Bogaïevski, cosaque lui-même. À ces trois régiments d'infanterie, s'ajoute encore un bataillon de Junkers, élèves officiers (enseignes) et lycéens, aux ordres du général Borovski [1].

En raison du trop-plein d'officiers, le choix de l'encadrement s'est révélé un casse-tête. Pour l'effectif total d'un gros

---

1. L'artillerie, composée de quatre batteries à deux canons au départ de Rostov, est commandée par le colonel Ikichev. Le bataillon du génie, formé de volontaires tchèques, anciens prisonniers de guerre, est commandé par le capitaine Niemetchik, tandis que les transports, avec une trentaine d'infirmières, des carrioles et leurs chevaux, sont placés sous la responsabilité du colonel Elsner.

régiment d'infanterie, la petite armée compte beaucoup plus d'officiers que de soldats, 36 généraux, 199 colonels et 215 capitaines, sans parler des lieutenants... Autant dire que les querelles de galons et de susceptibilité sont intenses. Ayant reçu le commandement d'un mini-bataillon du régiment d'officiers, un certain colonel Borissov s'insurge :

– À mon âge, moi qui ai commandé un vrai régiment, je trouve inadmissible de commander l'équivalent d'une compagnie...

– Vous avez raison, tranche Markov. C'est inadmissible. C'est pourquoi, colonel, nous n'avons plus besoin de vous. Colonel Prochinski, veuillez prendre le commandement du 1er bataillon !

Borissov s'en ira avec quelques autres haut gradés. Ils seront massacrés par les Rouges peu après.

Ayant puisé dans les dépôts des anciens régiments cosaques, l'armée dispose de fusils en quantité et d'une cinquantaine de mitrailleuses. En revanche, les tenues et les équipements sont disparates et les bottes trouées.

À la faveur d'un gel intense, on a traversé le Don sur la glace au matin du 10 février. Même les canons ont pu passer. Le soir, on bivouaque dans la petite ville cossue d'Olginskaïa. Trente kilomètres ont été franchis depuis Rostov et séparent maintenant les Volontaires de leurs poursuivants. Des renforts inattendus parviennent à la petite armée, des officiers fuyant Rostov et surtout quinze cents cavaliers cosaques du général Popov.

Quand on quitte Olginskaïa au matin du 13 février, sur une route boueuse, on aperçoit des reconnaissances ennemies à l'horizon.

Quatre jours plus tard, quand Kornilov annonce officiellement à ses commandants d'unité sa décision de marcher vers le Kouban, les cosaques du général Popov décident de faire demi-tour. Ils refusent de quitter leur Don natal.

La « campagne de glace »

Le 19 février, alors qu'on s'est engagé sur le territoire de Stavropol acquis aux bolcheviks, il faut livrer combat pour la première fois. Le régiment des officiers s'empare d'un village, chasse les défenseurs et capture six officiers rouges. Qu'en faire ? Markov veut les fusiller sur place. Kornilov s'interpose et, après interrogatoire, les gracie. Aussitôt, ils signent un engagement. La chronique ne dit pas si c'était la condition de leur grâce, pratique courante dans toutes les guerres civiles.

Au soir de ce baptême du feu, Kornilov donne l'ordre de coudre une bande blanche sur les casquettes et les papachkas (bonnets de fourrure) en signe de reconnaissance. Se trouve ainsi relevé le nom que les bolcheviks ont donné à leurs adversaires, les « Blancs ».

L'armée blanche entre au Kouban le 23 février sous le soleil et reçoit un accueil chaleureux dans la première *stanitza* (bourgade) rencontrée. On y passe la nuit. Cela semble de bon augure. Mais des détachements ennemis sont signalés, ainsi que la présence d'un train blindé. Au cours des jours suivants, plusieurs accrochages entraînent une dépense excessive de munitions, point faible de l'armée.

Le 3 mars, on attaque la *stanitza* Korenovskaïa tenue par 10 000 Rouges commandés par l'ex-chirurgien Sorokine. Il faut deux jours pour les déloger. Cette victoire est ternie par une nouvelle catastrophique, on apprend en effet que les bolcheviks viennent de s'emparer d'Ekaterinodar, la capitale du Kouban, objectif des Volontaires, qui n'était plus qu'à trois jours de marche.

Kornilov décide de traverser le fleuve Kouban et de bifurquer vers l'est afin de chercher un abri provisoire dans les villages cosaques. L'armée traîne désormais derrière elle des centaines de blessés et, contrairement à ce qu'espérait le commandant en chef, les Rouges occupent toutes les bourgades rencontrées. Une série de combats les en délogent, mais l'armée s'y épuise. On ne peut même pas compter sur les troupes du colonel Pokrovski. Suivant la tradition cosaque, ses 1 500 hommes refusent l'autorité de Kornilov et entendent combattre pour leur propre compte.

Dans la journée du 15 mars, le temps change brutalement. Finie la douceur presque printanière des derniers jours. Voici le retour de l'hiver, annoncé par une tempête de neige et un gel intense. C'est de ce jour que commence vraiment la « campagne de glace ». Après avoir une nouvelle fois chassé les Rouges, on se repose pendant une semaine dans une bourgade au nom imprononçable.

Durant ce repos, Kornilov décide d'attaquer Ekaterinodar. L'armée vient en effet d'être renforcée par l'arrivée de sérieux renforts venus du Don. L'effectif combattant est désormais de 6 000 hommes et 4 000 chevaux. L'armée est réorganisée en trois brigades respectivement commandées par Markov, Bogaïevski et Erdeli.

Pour approcher de la riche capitale du territoire, il faut préalablement traverser à nouveau le fleuve Kouban. À défaut de pont, on utilisera un bac. Cela prendra soixante-dix heures. Autant dire que l'effet de surprise escompté est dans l'eau. Les bolcheviks ont tout le temps de se préparer.

Les cavaliers d'Erdeli occupent pourtant les faubourgs nord de la capitale dès le 28 mars. Kornilov et son état-major s'installent dans une ferme située sur une colline d'où l'on découvre tout le champ de la bataille qui s'engage. Malheureusement, cette ferme étant bien visible, l'ennemi la prend sous le tir de son artillerie.

L'attaque générale est prévue pour le 29 mars dans l'après-midi. Dès le début de la progression, il paraît évident que les Rouges, bien retranchés et fortement armés, se défendent efficacement. Chez les assaillants, les pertes sont rapidement inquiétantes. L'un des premiers à tomber est le colonel Niejentzev. La perte de cet officier qui était son plus vieil ami et son plus fidèle compagnon, frappe Kornilov au cœur. Il semble tout à coup avoir perdu le ressort qui, toujours, le portait en avant.

Tard dans la nuit, quand on fait le point de la situation, on constate que Markov s'est emparé d'une position aux abords de la capitale et s'y consolide. En revanche, la cavalerie d'Erdeli a été contrainte de reculer et le régiment Kornilov, après être entré dans la ville et ayant perdu son chef, a dû l'évacuer avec de lourdes pertes.

Le 30 mars, dans une petite pièce éclairée par une seule bougie, Kornilov réunit un conseil de guerre. L'ambiance est sinistre. L'ennemi dispose de trois trains blindés, quinze mille hommes bien armés et solidement retranchés. Des renforts lui parviennent librement.

En face, les Volontaires ont perdu en une seule journée près de la moitié de leur effectif, tués ou blessés. Ils ne disposent plus que de 3 500 combattants valides. Mais ils sont exténués et les munitions s'épuisent sans espoir de renouvellement.

Kornilov, brisé semble-t-il par la mort de son ami Niejentzev, et comme hanté par une vision sacrificielle, s'exprime d'une voix sourde :

– Je ne vois qu'une façon de sortir de cette situation, prendre Ekaterinodar. Qu'en pensez-vous, messieurs ?

Les généraux présents se regardent consternés. Les arguments pleuvent. Une nouvelle attaque serait un suicide. Si l'on veut sauver l'armée, la seule solution serait de décrocher quand il est encore temps.

Kornilov s'obstine. De toute évidence, sa décision est déjà prise. Il acquiesce seulement à la proposition d'Alexeiev qui suggère de reporter l'attaque de 24 heures pour permettre aux hommes de souffler. Le conseil se termine sur un ordre : l'armée attaquera à l'aube du 1er avril.

Mort de Kornilov, commandement de Denikine

Mais au matin du 1er avril, l'assaut n'aura pas lieu. La veille, l'artillerie rouge a repris le bombardement des positions blanches dès l'aurore. Dans son PC soumis aux tirs adverses,

Kornilov refuse de s'abriter. Peu après sept heures, un fracas épouvantable retentit dans sa chambre. La porte est arrachée et un nuage de fumée noire s'en échappe. On se précipite. Un pan de mur a été emporté par un obus. Le général est étendu sur le sol, une blessure sanglante à la tempe. Quand une civière l'emporte, le plus légendaire et romantique adversaire des Rouges a cessé de vivre[1].

Genoux à terre, Denikine baise la main déjà froide de son chef. Sur lui, désormais, pèse le destin de l'armée. Et sans doute jamais l'ancien chef d'état-major des armées russes, l'officier sur qui avait reposé le sort de batailles immenses et de millions d'hommes, oui, jamais le général Denikine ne fut plus grand que dans cette effroyable détresse du 31 mars 1918, quand il lui fallut décider sur l'heure ce qu'il convenait de faire pour sauver la dérisoire petite armée des Volontaires en deuil de son chef. Une armée au bord de la panique, menacée de destruction et sans espoir de secours.

Cet officier, dont le nom, plus que nul autre, sera associé dans l'histoire à celui des armées blanches, qui est-il ?

En ce printemps glacial de 1918, le général Anton Ivanovitch Denikine a quarante-six ans. Sur un corps solide et râblé, un visage de paysan, rond et sévère. Des yeux gris sous de gros sourcils noirs et un crâne dégarni. Il porte une barbiche en pointe et des moustaches en croc, suivant la mode du temps. Son existence et sa carrière témoignent de la promotion sociale permise par l'armée sous le régime tsariste. Son père était un serf. Vendu à l'armée par son propriétaire, il y servit comme soldat pendant plus de vingt ans, puis il

1. Au cours de la retraite des Volontaires, dans la nuit du 2 avril, Kornilov fut enterré dans un champ près du village de Gnatchbau. Une unité rouge l'exhuma le lendemain. Jetée sur une charrette, la dépouille du général fut conduite à Ekaterinodar. Le corps fut promené dans la ville et enfin pendu devant une foule en furie. Après quoi, sur ordre de Sorokine, le corps fut brûlé. Quand les Blancs réoccupèrent la ville, il fut impossible de retrouver les restes du corps profané.

passa l'examen d'officier, fut promu sous-lieutenant et prit sa retraite à soixante ans, en 1869, avec le grade de commandant. Deux ans plus tard, il épousait dans la région de Varsovie une couturière polonaise qui allait elle-même sur ses quarante ans. Encore deux ans et naquit un enfant de sexe mâle, prénommé Anton, le futur général.

Engagé comme simple soldat à dix-sept ans, après ses études secondaires, ce dernier put entrer dans l'une des deux écoles militaires permettant à des garçons comme lui de devenir officiers de l'armée impériale. Deux ans plus tard, il en sortait avec le grade de sous-lieutenant. Il opta pour l'artillerie. En 1895, il passa le sévère concours d'entrée à l'Académie d'état-major. Victime d'une grave injustice, Denikine n'hésite pas à porter plainte auprès de l'empereur contre ses supérieurs. On voit que l'homme avait du caractère et de la détermination. En 1904, il alla se battre en Mandchourie et y gagna les épaulettes de colonel. En 1914, il était général. Sous les ordres de Broussilov, il mena au combat la fameuse Division de fer. Après février 1917, on sait qu'il fut nommé chef d'état-major du généralissime Alexeiev, avant de commander en chef le front du Sud-Ouest. C'est là que viendra le surprendre le « putsch » de Kornilov qui lui vaudra d'être emprisonné et de commencer ainsi, après une longue carrière d'obéissance, une destinée inattendue de rebelle.

Sa première décision de commandant en chef de l'armée des Volontaires, il lui faut la prendre dès ce fatidique matin du 31 mars 1918. Il a eu tout le temps de réfléchir sur les combats malheureux des derniers jours. Il est prêt. Sans hésiter, il annule l'ordre d'attaque. Sous son ferme commandement, l'armée blessée, fourbue et démoralisée, entame une retraite vers le nord au cours de la nuit suivante, laissant en arrière-garde un petit rideau de troupes pour dissimuler ce mouvement. Les fourgons suivent. Le nouveau commandant en chef a donné l'ordre difficile de laisser sur place soixante-quatre blessés intransportables, sous la garde d'un médecin et de deux infirmières. Décision tragique, comme toutes celles que prend un chef quand il estime nécessaire de sacrifier quelques hommes pour sauver l'ensemble. Les malheureux seront tous achevés le lendemain à la baïonnette par les Rouges.

Victoires des Rouges sur le Don, au Caucase et en Ukraine

Sur le Don, au Kouban, en Crimée, au Caucase, les haines accumulées se déchaînent contre les vaincus. Sans compter les morts au combat, du 13 février au 14 avril 1918, 14 généraux, 23 colonels et 292 officiers de carrière sont assassinés sur le territoire du Don [1]. À Sébastopol, les marins rouges occupent la gare. Tout officier de marine arrivant est aussitôt interrogé. S'il a servi en 1905-1906, époque où les conseils de guerre réprimaient les soulèvements dans la flotte, il est fusillé sur place.

Le 20 janvier, un télégramme est publié à Petrograd qui relate le bombardement de Yalta par deux torpilleurs rouges. Il se termine par ces mots : « Plusieurs dizaines d'officiers ont été passés par les armes. On les a achevés au bord de la mer, attachés à de lourdes pierres et noyés. Leurs cadavres flottent dans le port [2]... »

L'ensemble du territoire du Don, le bassin du Donets, le Kouban et la Crimée semblent alors contrôlés par les soviets, dont un troisième corps expéditionnaire se trouve engagé plus à l'ouest contre l'Ukraine. Ce détachement se compose de 1 000 gardes rouges et de 2 000 soldats volontaires de Moscou. Il a pour chef le colonel Mouraviev, ancien gendarme du tsar rallié tout d'abord au gouvernement Kerenski, puis aux bolcheviks. C'est lui qui avait commandé les troupes dirigées sur Poulkovo et Gattchina lors de l'insurrection d'Octobre, pour enrayer la marche hésitante des cosaques

1. S.V. Denissov, *Les Débuts de la guerre civile dans le Sud.*
2. Victor Serge, *L'An I de la révolution russe*, *op. cit.*

du général Krasnov. Mouraviev était l'un des premiers officiers supérieurs russes passés au service des bolcheviks.

Le 16 janvier (29 janvier) 1918, le corps de Mouraviev atteint les faubourgs de Kiev où les soviets ont déclenché une grève générale. On se bat de rue en rue pendant douze jours. Mais le 21 janvier, les haïdamaks de Petlioura semblent avoir repris le contrôle de la ville. Ils fusillent 300 gardes rouges et les membres du soviet. Le colonel Mouraviev télégraphie à Antonov-Ovsenko : « Envoyez immédiatement toutes les troupes disponibles. La situation est très grave. »

Les renforts étaient déjà en marche. Mouraviev reprend l'offensive avec acharnement et, le 25, il est maître de Kiev. Les représailles commencent. Tous les officiers trouvés en ville sont fusillés sur place. Mouraviev se vantera d'en avoir fait exécuter 2 000.

Le jour même de cette victoire des Rouges, l'Ukraine a signé une paix séparée avec les Empires centraux à Brest-Litovsk. La Rada, réfugiée dans la région de Vinnitsa, demande l'assistance militaire des Austro-Allemands contre les forces rouges. Appel fatal qui la rendra définitivement prisonnière des puissances étrangères, aliénant l'indépendance du pays, avouant ainsi que le mouvement national n'a pas la force d'assumer par lui-même sa propre destinée.

En cette fin janvier 1918, de l'Ukraine au Caucase, sur tout le front Sud glacé par l'hiver, les gardes rouges et les premières troupes des soviets ont remporté des succès presque complets. La révolution semble partout victorieuse, sinon dans les montagnes couvertes de neige du Kouban où les Volontaires d'Alexeiev, Kornilov et Denikine continuent de se battre. Les détachements de Mouraviev mettent en fuite les troupes roumaines à Rybnitsa, imposant la signature d'une convention diplomatique favorable au pouvoir des soviets.

Intervention allemande en Ukraine et en Crimée

C'est alors que les Allemands et les Autrichiens, répondant à l'appel de la Rada, entrent en Ukraine. Vingt-neuf divisions d'infanterie et quatre divisions de cavalerie. Ce sont des troupes de deuxième ligne mais elles n'ont pas de mal à bousculer les gardes rouges et les contingents incertains que leur opposent Antonov-Ovsenko et ses lieutenants, Egorov, Piatakov, Mouraviev, Sivers, Sabline, Kikvidze et Eugénie Bosch.

Ne pouvant affronter directement les colonnes allemandes et autrichiennes, les troupes rouges vont mener une guerre de partisans. Il se forme ainsi partout des bandes dont on ne sait plus très bien qui les commande, auxquelles s'ajoutent celles des haïdamaks et de petites armées privées créées par des groupes de villages ou par des organisations révolutionnaires anarchistes ne reconnaissant d'autre drapeau que le leur et parmi lesquelles s'illustrera bientôt Nestor Makhno.

L'Ukraine est ravagée par des francs-tireurs nationalistes, par les détachements rouges n'obéissant plus à aucune autorité, par des bandes d'hommes armés indisciplinés, souvent ivres, commandées par des aventuriers. On fusille, on saccage, on pille, on viole, on brûle. Les villages se hérissent de mitrailleuses pour leur propre défense, tandis que les troupes allemandes pénètrent inexorablement, ramenant l'ordre dans leur sillage étroit. Elles atteignent Tchernigov le 14 mars, Kiev le 16 mars, Poltava le 30, Kherson le 10 avril. Elles pénètrent en Crimée le 20 avril, bien résolues à ne point s'arrêter aux frontières de l'Ukraine, mais à pousser jusqu'au bassin du Donets et aux riches terres à blé des territoires cosaques. Elles entrent à Rostov le 6 mai.

Dès le début de l'offensive austro-allemande en Ukraine, Trotski est intervenu auprès du chef de la mission militaire française en Russie, le général Lavergne, successeur du général Niessel, pour obtenir le concours de ses cadres contre les Allemands. Ce retournement de situation qui pousse les anciens agents objectifs de l'Allemagne à la combattre, les place du même coup en position d'alliés non moins objectifs de la France. Celle-ci apporte donc son soutien militaire aux partisans rouges en Ukraine.

Des officiers français au secours de l'armée rouge

Le commandant de Fretay est nommé conseiller du chef de l'armée rouge en Ukraine, Antonov-Ovsenko, qui lui demande d'opérer des destructions pour freiner l'avance allemande.

L'officier mobilise de nombreux cadres français de l'industrie du Donets et de Krivoï-Rog. En liaison avec l'adjoint d'Antonov, le futur maréchal soviétique Egorov, le capitaine Étienne Bordes fait sauter deux ponts à l'ouest de Krivoï-Rog, empêchant le transport en Allemagne de 500 000 tonnes de minerai de fer. Avec l'aide des directeurs français des usines et des mines, il fait évacuer sur Tsaritsyne des explosifs, du matériel d'aviation et d'artillerie, des machines-outils et la production de mercure de l'usine Auerbach de Nikitovica, indispensable à la fabrication des munitions, dont les Rouges pourront faire usage, bientôt, dans leur lutte contre les armées blanches de Denikine.

En avril 1918, le capitaine Bordes remet à la disposition de l'artillerie rouge à Samara 3 000 wagons de matériel, dont le reçu sera transmis au général Lavergne.

D'autres officiers français sont envoyés dans la région de Bakou où Bordes a acheminé plusieurs trains d'armes et de munitions pour protéger les canalisations conduisant le naphte à Batoum.

C'est l'un de ces épisodes peu connus que Jean Bommart a raconté sous une forme romancée dans son livre *Le Train blindé n° 4*, qui montre cette curieuse et brève alliance entre les officiers français et le pouvoir bolchevique contre l'Allemagne.

Malgré ces escarmouches et ces mesures conservatoires, les Allemands s'installent en maîtres. Résolus à rétablir l'ordre en

Ukraine, ils laissent se tenir à Kiev un congrès des propriétaires fonciers qui décide d'élire un hetman, investi de tous les pouvoirs contre la Rada. Le général Skoropadski, ancien commandant du 34e corps (noyau de l'armée ukrainienne), et qui a l'agrément des troupes d'occupation, est désigné à l'unanimité.

Après la dissolution de la Rada et l'éloignement de Petlioura qui sera emprisonné, le nouvel hetman propose la paix à la Russie des soviets. Lénine, qui ne souhaite pas provoquer l'Allemagne après Brest-Litovsk, accepte ces propositions. Antonov-Ovsenko reçoit l'ordre de cesser les combats et d'évacuer le territoire ukrainien, ce qu'il fera partiellement, laissant derrière lui de nombreux détachements de partisans rouges qui poursuivront une sanglante guérilla.

Le rapprochement entre le Reich et la Russie des soviets met fin à l'aide militaire des officiers français. Elle est la conséquence de l'échec répété des détachements rouges face à l'armée impériale allemande.

Cet échec n'est pas le seul. Au nord, en Finlande, les gardes rouges viennent d'être battus sur le terrain de la guerre civile, et cette fois par une armée blanche. Cet exemple unique mérite attention.

Chapitre VI

Victoire en Finlande

Un sentiment national fortement enraciné

« Les révolutionnaires russes fondaient de grands espoirs sur le prolétariat finlandais. Si en effet la Russie était, ce que Lénine souligna maintes fois, l'un des pays les plus arriérés de l'Europe, la Finlande était un des pays les plus avancés du monde. Ses mœurs, son éducation politique analogue à celle des démocraties les plus progressistes de l'Occident, les victoires de son mouvement socialiste et jusqu'à sa structure industrielle, tout concourait, semble-t-il, à y rendre aisée la victoire du socialisme [1]. »

La question posée par le grand-duché de Finlande au pouvoir bolchevique et à la jeune armée des soviets évolua dans les mêmes conditions initiales que celle de l'Ukraine ou du Caucase. Elle se présentait d'abord comme une question de nationalité à l'intérieur de l'ancien Empire russe. Mais le sentiment national y était beaucoup plus fortement enraciné. Il trouva l'occasion de se cristalliser autour d'un chef d'une

1. Victor Serge, *L'An I de la révolution russe*, *op. cit.* Bon résumé des illusions entretenues par Karl Marx et ses disciples sur les conditions favorables à leurs yeux de l'avènement du communisme. Les faits inverseront les termes de ce théorème de la révolution sociale.

qualité exceptionnelle, le général Carl Gustav Mannerheim, ancien chevalier-garde du tsar et chef de la 12e division de cavalerie russe en 1917.

L'annexion du grand-duché de Finlande à la Russie datait du début du XIXe siècle. Depuis près d'un demi-millénaire, la Finlande avait bénéficié d'une large autonomie au sein du royaume de Suède. Nation d'hommes libres, pratiquant depuis toujours une démocratie de paysans et de guerriers, elle n'avait jamais connu le servage en usage chez son immense voisin. L'alliance contractée à Tilsit entre Napoléon et le tsar Alexandre contre l'Angleterre et son alliée, la Suède, permit à la Russie de s'emparer de la Finlande. Cependant, Alexandre Ier laissa à ce nouveau vassal sa constitution et ses lois, lui assurant une certaine autonomie dans l'Empire. Un siècle plus tard, les brutales tentatives de russification entreprises par Nicolas II lui aliénèrent la société finlandaise tout entière.

La révolution russe de 1905 fut l'occasion de manifester une opposition générale à l'autocratie russe. Tandis que se constituait un parti social-démocrate qui obtenait aux diverses élections la moitié des suffrages, une fraction activiste voyait dans la lutte armée le seul moyen de reconquérir l'indépendance perdue.

Les chasseurs finlandais

La guerre de 1914 durcit la mainmise russe sur le grand-duché avec l'arrestation de personnalités respectées. Elle apparut aux nationalistes comme l'occasion offerte par l'histoire. Des étudiants fondèrent l'embryon d'une organisation militaire clandestine et résolurent de chercher un appui auprès des ennemis de la Russie. Qui donc aurait pu trouver intérêt à soutenir la lutte pour l'indépendance ?

En décembre 1914, ces étudiants remirent à l'attaché militaire allemand à Stockholm une lettre destinée aux autorités militaires de son pays. Ils demandaient que l'on donnât une instruction militaire à deux cents étudiants finlandais. Cette requête fut acceptée. Le 25 janvier 1915, le premier volontaire arrivait à Berlin. Le mois suivant, cent trente-six étudiants avaient quitté la Finlande, via la Suède. Trente-six autres qui résidaient en Allemagne les avaient rejoints. Le 26 août 1915, le Kaiser ordonnait de porter ces effectifs jusqu'à deux mille hommes et de créer pour eux une unité spéciale, le 27ᵉ bataillon de chasseurs prussiens au camp de Lockstedt dans le Holstein. Sous l'uniforme feldgrau et les insignes de la Prusse, ils apprendraient le métier d'officiers finlandais.

Le bataillon de chasseurs finnois reçut le baptême du feu au cours de l'été 1916 en Courlande. Lorsque la révolution de Février éclata à Petrograd, les chasseurs comprirent que le moment approchait de combattre pour leur patrie.

Cette initiative n'était pas la seule. Dès le début de la guerre, d'anciens officiers finnois qui avaient renoncé au métier des armes après que les Russes eurent supprimé l'armée finlandaise en 1901, constituèrent un comité militaire national clandestin destiné à préparer la lutte pour l'indépendance.

Durant l'été 1917, le Comité militaire national s'organisa pour un soulèvement populaire destiné à chasser l'armée et la marine russes de Finlande gagnées par la décomposition générale. Dans tout le pays se formèrent des organisations de combat, des « gardes civiques », camouflées en corps de pompiers volontaires. Cette organisation, indépendante des partis politiques, recruta même au début des ouvriers sociaux-démocrates. Elle fit venir des armes d'Allemagne par bateaux et sous-marins. Elle obtint également le retour d'une quarantaine de chasseurs. Ces envois de cadres et de matériel de guerre joueront un rôle déterminant dans les premières heures de la lutte armée.

Les bolcheviks en Finlande

En octobre 1917, le parti social-démocrate perdit la majorité à la Diète. Cette circonstance rapprocha les socialistes finnois des bolcheviks qui étaient en passe de prendre le pouvoir en Russie. Les divisions annonciatrices de la guerre civile gagnaient la Finlande.

À l'initiative des socialistes de gauche, une garde rouge se constitua dans tous les grands centres industriels, parmi les éléments marginaux du prolétariat.

Le coup d'État bolchevique de Petrograd fut suivi le 14 novembre (27 novembre) d'une grève générale en Finlande, prélude à la révolution locale. La garde rouge, appuyée par les soviets des régiments russes, fit sa première apparition, occupant les édifices publics et provoquant des affrontements sanglants avec des adversaires politiques.

La Finlande avait toujours servi de base arrière au parti bolchevique. Lénine s'y était réfugié après les émeutes de juillet 1917. Et, comme en témoigne Victor Serge, il fondait de grands espoirs sur le prolétariat finlandais. Tout semblait concourir à rendre aisée la victoire du communisme.

Le 6 décembre (19 décembre) 1917, la Diète proclama l'indépendance de la Finlande, comme le décret du Sovnarkom lui en reconnaissait le droit[1]. En même temps, le nouveau gouvernement dirigé par le vieux nationaliste Svinhufvud demandait le retrait des troupes russes. Trotski répondra à sa manière : « Nous reconnaissons cette nécessité. Mais cette mesure ne pourra entrer en vigueur que lorsque les circonstances et les conditions techniques le permettront. »

L'indépendance de la Finlande était dépourvue de toute réalité. Les gardes rouges armés narguaient le gouvernement

---

1. La France, la Suède et l'Allemagne reconnurent aussitôt l'indépendance de la Finlande. La Russie bolchevique ne le fera qu'en janvier, sous la pression de la délégation allemande à Brest-Litovsk.

et préparaient ouvertement un soulèvement avec le soutien des soviets de l'armée russe.

Le gouvernement manquait de l'instrument indispensable : la force armée. Il était cependant en rapport avec le Comité militaire national qui organisait fébrilement des centres d'instruction pour les recrues d'une future armée blanche et même un cours de cadres dans le district de Vaasa, sous la direction d'une dizaine de chasseurs.

Le problème du commandement trouva sa solution en janvier 1918 lorsque le général baron Carl Gustav Mannerheim, rentré en Finlande en décembre, accepta le poste de commandant en chef que lui offrit le Comité.

Le général Mannerheim commande les forces nationales

Le général Mannerheim appartenait à une vieille famille d'origine suédoise, enracinée en Finlande depuis plusieurs générations. Bien qu'ayant accompli une longue carrière militaire dans l'armée impériale russe, il restait un ardent patriote. Comme il le dit lui-même dans ses *Mémoires* : « J'étais parvenu au terme de mes trente années de service dans l'armée impériale. Je les avais commencées avec de grandes espérances dans l'immense Russie étrangère, et lorsque je jetais un regard en arrière, je constatais avec des sentiments de gratitude que mon attente n'avait point été déçue. Ma carrière s'était déroulée dans des conditions qui m'avaient élargi l'esprit plus que je n'aurais pu le faire en Finlande. »

Homme de guerre et homme du monde, à l'aise en toute circonstance avec les hommes les plus simples comme avec les plus grands, ce gentilhomme réunissait un faisceau de rares qualités, le caractère, le sens des nuances, le coup d'œil, la rapidité et autant de perspicacité dans les décisions militaires que dans les choix politiques.

Il était à Moscou lorsque éclata la révolution de Février 1917. Quelques jours plus tard, de retour à son corps, en

Roumanie, il se rendit au QG de son supérieur, le général Sakharov : « J'exposai à ce chef connu pour sa résolution et son autorité mes impressions de Petrograd et de Moscou, en l'engageant à prendre la tête d'un mouvement contre-révolutionnaire. Mais il estima que l'heure n'avait pas encore sonné[1]. »

Mannerheim se sent soudain étranger dans une armée qu'il ne reconnaît plus. Une blessure providentielle lui permet de s'éloigner. Il est à Odessa, sur la mer Noire, en octobre, quand arrive la nouvelle de la prise de pouvoir de Lénine et de Trotski : « Avec quelques officiers de mes amis, je repris la question d'un soulèvement contre cette dictature minoritaire, mais j'eus la nette impression que ni ces hommes ni le public en général n'éprouvaient le besoin de réagir aux événements. »

Revenu à Petrograd, il constate la même hébétude dans les cercles d'officiers qu'il fréquente : « Je compris que le régime bolchevique allait se consolider rapidement et constituer un danger mortel pour la jeune Finlande aussi. Il s'agissait de se préparer à la défense, même si l'on ne disposait pas de l'essentiel, les armes. (...) J'avais la nette impression que la Finlande possédait de tout autres possibilités que la Russie de sauver sa culture et sa structure sociale. Alors que je n'avais constaté en Russie que découragement et passivité, je trouvais dans ma patrie une volonté intacte de lutter pour l'indépendance du pays. »

La preuve de cette volonté, c'est le travail de préparation du Comité militaire national et l'existence des chasseurs qu'il découvre en arrivant en Finlande.

Le gouvernement de M. Svinhufvud lui offre le commandement en chef des forces nationales. Il fixe une condition : « Que le Sénat ne solliciterait aucune intervention armée, pas plus de l'Allemagne que de la Suède. En revanche, les volontaires et les envois d'armes seraient les bienvenus. Pour être

1. Maréchal Mannerheim, *Mémoires*, Paris, Hachette, 1952.

durable, la liberté d'un peuple doit s'acheter au prix de ses propres épreuves et du sang de ses propres fils. »

Craignant de se laisser piéger dans Helsinki où l'on sent venir le coup de force des gardes rouges, il quitte la capitale le 18 janvier 1918 pour Vaasa, à 350 kilomètres plus au nord, où il va établir son quartier général. Ce centre est bien choisi. Il se trouve au cœur d'une vaste et riche région agricole, l'Ostrobotnie du Sud, dont la population dans son ensemble, par fidélité aux traditions finnoises, est prête à se battre contre l'occupant russe et ses alliés les socialistes des villes industrielles du Sud. Pour cette raison, Vaasa était devenu le centre d'organisation du Comité militaire national. Dès son arrivée, Mannerheim adresse un ordre écrit à tous les anciens officiers de l'armée dissoute en 1901 de venir se mettre à sa disposition. Il fait demander à l'Allemagne le retour immédiat du bataillon de chasseurs et adresse une demande pressante d'armes et de volontaires à la Suède[1].

Coup de force bolchevique à Helsinki

Ces préparatifs sont l'exacte contrepartie de l'effort réalisé par la garde rouge finnoise. À la mi-décembre, celle-ci s'était dotée d'une direction centralisée sous l'égide d'un ancien officier, Aaltonen, membre actif de l'aile gauche du parti social-démocrate. Il était soutenu par le bolchevik letton Smilga,

1. Un comité des Amis de la Finlande, dirigé par le frère du général Mannerheim, fut créé en Suède où se développait un vaste mouvement de sympathie en faveur de l'armée blanche. L'armée suédoise dut s'opposer aux nombreuses demandes de congé d'officiers désirant servir en Finlande. Le nombre total de volontaires suédois fut de 1 580, dont 94 officiers d'active, 21 officiers de réserve, 296 sous-officiers et 675 hommes. Ils constituèrent une brigade suédoise. Par ailleurs, 416 autres servirent dans des unités finlandaises et 78 dans les ambulances.

membre du Comité central du parti bolchevique, président des soviets de Finlande, et principal dirigeant du parti au sein de l'importante flotte de la Baltique. À ce titre, ce militant chevronné avait été l'un des principaux organisateurs de l'insurrection d'Octobre. Confident de Lénine à la veille de cet événement, convaincu de la nécessité du passage à l'action directe, il l'y incita fortement, l'assurant de la détermination des marins de la flotte et de l'armée de Finlande. Ses matelots rouges, qui avaient joué un rôle déterminant dans le renversement de Kerenski, s'apprêtaient à continuer en Finlande. Derrière les chefs du mouvement révolutionnaire finlandais, se profilera toujours la silhouette de Smilga, qui ne cessera de remplir d'importantes fonctions sur le théâtre de la guerre civile jusqu'en 1920[1].

Sous l'impulsion de Smilga, l'aile bolchevique du parti social-démocrate finlandais est dirigée par une sorte de troïka : Haapalainen, Sirola et Manner.

Depuis la grève générale de la mi-novembre, puis les élections de décembre, les affrontements se multiplient dans les villes du Sud entre gardes rouges et gardes civiques que leurs adversaires commencent à appeler « gardes blancs ».

À Petrograd, Lénine déclare : « Si les bourgeois finlandais achètent des armes aux Allemands contre leurs ouvriers, nous offrirons à ces derniers une alliance avec les classes laborieuses russes... » Staline renchérit : « Si vous avez besoin de notre appui, nous vous le donnerons, en vous tendant une main fraternelle. » Le 13 janvier 1918, les bolcheviks font livrer dix mille fusils et des mitrailleuses à l'état-major de la garde rouge finnoise.

La décision de l'insurrection est prise le 23 janvier par le conseil du parti social-démocrate qui cède à son aile extrémiste.

---

1. G. Haupt, J.-J. Marie, *Les Bolcheviks par eux-mêmes*, Paris, Maspero, 1969.

Le lendemain, la garde rouge est mise en alerte. Ses effectifs se montent à environ trente mille hommes. Ils vont recevoir le soutien des troupes du 42e corps d'armée russe commandé par un officier entièrement acquis aux bolcheviks, le colonel breveté Svetchnikov. Celui-ci donne l'ordre d'armer les gardes rouges dans toutes les villes du Sud. La victoire semble assurée.

À Petrograd, la coordination est réalisée. Dans la journée du 24, des détachements de soldats défilent avec des bannières portant cette inscription : « Au secours des camarades finlandais luttant contre le capital. » Ils partent pour la Finlande et, avec eux, un train blindé, ainsi que des détachements des régiments de Volhynie, d'Ismaïlovski et de Lituanie [1].

Smilga et l'état-major des gardes rouges prévoient de s'emparer d'Helsinki [2], la capitale, et des autres grands centres du Sud, Tampere et Viipuri.

À Helsinki, dans la nuit du 14 janvier (27 janvier), quatre mille cinq cents gardes rouges se rassemblent secrètement. Le 15 (28) au matin, ils envahissent le centre de la ville et occupent les bâtiments publics sans rencontrer la moindre résistance. La neige durcie qui couvre les rues étouffe le bruit de leurs pas. La fête révolutionnaire à laquelle ils se croyaient promis fait figure de marche funèbre. Listes en main, ils vont frapper aux portes des notabilités ou des officiers promis à la prison ou au poteau, mais ils trouvent des maisons vides. Quatre ministres ont quitté la ville et arrivent au même moment à Vaasa qu'ils vont proclamer siège du gouvernement légal. Les autres se cachent en ville et pourront fuir par mer dans les jours suivants.

---

1. Étienne Antonelli, *La Russie bolchéviste*, *op. cit.*

2. On emploie dans ce chapitre les noms finlandais de préférence à leur équivalent russe : Helsinki plutôt qu'Helsingfors, Viipuri de préférence à Vyborg, Tampere et non Tammerfors, etc.

Les Blancs ont fait le vide dans les villes du Sud peu favorables, afin de concentrer leurs forces dans le centre rural qui leur est acquis.

Un gouvernement des commissaires du peuple est institué, dirigé par Manner. La garde rouge est coiffée par Haapalainen et commandée en fait par Aaltonen, l'ancien officier.

Malgré les efforts de Smilga, il n'est pas possible de placer d'emblée toutes les forces rouges sous un commandement unique. Ce sont donc deux forces distinctes qui vont opérer. Les gardes rouges d'Aaltonen et d'autre part le 42ᵉ corps d'armée russe du colonel Svetchnikov, dont la plus forte unité, la 106ᵉ division d'infanterie, se trouve cantonnée à Tampere.

Ces troupes n'échappent pas au sort de l'ancienne armée russe. Elles sont indisciplinées, sans combativité et touchées par les désertions. Leur commandement est soumis aux caprices des soviets. Mais étant russes en pays étranger, elles trouveront dans ce fait un semblant de combativité. L'instinct de conservation et aussi la terreur des comités militaires révolutionnaires bolcheviques de Smilga leur tiendront lieu de ressort.

Les effectifs russes de Finlande sont évalués à quarante mille hommes, y compris les huit mille marins de la flotte de la Baltique basés à Helsinki.

Affrontements des gardes rouges et des gardes blancs

Dès le 16 janvier (29 janvier), on apprend que les gardes blancs du général Mannerheim ont attaqué et désarmé les garnisons russes de l'Ostrobotnie. Cinq mille Russes sont capturés dans la région de Vaasa et trois mille autres dans le Nord.

Mannerheim a lancé des raids à skis ou en traîneaux contre les cantonnements russes mal gardés, endormis par la fausse sécurité des étendues neigeuses. Chez les Finlandais les armes sont en quantité insuffisante, seuls les groupes de tête en sont pourvus. Les autres recevront les armes prises à l'ennemi. Rien qu'en Ostrobotnie du Sud, huit mille fusils, trente-quatre mitrailleuses et trente-sept canons sont ainsi capturés.

Au début de février 1918, la Finlande se trouvait coupée en deux par un front sinueux allant du golfe de Botnie au lac Ladoga en Carélie, à travers le Savo. Le Nord, jusqu'en Suède, appartient aux Blancs. Le Sud, avec une forte poche au-dessus de Tampere, est aux mains des Rouges. Cependant, même dans ce fief, une fraction importante de la population leur est hostile. Les dirigeants révolutionnaires s'efforceront de briser cette opposition par la terreur, les arrestations et les exécutions sommaires.

Le front des Rouges est réparti entre deux forces principales. À l'ouest, autour de Tampere, à l'est, face à la Carélie. Le colonel Svetchnikov, qui est le plus capable des officiers bolcheviques, commande à l'ouest. Il s'emploie activement à réorganiser ses unités pour préparer une grande offensive bâtie sur une intention stratégique judicieuse. Il veut percer au nord de sa base de Tampere et s'emparer du nœud ferroviaire de Haapamäki qui commande la liaison entre les troupes blanches de l'Ouest et de l'Est. Il compte ainsi les couper en deux et réduire tour à tour les deux tronçons.

Dans cette guerre, le contrôle des voies ferrées jouera un rôle aussi important qu'en Ukraine, dans le Don, et par la suite en Sibérie. Ce sont les artères vitales de l'ancien Empire russe, dans la paix comme dans la guerre.

Il ne faut pas imaginer le front comme une ligne continue de positions, comme une sorte de long sillon dans la neige et la terre gelée. Il est fait en réalité de quelques points d'appui, le long des voies de communication. Les opérations se dcroulent presque exclusivement à proximité des voies ferrées et des routes. Aux considérations tactiques de choix du terrain s'ajoute la nécessité d'abriter et de ravitailler les troupes au cœur d'un hiver particulièrement rigoureux. La condition préalable de toute activité tactique, c'est que la troupe reste apte au combat. De ce point de vue, les positions des Blancs établis dans des fermes et des villages sont supérieures à celles des Rouges qui se trouvent dans une zone déserte et en sont réduits à s'abriter dans des wagons de marchandises, sur des voies de garage éloignées des positions blanches. Ainsi doivent-ils souvent abandonner le soir le terrain conquis dans la journée. Les plans du colonel Svetchnikov s'enliseront dans la neige et le froid.

Au cours de cette première phase de la guerre civile finlandaise, faute de troupes aguerries, le général Mannerheim se retranche dans la défensive. Il compte épuiser ses adversaires tout en formant son armée. Il mise pour cela sur l'encadrement des chasseurs qui sont tous à pied d'œuvre à partir du 25 février. Il a résolu le problème de l'armement en achetant à l'Allemagne 44 000 fusils, 63 mitrailleuses et aussi 2 millions de cartouches russes provenant de son butin de guerre.

Les Blancs passent à l'offensive

Vers le 11 mars, l'offensive des Rouges est enrayée sur tous les fronts. Les troupes russes et les gardes rouges se sont repliés sur leurs mauvaises bases. Leur moral est sérieusement atteint. Les matelots de la flotte de la Baltique qui se sont fait étriller près de Pekkala exigent leur rapatriement en Russie.

C'est alors qu'une sombre nouvelle frappe le QG de Mannerheim. Le chef du gouvernement finlandais, M. Svinhufvud, est peu confiant dans les capacités de ses propres troupes et il est par ailleurs convaincu de la victoire finale des Empires centraux. Il a donc engagé des négociations officielles avec l'Allemagne afin d'obtenir une intervention militaire du Reich en Finlande.

Ce que Mannerheim voulait éviter à tout prix va ainsi se produire. Cette décision risque de faire de la Finlande un État satellite de l'Allemagne, l'exposant à l'hostilité des Alliés, dont la victoire ne fait aucun doute pour le commandant en chef.

Tenté de démissionner, il se reprend et décide de brusquer l'offensive qu'il prépare et de remporter un succès décisif avant l'arrivée des Allemands. Il adresse un message au maréchal von Hindenburg, pour exiger que les troupes allemandes soient placées sous commandement finlandais, ce qui sera fait.

Le 15 mars, par un froid rigoureux, les Blancs lancent leur offensive principale sur Tampere. Le colonel Svetchnikov, nommé à la tête des forces de l'Est, a confié le commandement au nouveau chef des gardes rouges, Hugo Salmela, ouvrier rude et intègre, qu'assistent le colonel Boulatsel et plusieurs officiers russes.

Les combats dans la neige atteignent tout de suite une intensité terrible. Les blessés ont les membres gelés. On se bat au corps à corps dans les faubourgs de la ville. Le 6 avril, Tampere tombe aux mains des Blancs. L'armée rouge de l'ouest de la Finlande est en pleine déroute. Elle a perdu 2 000 morts, dont Salmela, plusieurs milliers de blessés et livré 11 000 prisonniers. Elle abandonne un matériel considérable, 30 canons et des milliers de fusils.

Dans le Savo et en Carélie, où les Blancs sont plus faibles, les Rouges ont tout d'abord marqué des points, puis la chance tourne à leurs dépens dans la journée du 5 avril.

Intervention allemande

Lorsque les 7 000 Allemands de la division du général von der Goltz[1] et les 2 000 de la brigade Brandenstein débarquent à Hanko et à Loviisa, les Rouges ont déjà subi des échecs irrémédiables. Le concours allemand se limitera à la libération d'Helsinki préalablement évacué par les Russes et au bouclage des débris de l'armée rouge de l'Ouest qui se trouvent

1. Futur chef en 1919 des forces germano-baltes et des corps-francs du Baltikum en Courlande.

coupés du reste des forces des soviets et tentent désespérément de s'ouvrir un passage vers l'est. Ces troupes épuisées, commandées par Eino Rahja, sont prises dans une nasse de feu, dont elles ne pourront s'échapper. Elles capitulent le 2 mai 1918 avec 25 000 prisonniers, des milliers de civils entraînés dans leur sillage, des convois chargés de butin, 50 canons et 200 mitrailleuses.

Dans la partie orientale de la Finlande, autour de Viipuri, l'armée rouge, commandée par le colonel Svetchnikov, compte encore 15 000 gardes rouges finlandais et 10 000 Russes appuyés par une très forte artillerie. Pour la première fois, les Blancs sont en mesure de lui opposer des forces équivalentes : 25 000 hommes.

Les combats pour Viipuri font rage pendant plusieurs jours avant que la ville ne tombe le 29 avril avec 15 000 prisonniers, 300 canons et 200 mitrailleuses. Le chef du gouvernement Manner et le colonel Svetchnikov ont fui par la mer vers la Russie quatre jours plus tôt.

Les derniers bastions des gardes rouges, Hamina, Kokka et Ino, se rendent après de durs combats entre le 4 et le 15 mai.

Le 16 mai 1918, il n'y a plus un soldat rouge en état de combattre sur le territoire finlandais. Dans la capitale en liesse, le général Mannerheim, s'adressant à l'armée blanche, peut s'écrier : « Notre pays est libre [1] ! »

Les raisons d'une victoire

Exemple rare d'une victoire totale des Blancs sur les Rouges, la guerre de Finlande est la grande oubliée de l'his-

1. Un traité de paix sera signé entre la Russie des soviets et la Finlande après d'âpres discussions le 14 octobre 1920. Ce traité ne réglait pas le contentieux entre les deux États et les soviets poursuivirent des menées subversives au cours des années suivantes.

toire de la guerre civile. Par contraste, elle permet pourtant de comprendre pourquoi ailleurs, notamment en Ukraine, les Blancs ont été vaincus. Ici, leur cause s'enracinait dans une très forte conscience nationale. « L'action que j'avais déclenchée, dira plus tard Mannerheim, était dirigée contre les unités russes restées en Finlande malgré la reconnaissance de l'indépendance du pays par le gouvernement soviétique. La lutte qui venait de commencer était donc une guerre de libération. »

Ce conflit fut aussi une guerre idéologique. D'un côté, les traditions vivantes et respectées auxquelles adhéraient sans réserve les importantes populations paysannes [1]. De l'autre, une utopie révolutionnaire citadine, interprétée différemment par les diverses tendances social-démocrates. Face au bloc homogène et assuré dans ses convictions des paysans traditionalistes, les Rouges apparaissaient divisés, moins sûrs d'eux, et moins cohérents.

L'armée blanche voyait son combat justifié par un gouvernement national, issu des institutions légitimes du pays. Aux yeux des Blancs, les Rouges étaient à la fois des occupants étrangers (ou leurs collaborateurs), des rebelles et des fous dangereux. Les Blancs cumulaient l'élan d'une guerre d'indépendance et la passion d'une lutte politique. De surcroît, ils eurent la chance d'avoir à leur tête un homme de la qualité de Mannerheim.

Les armées rouges n'avaient pas d'unité de commandement. Elles étaient paralysées par des querelles d'hommes et de factions. La qualité de l'encadrement était inférieure à celle de l'armée blanche. Enfin, dès les premiers revers, les contingents proprement russes eurent le plus vif désir de repasser la frontière.

---

1. Voir J. O. Hannula, *La Guerre d'indépendance de la Finlande, 1918*, Paris, Payot, 1938. Aurélien Sauvageot, *Histoire de la Finlande*, Paris, Lib. Paul Geuthner, 1968, t. II.

La Finlande présente ainsi les conditions inverses des autres théâtres de la guerre civile.

L'échec cuisant des soviets ne sera pas sans influence sur la réorganisation brutale de l'armée rouge au printemps 1918.

Chapitre VII

Révoltes sur tous les fronts

Échec de la collectivisation forcée

Le traité de Brest-Litovsk a été signé le 3 mars 1918. La Russie est en paix. La guerre de Finlande qui se poursuit jusqu'au 15 mai ne menace pas son territoire. Les escarmouches des Volontaires d'Alexeiev et de Denikine au Kouban sont, par leur minceur même, rassurantes. Les guérillas d'Ukraine ont une incidence purement régionale (la Russie est vaste). Cette période de trois mois qui s'ouvre en mars et se termine en mai 1918 est appelée par les historiens soviétiques « passage à la construction du socialisme » ou « plan léniniste d'édification socialiste ». Période de tâches pacifiques par définition, consacrée à une tentative d'implantation accélérée et directe du programme communiste, c'est-à-dire de collectivisation et de suppression du marché.

Dans la partie centrale de la Russie, siège de leur pouvoir, les bolcheviks n'ont, pour ainsi dire, pas rencontré d'opposition. Mais que réserve l'avenir ? Lénine est hanté par l'échec de la Commune de Paris. Il veut multiplier les actes spectaculaires qui resteront comme autant de monuments où les révolutionnaires de l'avenir pourront accrocher leurs rêves si, comme il le craint, la révolution ne peut se maintenir en Russie. Il faut donc brûler les étapes.

L'ambiance s'y prête.

« Tout était emporté par un courant tumultueux, débordant d'enthousiasme révolutionnaire, dira Lounatcharski[1] trois ans plus tard. Il fallait avant tout proclamer nos idéaux dans toute leur ampleur et abattre impitoyablement ce qui ne nous convenait pas. »

Que faire ? « Nous comptions, écrira Lénine en 1921, réaliser directement des objectifs économiques aussi grands [que nos objectifs politiques]. Nous comptions (...), par les volontés immédiates d'un État prolétarien, organiser la production et la distribution étatisée des biens selon le principe communiste[2]. »

Cela se fera par le moyen d'un troc organisé par l'État entre l'industrie et la paysannerie. Le résultat sera catastrophique.

La ville enverra au village des produits industriels, les paysans donneront aux ouvriers les produits de l'agriculture. Les rapports monétaires et le marché seront abolis. Sur le papier, pour des esprits enthousiastes, épris de raisonnements simplificateurs, cela devait paraître séduisant. Mais le passage à la réalité sera moins satisfaisant.

« En avril 1918, le commissariat du peuple au Ravitaillement avait à sa disposition comme fonds d'échange quatre cents millions d'archines[3] de tissus, deux millions de paires de caoutchoucs, deux cent mille paires de chaussures, dix-sept millions de pouds[4] de sucre, du pétrole, des allumettes, de la quincaillerie et des outillages agricoles. Il était prévu de les troquer contre cent vingt millions de pouds de céréales. Mais les approvisionnements en blé furent très faibles et leur valeur était bien moindre que celle de ces produits, le commissariat au Ravitaillement ne recevait que quatre cents wagons de blé, c'est-à-dire environ quatre cent mille

1. Commissaire du peuple à l'Instruction publique.
2. *Œuvres*, t. XXXIII.
3. Archine : aune (0,71 m).
4. Poud : environ 16 kg.

pouds. Le troc comme moyen d'approvisionnement en blé était un échec[1]. »

Quatre cents wagons de blé contre six cents wagons de marchandises manufacturées, c'est mince, en effet ! L'échange direct était donc un fiasco.

Sanglés dans leurs certitudes idéologiques, les commissaires du peuple ne songent cependant pas un instant qu'ils se sont trompés. Ils accusent les paysans de mauvaise volonté, de sabotage. Et comme il faut bien se mettre en accord avec ses théories, on fait porter l'accusation sur les paysans riches, les koulaks. Dans la pratique, ce distinguo sémantique sera difficile à observer. Comme le dira Zinoviev un peu plus tard : « Tout paysan qui ne meurt pas complètement de faim est un koulak. »

Les bolcheviks, parfois si pragmatiques, s'entêtent et ne voient pas qu'avec le retour de la paix, la majorité des paysans réclame la liberté de commercer. Les masses, pour reprendre la formule léniniste, vont aux mots d'ordre qui répondent à leurs propres intérêts – ou à l'idée qu'elles s'en font. C'est cette force spontanée qui les a portées du côté des bolcheviks par haine de la guerre en 1917. Elle va les en écarter maintenant par haine des réquisitions.

Dictature alimentaire et réquisitions

Le Sovnarkom s'obstine. Il étend le monopole de l'État à d'autres denrées que le blé[2] et à la plupart des produits manufacturés d'usage courant. Le commerce privé est totalement

1. L. Spirine, *Les Classes et les partis dans la guerre civile en Russie*, Moscou, 1963.

2. Le monopole du blé avait été instauré par le gouvernement provisoire, pour les nécessités de la guerre, le 25 mars 1917.

interdit. On édifie en pleine disette un appareil bureaucratique de gestion et de distribution incroyablement pesant, bien qu'on ne dispose d'aucun spécialiste pour le faire fonctionner.

La répartition des produits sera en principe assurée par des coopératives de gros et des magasins de détail contrôlés par le commissariat au Ravitaillement, exerçant une véritable dictature et procédant par réquisitions.

Ces lumineuses mesures étranglent la production elle-même et conduisent à la fermeture d'entreprises. Les matières premières n'arrivent plus aux usines, ni le ravitaillement dans les villes. Avec leurs salaires, les ouvriers ne peuvent plus se procurer de nourriture. Des queues interminables se forment devant les boulangeries et les commerces d'alimentation. Une sourde agitation antibolchevique gagne les centres industriels jusqu'alors acquis en majorité au parti.

Devant ces conséquences en chaîne, Lénine suit son penchant naturel qui le pousse à briser par la violence les résistances à ses oukases.

Les premiers détachements de ravitaillement avaient été créés le 27 janvier 1918. Dès cette époque, Lénine avait lancé le mot d'ordre : « Comment organiser l'émulation » en inventant divers moyens pour « nettoyer la terre russe de tous les insectes nuisibles, puces de gredins, poux de riches... Tant que nous n'appliquerons par la terreur-exécution sur place, expliquait-il aux représentants des détachements de ravitaillement, nous n'arriverons à rien. »

Ces dispositions seront codifiées et aggravées par un décret du 20 mai 1918 sur la dictature alimentaire qui organise une « armée du ravitaillement », dont l'effectif tournera autour de 40 à 50 000 hommes jusqu'à sa disparition lors de la proclamation de la Nep en 1921. Sa mission : « Mener une lutte, une guerre impitoyable et terroriste contre la bourgeoisie paysanne ou autre qui retient ses excédents de blé... Bien spécifier que les possesseurs de grain qui ont des surplus et ne les livrent pas aux centres de ramassage et de stockage sont déclarés ennemis du peuple... »

Il est facile d'imaginer le type humain recruté pour ces « détachements de ravitaillement ». Armés jusqu'aux dents, lâchés sur les campagnes pour fouiller les fermes, ce sont des brutes qui vont trousser les paysannes à l'occasion et détrousser les maris avec la certitude de l'impunité. « Nos détachements de ravitaillement dégénèrent, dit-on, en bandes de brigands, s'exclame Lénine à l'exécutif panrusse des soviets. Il se peut. Quand meurt une vieille société, on ne peut pas la clouer dans un cercueil et l'enterrer ; son cadavre se décompose parmi nous et nous contamine[1]... »

Le « communisme de guerre », cause de la guerre civile

« Les historiens soviétiques (et beaucoup d'autres) relient habituellement aux difficultés de la guerre civile les principales mesures qui caractérisent ce communisme de guerre. Ce faisant, ils oublient le plus souvent de mentionner que les bases en furent jetées au printemps 1918, au moment justement où la Russie reprenait souffle après la signature de la paix, à l'époque du "passage à la construction socialiste[2]". »

---

1. Victor Serge, fervent admirateur de Lénine, cite plusieurs des télégrammes expédiés par ce dernier à Eugénie Bosch, responsable des détachements de ravitaillement dans la région de Penza :
« Exercez contre les koulaks, les popes et les Blancs une impitoyable terreur de masses, enfermez les suspects dans des camps de concentration en dehors des villes. Télégraphiez application. Signé Lénine, 9 juillet 1918. »
« Prenez mesures pour réquisitionner tous les excédents de blé. À cette fin, désignez (ne prenez pas, désignez) parmi les koulaks, les riches, les parasites, des otages tenus de livrer et de transporter le blé. (...) Les otages répondent sur leur vie du versement rapide et ponctuel des contributions imposées. Signé Lénine, 11 août 1918... »

2. Roy Medvedev, *La Révolution d'Octobre était-elle inéluctable ?*, *op. cit.*

Cette remarque de Roy Medvedev souligne que le « communisme de guerre » précède la guerre civile. Contrairement à la légende, il n'en est pas la conséquence, mais la cause.

L'application des mesures de la « dictature alimentaire » dresse contre les bolcheviks non seulement les koulaks, mais la majorité des petits exploitants agricoles. Staline, envoyé pour diriger les opérations de réquisitions dans le Sud, décrit ce « retournement contre le pouvoir des soviets du soldat, du "solide moujik" qui s'était battu en Octobre pour ce même pouvoir. Il déteste de toute son âme le monopole du blé, les prix imposés, les réquisitions, la chasse aux trafiquants [1] ».

À ce mécontentement des paysans s'ajoute celui des villes. De grandes usines deviennent le foyer de tensions. À Petrograd, le Soviet blâme les ouvriers des usines Poutilov et Oboukhovo. Les usines de Sormovo sont en grève, comme celles de Kolomensk, qui protestent contre l'arrestation de militants mencheviks. À Iaroslav et à Zlatoust, les S-R tiennent la rue.

Pour aggraver les choses, les soviets locaux, démunis d'argent, sont aux abois, ils imposent la population, confisquent les biens, saisissent les comptes courants des entreprises, imposent les marchandises passant sur leur territoire. Pour le pouvoir, cette situation est lourde de menaces.

Ce ne sont plus quelques officiers désespérés, des aristocrates en fuite ou des politiciens isolés qui conspirent contre le régime. La colère qui monte est celle des masses. Dans cet état de tension, une étincelle suffirait à embraser l'incendie de la guerre civile. Cette étincelle, ce sera la rébellion de la Légion tchécoslovaque.

En quelques semaines, le pouvoir des soviets instauré six mois auparavant dans tout le pays sera renversé en Sibérie, sur la Volga et dans presque toute la Russie méridionale,

1. Lettre à Lénine, 4 août 1918.

autrement dit sur la majorité du territoire. La révolte du corps tchécoslovaque, provoquée par une maladresse de Trotski et coïncidant avec le soulèvement des cosaques du Don, de l'Oural et de Sibérie [1], sert de détonateur à une guerre civile de trois ans.

La Légion tchèque

À l'aube du 14 mai 1918, un train militaire, venant de Sibérie orientale, entre en gare de Tcheliabinsk, localité frontière entre l'Oural et la plaine sibérienne. Il emmène vers l'ouest des prisonniers de guerre hongrois rapatriés en application des dispositions du traité de Brest-Litovsk.

Dans cette même gare de Tcheliabinsk, se trouve à l'arrêt depuis plusieurs jours un autre train, se dirigeant, lui, dans la direction opposée. Il transporte le 7e régiment sur pied de guerre de la Légion tchécoslovaque.

Curieuse armée, ne relevant d'aucun État existant officiellement, puisque la Bohême est encore partie de l'empire des Habsbourg. Tout au plus a-t-elle fait allégeance au conseil national tchécoslovaque présidé en émigration par Masaryk. Elle a été constituée à l'époque de Kerenski avec les prison-

---

1. Le soulèvement des cosaques en mai 1918 est une illustration de l'échec de la politique des soviets vis-à-vis du monde paysan. L'auteur du *Don paisible* l'a clairement résumé au cours d'un dialogue où il fait s'exprimer un autonomiste cosaque sans illusion :
« Pour l'instant [décembre 1917] les cosaques et les paysans font un bout de chemin avec les bolcheviks (...) parce que les bolcheviks sont pour la paix, pour la paix immédiate et que les cosaques en ont jusque-là de la guerre (...). Mais dès que la guerre sera finie et que les bolcheviks étendront la main vers les terres cosaques, le chemin du peuple cosaque s'écartera du leur. C'est irréfutable et historiquement inévitable. Entre le mode de vie actuel des cosaques et le socialisme – couronnement de la révolution bolchevique – il y a un abîme infranchissable. »

niers et les déserteurs tchèques qu'anime une solide haine pour leurs anciens maîtres austro-hongrois. Elle est encadrée par des officiers tchèques souvent très jeunes et par des officiers russes. À la suite d'accords avec les Alliés et le Conseil national tchécoslovaque, le gouvernement bolchevique considère cette Légion comme faisant partie de la petite armée tchécoslovaque combattant en France. Après la signature de Brest-Litovsk, il a été décidé de lui faire traverser de bout en bout la Russie pour l'embarquer à Vladivostok en direction de la France. Mais ce transport de plus de 8 000 kilomètres sur un réseau ferroviaire encombré et désorganisé traîne en longueur.

Dès le mois d'avril, le Sovnarkom commence à regretter sa décision d'évacuer le corps tchécoslovaque par Vladivostok où se produisent des événements inquiétants.

Depuis la révolution d'Octobre, l'extrémité du Transsibérien est soumise aux incursions des cosaques de l'ataman Semenov. Au début d'avril, un petit détachement anglo-nippon de trois cents soldats a été débarqué à Vladivostok, où règne un soviet, pour protéger les ressortissants alliés et veiller sur un énorme dépôt de matériel militaire livré à la Russie et jamais payé. Depuis lors, Moscou vit dans la hantise d'une action japonaise en Sibérie. Hantise nourrie des souvenirs cuisants de la guerre de 1904. C'est pourquoi le gouvernement bolchevique décide de ralentir puis de suspendre l'acheminement de la Légion tchèque. Les 42 000[1] soldats du corps tchécoslovaque se trouvent ainsi éparpillés dans soixante-dix trains isolés les uns des autres le long de 8 000 kilomètres de chemin de fer. Les premiers ont atteint Vladivostok, mais sur une ligne unique et déjà embouteillée les prétextes ne manquent pas pour freiner la progression des suivants, d'autant que chaque soviet local agit suivant son gré, sans trop se soucier des décisions de Moscou.

1. Plus tard, cet effectif atteindra 70 000 hommes.

La lenteur de l'évacuation est pour les Tchèques un motif d'irritation et d'inquiétude grandissantes. Les incidents se multiplient avec les soviets locaux sur toute la longueur du Transsibérien. Les hommes nourrissent deux préoccupations de sécurité qui tournent à l'obsession : ne pas se trouver isolés des autres tronçons de la Légion et conserver leurs armes jusqu'à Vladivostok. La voie ferrée passe à proximité de camps de prisonniers de guerre hongrois ou allemands, leurs ennemis héréditaires. Beaucoup de ces captifs ont été recrutés dans les détachements internationaux de l'armée rouge et sont armés. Les Tchèques s'inquiètent de l'utilisation que les bolcheviks pourraient faire de ces troupes.

Plus les délais s'allongent, plus la tension augmente. L'opinion des hommes est qu'il faut se préparer à s'ouvrir la route par la force jusqu'à Vladivostok. La décision prise par les soviets de désarmer partiellement les trains est ressentie comme la preuve d'un complot bolchevique contre la Légion. Un complot dans lequel ils voient la main des Allemands. Les Tchèques imaginent que les Rouges ont ourdi le noir dessein de les désarmer pour les livrer à leurs ennemis. À partir de ce moment, il suffit d'un incident mineur pour provoquer une révolte générale.

Soulèvement sur le Transsibérien

Ce 14 mai, avec des hommes énervés par ces rumeurs inquiétantes, par l'entassement, la lenteur et l'inconfort du transport, le croisement des deux trains risque d'être explosif. Pour les Tchèques, les prisonniers hongrois sont les représentants de dominateurs haïs, les ennemis de toujours. Inversement, les Hongrois considèrent les soldats de la Légion tchèque comme des traîtres. Des injures fusent. Un vacarme assourdissant de hurlements fait trembler les deux trains qui se frôlent dangereusement. Un lourd morceau de fonte traverse l'air, jeté par un Hongrois. Un soldat tchèque s'effondre, la tête en sang.

Les Tchèques sautent sur la locomotive du train hongrois, contraignent les chauffeurs à s'arrêter, puis l'arme à la main, ils forcent les occupants du wagon à dénoncer celui qui a fait le coup. On leur livre l'homme qui est lynché sur-le-champ, tandis que le train des rapatriés hongrois reprend sa route vers l'ouest.

Le soviet de Tcheliabinsk, alerté, décide une enquête. Des gardes rouges emmènent plusieurs Tchèques comme témoins. Deux jours passent sans qu'on les voie revenir. Leurs officiers décident alors de les reprendre de force.

Le soviet de Tcheliabinsk télégraphie aussitôt à Moscou où l'incident arrive dans le climat d'inquiétude provoqué par les rumeurs de Vladivostok. Plusieurs décisions sont prises en cascade qui visent toutes au désarmement complet des Tchèques. À Moscou, les délégués tchèques venus négocier, Maxa et Cermak, sont arrêtés. Le 25 mai, un télégramme comminatoire de Trotski à tous les soviets de la ligne de chemin de fer, ordonne l'arrêt des trains tchécoslovaques, prescrivant le désarmement immédiat de leurs occupants. Les résistances seront brisées par la force. Tout retard dans l'exécution de ces ordres constituera une trahison.

Entre-temps, les Tchèques ont occupé la gare de Tcheliabinsk. Ils captent le télégramme de Moscou. Le hasard veut qu'un congrès de délégués de la Légion tchécoslovaque se tienne dans la ville. Le télégramme de Trotski leur apparaît comme une déclaration de guerre, à laquelle ils entendent répondre en prenant les devants.

Sans tarder, le capitaine Gajda qui commande le 7e régiment et qui désormais va beaucoup faire parler de lui, décide de passer à l'action. Aux premières lueurs du 27 mai 1918, la garnison rouge de Tcheliabinsk est capturée et désarmée. Le soulèvement se communique à tout le Transsibérien comme une traînée de poudre. Une semaine plus tard, la Légion tchécoslovaque contrôle toute la ligne et la plupart des villes qui la jalonnent jusqu'au Pacifique. Les officiers qui s'opposent à la révolte sont débarqués. Trois officiers délégués reçoivent le commandement des trois grands tronçons de la Légion, Tchetchek, Gajda et Syrovy.

En cédant à son tempérament volcanique et à son goût pour les déclarations théâtrales, Trotski vient de pousser à la guerre la seule force militaire organisée de la Russie. La dernière chose que souhaitaient pourtant les Tchèques était de combattre les bolcheviks, auxquels leurs dirigeants politiques étaient plutôt favorables. Leur seul désir, comme celui de leurs protecteurs français ou anglais, était d'embarquer au plus vite pour rejoindre le front de France où leur arrivée était attendue avec impatience. L'extrême désinvolture de Trotski bouleverse dans des proportions inouïes une situation qu'il affrontera d'ailleurs avec résolution.

Révolte des cosaques du Don

En ce mois de mai 1918, l'armée rouge stagne à 196 000 hommes. Cet effectif comprend une assez forte proportion d'étrangers, prisonniers de guerre hongrois et allemands, enrôlés plus ou moins de force grâce au chantage à la nourriture. On y trouve également des régiments lettons, ainsi que des détachements de Chinois, anciens coolies employés aux travaux de chemins de fer, qui vont révéler des aptitudes particulières dans les opérations répressives. Cette armée est plus faite de bandes de partisans que de véritables unités encadrées et disciplinées. Elle est éparpillée de l'extrémité du Transsibérien jusqu'à l'Ukraine. C'est dire combien les mailles de son filet sont lâches. Dans la paix relative qui règne depuis le début du printemps, elle pouvait paraître suffisante. Tout change avec la dangereuse brèche ouverte à l'est par le soulèvement de la Légion tchèque et au sud par une insurrection des cosaques.

Sur le Don, nous l'avons dit, les cosaques avaient dans leur ensemble rallié le pouvoir des soviets et souvent combattu, en janvier 1918, à ses côtés contre les gardes blancs de Kaledine et les Volontaires de Kornilov, Alexeiev et Denikine. Puis, ils avaient regagné leurs villages.

Les excès des commissaires de Rostov, le système des réquisitions forcées, la multiplication des exécutions, les rejettent peu à peu dans l'opposition. Le soulèvement sera provoqué par les exactions des gardes rouges de la 2e armée socialiste qui, pour échapper à l'étau des troupes allemandes, ont retraité vers le Don, pillant les fermes, égorgeant le bétail et violant les femmes.

L'auteur du *Don paisible* a décrit les premières heures de la révolte : « Les sentinelles se saoulèrent toute la nuit – il y avait de l'alcool dans les fourgons du convoi. Cependant trois hommes de Sétrakov, à cheval, donnaient l'alarme aux villages des alentours. Pendant la nuit, les cosaques sellèrent leurs chevaux, s'armèrent, formèrent en hâte des détachements d'anciens du front et de vieux, et sous la conduite des officiers, ou à défaut des adjudants habitant leurs villages, ils se dirigèrent vers Sétrakov et encerclèrent le détachement de la garde rouge, en se cachant dans les ravins et derrière les collines [1]. »

Commencée le 31 mars, l'insurrection s'étend comme un incendie. Le 8 avril, dans son refuge, le général Popov voit venir un cavalier couvert d'écume : « Tout le Don se soulève ! Les Rouges brûlent tout sur leur passage ! » Enfin, le Don se réveille ! De tous les points de la steppe, les cosaques se rassemblent, rapportant les récits horrifiés des atrocités. Deux colonnes commandées par Popov et Denissov convergent bientôt sur Novotcherkassk [2].

---

1. On sait que la paternité de Cholokhov comme auteur du *Don paisible* est contestée. Ce n'est pas le lieu d'en disputer. Il est cependant possible de préciser que l'auteur présumé d'une partie importante de l'ouvrage serait l'écrivain cosaque Krioukov. De convictions populistes et socialistes, il fut secrétaire de l'Assemblée régionale du Don et prit part à la guerre civile comme officier de l'armée du Don. Il mourut en 1920. Voir Roy Medvedev, *Qui a écrit « le Don paisible » ?, op. cit.*
2. Yves Bréhéret, *Les Cosaques*, Paris, Balland, 1972.

Victoire politique de la « campagne de glace »

Au Kouban, l'ennemi à ses trousses, ce qui restait de l'armée des Volontaires s'était comme dissous dans la nuit après son échec devant Ekaterinodar et la mort de Kornilov, tué par un obus au matin du 31 mars 1918. Sous le commandement de Denikine, une retraite effrayante avait commencé dans la neige et le froid. Direction plein nord, vers le Don, à la recherche de *stanitzas* perdues capables d'offrir un asile provisoire. Il avait fallu s'ouvrir un chemin à coups de fusil, tirer les derniers obus, attaquer même un train blindé, dont s'était chargé le général Markov en personne, grenades à la main.

Le 9 avril, alors que pour la première fois depuis sa fuite l'armée s'octroyait un jour de repos, la nouvelle incroyable arriva du soulèvement des cosaques du Don contre les bolcheviks. Le lendemain, des cosaques du Kouban vinrent s'engager en nombre, ce qui était le signe d'un grand changement. Mieux, une quinzaine de déserteurs de l'armée rouge se présentèrent aussi. Le miracle tant espéré allait-il se produire ?

Dans la *stanitza* Oupenskaïa, le 14 avril, pour la première fois, Denikine passe ses hommes en revue. Ils ont le visage maigre et tanné, mais l'espérance a remplacé l'angoisse dans leurs yeux.

– Je salue en vous les héros qui ont accompli des miracles ! À votre exemple le Don s'est soulevé. Nous allons nous mettre en marche pour venir en aide à nos frères cosaques. La campagne qui s'achève est l'une des plus grandes de l'histoire russe. La patrie ne vous oubliera jamais !

L'une des plus grandes campagnes de l'histoire russe ? Certainement pas si l'on en juge par les effectifs engagés, l'ampleur des batailles ou les conquêtes. Mais à bien y réfléchir, et en faisant la part de l'emphase, cette misérable campagne d'une poignée de loqueteux, tournant en rond pendant deux mois dans des champs de neige entre le Don et le Kouban, revêt en effet quelque chose d'unique. Dans la guerre civile qui commence, cette « campagne de glace » sans victoire militaire se révèle une grande victoire politique et nationale. Alors que partout en Russie, dans les premiers mois de 1918, le pouvoir bolchevique s'étendait comme une marée invincible, là-bas, dans les collines perdues aux confins du Caucase, à l'appel de Kornilov, Alexeiev et Denikine, s'étaient levés les premiers partisans blancs. Par les insultes répandues sur eux dans la presse rouge, de Petrograd à Vladivostok, des hommes et des femmes apprenaient que tout n'était pas mort puisqu'on se battait au Kouban. Ainsi, la dérisoire épopée maintenait-elle la flamme d'une révolte nationale et d'un avenir russe. Par le seul fait de leur existence, les Volontaires prouvaient que rien n'était joué et que le combat pour la libération de la Russie pourrait un jour reprendre.

L'exploit du colonel Drozdovski

Le 23 avril, les cosaques du général Popov et du colonel Denissov approchent de Novotcherkassk, la capitale du Don. Profitant d'un départ partiel de la garnison rouge, ils s'emparent de la ville. Victoire ! Pas pour longtemps. Dès le lendemain, les bolcheviks reviennent en force. La situation semble même désespérée. L'énergique Denissov tente d'organiser les cosaques pour la défense de la ville, mais les effectifs sont encore très insuffisants.

C'est alors que devant un Popov aux abois se présentent deux officiers dans une tenue de combat impeccable.

– Nous sommes les envoyés du colonel Drozdovski.

– Et qui est le colonel Drozdovski ?

– Il commande notre division. Nous arrivons du front roumain pour nous joindre à l'armée des Volontaires.

La Roumanie est à plus de mille kilomètres et Popov se demande un instant s'il n'a pas affaire à des fous ou à de mauvais plaisants, ce que démentent les propos fermes et posés des deux officiers.

– Vous dites que vous venez de Roumanie, mais combien êtes-vous ?

– La division du colonel Drozdovski compte actuellement douze cents hommes. Nous avons pris Rostov, mais nous n'avons pu nous y maintenir. La division a donc fait mouvement vers vous et se trouve à quelques verstes d'ici.

Popov exulte. Novotcherkassk est sauvé.

– Messieurs, pouvez-vous demander à votre chef de nous envoyer immédiatement des secours ?

Le lendemain, deux premiers escadrons entrent dans la ville et mettent les Rouges en déroute. Le soir même, Drozdovski envoie un message au général Denikine pour se mettre à sa disposition.

Qui était ce colonel inconnu dont le nom, en russe, évoque celui du merle ?

Au début de 1917, Drozdovski a trente-trois ans. Il est officier de carrière, fils de général, et il commande un régiment sur le front de Roumanie. En avril, il y gagne ses épaulettes de colonel et en novembre, le commandement de la 14e division d'infanterie.

Malgré son éloignement du chaudron révolutionnaire, l'armée russe de Roumanie subit à distance les effets de Février et d'Octobre. À son QG de Iassy, ville de Moldavie où siègent également le roi de Roumanie et d'importantes missions alliées depuis l'occupation de Bucarest par les Allemands, le général Tcherbatchev, qui commande en chef, hésite sur la conduite à tenir. Son armée est nombreuse, bien équipée, elle a peu souffert. Elle semble capable de poursuivre la lutte et peut-être même d'intervenir contre les bolcheviks. Encore faudrait-il le vouloir, mais son chef n'est pas de taille à forcer les événements.

Drozdovski obtient cependant l'autorisation de constituer une « division de volontaires anti-bolcheviks et anti-allemands ». Quand les Allemands, après Brest-Litovsk, exigent le désarmement des unités russes de Moldavie, Drozdovski refuse. Tcherbatchev le menace de sanctions. L'armée roumaine encercle son unité pour la désarmer. Alors il pointe ses canons et s'ouvre un passage de vive force. De Iassy, lui est parvenu l'appel de Kornilov et d'Alexeiev. Il franchit les 1 200 km qui le séparent du Don en quarante-cinq jours, frayant sa route à coups de mitrailleuse contre les détachements bolcheviques et les troupes allemandes. Il atteint Novotcherkassk le 25 avril 1918 et participe ainsi à la libération de la ville. Sa « division » a l'effectif réel d'un gros bataillon, six cent soixante-sept officiers et trois cent soixante-dix soldats, tous volontaires.

Drozdovski est plus qu'une exception. Il est le seul officier à rallier le Don dans cette première période d'avant la vraie guerre civile avec son unité en formation de combat. Cet officier sans peur et sans pitié ne verra pas la défaite des siens. Il mourra des suites d'une blessure le 1er janvier 1919.

La première campagne du Kouban s'est définitivement achevée le 30 avril 1918. Les quinze cents blessés de l'armée des Volontaires ont été transportés dans les hôpitaux de Novotcherkassk. En quatre-vingts jours, après avoir parcouru à pied plus de mille kilomètres, l'armée blanche est revenue à son point de départ, accueillie en libératrice. Plus de 400 hommes ont été tués au cours de la « campagne de glace », dont le commandant en chef. Pour maintenir le souvenir de cette campagne héroïque, le général Denikine instituera l'insigne de la première campagne du Kouban. Il est formé d'une couronne d'épines traversée en biais par une épée nue.

Le 3 mai 1918, les cosaques du Don élisent un nouvel ataman en la personne du général Krasnov, partisan d'une autonomie du Territoire et d'une entente avec l'Allemagne, deux causes de conflit avec le général Denikine, et donc de faiblesse pour les Blancs dans le sud de la Russie.

Intervention alliée en Sibérie

Loin au nord-est, le long du Transsibérien, les Tchèques, éparpillés en plusieurs tronçons, sont parvenus à se rendre maîtres d'une énorme portion de territoire. Leurs seuls effectifs auraient été impuissants s'ils n'avaient bénéficié de l'appui spontané de forces locales surgies dans le sillage de leur soulèvement. Se joignent à eux des détachements formés d'anciens prisonniers, ressortissants de pays dominés par l'Autriche ou l'Allemagne : Polonais, Serbes, originaires de Transylvanie. À leur exemple, la population chasse les soviets et les gardes rouges. De petits gouvernements autonomes se constituent. Au-dessus de cette mosaïque de pouvoirs locaux émergent deux pôles importants : le commissariat de Sibérie occidentale formé à Omsk, de tendance droitière et autonomiste, et le gouvernement de Samara, établi par d'anciens membres de l'Assemblée constituante appartenant pour la plupart au parti socialiste-révolutionnaire (S-R). À Omsk on arbore un drapeau vert et blanc, symbolisant la Sibérie. À Samara, on fait flotter le drapeau rouge.

Les Alliés ont appris avec retard les événements de Sibérie et ne savent comment les interpréter. Ils craignent, à tort, que les Tchèques ne soient en difficulté. Leurs responsabilités de protecteurs de la cause nationale tchécoslovaque les incitent à intervenir sur place pour secourir leurs protégés. Plus tard, ils songeront à susciter contre les bolcheviks, liés aux Allemands depuis Brest-Litovsk, un contre-pouvoir national capable de reprendre la guerre sur le front Est contre les Empires centraux pour soulager le front français. Rêve mirifique qu'ils n'auront jamais ni le moyen ni la volonté de concrétiser[1].

---

1. L'aspect diplomatique et politique de l'intervention alliée a été analysé en détail par John Bradley, *Civil War in Russia 1917-1920*, Londres, Batsford Ltd, 1975.

Les Anglais et les Français, qui ne s'entendent pas sur la politique à suivre, débarqueront à Vladivostok des contingents purement symboliques avec ordre de ne jamais les engager, ce qui serait d'ailleurs malaisé. Le détachement anglais est formé par le 25e bataillon du Middlesex Regiment acheminé de Hong Kong. Il est composé d'hommes classés *BI*, c'est-à-dire inaptes au service actif. Ce fer de lance impérialiste sera amicalement connu en Sibérie sous le nom de « bataillon hernie ». Les manteaux et les toques de fourrure qui forment l'essentiel de ses équipements d'hiver sont du plus beau noir, choix particulièrement judicieux pour des troupes destinées en principe à combattre dans la neige...

La seule force militaire sérieuse sera peu à peu constituée par les Américains et les Japonais. Mais les premiers resteront l'arme au pied à Vladivostok, tandis que les seconds, contrairement aux Français et aux Anglais, se soucient fort peu de secourir la Légion tchèque ou de renverser les soviets. Les intéresse seulement le contrôle de la portion du Transsibérien qui longe leurs possessions de Mandchourie jusqu'au lac Baïkal. Au total, 72 000 soldats japonais seront débarqués en deux ans pour protéger le chemin de fer de l'Amour. Ils pourraient constituer la force de frappe des Alliés, mais ils ne frapperont jamais [1].

Le but non avoué des Japonais est l'exploitation commerciale fructueuse de tout le pays, du Pacifique au lac Baïkal. Il leur faut pour cela avoir les coudées franches dans la région. Non seulement ils se soucient peu de voir s'établir en Sibérie un pouvoir national fort et stable, mais ils vont tout mettre en œuvre pour l'empêcher. Ils favoriseront de leur mieux une sorte de féodalisme anarchique, reposant sur quelques chefs de bande à leur dévotion, tout en contrecarrant les tentatives des patriotes russes. Ainsi utiliseront-ils avec succès l'ataman Semenov contre l'amiral Koltchak, lorsque celui-ci, homme

1. J. A. White, *The Siberian Intervention*, Princeton, 1950.

intègre donc haïssable, fera figure quelque temps de fédérateur des énergies.

Les Tchèques prennent l'offensive

En raison de l'immensité des distances sur lesquelles ils sont dispersés, les Tchèques sont répartis en trois tronçons principaux formant chacun une division. L'un est centré autour de Vladivostok, dont il s'est emparé le 29 juin 1918. Il est commandé par un officier russe d'ascendance tchèque, le général Dieterichs. Ce tronçon, mal renseigné sur le sort des autres échelons et craignant qu'ils ne soient en difficulté, renonce à s'embarquer pour l'Europe et décide de faire mouvement vers l'ouest pour secourir le reste de la Légion. Il se trouve conforté dans cette décision par les rumeurs d'intervention alliée qui courent dans les cafés de Vladivostok.

Le tronçon intermédiaire (2e division) est échelonné en Sibérie centrale, à l'ouest du lac Baïkal, jusqu'à Omsk. Son objectif est de réduire Irkoutsk, place forte des bolcheviks dans la région, ce qu'il fait à la mi-juillet. Puis il assure la surveillance des quarante tunnels de la zone montagneuse du lac Baïkal, dont la démolition interromprait le trafic des semaines durant. Les troupes de cette division sont commandées par un jeune officier énergique et ambitieux, le capitaine, bientôt général, Gajda.

Le troisième groupe (1re division) commandé par un officier hardi, le lieutenant Tchetchek, se trouve très à l'ouest, sur le bassin de la Volga, directement exposé aux concentrations de l'armée rouge. C'est ce groupe qui, s'emparant de Samara, a permis la création du gouvernement S-R de l'Assemblée constituante. Régime pour lequel les sympathies socialistes des Tchèques ne demandent qu'à se manifester. La chaleur de l'accueil populaire n'est peut-être pas étrangère au nouveau dessein qui se fait jour en eux.

Ceux-là ont mesuré les lenteurs du transport vers l'est. Ils se trouvent encore à 8 000 kilomètres du but, sans bien savoir si les bateaux seront au rendez-vous. Ils sont donc tentés de regarder vers l'ouest. Par Mourmansk ou Arkhangelsk, le chemin vers l'Europe semble plus court. Évidemment, entre eux et Mourmansk, il y a les bolcheviks. Mais ils ne craignent pas d'affronter une armée rouge qu'ils connaissent et qu'ils méprisent. Lutter contre les bolcheviks, c'est, pensent-ils, lutter encore contre l'Allemagne et pour les Alliés. Et, qui sait ? une victoire sur les bolcheviks permettrait sans doute de reconstituer un front oriental contre l'Allemagne, suprême espoir des Alliés.

Toutes ces raisons se cumulent pour que, le 7 juillet 1918, le comité exécutif de la division tchèque de Penza ordonne à son chef, le lieutenant Tchetchek, de « changer d'objectif, de se maintenir sur place et d'agir comme avant-garde des Alliés, en vue de la constitution d'un nouveau front oriental contre les Allemands ».

Quatre hypothèses justifient cet ordre aux yeux de ses promoteurs : 1. Des armées alliées vont intervenir en Russie ; 2. Les Allemands tirent les ficelles des bolcheviks ; 3. Les Blancs sont des partenaires loyaux et efficaces ; 4. L'armée rouge est un adversaire négligeable. Les deux premières sont fausses. Seules, la troisième et la quatrième auront une certaine consistance au cours des premières semaines du « nouveau front Est ».

Grâce à deux jeunes officiers russes particulièrement agressifs, les colonels Kappel et Voytsekhovski, le gouvernement de Samara met sur pied un embryon d'armée blanche qui appuie les Tchèques pour le contrôle de la Volga. Au sud-ouest, les cosaques de l'ataman Doutov réapparaissent en force dans Orenbourg. Au nord-ouest, les Tchèques s'emparent de la ville d'Ekaterinbourg.

Cette offensive sert de prétexte au massacre de la famille impériale par les gardes rouges préposés à sa surveillance, le 16 juillet 1918. La sauvagerie de ce forfait révoltera le monde entier et fera beaucoup pour justifier dans l'opinion alliée l'idée d'une intervention de nations civilisées contre la « barbarie » bolchevique.

Massacre de la famille impériale

On se souvient qu'abandonné de tous, bousculé par ses propres généraux, Nicolas II avait signé son abdication le 2 (15) mars 1917, à Pskov, au quartier général du général Rousski.

Le 7 (20) mars, sur pression du Soviet, le gouvernement provisoire décidait l'arrestation de l'ex-couple impérial et de ses cinq enfants.

Le calvaire de la famille impériale commençait. Il devait se poursuivre dans l'humiliation, les brimades et l'angoisse durant onze mois, tout d'abord sous l'autorité incertaine du gouvernement provisoire, puis sous la férule bolchevique, à partir de novembre 1917.

Le 30 juillet (12 août) 1917, la famille captive avait fêté tristement le treizième anniversaire du tsarévitch. Le lendemain, sur décision de Kerenski, elle embarquait dans un train à destination de la Sibérie occidentale. Quelques rares fidèles avaient reçu l'autorisation de l'accompagner. Dans la soirée du 18 août, après avoir franchi les monts Oural et tandis que la température commençait à fraîchir, le train arriva en vue de Tobolsk. Les Romanov devaient y rester huit mois.

L'atmosphère, relativement correcte à l'origine, se dégrada après la prise du pouvoir des bolcheviks.

Lénine, dont le frère avait été pendu jadis pour avoir comploté l'assassinat d'un autre tsar, père de Nicolas II, tenait maintenant à sa main la famille impériale.

À la fin d'avril 1918, le gouvernement bolchevique, qui siégeait désormais au Kremlin de Moscou, décida d'éloigner plus encore la famille impériale et de la transférer de Tobolsk au centre minier d'Ekaterinbourg, dont le soviet était réputé pour sa férocité. Le but était d'éloigner les prisonniers pour les mettre hors d'atteinte d'une possible intervention allemande comme de divers complots monarchistes visant à les libérer.

Or, justement, les Allemands s'intéressaient au sort de la famille impériale. Aux remontrances du comte Mirbach, ambassadeur d'Allemagne, Sverdlov, président du Comité exécutif central des Soviets et deuxième personnage du régime après Lénine, répondait effrontément que la famille impériale avait été enlevée par le soviet autonome d'Ekaterinbourg. Tout en le rassurant sur la sécurité des captifs, il ajoutait que dans l'état d'anarchie du pays, il n'était pas au pouvoir de Moscou d'imposer sa volonté dans la lointaine Sibérie.

Ekaterinbourg est bâti sur les collines des contreforts orientaux de l'Oural. Au sommet de la plus haute de ces collines, un commerçant nommé Ipatiev avait fait construire une assez vaste maison. C'est dans cette maison que le tsar et sa famille furent enfermés à partir de mai 1918.

Cinq pièces de la maison Ipatiev étaient destinées aux prisonniers et leur suite, en tout douze personnes : le tsar, son épouse, leurs cinq enfants, le docteur Botkine, le matelot Nagorny qui prenait soin du tsarévitch, et trois fidèles domestiques. Malgré l'hostilité épaisse qui les entourait, les basses grossièretés des gardes rouges et l'inquiétude lancinante du lendemain, la famille était plus unie que jamais dans le malheur [1].

Le 4 juillet, les gardes rouges furent brusquement remplacés pour la garde à l'intérieur de la maison, par un nouveau détachement composé de dix « Lettons » de la Tcheka, la

---

1. Les précisions et témoignages qui suivent sur la détention de la famille impériale et son massacre proviennent, pour l'essentiel, du rapport Sokolov, *Enquête judiciaire sur l'assassinat de la famille impériale russe*, Paris, Payot, 1929.

police secrète bolchevique. Les Russes appelaient « Letton » tout étranger parlant une langue vaguement germanique. Sur les dix « Lettons » de la maison Ipatiev, il y avait au moins cinq Hongrois, anciens prisonniers de guerre de l'Empire autrichien, dont la Tcheka monnayait les services pour les besognes qui eussent pu répugner à de vrais Russes. Parmi eux, un certain Imre Nagy, futur dirigeant communiste puis héros de la révolution hongroise de 1956...

Leur chef, Yacob Yourovski, fils d'un rabbin de Tobolsk, était entré à la Tcheka dès sa création. C'était un homme de main froid et venimeux. Avec lui et sa bande, les bourreaux entraient dans la maison Ipatiev.

Yourovski était en contact direct à Moscou avec le deuxième personnage du pouvoir bolchevique, Iakov Sverdlov, secrétaire du Comité central du parti et président du Comité exécutif central des Soviets. En ordre d'importance, « cet homme brun, de petite taille, à l'aspect sémite prononcé [1] », venait immédiatement après Lénine. Affichant un goût morbide pour les marques extérieures de la terreur, il avait été le premier à se vêtir intégralement de cuir noir, ce qui allait devenir l'uniforme des commissaires politiques et des tchékistes.

Yourovski dépendait officiellement du soviet de l'Oural.

En accord avec Lénine, Sverdlov fit savoir à ce soviet qu'en aucun cas la famille impériale ne devait tomber aux mains des Blancs. En cas de menace, ordre était donné de liquider *toute la famille*. Le 12 juillet, les avant-gardes blanches approchèrent d'Ekaterinbourg par le sud. Le soviet décida aussitôt d'exécuter toute la famille sans laisser de traces.

---

1. G. Haupt et J.-J. Marie, *Les Bolcheviks par eux-mêmes*, *op. cit.* Iakov Sverdlov était né dans une famille juive de Nijni-Novgorod. Membre du parti bolchevique depuis l'origine, plusieurs fois arrêté, il devint l'un de ses principaux dirigeants en 1917 avec Lénine et Trotski. Son rôle fut essentiel lors de la prise du pouvoir et durant la guerre civile. Il est mort de maladie, le 16 mars 1919, à trente-quatre ans.

La décision fut communiquée à Yourovski le 13 juillet. Celui-ci commença immédiatement les préparatifs.

À 22 h 30, le 16 juillet, le tsar et les siens se retirèrent comme d'habitude dans leurs chambres et se couchèrent. À minuit, Yourovski les réveilla et leur dit de s'habiller en hâte : « Les Blancs approchent d'Ekaterinbourg, on évacue ! » Les malheureux, mal réveillés, crurent ce qu'on leur disait et s'habillèrent. Le tsar descendit le premier, portant Alexis dans ses bras. Les femmes suivirent, accompagnées du docteur Botkine, du valet Troupp, du cuisinier Kharitonov et de la femme de chambre Demidova. Yourovski les fit entrer dans une petite pièce du rez-de-chaussée.

Quand tout le monde fut réuni, Yourovski rentra dans la pièce avec les tchékistes revolvers au poing. Il s'avança vers le tsar et dit : « Les vôtres ont voulu vous libérer, nous sommes obligés de vous mettre à mort. »

Le tsar voulut se lever. Yourovski lui tira une balle dans la tête à bout portant. À ce signal, les tueurs se déchaînèrent. Il semble que l'impératrice fût tuée instantanément, ainsi qu'Olga, Tatiana et Marie qui se trouvaient derrière elle. Le docteur Botkine s'effondra avec Troupp et Kharitonov. Les revolvers continuaient de tirer, puis, comme ils étaient vides, les tueurs allèrent prendre leurs fusils.

Les corps ensanglantés furent enveloppés dans des draps et jetés dans un camion qui attendait dans la cour. À l'aube, le chargement arriva devant le puits de la mine des « Quatre Frères ». Les corps furent incinérés sur un bûcher arrosé d'essence, puis les restes furent jetés dans la mine.

Lénine a ordonné la tuerie

Une semaine après le massacre de la famille impériale, les Blancs entrèrent à Ekaterinbourg. Les lieux du crime avaient été abondamment lavés et frottés, mais les murs et les planchers restaient criblés d'impacts.

Comme on était sans aucune nouvelle de la famille impériale, on pouvait craindre le pire. En janvier 1919, l'amiral Koltchak, chef suprême des armées blanches, ordonna au juge d'instruction Sokolov de reprendre systématiquement les recherches et l'enquête. Il fut assisté des deux précepteurs des enfants : Pierre Gilliard et Sidney Gibbs. Il découvrit bientôt le puits des « Quatre Frères » et retrouva un nombre important de témoins.

Les dépositions des gardes de la maison Ipatiev retrouvés par les autorités blanches devaient confirmer les découvertes du juge Sokolov et apporter des informations sur les circonstances du massacre. Les résultats de l'enquête de Sokolov furent ultérieurement confirmés par P. M. Bykov, président du soviet d'Ekaterinbourg[1], ainsi que par les Mémoires de Yourovski retrouvés par Riakov.

Moscou avait été averti par télégramme dans les heures qui suivirent le massacre, mais l'annonce n'en fut officiellement et partiellement faite que le 18 juillet, d'abord devant le Présidium du Soviet central, puis lors de la réunion du Conseil des commissaires du peuple (équivalent du Conseil des ministres).

En 1935, dans son *Journal d'exil*, Trotski devait apporter les précisions qui manquaient encore sur les circonstances de la décision. Le 16 juillet 1918, lui-même se trouvait dans son train blindé, loin du Kremlin.

« Je ne revins à Moscou qu'après la chute d'Ekaterinbourg. Au cours d'une conversation avec Sverdlov, je demandai incidemment : "Et alors, où est le tsar ?

1. P. M. Bykov, *The Last Days of Tsardom*, Londres, Martin Lawrence, 1934. Les ouvrages consacrés au drame d'Ekaterinbourg et à l'affaire Anastasia sont légion. Le fait que les corps aient été détruits favorise le doute, comme le prévoyaient d'ailleurs les bourreaux. Certains auteurs ont contesté la réalité des exécutions en s'appuyant sur des déductions plus ou moins subtiles et sur des rumeurs jamais étayées. La version des faits établie par l'enquête du juge Sokolov, malgré des imperfections de détail, reste la seule digne de foi.

– C'est fini, répondit-il, on l'a fusillé.
– Et la famille, où se trouve-t-elle ?
– On a fusillé toute la famille.
– Tous ?" demandai-je. Je devais avoir l'air quelque peu surpris.
"Tous, reprit Sverdlov, et alors ?"
Il attendait de voir quelle serait ma réaction, mais je ne répondis pas à sa dernière question.
"Et qui a pris cette décision ? demandais-je.
– Nous avons décidé cela ici. Ilitch (prénom de Lénine) a estimé que nous ne pouvions pas laisser les Blancs se rallier autour de ce drapeau vivant, surtout dans les circonstances difficiles que nous traversons actuellement."
Je ne posai pas d'autre question. Pour moi, l'affaire était close, en réalité, cette mesure était non seulement opportune, mais nécessaire, ajoute Trotski. La sévérité de cet acte sommaire prouvait au monde que nous étions déterminés à poursuivre la lutte, impitoyablement, sans nous arrêter à aucun obstacle. L'exécution de la famille du tsar offrait l'avantage non seulement d'effrayer l'ennemi, de lui inspirer de l'horreur, de le démoraliser, mais encore de frapper nos propres partisans, de leur montrer qu'aucun retour en arrière n'était possible, et qu'il n'y avait pour nous d'autre alternative que la victoire, complète ou la ruine complète... Cela, Lénine l'avait fort bien compris [1]. »

À l'époque, les révélations sur le massacre d'Ekaterinbourg donnèrent au monde un avant-goût de l'ère nouvelle ouverte par la révolution bolchevique de 1917. La boucle de l'utopie révolutionnaire était bien refermée. Ouverte au nom de

---

1. Léon Trotski, *Journal d'exil*, 1935. Sur la responsabilité personnelle de Lénine dans l'exécution de la famille impériale et des autres Romanov, Dimitri Volkogonov a apporté des précisions tirées des archives soviétiques, *Le Vrai Lénine, d'après les archives secrètes soviétiques*, *op. cit.*

l'amour absolu de l'humanité, elle aboutissait à une inhumanité absolue.

Sverdlov mourut de maladie moins de six mois après le massacre. Sa responsabilité personnelle dans le forfait fut officiellement consacrée par l'attribution de son nom à Ekaterinbourg qui devint Sverdlovsk.

La logique meurtrière des bolcheviks continua de s'appliquer aux autres membres de la famille Romanov qui eurent la malchance de tomber entre leurs mains. Le grand-duc Michel, frère cadet du tsar, avait été abattu à Perm six jours avant la boucherie d'Ekaterinbourg. Le lendemain de la mort du tsar, le 17 juillet, la grande-duchesse Élisabeth, sœur de l'impératrice, le grand-duc Serge Mikhaïlovitch, trois fils du grand-duc Constantin et un fils du grand-duc Paul furent assassinés de façon particulièrement atroce. Conduits à Alapayevsk, dans l'Oural, ils furent précipités vivants au fond d'un puits de mine. Puis leurs bourreaux jetèrent sur eux des madriers et des grenades. Les victimes ne moururent pas toutes immédiatement. Un paysan qui s'approcha en rampant du trou après le départ des tueurs entendit des plaintes assourdies monter du fond et l'écho d'un cantique.

En janvier 1919, quatre grands-ducs, dont Paul, l'oncle du tsar, et Nicolas Mikhaïlovitch, furent exécutés dans la forteresse Pierre-et-Paul. Maxime Gorki, qui avait tenté d'intercéder en faveur du grand-duc Nicolas Mikhaïlovitch, invoquant sa double réputation de libéral et d'historien, s'entendit répondre par Lénine : « La Révolution n'a pas besoin d'historiens... »

Le roi d'Angleterre abandonne Nicolas II et les siens

Si la responsabilité des dirigeants bolcheviques dans la tuerie d'Ekaterinbourg ne fait aucun doute, on peut s'interroger sur la part de responsabilité des anciens alliés du tsar. Quand Nicolas II abdiqua en mars 1917, deux puissances étrangères pouvaient peser sur son sort : la France et la Grande-Bretagne, toutes deux alliées du gouvernement provisoire russe et ne manquant pas de moyens de pression sur ce dernier. Le tsar avait été un allié d'une loyauté exemplaire, tout particulièrement pour la France. L'engagement précoce et hasardeux des forces russes en Prusse-Orientale durant l'été 1914 ne fut pas pour rien dans le redressement de la Marne. Mais la France républicaine se souciait peu de la personne de cet allié loyal. Paris avait pris pour argent comptant les calomnies les plus aberrantes. Lord Francis Bertie, ambassadeur de Grande-Bretagne en France, écrivait à son gouvernement : « Je ne crois pas que l'ex-empereur et sa famille seraient les bienvenus en France. L'impératrice n'est pas seulement une Boche [!] par sa naissance et ses sentiments... On la considère comme une criminelle ou comme une folle... »

Restait l'Angleterre. Longtemps on crut que le roi George V avait tout fait pour sauver le tsar et que c'était le gouvernement britannique, par crainte de paraître solidaire d'une autocratie contestée, qui avait abandonné les Romanov. Les documents d'archives montrent que ce fut l'inverse [1].

Le roi George V et le tsar étaient cousins germains par leurs mères, toutes deux princesses de la famille royale du Danemark. La ressemblance physique des deux souverains était d'ailleurs frappante. L'impératrice Alexandra, qui était la petite-fille de la reine Victoria – et même sa petite-fille préfé-

---

1. Sources concernant le rôle de l'Angleterre et de George V :
Sir George Buchanan, *My Mission to Russia*, Londres, 1923.
Meriel Buchanan, *The Dissolution of an Empire*, Londres, 1932.
A. Kerenski, *La Vérité sur le massacre des Romanov*, Paris, 1936.
David Lloyd George, *War Memories*, Boston, 1934.
H. Nicolson, *King George the Fifth*, Londres, 1952.
Maurice Paléologue, *La Russie des tsars pendant la Grande Guerre*, Paris, 1922, t. III.
A. Summers et T. Mangold, *Le Dossier Romanov*, Paris, 1980.
R. K. Massie, *Nicolas et Alexandra*, Paris, Stock, 1969.

rée – était également cousine de George V. Le roi et le tsar éprouvaient l'un pour l'autre une profonde amitié depuis leur adolescence. Ils n'avaient pas cessé de se voir et de correspondre jusqu'à la guerre, toujours avec le même plaisir.

Cependant, depuis 1914, les choses avaient bien évolué. George V était sensible aux fluctuations de l'opinion de son pays. Depuis longtemps, l'Angleterre accueillait les révolutionnaires et les anarchistes russes qui faisaient sur place du prosélytisme actif.

Le Premier ministre Lloyd George répugnait à voir le tsar déchu venir trouver refuge en Angleterre. Pourtant, un reste de souci humanitaire devait conduire le gouvernement britannique à autoriser son ambassadeur, Sir George Buchanan, à dire, dès le 19 mars 1917 : « Toute violence exercée contre l'empereur et sa famille aurait un effet déplorable et scandaliserait l'opinion britannique. » C'était peu compromettant, d'autant que le gouvernement provisoire n'avait nulle intention de faire du mal aux Romanov. Bien au contraire. La préoccupation explicite de Kerenski était de faire partir en exil au plus vite la famille impériale.

Le 20 mars, Sir George télégraphiait que Milioukov, ministre des Affaires étrangères du gouvernement provisoire, priait instamment le gouvernement britannique d'offrir l'asile aux Romanov : « C'est la dernière chance, disait-il, de sauver la liberté et peut-être la vie de ces malheureux. »

Dans sa réponse du 21 mars, le Foreign Office effectuait une retraite prudente, faisant remarquer qu'aucune requête officielle n'avait été présentée par le gouvernement russe et qu'à la réflexion, il serait sans doute préférable pour le tsar d'aller se réfugier en Suisse ou au Danemark.

Au reçu de ce télégramme, Milioukov parut terriblement inquiet et rédigea sur-le-champ une requête en bonne et due forme pour « que le roi et le gouvernement de Sa Majesté puissent offrir immédiatement asile au tsar en Angleterre ».

Saisis par une telle demande, les Britanniques étaient maintenant au pied du mur. Une réunion du cabinet se tint le

22 mars à Downing Street avec la participation du secrétaire privé du roi, Lord Stamfordham. Une décision claire fut adoptée qui parvint immédiatement à Sir George Buchanan : « En réponse à la requête du gouvernement russe, le roi et les ministres de Sa Majesté déclarent offrir volontiers asile en Angleterre à l'empereur et à l'impératrice, et espèrent qu'ils en profiteront durant la durée de la guerre. » Cette invitation était assortie d'une note moins honorable quand on sait l'immense richesse de la famille royale d'Angleterre : « Pouvez-vous vous assurer de ce que sont les ressources personnelles de l'empereur ? Il est très souhaitable que Sa Majesté et sa famille aient les moyens de vivre d'une façon qui convienne à leur rang de famille impériale... »

On avait déjà perdu une semaine et, le jour de la décision britannique, le président du Soviet de Petrograd s'écriait à la tribune : « Il faut défendre la République contre le retour des Romanov dans l'arène de l'Histoire. Autrement dit, il faut que les individus dangereux se trouvent personnellement entre les mains du Soviet de Petrograd. » Toutes les villes reliées à Tsarskoïe Selo par une voie ferrée reçurent des télégrammes enjoignant d'intercepter éventuellement le train du tsar. Dans l'anarchie du moment, le gouvernement provisoire ne se sentait pas suffisamment sûr de son autorité pour risquer une entreprise aussi hasardeuse que le transport de la famille impériale de Tsarkoïe Selo au port de Mourmansk [1]. Il préféra remettre le voyage dans l'espoir que le temps ferait retomber les passions.

Pour finir, ce ne furent ni les menaces du Soviet de Petrograd ni les hésitations du gouvernement provisoire qui

1. Consulté par le ministre britannique de la Guerre, le général Walls-court Waters, qui avait été longtemps attaché militaire à Saint-Pétersbourg, avait suggéré une opération de commando : « Si l'on envoie tout de suite un torpilleur rapide et quelques sacs de livres anglaises dans le golfe de Finlande, à proximité du palais où la famille impériale est détenue, l'opération aurait toutes les chances de réussir. »

devaient sceller le sort des Romanov, mais la volte-face de leur bon cousin George V. Le 30 mars 1917, une semaine après l'acceptation d'asile du gouvernement britannique, le roi fit tenir un message au secrétaire au Foreign Office par l'intermédiaire de son propre secrétaire privé, Lord Stamfordham, comme le voulait l'usage : « Le roi a beaucoup réfléchi à la proposition gouvernementale d'accueillir le tsar et sa famille en Angleterre. Sa Majesté ne peut s'empêcher de se demander si, non seulement à cause des dangers du voyage, mais pour des raisons générales d'opportunité politique, il serait souhaitable que la famille impériale s'installe dans ce pays. Le roi serait heureux que vous consultiez à ce sujet le Premier ministre, puisqu'il constate que le gouvernement russe n'a pas encore pris une position nette sur cette question. »

Comment l'Angleterre a fait mentir ses archives

On a rarement fait mieux dans le procédé sournois. Le gouvernement fut stupéfait, comme le montre la réponse du secrétaire au Foreign Office, Lord Balfour, le 2 avril : « Les ministres de Sa Majesté connaissent fort bien les difficultés dont vous parlez dans votre lettre, mais ils ne pensent pas, à moins que la situation ne change, revenir sur l'offre qui a été faite. Ils sont donc convaincus que le roi confirmera l'invitation qui fut envoyée sur les conseils des ministres de Sa Majesté. »

Le roi sembla se ranger à cette argumentation. Mais, dans les jours suivants, il reçut plusieurs informations de Lord Carnock et de Lord Beresford, signalant que l'opinion publique était de plus en plus hostile à la venue de la famille impériale en Grande-Bretagne. Le matin du 6 avril, le roi revenait donc à la charge dans une lettre à Lord Balfour transmise par son secrétaire particulier : « Comme vous le savez, dès le début, le roi a estimé que la présence de la famille impériale (et, en particulier, celle de l'impératrice) provoquerait des difficultés et je suis certain que vous comprendrez combien cela serait gênant pour notre famille royale qui est étroitement liée et à l'empereur et à l'impératrice. (...) Le roi désire [donc] que je vous demande si on ne pourrait pas dire à Sir Buchanan de prendre contact avec le gouvernement russe pour lui conseiller de choisir une autre résidence pour Leurs Majestés Impériales. »

D'avril à juin 1917, les choses restèrent en suspens. Au commencement de l'été, l'autorité du gouvernement provisoire s'étant momentanément affermie, le ministre des Affaires étrangères s'enquit auprès de Sir George Buchanan à quelle date un croiseur britannique pourrait venir prendre la famille impériale. Par l'intermédiaire du Danemark, on avait obtenu des assurances du Kaiser. L'Allemagne était favorable à une telle opération de sauvetage et aucun sous-marin allemand n'attaquerait le bâtiment anglais. En lisant la réponse britannique que lui transmit quelques jours plus tard un Buchanan bouleversé, Kerenski fut stupéfait : « Les larmes aux yeux, et maîtrisant difficilement son émotion, sir George annonça au ministre russe des Affaires étrangères que le gouvernement britannique refusait définitivement d'offrir un refuge à l'ex-empereur de Russie. »

Lorsque ces lignes parurent, des années après, dans la première partie des *Mémoires* de Kerenski [1], alors que l'opinion s'apitoyait du sort atroce qu'avait connu la famille du tsar, tous les intéressés opposèrent des démentis indignés. L'ancien Premier ministre, Lloyd George, et l'ancien ambassadeur Sir George Buchanan soutinrent que l'Angleterre avait toujours maintenu son invitation. Le Foreign Office assura que les allégations de Kerenski étaient mensongères. Mais, dans le livre qu'elle publia en 1932, la fille de l'ambassadeur, Meriel Buchanan, révéla que son père avait falsifié ses *Mémoires*

1. A. Kerenski, *The Catastrophe*, New York, 1927.

pour couvrir le gouvernement. Il n'avait guère le choix, ajouta-t-elle, le Foreign Office ayant menacé de lui retirer sa retraite[1].

La révolution encerclée

Pour le régime bolchevique, les mois de juin, juillet et août 1918 resteront les plus dramatiques de son histoire. La crise de l'été 1919 n'atteindra pas à ce paroxysme, ni même celle de la terrible année 1941.

L'angoisse qui étreint les dirigeants n'est pas due seulement à des causes objectives. Leur situation réelle est sans doute moins critique qu'ils ne le croient. Ils s'imaginent certainement plus menacés qu'ils ne le sont réellement, notamment par les signes trompeurs d'une intervention alliée qu'ils sont tentés d'associer plus ou moins à de nouvelles visées austro-allemandes.

Les bolcheviks ignorent la situation réelle de leurs adversaires. Sur le front Est, les Japonais refusent de s'engager au-delà d'Irkoutsk et font tout pour interdire la formation d'un gouvernement blanc efficace. Les Américains jouent un jeu solitaire et ambigu qui leur fait débarquer des troupes pour ne jamais s'en servir. Quant aux Anglais et aux Français, ils poursuivent en Sibérie une impitoyable guerre d'influence qui conduit les premiers à soutenir l'amiral Koltchak et les seconds à le combattre. La Légion tchèque, patronnée par la France, nourrira bientôt la pire hostilité contre les troupes blanches de Koltchak, considéré comme l'homme des Anglais. Dans le Sud, Denikine, partisan des Alliés, s'oppose à Krasnov soutenu par l'Allemagne. Quant aux cosaques et aux Ukrainiens, tout à leurs rêves d'autonomie et d'indépendance, ils ne peuvent s'entendre avec Denikine qui jure de

1. Meriel Buchanan, *The Dissolution of an Empire*, Londres, 1932.

restaurer l'unité de la Russie dans ses frontières impériales de 1914...

Mais les bolcheviks qui se trouvent au centre de la cible sont tentés de voir dans cette incohérence tous les signes d'un encerclement. Cette vision déformée est renforcée par leur mentalité même. Ils jugent leurs adversaires à travers leur propre image, et les imaginent beaucoup plus vindicatifs, cohérents, résolus et tortueux qu'ils ne le sont vraiment.

Regardons la carte. À l'extrême Nord, le soviet local de Mourmansk, se croyant menacé par une hypothétique incursion finno-allemande, a fait appel aux Anglais, le 6 mars 1918, pour défendre les importants stocks de matériel militaire livrés et entreposés par les Alliés. Le petit corps anglais initial de l'amiral Kemp a grossi. Il s'est gonflé de détachements français et américains qui prennent le contrôle d'Arkhangelsk (2 août 1918) où se trouvent également des dépôts conséquents, créant une situation analogue à celle de Vladivostok. Ainsi se développe en Russie septentrionale un front antibolchevique avec la participation du général Miller. Les Alliés accumuleront d'ailleurs les maladresses, misant sur les émules locaux de Kerenski. Dégoûtés, les quelques officiers blancs déterminés abandonnent la partie.

Sur le front Ouest, les Austro-Allemands tiennent Pskov et Minsk. Ils occupent l'Ukraine où ils doivent d'ailleurs affronter des guérillas anarchistes qui commencent à faire connaître les noms de Grigoriev et de Makhno [1]. L'ataman Krasnov a fait du Don un État indépendant, qui semble menacer Koursk, Voronej et Tsaritsyne (futur Stalingrad). Le Kouban s'est rallié provisoirement aux Blancs du général Denikine. La Géorgie a proclamé son indépendance sous un gouvernement menchevik hostile à Moscou. Une colonne

1. Le feld-maréchal von Eickorn, commandant en chef des troupes allemandes en Ukraine, est assassiné à Kiev, le 30 juillet 1918, par des S-R.

motorisée anglaise atteint la Caspienne et se portera plus tard sur Bakou. Les cosaques du général Doutov occupent Ouralsk et Bouzoulouk, coupant les communications avec le Turkestan. Les Tchèques et les gardes blancs tiennent le bassin de la Volga avec Kazan, Simbirsk (futur Oulianovsk) et Samara. Le territoire de la République soviétique est réduit aux limites de l'ancien grand-duché de Moscovie tel qu'il était au XVe siècle, ce qui fait quand même un territoire presque aussi grand que la France.

Soulèvement des S-R et insurrection ouvrière à Iaroslav

À l'intérieur, des soulèvements triomphent à Iaroslav, menacent Rybinsk, Kostroma, Nijni-Novgorod, Mourom, au voisinage immédiat de Moscou. Les provinces de Tambov, Riazan, Iaroslav et Penza sont en proie à des révoltes de paysans. Le péril est partout. Il est aggravé par la famine due à la désorganisation des transports et à la politique économique que l'on sait.

C'est dans cette atmosphère que s'ouvre, le 4 juillet 1918, le Ve Congrès des soviets. Il verra la fin de l'alliance entre bolcheviks et socialistes-révolutionnaires de gauche qui n'ont pas accepté Brest-Litovsk et condamnent la politique paysanne de leurs partenaires, traités de « fusilleurs ». Lénine réplique : « La guerre civile est nécessaire au socialisme. Le parti ne doit pas se placer au point de vue de l'individu affamé mais à celui du socialisme... » C'est la rupture. Elle est dramatique pour les bolcheviks qui sont dangereusement isolés. Inversement, les socialistes-révolutionnaires apportent aux Blancs leur influence considérable dans la classe ouvrière et chez les paysans, mais aussi des revendications constitutionnelles peu compatibles avec la guerre civile.

Le 6 juillet, le comte Mirbach, ambassadeur d'Allemagne, est assassiné dans la capitale par deux S-R, membres de la Tcheka. Des détachements armés des S-R s'emparent de plusieurs bâtiments publics à Moscou. Des équipes d'anarchistes[1] et de marins se joignent à eux.

Les bolcheviks font donner les seules forces disciplinées disponibles, un régiment de fusiliers lettons commandés par un officier sans parti mais allié au pouvoir, l'ex-colonel Vatsetis, et un détachement international composé de prisonniers de guerre hongrois commandés par Béla Kun[2]. L'émeute est matée en quelques heures. On arrête trois cents S-R. La plupart sont fusillés.

Pendant que l'on se bat dans Moscou, Boris Savinkov, principal dirigeant des S-R centristes, et le colonel Perhourov s'emparent de Iaroslav, importante cité historique, religieuse et industrielle. Le pouvoir des soviets, très minoritaire, est incarné par deux commissaires juifs, Nakhimson et Zakheim, qui sont fusillés[3]. Les insurgés comptent sur le secours des forces alliées d'Arkhangelsk. En vain. Les Rouges se ressaisissent et organisent un siège en règle. La ville est contrainte de capituler au bout de deux semaines.

L'état-major spécial du front de Iaroslav ordonne à la population de quitter la ville. Passé 24 heures, la cité sera rasée par le tir de l'artillerie et toute personne trouvée dans les ruines sera fusillée. La population, terrifiée, se porte en masse à l'extérieur. On la fait défiler devant les tables de la Tcheka, dressées en plein air. Plus de quatre cents personnes sont fusillées sur place tandis que tonnent les obus qui écra-

---

1. Les anarchistes, qui jusque-là avaient soutenu les bolcheviks, disposaient de détachements armés. Ils furent pour la plupart écrasés au cours d'une tentative insurrectionnelle les 11 et 12 avril 1918 par la Tcheka appuyée par des détachements de l'armée rouge.

2. Futur chef de la tentative de révolution communiste hongroise de 1919.

3. La colère née de la faim prend souvent contre les dirigeants bolcheviques le visage de l'antisémitisme ; Victor Serge rapporte que le 8 mai 1918, à l'usine Poutilov de Petrograd, un orateur S-R clame qu'il faut « foutre les youpins à la Neva » !

sent la vieille cité. Les deux tiers des maisons et des édifices publics sont détruits, laissant 40 000 personnes sans abri et 4 000 ouvriers privés de travail. Iaroslav a payé son crime!

Boris Savinkov, un ancien terroriste face à Lénine

Ce n'est pas la première fois que nous rencontrons le nom de Boris Savinkov, acteur exceptionnel du mouvement révolutionnaire russe et de la guerre civile.

Né à Vilno en 1879 dans une famille noble, lycéen à Varsovie, puis étudiant à Saint-Pétersbourg, il est exclu très tôt de l'université pour propagande subversive. Le voici à Berlin, poursuivant ses études et son initiation révolutionnaire. À l'époque, il est encore tenté par la social-démocratie marxiste, ce qui lui vaut un bref exil en Sibérie. C'est là, semble-t-il, qu'il découvre l'attrait de la *Narodnaïa Volia* (Volonté du Peuple), dont la tradition terroriste remonte à Netchaïev et Vera Zassoulitch. Les narodnistes rêvent d'abattre le tsarisme à coups de bombes et d'attentats. À Genève, en 1903, le jeune Savinkov est recruté par l'Organisation de Combat (OC) du parti socialiste-révolutionnaire (S-R), héritier de la *Narodnaïa Volia*. En 1904, il devient même l'adjoint du fameux Azev à la tête de l'Organisation de Combat. À ce titre, il organise à Saint-Pétersbourg l'attentat du 15 (28) juillet 1904 au cours duquel est tué Viatcheslav Plehve, très efficace ministre de l'Intérieur du pauvre Nicolas II.

Révolutionnaire froid, incarnant une volonté de puissance passablement nietzschéenne, écrivain à ses heures, familier, on le verra, des milieux littéraires parisiens, Boris Savinkov rencontre sa première grande épreuve quand il découvre que son chef, l'ingénieur Evno Azev, est depuis toujours le principal agent de l'Okhrana, la police tsariste. Quel choc!

De dix ans l'aîné de Savinko, Azev vient d'une pauvre famille juive de Rostov-sur-le-Don. Très tôt, il a servi d'indicateur à la police locale. De lui-même, il a offert ses services à l'Okhrana en 1893, moyennant rétribution. Les archives de la police secrète prouvent que ses informations étaient appréciées. Sur instruction de ses supérieurs, il s'introduit chez les S-R de Moscou et il fait si bien qu'en 1902 il devient l'un des fondateurs de l'Organisation de Combat du parti. Les risques semblent avoir sur lui l'effet d'une drogue. Plus le jeu de la duplicité est difficile, plus il connaît le bonheur et plus il touche d'argent. Son rôle dans l'assassinat de Plehve reste cependant mystérieux. A-t-il voulu assouvir un rêve de vengeance contre un ministre accusé d'avoir favorisé des pogroms ? A-t-il tenté au contraire de déjouer l'action de Savinkov ? On ne le saura jamais. Le général Guérassimov, chef de l'Okhrana de Saint-Pétersbourg, le considérait comme son meilleur agent. Dans ses Mémoires, il assure que l'espion donna en temps utile des informations permettant de déjouer l'attentat. Seule l'incurie de son chef, le général Lopoukhine, expliquerait, selon Guérassimov, que les renseignements donnés par Azev n'aient pas été exploités. Suspendu après l'assassinat de Plehve et ulcéré de sa disgrâce, Lopoukhine révélera en 1908 le rôle dévastateur joué par Azev au sein de l'organisation terroriste pendant vingt ans. Ces révélations firent perdre à l'Okhrana un informateur précieux, tandis que les S-R voyaient leur réputation sérieusement ternie. Leur action ardente s'achevait sur une faillite morale. Dans le duel qui les opposait à la police, cette dernière avait tiré un dernier avantage de la longue trahison d'Azev[1].

Est-ce l'effet du choc consécutif à ces révélations venant après l'échec révolutionnaire des années 1905-1906 ? En exil à Paris, Savinkov semble s'être métamorphosé. Finis les coups de revolver et les bombes. On le rencontre à Montparnasse en compagnie de Picasso, Apollinaire, Max Jacob ou

1. Général Guérassimov, *Tsarisme et terrorisme*, Paris, Plon, 1934. Retiré en Allemagne, Azev y mourut d'une néphrite, le 24 avril 1918.

Blaise Cendrars qui le prend pour modèle dans *Moravagine*. Il écrit lui-même plusieurs romans sous le pseudonyme de Ropchine, notamment *Le Cheval pâle* qui obtient un joli succès. Le public parisien trouve terriblement excitant de se frotter sans conséquence à un tueur de grands-ducs.

Mais le goût de l'action dangereuse n'était que provisoirement assoupi. Dès la révolution de Février, Savinkov embarque pour Petrograd. On le fête. Il est devenu entretemps un partisan à tous crins de la poursuite de la guerre contre l'Allemagne. Kerenski fait de lui son commissaire à la Guerre. L'ancien terroriste soutient le général Kornilov, prenant même sa défense après son coup de tête de la fin août 1917. Exclu du parti S-R, Savinkov fonde sa propre organisation, l'Union pour la patrie et la révolution, s'opposant résolument aux bolcheviks. Contre Lénine, il va même chercher des appuis auprès de Churchill. Il noue des relations avec un extraordinaire aventurier, l'espion anglais Sidney Reilly, imaginant ensemble un coup de force à Moscou.

Extraordinaire personnage que ce Sidney Reilly. De son vrai nom, Georgy Relinski, né en Russie en 1874 près d'Odessa, mais citoyen britannique, il était le fils naturel d'un Polonaise et d'un certain Dr Rosenblum. Parlant sept langues, il fait du négoce international, excellente couverture pour un agent de l'Intelligence Service. Ne doutant de rien et convaincu de la fragilité du pouvoir bolchevique, il projette de le renverser en capturant tous les dirigeants, avec la complicité d'officiers d'un régiment letton, lors du Comité central exécutif qui se réunit à l'Opéra de Moscou le 28 août 1918. Savinkov est dans la confidence. Au dernier moment, la Tcheka intervient. C'est elle qui a tendu un piège en se servant des officiers lettons. L'ambassade d'Angleterre est envahie. Le commander Cromie, qui s'opposait à cette intrusion revolver au poing, est abattu. Reilly parvient à fuir et, après un périple hasardeux, il se réfugie en Finlande. Il a compromis dans cette aventure un autre agent britannique, Bruce Lockhart, adepte lui aussi de complots farfelu [1]. Arrêté par la Tcheka, Lockhart sera échangé contre Maxime Litvinov, agent bolchevique détenu à Londres et futur commissaire aux Affaires étrangères d'URSS (1930-1939).

Au même moment, Savinkov fomente l'insurrection de Iaroslav. Tantôt dans la clandestinité en Russie, tantôt dans des palaces européens, il devient la bête noire du pouvoir bolchevique, nouant des relations avec les généraux blancs.

Comment en est-il venu là ? La réponse se trouve peut-être dans l'un de ses romans, *Le Cheval pâle*. Il y montre qu'en dépit de tout il est resté viscéralement russe : « Là, dans ces champs, écrit-il, je sais, je sens jusqu'au plus profond de moi-même que je suis russe... L'Europe n'a pas de place ici et l'on n'a pas besoin d'elle, de son rationalisme parcimonieux, de son sang appauvri, de ses chemins battus parcourus d'un bout à l'autre. Ici ce sont les neiges blanches, la témérité, la révolte et la violence [2]... »

---

1. L'itinéraire et la personnalité de Bruce Lockhart sont longuement évoqués dans le livre de Nina Berberova, *Histoire de la baronne Boudberg*, Arles, Actes Sud, 1988.

2. Les services secrets bolcheviques créeront après 1921 une vraie fausse organisation clandestine d'opposition pour l'attirer en Russie, le « Trust ». Le piège sera également utilisé contre le ROVS, l'organisation des anciens officiers blancs en exil. Cédant aux sollicitations du « Trust », Savinkov rentre clandestinement en URSS en 1924. Immédiatement arrêté, il est contraint sous la torture, au cours d'un premier « procès de Moscou », de donner au régime qu'il a toujours combattu un certificat de légitimité. Condamné à mort, il voit sa peine aussitôt commuée en détention. Le 7 mai 1925, il se tue en se jetant par une fenêtre de la Loubianka. Jacques-Francis Rolland lui a consacré une riche biographie, *L'Homme qui défia Lénine, Boris Savinkov*, Paris, Grasset, 1989.

Insurrections ouvrières à Ijevsk et Votkinsk

L'opposition armée des S-R, le soulèvement fomenté par Boris Savinkov à Iaroslav, ont des effets dans d'autres centres industriels, notamment à Ijevsk et Votkinsk, dans l'Oural, au début du mois d'août. Dans ces villes, les ouvriers se soulèvent contre les soviets, chassent les commissaires bolcheviques et prennent les armes. Durant tout l'automne et l'hiver, avec le soutien des populations tatares des campagnes, ils vont livrer une guérilla intense contre les troupes de la 2e armée rouge commandée par l'ex-colonel Chorine et le commissaire politique Sokolnikov. En janvier 1919, l'usine de munitions d'Ijevsk enverra sur le front une brigade complète à deux régiments, commandée par le général Anjin, qui sera l'une des unités blanches les plus mordantes de la Sibérie occidentale. La ville sera reconquise par un régiment de Lettons rouges aux ordres de l'ex-colonel Taouman et par un détachement de matelots avec le commissaire Barychnikov, qui vont se livrer à de terribles représailles sur les familles des volontaires ouvriers : 7 983 personnes seront massacrées pour l'exemple.

En juillet 1918, au moment de la révolte des S-R, le front rouge face aux Tchèques est commandé par l'ex-colonel Mouraviev, défenseur de Petrograd lors de la révolution d'Octobre, qui s'illustra également lors de la prise de Kiev. C'est une sorte d'aventurier, se disant socialiste-révolutionnaire de gauche pour ne pas se soumettre à la trop étroite discipline bolchevique. Du chef de guerre, il a la promptitude d'esprit, l'audace et le sens du mot qui entraîne le soldat. Confiant dans sa bonne étoile, il croit pouvoir profiter du désordre général pour un putsch personnel. Il fait cerner le soviet de Simbirsk. Accueilli par des clameurs indignées, insulté, menacé, son projet tourne mal. Un coup de pistolet met fin à son aventure. Un jeune officier qui a rallié l'armée rouge, l'ex-lieutenant de la Garde Toukhatchevski, reprend, de sa propre initiative, le combat contre les Tchèques. Le commandement du front passe à l'ex-colonel Vatsetis.

Pourtant, la situation continue de s'aggraver. Sous les ovations de la population, les Tchèques entrent le 5 juillet 1918 à Oufa, le 7 à Verkhnéouralsk, le 8 à Zlatooust, le 10 à Syzran, le 22 à Simbirsk, le 25 à Ekaterinbourg et le 6 août à Kazan.

Le 7 août, Trotski en personne arrive sur le front.

CHAPITRE VIII

TROTSKI ET L'ARMÉE ROUGE

Portrait de Trotski

En août 1918, Lev Davidovitch Bronstein, qui a pris le nom de guerre de Trotski, a trente-neuf ans. Il est né près d'Odessa, dans une famille juive de la petite bourgeoisie rurale. Cette origine familiale n'est sans doute pas indifférente à l'engagement révolutionnaire total de ce garçon brillant et robuste, aimant la chasse, doué pour la peinture, la littérature et tous les jeux de l'esprit.

L'autocratie russe, notamment sous Nicolas II, cultivait volontiers les préjugés antisémites et méprisait l'importante communauté juive de Russie. Le fervent particularisme juif entraînait une attitude de rejet, elle-même génératrice d'une sorte de dissidence intérieure. Henri Arvon a décrit attentivement ce phénomène, « la contrainte quasi existentielle qui semble prédestiner les juifs à rallier les rangs de ceux qui, mécontents de l'ordre social, cherchent à le réformer ou à le bouleverser par la violence ; la situation particulière qui leur est faite leur fait jouer au sein de la société à laquelle ils appartiennent le rôle du levain qui fait lever la pâte mais qui parfois aussi l'aigrit (...). En adhérant à un parti révolutionnaire, ils agissent peut-être inconsciemment, en fonction de la haine ancestrale contre un monde que, à tort ou à raison, ils considéraient comme hostile aux juifs [1] ». Leur place dans le communisme naissant sera prépondérante, comme l'explique Guy Konopnicki : « Naturellement internationalistes, intégrant profondément l'expression de Karl Marx : "Les prolétaires n'ont pas de patrie", les militants d'origine juive jouèrent un rôle décisif dans le combat fondateur de la IIIe Internationale, face aux tendances chauvines des vieux partis socialistes. Parmi eux se recrutèrent les plus prestigieux fondateurs du mouvement communiste [2]. »

C'est peut-être là que réside l'explication des étonnantes contradictions de Trotski, de ses propos spontanés et de son style peu en accord avec son idéologie. Tout se passe en effet comme si ses racines culturelles le poussent à la révolution et l'y maintiennent par aversion pour la société européenne traditionnelle. Tandis que son tempérament le fait souvent agir en homme d'ordre, ennemi du débraillé, de la nonchalance et de l'amateurisme révolutionnaires.

On peut y voir un bon exemple de la distinction classique établie par Vilfredo Pareto entre les *dérivations* (justifications rationnelles et variables par lesquelles les individus masquent inconsciemment leurs passions) et les *résidus* (comportements et sentiments constants inscrits dans la nature profonde). C'est toute la différence entre l'idéologie et l'action.

Une hautaine solitude

Par bien des aspects, le tempérament de Trotski apparaît à l'inverse de celui des autres dirigeants du parti. C'est un individualiste forcené qui ne cherche d'ailleurs pas à cacher le

1. Henri Arvon, *Les Juifs et l'idéologie*, Paris, PUF, 1976.
2. Guy Konopnicki, in *L'Arche*, n° 269, août 1979. Voir aussi Alexandre Soljenitsyne, *Deux siècles ensemble, t. II, Juifs et Russes pendant la période soviétique*, Paris, Fayard, 2003.

mépris que lui inspire la médiocrité de beaucoup de dirigeants du parti. Isolé dans une solitude hautaine qu'accusent ses sarcasmes, il se soucie peu de plaire. Contrairement à un Staline – et cela le perdra – il n'a ni l'ambition ni le goût de grouper autour de lui une coterie d'obligés liés par l'intérêt et l'échange de services. En revanche, il est fidèle en amitié quoi qu'il arrive, sentiment que la morale révolutionnaire réprouve. Le sérieux qu'il apporte à son travail n'atteint en rien le lourd pédantisme d'un Lénine. Ce n'est pas lui qui refuserait la musique, de crainte de distraire son esprit de sa préoccupation exclusive.

Parmi tous les besogneux professionnels de la révolution, la figure de Trotski se singularise par une aisance d'artiste. Il y a d'ailleurs en lui un esthétisme de l'action et de la violence, un romantisme noir qui ne trompent pas : « Nous avons lié partie avec la mort, s'exclame-t-il, et, partant, avec la victoire... »

À tout prendre, on peut penser que Staline ne sera pas le seul agent de son éviction du parti quelques années plus tard. Une élimination qui, dans son cas, ne sera pas seulement, comme on l'a dit, une manifestation de la nationalisation de la révolution par l'antisémitisme. Irremplaçable dans une phase de crise extrême où le facteur individuel est essentiel, Trotski n'aura plus sa place quand les choses rentreront dans l'ordre, surtout au sein d'une épaisse bureaucratie satisfaite. Comme dans le passé, il se révélera inassimilable [1]. Pur-sang égaré au milieu du lourd attelage, comment pourrait-il y végéter ?

Quoi de moins « marxiste » et de plus « fasciste » que son commentaire orgueilleux sur le rétablissement de la situation de l'été 1918 : « Ici, sous Kazan, on pouvait, dans un petit espace, considérer la multiplicité des facteurs qui jouent dans l'histoire humaine et puiser des arguments contre le pusilla-

1. Trotski n'a rejoint Lénine et le parti bolchevique qu'à la veille de la révolution d'Octobre. Il avait toujours été un révolutionnaire indépendant, ne ménageant pas ses sarcasmes à ses futurs camarades.

nime fatalisme historique qui, en toutes questions concrètes et privées, se réfère passivement à des lois générales, laissant de côté le ressort principal : l'individu vivant et agissant [1]. »

À la tête de l'armée rouge, il donnera l'impression « de brûler tout ce qu'il a adoré et d'adorer tout ce qu'il avait brûlé ». Certes, les bolcheviks et lui-même, épousant en cela la longue tradition du mouvement révolutionnaire russe, avaient combattu le militarisme, excité les soldats à se révolter contre la discipline (intolérable atteinte à la dignité humaine) et à considérer l'officier comme un ennemi (« nos premières balles seront pour nos généraux »). Ils avaient été logiques en exigeant la suppression des tribunaux militaires et de la peine de mort.

Maintenant qu'il faut défendre la révolution et constituer une armée à cet effet, force est d'en revenir aux recettes éprouvées : rétablir la discipline et l'autorité des officiers, avec comme moyen la menace des exécutions pour ceux que l'instinct de conservation tenterait plus que le devoir.

Tout cela est évident. Le christianisme primitif, dont on a à juste titre souligné les parentés avec le communisme [2], avait, en son temps, affronté un problème identique dès lors que l'Empire lui fut soumis [3]. Mais Trotski semble éprouver

---

1. Trotski, *Ma Vie*, *op. cit.*

2. Gérard Walter, *Les Origines du communisme*, Paris, Payot, 1975. Jules Monnerot, *Sociologie du communisme*, Paris, Gallimard, 1963 (nouvelle édition).

3. La théologie de la guerre subit une complète évolution durant les premiers siècles chrétiens. La guerre et le guerrier sont tout d'abord condamnés avec force par le christianisme primitif. Puis, le changement se produit après le ralliement de Constantin (312) et la prise en compte de l'Empire par l'Église. Dès 314, le synode d'Arles manifeste cette nouvelle « ligne » qui s'accentuera quelques générations plus tard lorsque saint Augustin formulera une théorie de la guerre juste. Voir Pierre Vial, *L'Idéologie de la guerre sainte*, Mélanges Fournial, université de Saint-Étienne ; Jean-Michel Hornus, *Évangile et Labarum*, Genève, Labor et Fides, 1960.

une sorte de délectation secrète à jouer le rôle qu'il s'est laissé confier : « On ne peut dresser une armée sans répression, écrit-il. On ne peut mener à la mort des masses d'hommes si le commandement ne dispose pas dans son arsenal de la peine de mort. Tant que les méchants singes qui s'appellent des hommes formeront des armées et batailleront, le commandement placera les soldats dans l'éventualité d'une mort possible à l'avant et d'une mort certaine à l'arrière. »

Le goût des situations extrêmes

En fait, la guerre est un état qui semble naturellement convenir à Trotski. Il y a dans son être subtil et hautement intellectualisé une vibration particulière qui le met au diapason des situations d'exception. Son intelligence rapide tourne plus vite dans les situations dangereuses, servie par une sorte d'intuition des extrêmes. À lire ses innombrables proclamations, on sent bien chez lui une sombre délectation pour le langage de la mort et de la terreur. Il aime les ordres irrévocables, les mots impitoyables. C'est un homme de sang, une sorte de condottiere moderne, à l'aise dans les tempêtes et s'ennuyant à mourir par temps calme. Il se laisse d'ailleurs facilement griser par la violence du langage. Cette propension, liée à une grande sûreté de soi, proche de la suffisance, le conduit parfois à des erreurs funestes comme dans l'affaire des Tchèques de Tcheliabinsk, ou à des excès inquiétants dans la répression qu'il conduira avec une sorte de jouissance féroce.

Il ajoute à tout cela un sens de la mise en scène qui a toujours soutenu les meilleurs hommes de guerre. À l'escorte de son train blindé, il attribue par exemple un lourd pistolet Mauser et une tenue de cuir « qui donne du poids et une allure imposante », avec un insigne métallique spécial, frappé par la Monnaie, porté sur le bras gauche. « Chaque fois que la centurie aux vestes de cuir apparaissait dans un endroit menacé, écrit-il avec jubilation, l'effet produit était irrésistible[1]. »

Il fera également adopter pour l'armée rouge ces étonnants bonnets pointus frappés de l'étoile rouge et ces longues capotes fermées par des pattes de poitrine, qui semblent tout droit sortis d'un décor de la Moscovie médiévale.

Démissionnaire de ses fonctions de commissaire aux Affaires étrangères dès la signature du traité de Brest-Litovsk, en mars 1918, il s'est vu proposer par Lénine le commissariat à la Guerre.

– Qui donc mettrez-vous à cette place ? rétorque Lénine à ses objections. Nommez-le !

L'organisateur de l'insurrection d'Octobre, le créateur, un peu plus tard, du Comité supérieur de guerre est encore celui qui convient le mieux pour édifier l'armée de la révolution. Il doit en convenir. Le 13 mars 1918, tandis que, pour des raisons de sécurité, la capitale est transférée à Moscou, il prend ses nouvelles fonctions. Bien que n'ayant jamais fait de service militaire, il s'est toujours intéressé aux problèmes de la guerre au double point de vue politique et psychologique. « Je ne me croyais pas stratège au moindre degré et je considérais sans aucune indulgence le débordement de dilettantisme stratégique provoqué par la révolution dans le parti (...). Du point de vue de la technique et des opérations, j'estimais que ma tâche était, avant tout, de mettre les hommes qu'il fallait à la place qu'il fallait, et de leur donner la possibilité de faire leurs preuves[2]. »

Ce sera sa grande intuition, celle qui sauvera la révolution et fera de l'armée rouge ce qui lui vaudra ses succès. « L'ennemi [les Tchèques] l'emportait par ce qui nous manquait : par son organisation militaire », constate-t-il.

---

1. *Ma Vie, op. cit.*
2. *Ibid.*

Des officiers sous surveillance

Dès le mois d'avril 1918, il a organisé des réunions avec les officiers qui sont restés dans la nouvelle armée. Ils exposent librement leurs idées, insistant naturellement sur le rétablissement de la discipline et sur l'importance du travail d'état-major. Trotski écoute en silence et en fait son profit.

Il saisit que, dans la conduite de la guerre, on ne saurait vaincre sans professionnels. En ce domaine, le dilettantisme et l'improvisation conduisent à l'échec. On l'a vu en Finlande. Il faut donc coûte que coûte encadrer la nouvelle armée par des « spécialistes ». Où les trouver sinon parmi les officiers de l'ex-armée impériale ?

« Mais s'ils allaient nous trahir ? objecte Lénine.

– Nous adjoindrons un commissaire à chacun d'eux.

– Nous en adjoindrons deux, s'écrie Lénine, et qui auront la poigne solide. Il ne se peut pas que nous manquions de communistes à poigne ! »

Le principe de commandement de l'Armée rouge est ainsi institué : un « spécialiste » (appelé *spet*), officier de carrière, surveillé par un ou deux commissaires *(politkom)* bolcheviques. Le commissaire reçoit les rapports avec le commandant et contresigne les ordres, « attestant ainsi devant les ouvriers et les paysans qu'ils ne constituent pas des machinations contre-révolutionnaires ». La responsabilité des opérations incombe au commandant seul. Le commissaire n'a pas, en principe, à apprécier la qualité militaire des ordres donnés – mais il peut en suspecter les intentions politiques occultes, ce qui complique les choses... S'il les désapprouve, il doit en référer au Conseil militaire révolutionnaire de la grande unité (ordre du commissaire à la Guerre, du 6 avril 1918).

Cela n'ira pas sans frictions. Les *spets* se rebellent contre la méfiance et la surveillance tatillonne des commissaires. Et les commissaires traitent sans ménagements ces officiers haïs qui sont leurs inférieurs politiques. Trotski devra régler maints conflits. S'efforçant de tenir la balance égale entre les deux parties, avec son habituelle façon cassante et sans tenir compte des questions de personne, il se fera beaucoup d'ennemis. Il gagnera aussi l'estime de certains officiers qui lui sauront gré de les avoir rétablis dans leur dignité, et celle de commissaires qui reconnaîtront son rôle exceptionnel dans l'édification d'une Armée rouge cohérente, efficace et finalement victorieuse.

Le 2 juin 1918, avec son approbation, l'ex-lieutenant de la Garde Mikhaïl Toukhatchevski, qui vient d'être nommé à la tête de la 1re armée rouge, lance un appel à tous les anciens officiers de l'armée impériale de venir, comme lui, s'enrôler sous le drapeau rouge.

Les raisons du lieutenant Toukhatchevski

Pour éclairer les mobiles de ce jeune officier, on dispose d'un témoignage singulier. Fils d'une famille noble, ancien élève de l'école des cadets de Moscou et de l'école militaire Alexandre, major de sa promotion en 1913, sous-lieutenant au régiment Semenovski de la Garde en 1914, Mikhaïl Toukhatchevski se distingue au cours des premiers mois de la guerre. Il est décoré de l'ordre de Saint-Vladimir. En février 1915, il est fait prisonnier sur le front de Galicie. Quatre fois il s'évade, mais chaque fois il est repris. Finalement, on l'expédie au fort IX d'Ingolstadt où sont détenues les fortes têtes qui ont à leur actif plusieurs tentatives d'évasion. Il y côtoie le capitaine de Gaulle et un officier de réserve, le journaliste Rémy Roure qui, sous la plume de Pierre Fervacque, a laissé de leur rencontre et de leurs longues conversations la plus instructive des relations [1].

---

1. Pierre Fervacque, *Le Chef de l'armée rouge*, *op. cit.* Dans sa biographie de 1964, l'écrivain soviétique Lev Nikouline ne conteste pas le témoignage de Fervacque, pas plus que Sophie de Lastours dans la sienne (Albin Michel, 1996).

« Ce jeune aristocrate, écrit-il, était bolcheviste-né. Il ne partageait pas une des illusions qui sont l'apparence de cette religion farouche, et même il les ignorait. Mais il avait l'instinct révolutionnaire. Il aspirait à la destruction. » C'est peu de dire qu'il ignore l'idéologie communiste. Dans une formule lapidaire, il jette cette profession de foi : « Je déteste les socialistes, les juifs et les chrétiens. » Qu'est-ce donc alors qui le pousse irrésistiblement vers les bolcheviks ?

Ses lectures l'expliquent peut-être. À Ingolstadt, ses deux livres préférés sont le *Mémorial de Sainte-Hélène* et *Les Possédés* de Dostoïevski : le souvenir de la plus fulgurante des carrières militaires et la prophétie apocalyptique du plus tragique des écrivains russes. Ses moteurs, ce sont l'ambition et une sorte de nationalisme révolté.

« À trente ans, murmure-t-il parfois, je serai général ou je serai mort. » Il a juré de ne pas finir sa vie dans la peau d'un fonctionnaire tué avant terme par l'ennui et la routine de la caserne. Il rêve d'un grand destin et quoi de mieux qu'une révolution pour y accéder quand on est pressé ?

« Si Lénine était capable de désencombrer la Russie des vieilles ferrailles des préjugés, de la déseuropéaniser, je le suivrais, confie-t-il au cours de l'été 1917. Mais il faudrait qu'il fît table rase et nous lançât délibérément dans la barbarie. » Se libérer du carcan occidental. Tourner le dos à l'Occident, retrouver les sources fraîches et brutales de la slavité, voilà ce que ce disciple de Dostoïevski souhaite de toute son énergie. « Quelle rouge symphonie la Russie donnera-t-elle au monde ? Elle ne le sait, car elle ne se connaît pas elle-même. Elle est sourde. Mais vous verrez que plus tard on l'admirera... » Non seulement il est prêt à prendre son parti d'une idéologie qui lui reste étrangère, mais il en discerne les avantages pratiques : « Une Russie révolutionnaire, propagatrice de la lutte de classes, étendra ses frontières bien au-delà des limites tracées par les traités. »

Politique des otages et contrôle de l'armée

Faut-il préciser que Toukhatchevski est une exception ? Et Trotski ne se fie pas au volontariat des anciens officiers, bien qu'un certain nombre soient restés dans l'armée rouge par manque d'imagination (on sert le gouvernement quel qu'il soit), souci de sécurité de l'emploi ou espoir d'avancement rapide dans une armée où les places sont à prendre. Il est décidé à contraindre les officiers au service, ne serait-ce que pour vider les réserves potentielles des armées blanches. Un appel est même lancé à ceux qui ont rejoint le général Krasnov sur le Don, avec promesse d'amnistie dans un cas, d'exécution dans l'autre.

Comme les résultats sont maigres, il imagine un procédé sauvage qui sera systématiquement appliqué. Pour recruter les anciens officiers et acheter leur loyauté, Trotski prend leurs familles en otages. En cas de désertion, tout le monde est fusillé, enfants compris. Sur le front, certains officiers commanderont, littéralement, le pistolet sur la nuque.

Le système est complété par une injection massive dans les unités de militants ouvriers provenant des bastions bolcheviques. Ils serviront de noyau dur, de coagulant, prêcheront leurs camarades et surveilleront les *spets*. Ainsi, dans le courant de l'été 1918, le Soviet de Petrograd envoie-t-il le quart de ses membres sur le front de l'Est (Tchécoslovaques). Moscou en fait autant. L'armature communiste de l'armée rouge va devenir un vaste service d'agitation, de propagande et d'action politique comme aucune autre armée n'en eut dans le passé, sinon douze siècles plus tôt celle de l'Islam conquérant.

À la fin de 1918, le Comité central du parti définira « le travail du parti dans l'armée » : « Développer dans la troupe une discipline de fer, l'audace et le courage dans les combats livrés à l'ennemi. » Cette même directive retire aux cellules du parti leurs attributions en matière de contrôle sur l'ensemble des activités de l'armée, attributions qui leur ont incombé durant la première phase d'organisation. Le parti fera appliquer sa politique au sein de l'armée par les commissaires et les sections politiques des conseils militaires révolutionnaires.

En octobre 1918, l'armée compte 35 000 communistes, un an plus tard, ils seront 120 000 et, en août 1920, 300 000[1]. À ce moment, la moitié des membres du parti serviront dans l'armée. Au niveau de la direction du parti, en dehors de Lénine, Sverdlov, Zinoviev et Kamenev, tous les dirigeants remplissent des fonctions de commissaires politiques.

Frounze célébrera le rôle des communistes en ces termes : « Qui apportait dans les rangs de nos jeunes régiments rouges formés au son du canon les éléments d'ordre et de discipline ? Qui soutenait le courage et le moral des combattants aux heures des insuccès et des défaites ? Qui organisait les arrières de notre armée, y implantait le pouvoir soviétique et y créait l'ordre soviétique en assurant de cette manière la progression rapide et le succès de nos armées ? C'étaient les organes politiques de l'armée qui le faisaient et, il faut le dire, le faisaient d'une façon brillante. Leurs mérites échappent à toute mesure[2]. »

Une armée rouge commandée par les officiers de l'ancienne armée impériale choque naturellement le parti. Cela ne revient-il pas à se confier à ses pires ennemis ? Plusieurs commissaires importants, Boukharine, Piatakov, Boubnov et Staline mènent une campagne intense contre Trotski. Lénine lui-même ne se ralliera que tardivement. En mars 1919, à la veille du Congrès du parti et à la suite de quelques spectaculaires défections, il suggérera de licencier tous les officiers et de nommer Lachkevitch, ex-sergent du tsar et bon bolchevik, commandant en chef. Trotski doit lui révéler que plus de 30 000 ex-officiers servent alors dans l'armée rouge ! Lénine, stupéfait, reconnaîtra que la proportion de désertions est négligeable et contraindra le Congrès, très hostile, à cautionner Trotski.

---

1. Maréchal Joukov, *Mémoires, op. cit.*
2. M. Frounze, *Œuvres choisies*, Voïenizdat, 1957, t. II.

Staline et le « groupe de Tsaritsyne »

L'opposition la plus déterminée à la politique militaire de Trotski vient de Staline et du « groupe de Tsaritsyne ». En juin 1918, Staline a le même âge que son adversaire. Il s'est fait une réputation d'homme à poigne, malin et secret, en plusieurs années de combat clandestin au Caucase. Lénine, qui le tient en estime, le charge de diriger les opérations de ravitaillement et de réquisition dans le Sud, sur le Don et le Kouban.

Le 6 juin 1918, venant de Moscou avec 3 000 gardes rouges, des mitrailleuses et deux trains blindés, il arrive à Tsaritsyne, ville qui verrouille la route entre le Caucase et la Russie centrale. La 10e armée est en formation sous le commandement d'un ouvrier bolchevique, dont la guerre a fait un sous-officier de dragons, Vorochilov. Staline va en devenir le commissaire politique et le véritable chef.

Ce sera le début d'une activité militaire que l'on a tour à tour exagérée et minimisée. L'honnêteté conduit à dire que de tous les dirigeants bolcheviques, après Trotski, c'est certainement Staline qui a joué le rôle militaire le plus important dans la guerre civile. Lénine le sait et l'oppose sournoisement à Trotski, dont il redoute l'indépendance et l'ambition [1].

« Soyez sûr que notre main ne tremblera pas », télégraphie-t-il à Lénine. De fait, elle ne tremblera guère. La Tcheka de Tsaritsyne fusille à tour de bras. Sur le front Sud dont il fait sa chasse gardée, il soutient l'opposition dite des « sous-officiers » (Vorochilov, Boudienny, Dybenko, etc.), contre le système des *spets*. C'est une façon de contrer Trotski qu'il déteste depuis leur première rencontre en 1907. Ainsi peut-il opposer à l'armée des « spécialistes » une armée des « partisans » à sa dévotion.

---

1. Voir Boris Bajanov, *Bajanov révèle Staline*, Paris, Gallimard, 1979. Staline et Trotski seront les deux premiers bénéficiaires de l'ordre du Drapeau rouge que Lénine leur attribuera en 1920.

Mais le clan des « sous-officiers » n'est pas seulement une machination contre Trotski. Staline se sent à l'aise avec ce type d'homme beaucoup mieux qu'avec les brevetés de l'Académie militaire. De la part de ces cadres sortis du rang, il ne redoute rien. Sans lui, que seraient-ils ? Le parti qu'il édifiera plus tard sera bâti sur le même principe. Un parti d'hommes moyens, de sous-officiers. Le « groupe de Tsaritsyne » sera d'ailleurs la pépinière des futurs chefs qu'il placera au sommet de l'armée rouge lorsqu'en 1937 il l'aura épurée de tous les éléments qui lui paraissent suspects.

La 10e armée défendra Tsaritsyne à l'automne 1918 contre les timides tentatives des cosaques du Don qui n'ont aucune envie de combattre en dehors de leur territoire. L'assaillant finira par se retirer sans être poursuivi. Cette défense à bon compte permettra à la 10e armée et à son commissaire politique de se fabriquer une légende et à la ville de Tsaritsyne de s'appeler bientôt Stalingrad (devenue Volgograd après la déstalinisation de 1956).

La lutte contre le phénomène « partisan »

Le phénomène « partisan » est général dans le Sud et en Ukraine. Il domine la 9e armée, commandée par l'ingénieur bolchevique Kniagnitski, secondé par le commissaire Sokolnikov (qui dirigea la sanglante répression d'Ijevsk dans l'Oural). Ses trois divisions sont pratiquement autonomes. Deux divisions de partisans, celle de Kikvidze et celle de Sivers. Et une troisième division de cosaques rouges commandée par l'ex-lieutenant-colonel Mironov qui refuse la présence des commissaires politiques et finira fusillé.

L'importante armée rouge du Nord-Caucase (Kouban), commandée par Sorokine, est dans un tel état de désorganisation que son chef doit dénoncer « les commandants qui s'enfuient en abandonnant leurs unités dans les moments difficiles... Ils sont en ville à s'enivrer avec des femmes... Les meilleurs plans échouent parce que les ordres ne sont pas exécutés à temps, si même ils sont exécutés [1] ». En fait, l'autorité du commandant n'est plus reconnue. On lui reproche son antisémitisme, mais surtout son incapacité. Vers le 10 septembre 1918, son armée sera quasi encerclée par les armées blanches du général Denikine. L'un de ses chefs de corps, Matveiev, ayant refusé publiquement de lui obéir, Sorokine le fait fusiller, ce qui porte l'exaspération de l'armée à son comble. Moscou réagit et le suspend. Sentant qu'il n'a plus rien à perdre, Sorokine tente un putsch avec sa garde personnelle. Le 13 octobre 1918, il arrête Roubine, président de la République soviétique du Caucase, ses vice-présidents et ses commissaires, et les fait fusiller. Déclaré traître à la révolution, il est capturé par l'un de ses anciens régiments et sommairement exécuté.

En octobre 1918, Trotski nomme un ancien général de l'armée impériale, Sytine, au commandement du front Sud et il exige la soumission de Vorochilov. En même temps, avec l'accord de Lénine, il remplace Staline par Chliapnikov. Staline feint de se soumettre, mais il continue d'encourager l'insubordination de Vorochilov, que Trotski doit venir en personne menacer de cour martiale. Vorochilov semble s'incliner. En fait le « groupe de Tsaritsyne » n'attend que l'occasion de prendre sa revanche. Malgré une soumission apparente, ses membres ne cesseront de contrer son action sur le front Sud et en Ukraine durant toute l'année 1919.

On ne saurait donc trop souligner que la politique d'encadrement de l'armée rouge par des professionnels n'a été conçue, voulue et conduite contre vents et marées que par le seul Trotski, contre l'opinion de la majorité du parti qui veut une armée « antimilitariste », commandée par des anciens mutins au-dessus de tout soupçon. Partout ailleurs, lorsque

---

1. Cité par Marina Grey et Jean Bourdier, *Les Armées blanches*, Paris, Stock, 1968.

les émules européens des bolcheviks tenteront de prendre le pouvoir à Budapest, Vienne, Munich, Berlin ou Rome, ils se heurteront en dilettantes à des professionnels (*Freikorps* ou *Arditi*) et seront vaincus. Trotski fait exception, pour avoir retourné les termes de l'équation et mis, de force, au service de la révolution des spécialistes militaires en plus grand nombre que la contre-révolution.

Cela ne signifie pas qu'il ne fasse pas confiance aux hommes du parti quand ils sont efficaces. En prenant ses attributions au commissariat à la Guerre, il y trouve Sklianski, membre du parti et médecin militaire de vingt-six ans, qui « se distingue par son activité, son application, sa faculté de juger des gens et des circonstances, en un mot par les qualités qui font un administrateur ». Après avis de Sverdlov, chargé de la direction de l'appareil du parti[1], Trotski le nomme vice-commissaire. « En mon absence, écrit-il, Sklianski présidait le soviet de guerre révolutionnaire, dirigeait tous les travaux courants du commissariat, c'est-à-dire s'occupait principalement de servir le front ; enfin, il représentait le commissariat à la Guerre au conseil de la Défense que présidait Lénine. Si l'on veut faire une comparaison avec le Lazare Carnot de la Révolution française, c'est précisément Sklianski qu'il faut nommer. Il a toujours été exact, infatigable, vigilant, au courant des affaires[2]. »

1. Né en 1885 dans une famille d'artisans juifs, militant fort précoce, Iakov Sverdlov devient en 1917 l'un des quatre principaux dirigeants du parti avec Lénine, Trotski et Staline. Chargé de la direction de l'appareil du parti, il se révélera aussi féroce qu'excellent organisateur. Mort de maladie le 16 mars 1919.

2. Le nom d'Ephraïm Sklianski est complètement passé sous silence dans l'historiographie soviétique, vraisemblablement en raison de ses relations privilégiées avec Trotski.

Le sort de la révolution se joue à Sviask

Au front, la situation n'a pas cessé de s'aggraver depuis la révolte des Tchèques dans les derniers jours de mai 1918. En un mois, leur offensive les conduit de Oufa à Kazan, dont ils s'emparent le 6 août. Les Anglais tiennent Mourmansk et Arkhangelsk. Plusieurs villes de l'intérieur sont en état de révolte. Dans l'Oural, les cosaques du général Doutov s'emparent d'Ouralsk et de Bouzoulouk. Le Don et le Kouban sont aux mains des Blancs. La Crimée et l'Ukraine sont occupées par les Allemands. Le cours moyen de la Volga, le massif de l'Oural, les communications avec la Sibérie et le Turkestan sont donc aux mains des Tchèques ou des Blancs. L'armée rouge reflue sur tous les fronts.

Le sort de la révolution va se jouer dans une petite station ferroviaire inconnue, à 70 verstes de Kazan, sur la ligne de Moscou, au bord de la Volga : Sviask.

C'est là qu'échoue, le 8 août, en pleine débâcle, le train de Trotski, partant pour Kazan, avec 50 miliciens bolcheviques, triés sur le volet. Ils ont dû, en cours de route, briser par la force la résistance passive des cheminots acquis aux S-R.

Pour bien prouver son intention de ne pas reculer, le commissaire à la Guerre renvoie la locomotive qui fait demi-tour, laissant dans la morne station exposée aux tirs ennemis quelques wagons où siègent l'état-major, le tribunal révolutionnaire et les services d'une armée à créer.

Sviask est le dernier verrou qui ferme la route fluviale de Nijni-Novgorod (future Gorki) et la ligne Kazan-Moscou. C'est la clé de la Russie centrale, le dernier bastion sur lequel Trotski a décidé de tenir coûte que coûte.

Il y est puissamment aidé par le commandant en chef du front oriental, l'ex-colonel Vatsetis, chef de la division de chasseurs lettons, dernière troupe constituée issue de l'armée impériale, qui réprima la révolte des S-R à Moscou le mois précédent. « Très différent d'autres officiers sortis de l'Académie, écrit Trotski, le colonel Vatsetis ne se perdait pas dans le chaos révolutionnaire, il y nageait gaiement, soufflant et crachant ; il lançait des appels, encourageait, donnait des ordres, même lorsqu'il n'avait pas l'espoir de les voir exécuter. Alors que les autres "spécialistes" redoutaient surtout de dépasser la mesure de leurs droits, Vatsetis, en des moments d'inspiration, lançait des décrets, oubliant l'existence du conseil des commissaires du peuple[1]. »

« Ceux qui trahissent n'échapperont pas aux balles... »

Le soir du 6 août, il est l'un des derniers à sortir de Kazan, mais il n'a rien perdu de son optimisme. Il rencontre Trotski à Sviask, fait son rapport, obtient la nomination d'un officier letton, Slavine, pour commander la 5e armée, dont les débris chancellent autour de la position, puis il rejoint son QG.

Trotski reste seul avec ses cinquante miliciens et l'état-major de la 5e armée. Dans la nuit, la panique s'empare des quelques détachements engagés face aux Blancs. Les hommes du 4e régiment letton, couchés sous la pluie, exigent d'être relevés. Le commandant et le commissaire du régiment transmettent cette revendication, assortie de menaces. Sortant son pistolet, Trotski les déclare en état d'arrestation. Puis il expédie une canonnière sur la position des mutins pour obtenir leur soumission, tandis que les agitateurs sont incorporés au régiment pour le reprendre en main.

Dans les heures qui suivent, une cour martiale se met au travail sur son ordre. Le commandant du régiment et le com-

---

1. Trotski ajoute : « Un an plus tard, environ, Vatsetis fut accusé d'intentions et liaisons douteuses, de sorte qu'il fallut le remplacer. Mais il n'y avait rien de sérieux dans ces accusations. Il est possible qu'au moment où il s'endormait, il ait parfois lu quelques pages de la vie de Napoléon et qu'il ait fait part d'ambitieuses méditations à deux ou trois jeunes officiers... » Trotski, en cette circonstance, le défendra et obtiendra sa réhabilitation.

missaire politique sont fusillés, ainsi que 27 soldats qui, cédant à la panique, ont pris la fuite. Pendant ce temps, dans le train, on imprime un ordre du jour du commissaire à la Guerre, aussitôt distribué et lu dans les unités :

« Je donne cet avertissement : si quelque partie de l'armée bat en retraite sans autorisation, le commissaire du détachement sera fusillé le premier, et le commandant ensuite. Les soldats valeureux et braves seront placés aux postes de commandement. Les lâches, ceux qui ménagent leur peau, ceux qui trahissent, n'échapperont pas aux balles. J'en réponds devant toute l'armée rouge. »

Il lui faut mettre plusieurs fois à exécution cette menace pour enrayer l'effondrement de l'armée et les pelotons d'exécution ne chôment pas. Il n'hésite pas à faire décimer des unités entières. Lui-même se montre partout, invectivant les uns, rassurant les autres, prêchant par l'exemple.

Il organise une aviation avec l'ingénieur-pilote Akachev, malgré ses opinions anarchistes. Il lui fait jeter sur les villes passées aux Blancs des *Avis* menaçants :

« Les citoyens des villes momentanément prises par les Tchèques blancs demeurent soumis aux lois de la République des Soviets. Nul n'a le droit d'invoquer la violence des envahisseurs pour justifier des actes de trahison à l'égard du pouvoir des ouvriers et des paysans. Quiconque aura, sous la domination des Tchèques blancs, prêté concours à l'ennemi, sera fusillé. Les biens mobiliers et immobiliers des participants de la sédition bourgeoise et de leurs complices seront confisqués. »

Ces menaces seront toujours mises à exécution comme à Iaroslav et à Ijevsk.

En quatre semaines, la rigueur, la terreur, la persuasion, l'exemple et l'activité organisatrice de Trotski et de ses adjoints [1]

---

1. Les commissaires Rosengoltz et I.N. Smirnov, l'ex-colonel Slavine, les marins Markine et Raskolnikov.

retournent la situation. À l'arrivée du train de Trotski, l'armée n'était qu'une masse informe de dix à quinze mille hommes, constituée soit d'anciens régiments, soit de formations de partisans. Certains détachements refusaient de se battre, comme le 4e letton. Les autres unités lâchaient pied devant un ennemi moins nombreux, mais agressif et organisé. Le CMR, le tribunal, le service de renseignements étaient composés d'incapables.

L'un des pires adversaires de Trotski, le commissaire Goussev, reconnaîtra : « Son train apporta la ferme volonté de vaincre, l'initiative, et une action énergique sur tous les rouages de l'armée. On sentit dès le premier jour qu'un changement brusque venait de se produire. Il se fit d'abord sentir dans la discipline. Les méthodes sévères de Trotski étaient par-dessus tout adéquates et nécessaires à cette époque de guerre de partisans, d'indiscipline et d'amour-propre mesquin[1]. »

Le 10 septembre, les Rouges reprennent Kazan, le 12, la 1re armée, commandée par l'ex-lieutenant Toukhatchevski, s'empare de Simbirsk et force le passage de la Volga avec un train blindé.

Les plans d'organisation tracés et imposés par Trotski et le Comité révolutionnaire de guerre deviennent réalité. Douze armées achèvent de se constituer de la mer Blanche à la mer Noire.

Au nord, face aux Franco-Britanniques d'Arkhangelsk – d'ailleurs peu pugnaces – la 6e ; entre Perm et Ekaterinbourg, la 4e ; entre Perm et Kazan la 2e ; à Kazan, la 5e ; plus au sud, en direction de Samara, la 1re ; à Tsaritsyne, face au Don, la 10e ; dans le Nord-Caucase (Kouban), la 11e et la 12e. Les effectifs comptent en moyenne de 8 à 15 000 hommes, hormis la 10e, beaucoup plus considérable (40 000 hommes, 240 canons, 13 trains blindés) et les deux

1. S.J. Goussev, « Les journées de Sviask », *Révolution prolétarienne*, no 2, 1924.

armées du Caucase engagées dans une sauvage guerre d'extermination contre Denikine, avec près de 100 000 hommes.

Le train blindé

Pour surveiller ces différents fronts et intervenir rapidement dans le secteur qui réclame sa présence, Trotski se dote d'un QG mobile, le légendaire train blindé. « J'ai vécu, dira-t-il, deux ans et demi, sauf intervalles relativement courts, dans un wagon-salon qui avait été, autrefois, au service du ministre des Voies et Communications. L'installation de cette voiture était bonne dans le sens du confort ministériel, mais elle n'était guère faite pour le travail. C'est là que je recevais ceux qui m'apportaient des rapports en cours de route, c'est là que je consultais les autorités militaires et civiles des lieux où je passais, c'est là enfin que je déchiffrais les télégrammes, dictais des ordres et des articles. C'est de là que je partais avec mes collaborateurs pour de longues randonnées en automobile le long du front. Aux heures de loisirs, je dictais en wagon mon livre contre Kautski [1] et bien d'autres œuvres. En ces années, je m'habituais pour toujours à écrire et à méditer avec l'accompagnement des ressorts Pullman et des roues [2]. »

C'est ce train qui l'a conduit à Sviask. Par la suite, il sera profondément remanié et perfectionné. Cependant, dès 1918, c'est un appareil mobile de gouvernement avec secrétariat, imprimerie, station télégraphique, émetteur radio, générateur électrique, bibliothèque, service automobile et même installation de bains-douches.

Son poids est tel qu'il nécessite deux locomotives. Plus tard, on devra même le scinder en deux convois.

---

1. Il s'agit de *Terrorisme et communisme*.
2. Trotski, *Ma Vie, op. cit.*

En trois ans de guerre, il parcourra près de trois fois le tour de la terre, environ 105 000 kilomètres, sans compter les dizaines de milliers de verstes couvertes en automobile à partir des voies ferrées.

La tâche prioritaire du train, comme dans sa première intervention à Sviask, est avant tout l'organisation de l'armée, son éducation politique, sa direction et son ravitaillement. « Nous reformions l'armée sous le feu, dira Trotski. Après des défaites et des retraites, une masse friable, prise de panique, était transformée en deux ou trois semaines en troupe combative. Que fallait-il pour cela ? Beaucoup et peu. De bons commandants, quelques dizaines de combattants expérimentés, une dizaine de communistes dévoués, des bottes pour ceux qui arrivaient les pieds nus, un établissement de bains, une énergique campagne de propagande, de la nourriture, du linge, du tabac, des allumettes... »

Cette énumération montre un sens très sûr de la psychologie du combattant. C'est bien avec des bottes, une soupe chaude, une douche et des cigarettes que l'on remonte le moral d'une troupe épuisée, sale et démunie, c'est-à-dire bien près d'être vaincue.

Le train a toujours en réserve quelques communistes de choc pour combler les brèches, l'escorte aux pistolets Mauser et aux tenues de cuir, plus une provision de mitrailleuses, des munitions, des médicaments, des cartes, des jumelles et, suprêmes récompenses dans l'armée rouge : des vestes de cuir et des montres[1]. Cette provision est constamment renouvelée depuis Moscou, par les soins de Sklianski. Des centaines de fois, elle jouera son rôle de « pelletée de charbon » pour empêcher le feu de s'éteindre.

---

1. Toutes les décorations ont été supprimées par la révolution. Une première concession aux pratiques « bourgeoises » sera cependant faite en 1920 avec la création de l'ordre du Drapeau rouge.

Des dirigeants des différentes administrations militaires, notamment des services d'approvisionnement et d'intendance, accompagnent le train. Ce sont des intendants issus de l'ancienne armée, dont Trotski veut briser la routine, tout en formant de nouveaux cadres.

Après l'inspection d'une division, ayant reconnu sur place ses besoins, le commissaire à la Guerre convoque dans son wagon les représentants de l'armée, et parmi eux des petits gradés et même des soldats, ainsi que les délégués locaux du parti et des soviets. Ces conférences donnent des résultats pratiques immédiats pour venir en aide aux troupes. Trotski obtient de cette façon quelques dizaines de nouveaux militants à injecter dans les régiments hésitants, quelques archines de drap pour faire des blouses ou des chaussettes (russes), du cuir pour les ressemelages, du beurre et autres nourritures. Ces secours locaux sont accompagnés d'ordres télégraphiques adressés à Moscou et, peu après, la division reçoit de quoi satisfaire ses besoins urgents.

Un wagon spécial est équipé d'une antenne permettant de recevoir les radios de la plupart des stations européennes, dont la tour Eiffel. Le train est ainsi au courant de ce qui se fait et se dit dans le monde. Les nouvelles les plus importantes pour la propagande sont aussitôt présentées et commentées dans le journal du train qui est distribué dans les unités.

Le garage roulant transporte plusieurs automobiles munies de mitrailleuses, et un wagon-citerne à essence. Ainsi est-il possible de lancer des tournées d'inspection à quelques centaines de verstes du train.

L'escorte en cuir noir, enfin, remplit son rôle psychologique, mais aussi celui de bras séculier des cours martiales qui condamnent sans faiblesse.

« Sentant la présence du train à quelques kilomètres de la ligne du feu, les troupes les plus énervées, et avant tout leurs chefs, tendaient toutes leurs forces. Quand les plateaux d'une balance sont en oscillation, le moindre poids suffit à l'emporter. » Le « train » fut ce poids-là.

Rôle de Lénine dans la guerre civile

Souligner la part déterminante de Trotski dans l'édification à chaud de l'armée rouge, ne conduit pas à mésestimer celui du parti, des *komandir*, des commissaires et naturellement de Lénine, inspirateur de la politique générale suivie au cours de la guerre civile. En tant que président du soviet de Défense, Léninc intervient souvent dans les choix stratégiques. Il détient l'autorité suprême. Il est l'arbitre qui tranche les conflits, notamment ceux qui opposent souvent Trotski à tel autre dirigeant du parti. Ainsi joue-t-il de l'aversion de Staline pour limiter le pouvoir de Trotski auquel il reproche de ne pas faire suffisamment confiance aux hommes du parti et de leur préférer « ses » officiers tsaristes. Il faudra vraiment que Staline passe les limites de l'insubordination, mettant gravement en cause l'unité de commandement de l'armée, pour que Lénine consente à le retirer provisoirement du front Sud à la fin de 1918.

Dans les choix stratégiques, Lénine prendra plusieurs fois le contrepied de Trotski, notamment durant l'été 1919 pour arrêter une stratégie contre Denikine, et en 1920 pour engager la campagne (désastreuse) contre la Pologne. Force est de reconnaître qu'en ces deux circonstances majeures, Lénine eut tort et Trotski raison.

Lénine intervient également dans les grandes décisions concernant l'organisation de l'armée rouge. Tout en s'alarmant de l'encadrement des unités par les anciens officiers de l'armée impériale, il approuve dans l'ensemble les dispositions du commissaire à la Guerre.

Organisation de l'Armée rouge en 1918

Il n'est pas inutile d'en rappeler schématiquement l'évolution chronologique depuis la désignation de Trotski au commissariat à la Guerre, le 13 mars 1918.

Quelques jours avant, anticipant sur ses attributions, il a obtenu la création d'un Comité (Soviet) supérieur de guerre, organisme politico-militaire destiné à coiffer l'armée rouge.

Le 4 avril 1918, un décret institue officiellement les commissaires politiques (Politkom) dans chaque unité jusqu'au niveau de la compagnie. On fait appel pour cela à des bolcheviks endurcis. L'un d'entre eux, fils d'un paysan de la province de Koursk, ouvrier dans le bassin du Donets, atteindra plus tard à la célébrité : Nikita Khrouchtchev. Président de la section militaire de Lougansk (actuelle Vorochilovgrad) en 1917, il prend à ce titre la tête du 1er régiment prolétarien du Donbass au début de la guerre civile et devient commissaire politique d'un détachement de partisans.

Le 8 avril, une décision du Comité supérieur de guerre jette les bases d'une organisation territoriale destinée notamment à favoriser le recrutement, avec régions militaires et subdivisions. En même temps, on fait procéder au recensement et à la mobilisation des anciens officiers, les *spets*.

Le 22 avril, un nouveau décret ordonne l'instruction militaire obligatoire, avec création d'écoles de *komandir*, nouvelle appellation indifféremment attribuée aux cadres, officiers ou sous-officiers, depuis que les grades et les signes distinctifs ont été supprimés, le 16 décembre (29 décembre) 1917. On conservera les appellations de fonction abrégées, introduites depuis 1916 dans l'armée impériale : *komreg* (commandant de régiment), *kombrig* (brigade), *komdiv* (division), *komcor* (corps d'armée), *komandarm* (armée). Dans la marine, le grade d'amiral est remplacé par celui de *flagman*.

Le 8 mai 1918, l'état-major général est rétabli sous la direction de l'ex-général Bontch-Brouïevitch, avec l'ex-général Souleima au poste de grand quartier-maître. Cinq fronts sont créés (Nord, Est, Sud, Ouest et Ukraine). On commence également à former de grandes unités, brigades, divisions et armées à partir des débris des anciennes unités. Dans le but de relever le moral des fantassins, on les appelle désormais tirailleurs (*strelkovy*), nom jusqu'alors réservé aux unités d'élite de l'infanterie impériale.

En pleine révolte de la Légion tchèque, le 29 mai 1918, un décret prononce la conscription générale qui entre en application courant juin. La suppression du service militaire obligatoire (décret du 28 janvier 1918, publié le 23 février) n'aura donc duré que trois mois, le temps d'un soupir d'utopie.

Encadrement des grandes unités

Le 6 septembre 1918, le Conseil supérieur de guerre est remplacé par un Conseil (Soviet) militaire révolutionnaire de la République [1] présidé par Trotski et comprenant les commissaires Sklianski, I.N. Smirnov, A. Rosengoltz, Raskolnikov, Mouralov, Iourénev et le commandant en chef Vatsetis. Ce Conseil concentre tous les pouvoirs militaires et politiques sur tous les fronts et les exerce par l'intermédiaire d'un état-major de campagne dirigé par un officier remarquable, l'ex-colonel breveté P.P. Lébédev [2], assisté d'un vice-chef d'état-major, l'ex-colonel breveté Chapochnikov, futur maréchal de l'Union soviétique.

Dès juillet 1918, une 1re armée avait été mise sur pied par Vatsetis face aux Tchèques. Elle sera tout d'abord commandée par Toukhatchevski, assisté des commissaires O. Kalinine et V. Kouïbychev. Ce dernier avait été, par l'intermédiaire d'un frère officier, le « recruteur » du lieutenant Toukhatchevski qu'il avait fait adhérer au parti en avril 1918. La 1re armée est formée de détachements d'ouvriers de diverses

1. À la tête de chaque grande unité se trouve un organisme correspondant, le Comité militaire révolutionnaire (CMR).

2. Ne pas confondre avec son homonyme, infiniment moins capable, ancien collaborateur du général Kornilov, devenu chef d'état-major de l'amiral Koltchak pour le malheur de ce dernier.

villes de la Volga, notamment la division de Simbirsk, dite « division de fer », commandée par G. Gaï.

À la fin du mois de juillet, une 2e armée est constituée avec des détachements venus de l'Oural. Elle est initialement commandée par l'ex-général Chorine.

La 3e armée, avec R. Berzine et Lachkevitch, est formée par des contingents de l'Oural du Nord et de Sibérie.

La 4e, commandée par l'ex-général Baltiski, puis par Frounze, est recrutée dans la région de Saratov et dans l'Oural du Sud. C'est dans cette armée que s'illustre le célèbre chef de partisans Tchapaïev, commandant la 25e division, auquel le romancier Fourmanov consacrera l'un de ses livres.

Une 5e armée, tout d'abord commandée par un ex-officier letton, Slavine, est formée en août 1918, avec les troupes qui se battent sous Kazan, renforcées par des détachements d'ouvriers bolcheviques (plusieurs milliers) de Petrograd, conduits par les commissaires Kaïourov et Tchougourine.

Ces cinq armées embryonnaires du front de l'Est ne totalisent que 45 000 hommes à la fin du mois d'août 1918. S'y ajoute la flottille de la Volga commandée par le matelot bolchevique Markine, dont les trois destroyers joueront un rôle important au cours de la campagne.

Les soldats rouges

Fourmanov a décrit en témoin les nouveaux soldats de l'armée rouge, sur le quai d'une gare, attendant le train qui va les conduire au front : « Avec leurs manières gauches et empruntées, ils ont quelque chose de comique. Beaucoup ont endossé pour la première fois l'uniforme qui les habille tout de travers, ballonne et se lève comme pâte en pétrin... Voyez celui-ci, un revolver au flanc gauche, une paire de grenades au côté droit, le torse emmailloté d'une bande de mitrailleuse, il se démène sur le quai, dans un va-et-vient continuel, histoire de susciter l'admiration de ses amis et connaissances... » Plus loin, « les colonnes de soldats rouges défilent, des cavaliers passent au galop, les pièces d'artillerie roulent lentement, des caravanes de chameaux chargés s'écoulent vers la ligne de feu. Alentour, c'est la fusillade incessante, inutile, frénétique, qui ne s'apaise qu'avec la nuit, les uns nettoient le canon de leur fusil, d'autres chassent le "gibier", d'autres encore prétendent que le coup est parti comme ça... ». On voit que la discipline laisse encore à désirer. Quant à la conscience politique, elle est, sauf dans les détachements d'ouvriers communistes, quasi inexistante. Les recrues sont mobilisées de force. Il n'est pas rare, affirme Fourmanov, de les entendre dire que « les bolcheviks sont des camarades et des frères, tandis que les communistes sont les pires ennemis[1]... ». Tchapaïev lui-même n'est pas un marxiste d'une grande érudition. C'est une sorte de chef de brigands révélé par la révolution, il apporte au combat une bravoure et une intrépidité qui auraient naturellement pu s'employer ailleurs.

Les recrues prononcent au moment de leur incorporation le nouveau serment rédigé par Trotski : « Fils du peuple travailleur, citoyen de la République des soviets[2], j'accepte le titre de soldat de l'armée rouge des ouvriers et des paysans et je jure d'apprendre le métier des armes, d'entretenir avec soin mes armes, munitions et fournitures, d'être discipliné, d'orienter toutes mes pensées et toutes mes actions vers la grande fin de l'émancipation des travailleurs et de ne ménager ni mes forces ni ma vie pour la République des soviets, le socialisme et la fraternité des peuples. Que je sois méprisé et châtié si je viole ce serment. »

---

1. Dmitri Fourmanov, *Tchapaïev*, Moscou, Éditions du Progrès, 1946. Fourmanov est mort en 1926.

2. L'Union des Républiques socialistes soviétiques ne sera proclamée que le 30 décembre 1922.

La terreur et le pouvoir de la Tcheka

Ce sont ces hommes-là, encadrés par des centaines d'anciens officiers de l'armée impériale, qui vont faire reculer les Tchèques et les Blancs en Sibérie dans le courant de l'automne 1918.

Pourtant, sous l'impulsion de chefs militaires énergiques, le général Boldyrev d'abord [1], les généraux Dieterichs et Kappel ensuite, les armées blanches de Sibérie se sont considérablement étoffées, nourries, comme l'armée rouge, par la conscription obligatoire. Leurs contingents paysans ont des raisons très précises de se battre contre les bolcheviks qui, loin de modérer leur politique de réquisitions et de répression dans les campagnes, ont accru la terreur à la suite de la tentative d'attentat organisée contre Lénine, le 30 août 1918, par les S-R [2].

Le lendemain, la *Krasnaïa Gazeta* de Petrograd écrit : « À la mort d'un seul, disions-nous naguère, nous répondrons par la mort d'un millier. Nous voici contraints à l'action. Que de vies perdues de femmes et d'enfants de la classe ouvrière, chaque bourgeois n'a-t-il pas sur la conscience ? Il n'y a pas d'innocents. Chaque goutte du sang de Lénine doit coûter aux bourgeois et aux Blancs des centaines de morts. Les intérêts

---

1. Le général Boldyrev se retirera au Japon en novembre 1918 pour exprimer son désaccord contre la désignation de l'amiral Koltchak au commandement suprême des armées blanches de Sibérie.

2. Le jour où Lénine était blessé à Moscou, l'un des chefs de la Tcheka, Moïse Salomonovitch Ouritski, était abattu à Petrograd. L'auteur de l'attentat contre Lénine, Fanny (Dora) Kaplan, une militante S-R chevronnée, déclarera avant d'être fusillée : « J'ai tiré sur Lénine parce que je le considère comme un traître au socialisme et parce que son existence discrédite le socialisme. Je suis sans réserve pour le gouvernement de Samara et pour la lutte contre l'Allemagne aux côtés des Alliés. » On sait que Samara était le siège d'un des deux gouvernements antibolcheviques de Sibérie, avec Omsk. Cette dualité prendra fin lors de la prise du pouvoir de l'amiral Koltchak, considérée comme une victoire de la fraction droitière (Omsk) sur la gauche (Samara).

de la révolution exigent l'extermination physique de la classe bourgeoise... »

Cet appel n'est pas de la littérature de circonstance. Le 7 septembre, la seule Tcheka de Petrograd communique que 512 « contre-révolutionnaires » ont déjà été passés par les armes. Il apparaît bien, en effet, que chaque goutte de sang perdue par Lénine doit être payée par des centaines de morts. Hormis peut-être à l'époque d'antiques et barbares tyrannies orientales, jamais tentative de régicide n'avait entraîné pareille vengeance et pareil bain de sang au cours de l'histoire. Et ce n'est qu'un début.

Les journaux qui ne disent pas tout publient jour après jour d'interminables listes d'otages : grands-ducs, membres de l'aristocratie, officiers de tous grades, journalistes opposants, industriels, médecins, simples commerçants, rentiers. Cinq cents officiers sont fusillés par les matelots rouges à la forteresse de Kronstadt. À Moscou, on se contente, si l'on peut dire, de massacrer une soixantaine d'otages. À Perm, on en exécute 86, et 152 à Penza, 41 à Nijni-Novgorod, 23 à Orlov, petit bourg près de Viatka. À Riazan, le tchékiste Stelmakh fusille en plein jour dans la cour de la prison, sous les fenêtres de ceux qui attendent leur tour.

C'est au cours de ces journées que la Tcheka va se voir conférer le pouvoir exorbitant d'arrêter et exécuter qui elle veut, sans jugement, sans aucun contrôle, sur la seule imputation de suspicion contre-révolutionnaire ou de sabotage, notion extensible à l'infini. C'est également à cette époque que la Tcheka commence à intervenir dans l'armée rouge, inaugurant le troisième pouvoir, celui de la police politique, qui ne cessera plus de s'y manifester, à côté, sinon au-dessus, du commandement et du parti. En principe, la Tcheka procède secrètement. Les arrestations et les exécutions ne donnent lieu à aucune publicité, ce qui rend leur comptabilisation impossible.

Les relations de la Tcheka et de l'armée rouge sont doubles. D'une part, la Tcheka constitue une section spéciale dans chaque unité *(Ossoby Otdiel)*, pour y dépister les suspects et conduire les opérations de contre-espionnage (chasse aux espions, en abrégé : *Smerch*). D'autre part, elle fait appel à l'armée pour épauler ses expéditions punitives.

Les « Expéditions de la Mort »

Michaguine-Skrydloff, témoin impartial des événements de cette période, a relaté l'arrivée d'une « Expédition de la Mort » à Kislovodsk, station du Caucase où le soviet local a dressé une liste d'otages, dont le général Rousski : « Elle procéda à l'exécution du premier contingent d'otages, à savoir les personnalités précédemment arrêtées. Leur supplice s'accomplit de manière atroce. On conduisit en un lieu écarté ces otages, dont la plupart étaient des vieillards. On leur ordonna de creuser eux-mêmes leur tombe, une tombe commune. Quand ce fut fait, les commissaires s'approchèrent d'eux, sabre au poing, et à grands coups, leur tranchèrent aux uns les bras, aux autres les jambes, à certains les quatre membres. Dans cette sanglante confusion, aucune victime ne tenta seulement de s'échapper car un détachement de l'armée bolchevique, en rangs serrés, environnait de toutes parts ce massacre. Pourtant, lorsque, enfin, les commissaires commandèrent aux soldats rouges d'achever ces demi-cadavres en tirant sur eux, les soldats ne s'en sentirent point le courage et refusèrent. Un commissaire aussitôt, d'un coup de revolver, tua un soldat à bout portant. Épouvantés, les hommes obéirent et ouvrirent le feu sur les débris vivants qui leur faisaient face. »

Le lendemain, afin de savoir ce qui s'est passé, Michaguine se rend sur le théâtre de l'exécution, avec d'autres personnes de Kislovodsk. Quel spectacle ! « Les suppliciés étaient tous morts mais les poses gardées par leurs cadavres attestaient les efforts qui avaient ranimé leur agonie. Manifestement, la plupart n'avaient pas succombé sur le coup. La tuerie achevée, ceux qui respiraient encore avaient cherché à se dégager d'entre les morts. Entassés, englués par une boue de chair et de sang, tous n'avaient pu y parvenir. Mais certains avaient réussi à se hisser, à se traîner sur leurs troncs sans membres, pour rejoindre un parent, un ami. Ils étaient morts enfin, les étreignant de leurs moignons [1]. »

1. Michaguine-Skrydloff, *Russie blanche et Russie rouge*, Paris, Plon, 1935. L'auteur, bien que d'origine noble, ne s'est pas rallié aux Blancs pour lesquels il n'éprouve guère plus de sympathie que pour les Rouges.

CHAPITRE IX

L'INTERVENTION ALLIÉE EN RUSSIE

Personne ne croit à la durée du bolchevisme

L'hiver 1918-1919 est dominé par les conséquences de la défaite des Empires centraux.

Pour Lénine, l'effondrement allemand, évident depuis la fin de l'été 1918, ouvre à Berlin une crise majeure « qui se terminera infailliblement par la prise du pouvoir par le prolétariat » (c'est-à-dire par le parti spartakiste, équivalent allemand du parti bolchevique). « Le prolétariat de Russie doit [donc] tendre toutes ses forces pour venir en aide aux ouvriers allemands (...). Il faut créer pour la révolution allemande une réserve de blé, il faut hâter la formation d'une puissante armée rouge. Nous avions décidé d'avoir pour le printemps une armée d'un million d'hommes ; nous avons besoin maintenant d'une armée de trois millions. Nous pouvons l'avoir, nous l'aurons », déclare-t-il le 3 octobre 1918.

L'histoire, pourtant, démentira Lénine. Les « gardes blancs » allemands (c'est-à-dire les corps francs sur qui s'appuie le gouvernement socialiste d'Ebert) ne se laisseront pas faire comme leurs homologues russes. Et l'armée rouge n'interviendra pas en Allemagne.

En revanche, l'effondrement de l'Autriche-Hongrie et de l'Allemagne a des effets directs sur le cours de la guerre civile. Dès novembre 1918, s'amorce le retrait rapide des troupes allemandes occupant la Crimée et l'Ukraine.

Les Alliés sont partagés, comme d'habitude, sur la politique à suivre[1]. Ils sont fortement tentés de se dégager de ce nid de guêpes qu'est devenue la Russie, mais ils sont retenus par une double considération morale et politique. Se retirer signifierait abandonner les Tchèques dont on s'est engagé à garantir l'évacuation. Ce serait également abandonner ces Russes blancs que l'on a poussés à prendre les armes contre l'Allemagne et qui se sont révélés des alliés loyaux de l'Entente. D'autre part, l'impression prédomine encore à cette époque que le régime des soviets n'est pas viable.

Il semble impossible que ce que Churchill appelle « cette répugnante singerie du bolchevisme » ne soit pas balayée. Des hommes qui massacrent leurs officiers, assassinent leur tsar et ses enfants, exécutent les otages, affament les populations, refusent d'honorer les dettes et les traités, de tels hommes ne pouvaient pas ne pas être vaincus. C'est sans doute là une espérance plus morale que politique, mais elle est fortement enracinée dans les esprits. La certitude que ce cauchemar finira bien un jour fait apparaître l'avenir des Blancs sous des couleurs plus favorables qu'elles ne le sont en réalité.

Les causes militaires de l'intervention

Tant que la Russie fut en guerre, de 1914 à 1917, elle a pris une part essentielle à l'effort des Alliés contre l'Allemagne et

---

1. Le seul exemple de concertation est la tentative de rencontre de Prinkipo. En décembre 1918, à l'initiative de Lloyd George, les gouvernements alliés proposent aux Rouges et aux Blancs leurs « bons offices ». Ils offrent d'organiser une conférence dans l'île de Prinkipo en mer de Marmara en vue de trouver une solution qui mette fin à la guerre civile. Cette proposition ne connut évidemment aucune suite. Il fallait vraiment méconnaître le caractère inexpiable de la guerre civile pour imaginer une possible négociation.

l'Autriche. Le « rouleau compresseur » russe n'avait sans doute pas répondu à tous les espoirs mis en lui, et l'immense front russe offrait peu de nouvelles encourageantes mais au moins, jusqu'à la révolution de Février, avait-il tenu. Pour l'essentiel, la Russie remplissait donc la fonction majeure qui lui était impartie dans la coalition : mobiliser à l'Est des millions de soldats ennemis et un tonnage considérable de matériel, ce qui soulageait d'autant le front de l'Ouest, des Flandres à Verdun.

Dès la prise du pouvoir par Lénine, dont la volonté de se retirer de la guerre était connue, mais surtout lors de la signature du traité de paix de Brest-Litovsk (3 mars 1918) mettant fin à la guerre à l'Est, les Français et les Anglais découvrirent avec indignation que leur fidèle allié les avait lâchés. Répondant à la demande de la Rada, l'Allemagne occupait l'Ukraine, poussant en Russie du Sud jusqu'au Caucase et en Crimée. Ils occupaient aussi la Pologne et les provinces baltes. Cette présence et la réquisition systématique de denrées qui en était la conséquence mobilisaient des effectifs (un million d'hommes), mais beaucoup moins que la guerre, et sans qu'il fût nécessaire d'y employer des troupes de premier choix.

Durant l'hiver 1917-1918, le haut commandement allemand put ainsi transférer sur le front de l'Ouest quarante divisions de première ligne et un énorme matériel. Le 21 mars 1918, il lançait sa première grande offensive de printemps. Soixante-cinq divisions passaient à l'attaque dans le secteur de Saint-Quentin, bousculant le front anglo-français jusqu'à Amiens. Le 8 avril, une nouvelle offensive était lancée sur le front anglais en direction de la mer. À la fin mai, une troisième offensive en direction de l'Aisne et de la Marne menaçait directement Paris. Dans l'inquiétude de ces semaines, naquit chez les Alliés la tentation d'intervenir en Russie pour y rétablir une menace contre l'Allemagne.

Avant d'être politique, la préoccupation des dirigeants franco-britanniques était militaire. Les projets d'intervention ne sont pas nés, comme le soutiendront les manuels soviétiques, d'un sombre « complot impérialiste » visant à étrangler le jeune État soviétique. Un gouvernement de droite concluant la paix de Brest-Litovsk aurait suscité la même colère et le même désir d'intervention. Le fait que le nouvel État se plaçait délibérément en dehors du droit des gens n'était qu'un facteur aggravant, au début du moins.

Français et Anglais en viennent cependant assez vite à penser que la « trahison » russe si favorable à l'Allemagne ne peut être que l'effet d'un complot. Lénine et Trotski apparaissent donc nécessairement comme des agents stipendiés de l'ennemi. C'est faux, mais tentant [1]. Amplifiées par la presse, les rumeurs deviennent certitude.

Ce qu'on a appelé l'Intervention s'est développé de façon parfaitement anarchique partout où cela était matériellement possible, c'est-à-dire partout où existait un accès pour les flottes alliées. Elle s'est étendue du cercle polaire à l'extrémité orientale de l'ancien empire, sur une demi-douzaine de théâtres d'opérations, sous des prétextes différents, mais toujours avec le même résultat désolant. Son but initial était de rouvrir un front à l'Est contre l'Allemagne pour soulager celui de l'Ouest. Avant même la signature de Brest-Litovsk, le Conseil supérieur interallié a recommandé de « soutenir [en Russie du Sud] par tous les moyens en notre pouvoir les groupes nationaux déterminés à continuer la guerre ». Mais cette première tentative montre qu'il y avait loin de l'intention à la mise en œuvre.

Vue de Londres ou de Paris, la Russie du Sud est une entité fort imprécise. On fait appel aux anciens souvenirs de la guerre de Crimée (1854) et on imagine possible de constituer

---

1. Cette accusation reposait néanmoins sur une réalité. Avant la prise du pouvoir, les services secrets allemands avaient fourni des fonds au parti bolchevique dont ils attendaient qu'il mît fin à la guerre à l'Est. Voir Éric Laurent, *La Corde pour les pendre*, *op. cit.* ; Dimitri Volkogonov, *Le Vrai Lénine d'après les archives secrètes soviétiques*, *op. cit.*

une sorte de tête de pont sur laquelle se concentreront des troupes ukrainiennes, roumaines et transcaucasiennes, renforcées par ceux qu'on appellera bientôt les Blancs. Sur le papier, cela ne manque pas d'une certaine logique. Le territoire des cosaques du Don de si romantique réputation, sur lequel l'ataman Kaledine a brandi l'étendard de la révolte, semble une base d'opération idéale contre les forces allemandes qui pénètrent en Ukraine. Malgré les objurgations des officiers britanniques présents en Russie du Sud, le War Office décide donc d'allouer à l'ataman une aide financière. Mais avant que la première livre sterling ne lui parvienne, l'ataman, qui est sans troupes et ne s'intéresse pas aux Allemands, s'est tiré une balle dans la tête.

Le décalage sera toujours considérable entre ce que les hommes politiques, les diplomates ou les militaires ont conçu dans les lointains bureaux européens, et ce qui sera fait sur place, longtemps après et à des milliers de kilomètres, dans un monde où les transports et les communications sont toujours d'une extrême lenteur.

Le projet d'intervention en Sibérie

Parmi toutes les idées qui germent alors dans les états-majors occidentaux, celle d'utiliser l'allié japonais n'est pas la moins farfelue. Oui, en ce temps-là, le Japon est l'allié des puissances liguées contre l'Allemagne, l'Autriche et la Turquie. Un allié passif. La guerre en Europe n'est pas sa préoccupation dominante. Son statut de belligérant lui offre une sorte d'assurance gratuite sur l'avenir. Dans sa grande sagesse, le Japon espère tirer parti en Chine (objectif principal de ses ambitions) de l'affaiblissement que la guerre ne manquera pas d'apporter à ses ennemis comme à ses alliés.

Où le Japon pourrait-il d'ailleurs intervenir, sinon à proximité de ses bases, sur la côte asiatique de l'immense Sibérie ? À supposer qu'il puisse débarquer des troupes à Vladivostok sur la mer du Japon, elles ne seraient jamais qu'à 10 000 kilomètres du premier soldat allemand. Une bagatelle !

Mais outre le fait que les Japonais n'ont aucune raison de s'en prendre à des soldats allemands, un autre obstacle s'oppose à leur intervention éventuelle en Sibérie. Les États-Unis, grande puissance du Pacifique, ce qu'on n'avait peut-être pas encore bien compris en Europe, sont tout d'abord opposés à l'introduction de leur dangereux concurrent japonais en Sibérie. Il faudra du temps, les répercussions de la révolte des Tchèques sur le Transsibérien, l'arrivée à Washington de Masaryk, éloquent avocat de la cause tchèque, et peut-être d'autres raisons encore pour que le président Wilson en vienne à accepter le principe d'une intervention conjointe des Alliés en Sibérie incluant un contingent japonais.

Quand des nouvelles plus ou moins fantaisistes sur la situation dramatique de la Légion tchèque afflueront à la Maison Blanche vers la fin de juin 1918, la corde sentimentale, toujours déterminante chez Wilson, trouvera le prétexte humanitaire capable de le faire changer d'avis. Le 6 juillet, le président décide brusquement d'envoyer une force armée en Sibérie au secours des Tchèques qu'on lui a présentés comme des victimes. Mais quand l'intention commencera de prendre forme, l'offensive allemande à l'Ouest se sera définitivement enlisée. Le but initial a donc disparu, mais plus personne ne s'en soucie. Le projet continuera de vivre grâce à la vitesse acquise.

Expédier vers l'ouest une armée japonaise à 10 000 kilomètres de ses bases grâce au seul Transsibérien, à travers des régions hostiles, et à supposer que le matériel roulant eût existé dans la quantité souhaitable, voilà le genre de difficulté qui n'avait arrêté aucun des spécialistes franco-britanniques chargés de réfléchir à la question. Tous les plans d'intervention n'ont pas été aussi extravagants que celui-là, mais ils furent tous élaborés loin de la Russie par des hommes qui connaissaient mal la situation réelle, et que leur statut de spécialistes dotait d'une arrogance d'autant plus assurée qu'elle s'appuyait sur des institutions peu enclines à l'esprit critique. Quatre années de combats terrestres, dans les conditions mécaniques et rigides de la guerre de position des tranchées de l'Ouest, n'avaient pas favorisé l'esprit d'imagination au sein des états-majors occidentaux...

La politique ténébreuse et réaliste du Japon

Une fois lancé, Wilson ne consulte plus personne. Il rédige lui-même sur sa propre machine à écrire le brouillon de l'*Aide-mémoire* présenté le 17 juillet aux ambassadeurs alliés. « Une action militaire n'est admissible en Russie, pouvait-on y lire, que pour aider les Tchécoslovaques (...) à poser les fondations d'une œuvre commune avec leurs frères slaves, et pour appuyer tous les efforts des Russes vers leur indépendance et leur sauvegarde. » On voit que les bons sentiments coulent à flots. Quels Russes ? Indépendance et sauvegarde vis-à-vis de qui ? Qu'est-ce que cette œuvre commune des Tchèques avec leurs « frères slaves » contre lesquels ils se battent souvent de façon féroce ? Et en quoi cela concerne-t-il la guerre contre l'Allemagne, but initial de l'intervention ? Mystère. Toujours est-il que ce nébuleux *Aide-mémoire* est remis dans une enveloppe scellée avant son départ au général Graves, commandant des troupes américaines. À lui de se débrouiller pour y trouver de quoi interpréter sa mission. De façon aussi contradictoire qu'hypocrite, le document proclame que le gouvernement américain se refuse à une intervention militaire, mais qu'il décide néanmoins d'envoyer des troupes en Sibérie au secours des Tchèques. L'effet pratique de cette décision sera de cautionner une intervention alliée en Sibérie en apportant dans ce pays un peu plus de confusion qu'il n'y en avait [1].

---

1. George F. Kennan, *Soviet-American Relations, 1917-1920*, Londres, 1956, 1958, 2 volumes ; général W.S. Graves, *America's Siberian*

Pour des raisons évidentes de proximité géographique, ce sont les Japonais qui, à la demande des Alliés, vont fournir les plus gros contingents. Aussi la direction suprême de l'intervention leur est-elle confiée. La première division japonaise débarque à Vladivostok à partir du 3 août 1918. Elle est suivie par un bataillon d'infanterie tonkinoise et une batterie de campagne française venus d'Indochine. Puis débarquent les 7 000 Américains du général Graves venus d'Honolulu, un bataillon anglais et un bataillon canadien. Les Rouges réagissent le 20 août. Ils lancent une opération sur Vladivostok avec plusieurs dizaines de milliers d'hommes appuyés par cinq trains blindés. Leur avant-garde enfonce un ensemble de Tchèques et de cosaques. À quelques kilomètres derrière, ils tombent sur une division japonaise qui les met en pièces. Ce sera l'une des rares opérations militaires nippones en Sibérie.

De toutes les puissances impliquées dans la région, la seule qui ait un dessein clair et réaliste est le Japon. Présents depuis longtemps en Mandchourie, les Nippons y contrôlent à peu près tout. Ils ont de l'argent et le distribuent largement à ceux dont ils ont besoin, entretenant savamment l'existence de petits féodaux, aventuriers cosaques et bandits déguisés en atamans, le long du chemin de fer transmandchourien, dont l'autorité relève toujours en principe du général russe Horvath, technicien compétent et politique subtil, qui s'efforce de contrer les Japonais sans devenir leur ennemi.

Fort habilement, le Japon avait proclamé qu'il ne ferait rien en Sibérie sans l'accord américain. Mais après que l'*Aide-mémoire* de Wilson aura cautionné leur propre intervention, ils en élargiront l'ampleur avec l'accord tacite des Français et des Anglais. Ils préciseront cependant que leur objectif se

---

Adventure, 1918-1920, New York, 1931 ; John A. White, *The Siberian Intervention*, Princeton, 1950 ; J. Swettenham, *Allied Intervention in Russia*, Londres, 1967 ; Peter Fleming, *Le Destin de l'amiral Koltchak*, traduit de l'anglais par Camille Laurent, Paris, Plon, 1967.

limite à la protection de leurs intérêts dans la région. De leur côté, les 7 000 Américains resteront l'arme au pied autour de Vladivostok pour garder les stocks de matériel débarqués par l'Entente, sans jamais venir en aide aux « frères slaves »[1]. En comparaison, le nombre des soldats japonais finira par être dix fois supérieur, mais jamais eux-mêmes ne dépasseront vers l'ouest la limite du lac Baïkal. Autant dire que leur participation directe dans la guerre civile russe restera inexistante, sinon pour contrecarrer efficacement en Mandchourie et en Transbaïkalie tous les efforts de mise en ordre, on le verra, tentés par l'amiral Koltchak, quand celui-ci sera à pied d'œuvre. Mais n'anticipons pas.

Le but des Japonais n'est pas d'annexer la Transbaïkalie, région qui s'étend sur 3 000 kilomètres, du lac Baïkal à Vladivostok, longeant la frontière incertaine de la Mandchourie. Il n'est pas non plus dans leurs intentions d'aider les Tchèques, ni de soutenir la formation d'un pouvoir blanc fort et stable en Sibérie, c'est même la dernière chose qu'ils souhaitent. Leur but est de consolider leurs positions en Mandchourie et d'agir à leur guise dans toute la région du Transmandchourien et de sa jonction avec le Transsibérien. Un pouvoir blanc en Sibérie, ferme et respecté, leur serait un obstacle. Ils feront donc tout ce qui sera en leur pouvoir pour

---

1. Par l'intermédiaire de missions humanitaires et commerciales, les Américains interviennent cependant de multiples façons en Transbaïkalie. Correspondant de *L'Illustration* en Sibérie dans la zone tenue par les Blancs, Ludovic H. Grondijs en a donné un aperçu dans un article du *Mercure de France* du 15 juillet 1923 qui est à prendre bien entendu avec les réserves d'usage : « Les sentiments aux États-Unis à l'égard des pays d'Europe (et principalement de la Russie) consistent largement dans la rancune de tous les déshérités d'Europe et de leurs descendants, dont la nation américaine est composée, envers leurs anciens gouvernements. Nous retrouvons dans les missions américaines en Sibérie l'influence prépondérante des mêmes éléments juifs révolutionnaires qui (...) avaient organisé aux États-Unis la formidable propagande que l'on sait contre le tsarisme. »

contrecarrer les efforts des patriotes russes intègres comme Koltchak. Spéculant sur l'anarchie, ils favoriseront l'autonomie ombrageuse de petites féodalités guerrières, dont l'ataman Semenov ou le futur général Ungern seront des illustrations.

Deux généraux en conflit, Janin et Knox

Les Anglais et les Français n'ont pas les mêmes mobiles. Cependant les conflits de puissances et de personnes qui les opposeront en Sibérie auront également des conséquences désastreuses pour le pouvoir blanc qu'incarnera l'amiral Koltchak.

Dans le cours de 1918, l'une des priorités pour la France est la fameuse Légion tchèque, directement impliquée depuis la fin du mois de mai dans la guerre civile russe. L'idée de la rapatrier sur le front de l'Ouest a été abandonnée au profit d'une action contre les bolcheviks, ces amis des Allemands. Mais cela ne fait pas l'affaire du Conseil national tchécoslovaque de Paris. Son très actif secrétaire général, Edvard Beneš, se moque de la situation intérieure russe. Sa pensée est mobilisée par la formation du futur État tchécoslovaque que les Alliés ont promis d'établir sur les ruines de l'Allemagne et de l'Autriche. C'est en Bohême que la Légion tchèque aurait sa place et non en Sibérie. Aussi pèse-t-il de toute son influence pour que soit organisé son rapatriement par Vladivostok. Mais en attendant, elle se bat, éparpillée sur 4 000 kilomètres du Transsibérien et elle a besoin d'être soutenue. Beneš obtient donc du gouvernement français l'envoi en Sibérie du général Janin avec la double qualité de commandant en chef de la Légion tchèque et de chef de la mission militaire française, chargé à ce titre de reprendre en main les années blanches de Sibérie et de les aider à refouler les bolcheviks.

Dans les cercles français de 1918, le général Maurice Janin est considéré comme le grand spécialiste de la Russie. Attaché dès 1893 à la mission russe en visite en France, parlant la langue, il a fait par la suite de nombreux séjours en Russie, notamment en 1912 comme instructeur à l'École militaire de Saint-Pétersbourg. Après avoir commandé une brigade sur la Marne et l'Yser en 1914, il est devenu en 1916 le chef de la mission militaire française en Russie. L'homme a une haute idée de sa personne. Péremptoire et cassant, il usera dans ses rapports avec les Blancs de sa qualité de représentant de la grande puissance qu'est encore la France pour leur faire sentir leur indignité. Dans le chaos sibérien, sa politique personnelle hostile à l'amiral Koltchak aura les conséquences les plus néfastes.

Le général Janin part pour Vladivostok dans les derniers jours d'août 1918. Il parviendra à Omsk le 16 décembre. On l'a averti de l'envoi simultané d'une mission militaire anglaise dirigée par le général Alfred Knox qui a pour principe mission d'organiser les troupes russes. Du chevauchement de leurs attributions et de querelles de préséance va naître un antagonisme dont les Blancs feront les frais.

Si Janin connaît la Russie, Knox n'est pas en reste. Attaché militaire anglais à Saint-Pétersbourg depuis 1910, il parle la langue et connaît bien l'armée russe dont il a vécu tous les drames, du désastre de Tannenberg à la révolution bolchevique. C'est peu de dire qu'il exècre le bolchevisme. De tous les chefs de mission alliés, c'est sans doute celui qui aura le plus à cœur la cause des Blancs. Il dépensera de gros efforts pour tenter de favoriser l'avènement d'un pouvoir intègre et compétent en Sibérie.

Imbroglio de l'intervention en Sibérie

Après de longues négociations sur les attributions respectives de leurs chefs de mission, Français et Britanniques décident que le général Knox aura qualité de « directeur de l'arrière » à l'est du lac Baïkal, tandis que Janin aura autorité sur les troupes russes et alliées à l'ouest, dans la zone des opérations. L'organisation et l'instruction des troupes russes relèvent de Knox, tandis que la conduite des opérations appartient en principe à Janin. Autant dire que toutes les conditions d'un conflit sont réunies, d'autant que personne n'a demandé l'avis des Russes, qui n'accepteront jamais d'être soumis à l'autorité de Janin, ce que ce dernier ne leur pardonnera pas. On n'a pas non plus demandé l'opinion des Japonais.

Arrêtons-nous un instant pour examiner l'invraisemblable imbroglio de l'intervention en Sibérie lorsque celle-ci se met en place, au début de l'automne 1918.

La conférence alliée de Versailles a placé le commandement suprême de l'intervention aux mains des Japonais. Tout en désignant le général Otani pour un très fictif commandement interallié, les Japonais spécifient que pas un de leurs soldats ne dépassera Irkoutsk. Ils ne risquent donc pas d'intervenir sur le front de l'Oural à quelque 3 000 kilomètres de là. Leur seule action militaire se limitera au nettoyage de la région de Vladivostok. Ni les Américains, ni les Anglais, ni les Français, ni à plus forte raison les Russes, ne se sentent d'ailleurs disposés à recevoir les ordres des Japonais. Pour sa part, la coalition sibérienne formée par les deux gouvernements « blancs » d'Omsk et de Samara considère légitimement que c'est à son propre ministre de la Guerre de diriger les affaires militaires en Sibérie. Il faut souligner au passage le caractère national-sibérien et non russe du gouvernement d'Omsk, cause de futures tensions avec l'amiral Koltchak que hérissera ce séparatisme. De leur côté, les Tchèques ne ressentent ni le besoin ni l'envie d'être subordonnés à une autre hiérarchie que la leur. Ils acceptent cependant l'autorité purement nominale du général Janin en qui ils découvrent un allié sinon un complice. Janin se querellera lui-même avec les Sibériens et les Russes blancs, ainsi qu'avec son collègue Knox. Si l'on ajoute à ce tableau sommaire les conflits des potentats locaux envenimés par les Japonais, les prétentions autonomistes des ethnies qui se considèrent comme autant de nationalités ; si l'on joint encore à tout cela l'état d'extrême pénurie et de totale désorganisation des armées blanches recrutées parmi les différentes populations des régions traversées par l'immense Transsibérien, alors on commence à se faire une idée du chaudron de sorcières dans lequel devra se débattre le malheureux amiral Koltchak quand on lui fera le joli cadeau de l'y précipiter.

Les Anglais et le général Miller à Arkhangelsk

Les autres projets alliés d'intervention, sans atteindre le même niveau de confusion, suivent eux aussi le plus souvent une pente qui les éloigne de l'objectif pour lequel ils ont été conçus. Ainsi en sera-t-il de l'initiative anglaise à Mourmansk.

Durant la guerre, alors que la marine allemande interdisait l'accès de la Baltique, le seul port permettant d'atteindre la Russie du Nord était Arkhangelsk sur la côte arctique. Mais Arkhangelsk est bloqué par les glaces dix mois sur douze. Aussi la Royal Navy entreprit-elle de créer un port secondaire à Mourmansk, dont l'accès reste libre même en hiver grâce au Gulf Stream. Une petite escadre portant la marque de l'amiral Kemp vint y mouiller durant l'hiver 1917-1918. Mourmansk fut relié à Petrograd et Arkhangelsk par une voie ferrée dont les rails avaient été amenés d'Angleterre. Dans la période incertaine qui a précédé Brest-Litovsk, on a craint que les Allemands ne cherchent à s'emparer de Mourmansk, ce qui a jeté la panique dans les états-majors, mais aussi chez les bolcheviks. Le 6 mars 1918, le soviet local demande la protection de l'amiral Kemp. Celui-ci débarque un détachement de Royal Marines. Dans les jours suivants, plusieurs bâtiments anglais, français et américains viennent mouiller à Mourmansk pour renforcer la position. Au nom de la menace allemande, les Anglais occupent également Arkhangelsk (21 juillet) où se trouvent d'importants dépôts de matériel.

Sous la protection des Britanniques, un « gouvernement suprême de la région du Nord » est constitué que préside le socialiste Tchaïkovski, mais le pouvoir réel est exercé par un Anglais, le général Poole, auquel succédera le général Ironside. Ces généraux disposent bientôt de quinze mille hommes auxquels s'ajoutent quelques milliers de volontaires blancs, pas toujours volontaires d'ailleurs, commandés à partir de janvier 1919 par le général E. K. Miller. Certains officiers russes n'ont pu rejoindre ce dernier qu'à grands risques, traversant les positions rouges qui cernent la région.

Au mois d'août, Miller deviendra commandant des armées du front Nord, puis chef du gouvernement et de l'armée du Nord. Ne voyant plus d'utilité à ce front, les Anglais finiront par rembarquer le 14 septembre 1919. Déclinant la proposition infamante d'embarquer en abandonnant ses hommes, Miller refuse de les suivre. Il tiendra seul face aux Rouges, menant des actions de harcèlement dans l'espoir de soulager Denikine et Ioudenitch. Après l'échec de ce dernier, il décide d'évacuer ses hommes en direction de la Norvège, le 4 février 1920, à bord des deux seuls navires russes qui lui restent et à la barbe de la 6e armée rouge qui s'empare d'Arkhangelsk. Les officiers blancs qui continuent à faire le coup de feu dans la ville sont fusillés sur place. D'autres sont emmenés à Moscou pour y être exécutés, tel le lieutenant-colonel V. A. von Gmelin, ancien officier des lanciers de la Garde.

Émigré à Paris, le général Miller jouera un rôle important dans le ROVS, l'organisation des anciens officiers blancs. Il prendra la succession du général Koutiepov, enlevé par le Guépéou en 1930. Sept ans plus tard, il tombera à son tour dans un piège du service secret soviétique, tendu par un ancien officier blanc, le général Skobline.

Le sort des Pays baltes

Plus à l'est, l'intervention britannique s'exercera en 1918 dans les anciennes provinces baltes de l'empire russe. Elle s'appuiera, une fois n'est pas coutume, sur des troupes allemandes transformées pour la circonstance en auxiliaires de l'Entente. Auxiliaires peu consentants.

Provinces de l'empire russe à la veille de la guerre mondiale, les Pays baltes, jusqu'au XVIIIe siècle, avaient fait partie de la zone d'influence germanique et jamais les Allemands, bâtisseurs de ces pays, n'avaient abandonné l'idée d'y reprendre pied. À la fin de la guerre, dans une intention qui parut désintéressée seulement aux plus naïfs, Londres favorisa l'indépendance de l'Estonie, de la Lettonie et de la Lituanie. Mais cette politique ne pouvait se réaliser sans nuire aux prétentions de Berlin comme à celles de Moscou.

Au fil des siècles, les trois pays baltes avaient connu des histoires à la fois proches et différentes. Les Estoniens parlent finnois, tandis que les Lettons parlent une langue slave apparentée au lituanien. Ces peuples n'ont pas la même origine, ni même toujours la même religion, mais comme ils vivent dans une région où se rencontrent les ambitions germaniques, scandinaves et slaves, ils en ont tous subi les effets dramatiques. Des trois influences, l'allemande a été la plus longue dans le temps et la plus profonde aussi, au point de laisser une forte imprégnation culturelle qui résistera à l'expulsion des Allemands dans le deuxième quart du XXe siècle[1].

L'entrée dans l'histoire des Pays baltes s'était faite au XIIIe siècle avec le début de la rude colonisation germanique entreprise par des moines soldats, Porte-Glaives et Teutoniques. Les chevaliers portant la croix sur l'armure attirèrent peu à peu dans leur sillage des nobles ruraux, les *Junkers*, et des marchands fondateurs de villes sur le modèle hanséatique.

---

1. Yves Plasseraud, *Les États baltes*, Paris, Montchrestien, 1992.

La conversion au christianisme par le fer et par le feu fut lente. Quand l'ordre Teutonique se sécularisa, embrassant la Réforme luthérienne, l'Estonie et la Lettonie qui lui étaient étroitement soumises devinrent de ce fait protestantes. Ce ne fut pas le cas pour la Lituanie qui resta catholique. Ce pays au grand passé avait su maintenir son indépendance, tout en se convertissant au christianisme pour des motifs purement politiques. Les Allemands du XXe siècle n'ont pas oublié l'orgueilleuse résistance que leur avaient jadis opposée les Lituaniens, vainqueurs des Teutoniques à Tannenberg en 1410. Ils en conçoivent pour eux un respect qui explique largement la différence de traitement réservé aux uns et aux autres.

Indépendance et révolution sociale en Lettonie

À la suite de circonstances différentes, les trois pays baltes furent absorbés au XVIIIe siècle par l'empire russe. Celui-ci respecta la domination sociale des Allemands (appelés Baltes). Mais à la fin du XIXe siècle, sous Alexandre III, l'administration impériale russe fit de grands efforts de russification, imposant notamment l'enseignement du russe à l'école. Simultanément, comme partout en Europe, commençaient à se faire jour les premiers mouvements nationalistes, culturels ou politiques. Par la force des choses, ils entrèrent en conflit avec l'empire russe et le tsarisme. Mais ils s'insurgèrent aussi contre les anciens colonisateurs allemands, propriétaires des grands domaines fonciers et maîtres du commerce comme des hautes professions dans les villes.

Le nationalisme rejetait donc à la fois l'occupation russe et la domination sociale allemande. Vis-à-vis des Baltes (descendants des conquérants allemands), cette révolte prenait même le caractère d'un véritable rejet racial. Bref, tout particulièrement en Lettonie où la coercition russe avait été plus forte et la colonisation allemande plus dense, les revendications indépendantistes se confondaient avec l'espoir d'une révolution sociale tournée contre les Baltes. Voilà pourquoi la social-démocratie avait connu un développement exceptionnel dans ce pays. Être social-démocrate, voire bolchevique, était une autre façon de se vouloir Letton.

Créé en 1904, le parti social-démocrate letton comptait comme partout une proportion importante de Juifs qui le rejoignaient pour des raisons similaires à celles que l'on vient d'évoquer. La révolution de 1905 prit en Lettonie un caractère particulièrement violent et la dure répression des années 1906-1907 ne fit que renforcer la haine du tsarisme et la vigueur du mouvement révolutionnaire. Toutes ces raisons font que les unités lettones ont joué un rôle capital dès le début de la guerre civile au service du pouvoir bolchevique. Et ce n'est pas un hasard si le premier commandant en chef de l'armée rouge durant la guerre civile, le colonel Vatsetis, était un Letton.

Ébranlant l'empire russe, la guerre mondiale précipita à la fois le mouvement vers l'indépendance et l'avènement de la révolution. Tout avait commencé à partir de 1915 quand la VIIIe armée allemande occupa successivement la Lituanie, une partie de la Lettonie et, plus tard, l'Estonie.

Faisant preuve pour une fois d'habileté, la Russie modifia sa politique, flattant les aspirations nationales, constituant des régiments lettons où les ordres étaient donnés dans la langue nationale par des officiers lettons. Les Allemands, eux, adoptèrent une politique différente suivant les pays. Tandis qu'en Lituanie ils appuyaient la marche vers l'indépendance, ils s'y opposaient en Lettonie et en Estonie, anciennes terres de colonisation.

Cependant, l'évolution de la guerre à l'Ouest et la défaite allemande de novembre 1918 mirent un terme brutal aux projets allemands. Comme l'avait fait l'armée russe en 1917, la VIIIe armée allemande sembla soudain se liquéfier alors qu'elle amorçait sa retraite pour rentrer en Allemagne. Mutineries, création de soviets, désertions. En quelques jours, il ne resta plus rien de l'orgueilleuse puissance militaire allemande dans la Baltique, sinon des stocks de matériel, des débris d'états-majors et, surgissant de régiments pulvérisés, quelques corps francs composés comme ceux d'Allemagne par une poignée de jeunes officiers et sous-officiers refusant de se comporter en fuyards ou en vaincus.

Libération de l'Estonie et de la Lituanie

Tout en reconnaissant l'indépendance des trois pays baltes dès la fin de 1918, le gouvernement bolchevique envoie des armées rouges en Estonie et en Lettonie. Dans le premier pays, elles s'emparent de Narva le 29 novembre et de Tartu le 21 décembre. Dans le second, elles entrent à Valmiéra le 25 décembre et à Riga le 3 janvier 1919. Cette conquête s'accompagne de violences contre les Baltes (Allemands) qui sont chassés de chez eux, emprisonnés ou massacrés. Rien ne semble pouvoir s'opposer à la conquête de la Lettonie par les soviets. S'infiltrant par la Courlande, l'armée rouge pénètre même en Lituanie, s'emparant de Vilna le 6 janvier.

L'offensive rouge dans les Pays baltes entre dans le cadre de la stratégie définie par Trotski à Voronej le 16 novembre 1918 : la jonction avec la révolution autrichienne, qui triomphe à Vienne et Budapest, se fera par Kiev, alors que le soutien aux spartakistes qui se sont soulevés à Berlin passe par Vilna en Lituanie.

Mais aucun des deux objectifs ne se réalisera. Sur la Baltique, le projet bolchevique est ruiné par une série d'initiatives et d'interventions imprévues. D'emblée, des résistances se sont opposées à l'avance des Rouges. Les plus vigoureuses sont le fait des corps francs issus de la VIIIe armée allemande. Troupes peu nombreuses, mais résolues et aguerries. À leurs côtés se mobilisent les troupes de réserve baltes *(Baltische Landeswehr)*, d'autant plus combatives que partout les Rouges s'en prennent à leur communauté, massacrant et terrorisant les Baltes d'origine germanique. En témoin et en partisan, Ernst von Salomon a laissé la description de cette troupe insolite sortie du terreau germanique : « Tous les hommes de la fratrie allemande capables de porter une arme se rassemblèrent dans cette singulière formation. La troupe fut constituée alors que les bolcheviks étaient aux portes de Riga. Au premier rang se tenait le chef de la noblesse balte, un vieillard de plus de soixante-dix ans, aux côtés de son petit-fils, l'écharpe de lycéen nouée encore autour de ses hanches étroites. Il n'y eut pas une famille qui ne donna au moins un de ses hommes à la Landeswehr... Le soulèvement balte est un des exemples les plus héroïques du caractère et de la nature d'une tribu allemande de notre temps[1]. »

La résistance politique aux bolcheviks dans les trois pays se manifeste aussi par la formation des gouvernements nationaux qui entreprennent de mettre sur pied des unités nationales avec le soutien britannique.

En Estonie, l'intervention rouge est ressentie comme une invasion. Après quelques hésitations, l'énergique K. Paets, chef du gouvernement estonien, favorise l'alliance des Baltes, des Russes blancs et de volontaires estoniens. L'ancien chef d'état-major estonien d'une division russe, le colonel J. Laidoner, se charge de constituer l'embryon d'une armée nationale. Initiative que les officiers allemands encore sur place ont l'intelligence de favoriser. Débarqués à Tallinn le 31 décembre, des volontaires finlandais prennent également une part décisive à la reconquête du pays. Quand Tartu est libéré le 14 janvier, on découvre qu'avant de fuir les Rouges ont abattu plusieurs otages estoniens. Jusque-là, seuls les Baltes avaient été leurs victimes.

À la fin de février 1919, les troupes bolcheviques ont été chassées d'Estonie.

---

1. Ernst von Salomon, *Histoire proche*, Paris, Éditions du Porte-Glaive, 1987.

À la même époque, une autre armée rouge entreprend la conquête de la Lituanie, s'emparant de Vilna le 6 janvier 1919. Venant de la Prusse-Orientale toute proche, des corps francs allemands prennent l'initiative de se lancer à la rencontre des Rouges. Les combats se poursuivront toute l'année sous forme de féroces rencontres de guérilla qui dévastent le pays. Constituée dans le feu de l'action, l'armée nationale lituanienne combat aux côtés des Allemands. À la fin de l'année 1919, les Rouges ayant été chassés, les corps francs se retirent d'un pays qu'ils ont protégé et qui n'existerait pas sans eux.

Offensive rouge en Lettonie

En Lettonie, les choses se passent tout autrement.

Comme on l'a vu, la bolchevisation du pays atteint des proportions inconnues ailleurs. Un gouvernement communiste a même été formé, que dirige Peteris Stucka, un dur, qui rêve de fondre la Lettonie dans la Russie de Lénine. Sous sa direction, la partie de la Lettonie qu'il contrôle va plus vite et plus loin que la Russie elle-même. Il impose la collectivisation immédiate dans l'agriculture, l'industrie et le commerce, ce qui provoque un immense désordre [1]. Pendant qu'il se livre à ses expériences, l'armée rouge poursuit la conquête du pays.

Les Anglais ont poussé à la constitution d'un gouvernement national dirigé par Karlis Ulmanis, un agronome ayant longtemps vécu aux États-Unis. Menacé par l'avance des Rouges, Ulmanis s'est enfui à Libau. Le seul obstacle subsistant à l'occupation complète de la Lettonie est la Landeswehr balte et quelques corps francs formés sur les débris de l'armée allemande, notamment la Division de fer du major

1. Durant l'hiver 1918-1919, la désorganisation du ravitaillement entraîne à Riga la mort de 8 000 personnes par sous-alimentation. Ces excès contribueront à retourner peu à peu la population.

Bischoff. Ces troupes se sont jetées sur les Rouges, mais leur infériorité numérique est telle qu'elles lâchent du terrain, combattant pied à pied.

Devant le danger, et sur le conseil des Anglais, Ulmanis s'est tourné vers l'Allemagne. Situation étonnante où l'on voit les vainqueurs de 1918 s'en rapporter au vaincu pour régler une affaire qui leur échappe.

Le 29 décembre 1918, un accord est signé entre le gouvernement letton et August Winnig, Reichskommissar pour la Baltique. Il prévoit la formation d'un corps de volontaires sous commandement allemand. Pour favoriser le recrutement, Ulmanis promet aux engagés la citoyenneté lettone et des facilités pour s'installer dans le pays.

Le 3 janvier 1919, les Rouges se sont emparés de Riga. Peu après, ils prennent également Mitau.

Les corps francs dans le Baltikum

À la fin de ce même mois de janvier, répondant à l'appel lancé dans toute l'Allemagne, les premiers corps francs font leur apparition dans le Baltikum. Dès leur arrivée, en un tour de main, ils nettoient les soviets constitués à Libau. Ils ont pour chef le général Rudiger von der Goltz qui a commandé un an plus tôt le corps expéditionnaire envoyé au secours des Finlandais. Cet officier, expérimenté et audacieux, croit qu'il est possible de battre l'armée rouge non seulement en Lettonie, mais peut-être au-delà. L'objectif masque un autre but, qui est de rétablir la prépondérance allemande dans la région. Et sans doute se montrera-t-il trop pressé. Les Anglais n'accepteront jamais un retour en force germanique sur les rives de la Baltique, sans compter qu'un tel retour provoquerait nécessairement une violente réaction germanophobe dans toute la population lettone.

L'effectif total des corps francs, en incluant ceux de l'ancienne VIIIe armée, ne dépassera jamais 20 000 hommes.

Outre la Landeswehr balte, ils recevront le renfort assez flou d'une armée blanche formée de troupes russes aux ordres du prince de Lieven, ancien officier tsariste d'origine balte. Quant à l'armée nationale lettone, elle ne compte encore qu'un bataillon que commande l'estimable colonel Ballod.

L'offensive allemande en direction de Mitau commence le 3 mars. Par trois axes différents, sur les champs enneigés de l'immense pays, les corps francs se lancent à la rencontre des Soviétiques, les chassant de point d'appui en point d'appui et leur arrachant l'initiative dont ils s'étaient emparés jusque-là. Ne se fiant pas à la population pour obtenir des renseignements, ils ont adopté une tactique nouvelle, misant sur la rapidité de l'action. Dès qu'une unité entend le feu d'une autre formation accrochant l'ennemi, elle se rue pour lui venir en aide. Une fois l'obstacle rompu, chacune reprend l'axe de sa marche. Chaque colonne constitue un ensemble autonome, pourvu de canons, de mitrailleuses, de réserves de toutes sortes et de transports tirés par de petits chevaux panje, incroyablement rapides et rustiques. Vivant sur le pays, avec leurs chants et leurs drapeaux déployés, les colonnes ressemblent plus à des bandes du Moyen Âge qu'à une armée moderne. Mais elles avancent, brisant les résistances sans tergiverser.

Quinze jours après le début de leur offensive, les corps francs entrent dans Mitau. Ils y découvrent les corps suppliciés des otages baltes massacrés par les Rouges juste avant leur départ. Cela n'est pas fait pour atténuer la violence qu'ils portent en eux.

Après cette première victoire, survient un événement qui pèsera lourd sur l'avenir. Depuis le début, des incidents s'étaient multipliés entre Allemands et Lettons. Le 27 avril, une unité de la Landeswehr balte renverse le gouvernement Ulmanis, portant au pouvoir le pasteur Needra mieux disposé à l'égard des Allemands. Mais Ulmanis est parvenu à s'échapper, se plaçant sous la protection de l'escadre anglaise. On entre ainsi dans une logique nouvelle qui place Baltes et Allemands en situation d'ennemis. Pourtant, les Anglais tardent à réagir. Il faut d'abord lever l'hypothèque d'une armée rouge toujours menaçante et qui occupe Riga. Tenaillés par les menaces terroristes pesant sur leur communauté, les Baltes eux-mêmes pressent von der Goltz de précipiter la libération de l'ancienne cité teutonique.

À la suite de combats qui rappellent par l'intensité du feu ceux de la guerre mondiale, la ville est prise le 21 mai 1919. Point culminant de leur aventure dans le Baltikum, la victoire des corps francs à Riga est aussi pour eux le commencement de la fin.

Maintenant que l'armée rouge est en fuite, les Anglais n'ont plus aucune raison de ménager les Allemands. D'autant qu'ils ont toutes les raisons de craindre l'édification d'un nouveau bastion germanique dans le Baltikum. Disposant de moyens de pression éloquents, Londres obtient du gouvernement de Berlin qu'il ordonne le rappel des corps francs. Se sentant trahis, ceux-ci refusent d'obtempérer. Ils se savent soutenus par leur chef. En effet, le général von der Goltz a imaginé de passer au service de l'armée blanche du prince de Lieven. Mais celui-ci reçoit des Anglais l'ordre de quitter Libau et de rejoindre Narva en Estonie sous prétexte d'appuyer les forces du général blanc Ioudenitch. Au moment d'embarquer, l'un des détachements que commande le colonel prince Awaloff-Bermondt refuse de partir.

Le prince a sans doute beaucoup de défauts, mais il ne manque ni de panache ni d'audace. Sans se troubler, il proclame la constitution d'un « gouvernement de la Russie occidentale », offrant au général von der Goltz d'incorporer les corps francs dans son armée. « Nous arborâmes la cocarde russe à nos casquettes, raconte Ernst von Salomon. La rage au ventre, nous buvions de la vodka... Ne pouvant plus être des Allemands, nous étions devenus des Russes [1]... »

---

1. Ernst von Salomon, *Les Réprouvés*, Paris, Plon, 1931.

Cette rébellion paraît si menaçante qu'elle mobilise contre elle tous les Lettons encouragés par l'Angleterre et soutenus par l'armée estonienne. Reniés par leur propre gouvernement, privés de vivres, de munitions, de matériel sanitaire, écrasés par les canons de l'escadre anglaise, attaqués par les Estoniens venus en renfort de la jeune armée lettone, les corps francs, déjà éprouvés par les combats contre les Rouges, subissent durant l'hiver de 1919 les souffrances de l'agonie. Les survivants atteindront la Prusse-Orientale en décembre 1919, reportant désormais sur l'Allemagne le poids de leur rancœur[1]. Ils laissent cependant derrière eux une république indépendante qu'ils ont libérée de l'étau bolchevique.

Échec français en Crimée

Nous voici loin des autres théâtres de la guerre civile, notamment de la Russie du Sud qui a connu en 1918 une évolution favorable aux Blancs. Denikine est parvenu à élargir considérablement son enclave caucasienne. Après l'effondrement de l'empire ottoman, ce qui rétablit la liberté de circulation à travers les Détroits, les armées blanches du Sud se trouvent reliées au monde extérieur par la mer Noire.

Pour qui regarde une carte, à Londres ou à Paris, il est tentant d'imaginer une action convergente et simultanée sur Moscou qui partirait à la fois du Sud, de l'Est et du Nord. Une sorte de triangle se resserrant pour étouffer le centre bolchevique. À la fin de 1918, cette idée trouve un écho chez des hommes aussi influents que Churchill en Angleterre et Clemenceau en France. Pourtant, ce que la carte ne dit pas, c'est l'essentiel, la difficulté des liaisons entre les trois bases, l'immensité des distances, la vulnérabilité des chemins de fer à

---

1. Dominique Venner, *Histoire d'un fascisme allemand, les corps-francs du Baltikum*, *op. cit.*

voie unique, les conséquences du dégel printanier transformant routes et chemins en fleuves de boue. Sans compter tous les obstacles représentés par les Blancs eux-mêmes, ainsi que par leurs versatiles alliés cosaques ou les tenants de nationalités ombrageuses et rivales.

Faut-il rappeler que les moyens radios sont encore très rudimentaires et d'un usage limité. Le télégraphe n'est que partiellement utilisable. La liaison télégraphique entre le QG blanc de Koltchak en Sibérie et celui de Denikine en Russie du Sud passe par Paris, autant dire qu'elle est sous contrôle. Pour préserver le secret, il faut recourir à des porteurs de messages. L'envoyé de Koltchak à Denikine, le comte Tolstoï-Miloslovski, mettra quatre mois pour parvenir à destination. Quant à Grichine-Almazov, émissaire de Denikine, il n'atteindra jamais la Sibérie. Capturé par les Rouges sur la Caspienne, il se suicidera.

L'Angleterre maintient son assistance limitée à l'armée blanche sibérienne de l'amiral Koltchak et songe à une action à partir d'Arkhangelsk. La France, elle, tentera une véritable intervention militaire dans le Sud. Ce sera la seule et elle tournera court.

Sur une décision de Clemenceau, le 18 décembre 1918, un corps expéditionnaire français [1] débarque à Odessa et s'enfonce en Ukraine. Sous le commandement du général Berthelot, il comprend deux divisions grecques et deux divisions françaises de l'armée d'Orient. Leur mission est de suivre la retraite allemande afin d'occuper le terrain. Bientôt, ces troupes doivent affronter l'agitation bolchevique. Épreuve pour laquelle elles ne sont nullement préparées. Au cours d'engagements avec l'armée rouge, elles essuient des pertes sérieuses,

1. Franchet d'Esperey avait averti Clemenceau : « Mes troupes sont insuffisantes pour entrer dans ce grand pays glacé (...). Occupation ou opérations en Ukraine seraient mal vues et risqueraient d'amener incidents. »

près de 400 morts. Les hommes ne pensent qu'à une chose : le retour en France. Le 2 février 1919, le 58e RI refuse de monter en ligne. Le 8 février, le 2e régiment d'artillerie de montagne se révolte. Un mois plus tard, près de Kherson, le 176e RI met la crosse en l'air. D'autres rébellions se produisent en chaîne. Le 19, la flotte de la mer Noire se mutine. Ce mouvement s'accompagne d'importantes manifestations en France et de mutineries dans d'autres unités de la marine à Brest, Toulon, Cherbourg, Bizerte ou dans le golfe de Corinthe. En Angleterre, les dockers refusent de charger le matériel à destination de la Sibérie, une situation intérieure préoccupante menace la paix intérieure de la Grande-Bretagne.

Le 2 avril, le commandement français reçoit du gouvernement l'ordre d'évacuer Odessa en trois jours. L'ordre est exécuté dans une atmosphère de panique, seules les troupes grecques montrent un reste de sang-froid. Sébastopol doit être également abandonné en catastrophe.

Cette aventure guérira les gouvernements et les états-majors alliés de toute tentation d'intervention directe, mais elle n'abolira pas leur espoir d'une chute rapide des bolcheviks que semblent annoncer, en ce printemps 1919, les offensives de Denikine en Ukraine et de Koltchak vers Moscou. Cette dernière est même donnée gagnante. C'est voir les choses avec les yeux de l'espoir. La réalité est moins rose.

Chapitre X
L'amiral blanc

Usure de la Légion tchèque

À la fin de 1918, les bolcheviks peuvent respirer. Sur les trois fronts qui les encerclent, les offensives blanches ont été enrayées. Au Nord, les Anglais de la région Arkhangelsk-Mourmansk sont peu actifs et les Russes blancs des généraux Miller et Marouchevski trop peu nombreux pour représenter un réel danger. Au Sud, les cosaques du haut Don, touchés par la propagande bolchevique, se sont une nouvelle fois mutinés et démobilisés, paralysant Denikine.

La défaite austro-allemande de novembre 1918, entraînant le retrait des troupes qui tenaient la Crimée, l'Ukraine, la Pologne et les Pays baltes, a ouvert ces immenses territoires à la convoitise de Moscou. En Ukraine, les forces nationales de Petlioura ont trop à faire sur place contre les partisans rouges pour participer à une action offensive qui ne les concerne d'ailleurs pas. L'Ukraine semble un fruit mûr sur la route de Budapest et de Vienne où la révolution a chassé les Habsbourg. Au Nord-Ouest, les Pays baltes, loin de constituer une menace, représentent pour le moment un espoir très fort de projection en direction de l'Allemagne où la révolution semble sur le point de triompher[1]. À l'Est, sur le front de

1. Voir chap. IX.

l'Oural et de la Volga, les offensives des Tchèques soutenues par des troupes blanches ont été jugulées. La Légion tchèque, qui s'est trouvée en première ligne depuis son soulèvement de la fin mai, est dans un état d'extrême épuisement, sans que les troupes blanches puissent encore la relever.

Au début d'octobre, un officier de liaison anglais auprès des Tchèques décrit ces derniers comme « complètement usés... » et leur moral décline. Vers la fin d'octobre, plusieurs régiments de la 1re division tchèque refusent de monter au front. Le 2 novembre, le général Syrovy, commandant en chef des Tchèques, câble au représentant de la France que ses deux divisions doivent être rapidement retirées du combat si l'on veut éviter une catastrophe.

La division tchèque du front de la Volga totalise moins de 20 000 hommes, c'est-à-dire près de cinq fois moins que les forces rouges engagées contre elle à la fin de l'automne 1918. C'est une unité surmenée, dépourvue de réserves, sans cesse en première ligne depuis près de six mois. Les hommes ont l'impression d'être abandonnés. Tous leurs espoirs d'être soutenus par les Alliés se sont évanouis. Quant à leurs rapports avec les Russes blancs, ils se sont détériorés.

L'effondrement de l'Empire austro-hongrois et la proclamation à Prague, le 28 octobre, de la nouvelle République tchécoslovaque, provoquent chez les soldats de la Légion un impérieux désir de rentrer dans leur patrie. Ils n'ont plus rien à faire dans la galère russe.

Incertitudes blanches et mystique rouge

Sur la Volga, dans l'Oural et tout au long de l'immense Sibérie, la répartition des pouvoirs et des influences politiques échappe à la logique occidentale. Partout, la révolution de Février 1917 avait fait éclore des soviets et ranimé les assemblées élues traditionnelles (*zemstvos*). Toutes les opinions y étaient représentées dans des proportions variables, avec une nette majorité en faveur des différents partis de gauche, bolcheviks, mencheviks et socialistes-révolutionnaires (S-R). Les bolcheviks et les mencheviks étaient majoritaires dans les centres industriels, tandis que les S-R dominaient dans les régions rurales comme le bassin de la Volga.

Complètement discréditée par les dernières années du règne de Nicolas II, la monarchie n'avait plus aucun défenseur. Le monarchisme ne constituait donc ni une opinion ni un recours. C'est un fait marquant de la révolution russe. À titre individuel, sans doute existait-il des nostalgiques attachés sentimentalement à l'ancienne famille régnante et aux anciens fastes du tsarisme. Mais le discrédit du régime défunt avait atteint une telle ampleur qu'il ne se trouvait personne pour imaginer une possible restauration. On ne restaure pas ce qui est mort par décrépitude et inaptitude à vivre. Dans l'intention de noircir leurs adversaires blancs, les bolcheviks dénonçaient en eux des « généraux tsaristes ». Mais nous avons vu que la majorité des généraux blancs s'étaient réjouis de l'abdication de Nicolas II et du transfert de pouvoir à la Douma. Cependant, l'échec du gouvernement provisoire, qui avait tant favorisé les bolcheviks, n'avait pas produit en face l'émergence d'un courant politique clair capable d'offrir une autre perspective, un autre avenir, une autre mystique. Tel était le drame majeur des Blancs et de leurs alliés.

Dans la bouche des bolcheviks, le mot « révolution » contenait quelque chose d'extatique, la certitude vague et puissante que l'on allait atteindre, malgré toutes les souffrances, un avenir beau et grand. Rien de tel n'existait chez les Blancs. C'est plus tard et ailleurs, en Italie d'abord et en Allemagne, que l'on verra apparaître avec le fascisme et le national-socialisme des mouvements nouveaux capables d'opposer au communisme une mystique conquérante plus forte que la sienne, puisant à des sources plus authentiques et plus explosives, celles de la jeunesse, de la nation et de la race, associées à un socialisme démonstratif et à un modernisme radical. Cela existait peut-être en germe en Russie, comme l'avait montré par exemple l'association momentanée du socialiste-révolutionnaire Savinkov et du général Kornilov, mais la cristallisation ne s'était pas produite.

Le chaos sibérien en 1918

Les anciens dirigeants de la Douma et les députés de l'Assemblée constituante, interdite en janvier 1918 par les bolcheviks dès sa première séance, s'étaient dispersés. Rodzianko, l'ancien président de la Douma, et Milioukov, l'ancien ministre des Affaires étrangères du gouvernement provisoire, s'étaient réfugiés sur le Don sans y jouer d'autre rôle qu'un soutien de principe aux généraux Alexeiev et Denikine. Le prince Lvov et quelques autres excellences s'étaient exilés à Paris. En revanche, beaucoup de députés S-R avaient pris la route de la Volga, région qui leur était favorable. Le soulèvement de la Légion tchèque, dont les échelons s'étiraient sur plusieurs milliers de kilomètres du Transsibérien, leur avait donné l'occasion de renverser les soviets bolcheviques. Ainsi avaient-ils reconstitué à Samara une Constituante miniature, le *Komoutch*, autrement dit « Comité des membres de l'Assemblée constituante ». Ce *Komoutch*, dirigé par le S-R Nicolaï D. Avkentiev, ancien ministre de l'Intérieur de Kerenski, fonctionnait comme une sorte de gouvernement indépendant, évidemment coupé du Moscou bolchevique.

Un autre gouvernement s'était également établi à Omsk, en Sibérie occidentale, sous la présidence de Vologodski. Il était plus à droite que celui de Samara et surtout, il brandissait bien haut le drapeau national vert et blanc, symbole d'un nationalisme sibérien.

D'autres gouvernements s'étaient constitués à Tomsk, Tchita et Orenbourg. Depuis le 16 avril 1918, le général Horvath avait institué à Kharbin, ville fortement russifiée de Mandchourie, un « gouvernement d'Extrême-Orient ». Parallèlement, chacune des nationalités du territoire sibérien, Tatars, Bachkirs, Bouriates ou Mongols, prétendait aussi à l'autonomie. Situation incroyablement confuse qui variait selon la progression ou le recul des Tchèques.

Chassés par les Tchèques ou par des soulèvements locaux, les bolcheviks n'avaient pas disparu. Ils étaient encore puissants bien que provisoirement silencieux dans leurs fiefs d'Irkoutsk et de Vladivostok, attendant l'occasion de réapparaître et bénéficiant souvent de la complicité d'organismes humanitaires américains.

Dans toutes les zones libérées de la dictature rouge, au milieu d'un beau désordre, s'étaient constituées des unités de volontaires auxquelles les membres des Unions d'officiers apportaient leur concours. Dans le but de former sa propre armée, le *Komoutch* de Samara avait nommé général un capitaine de vingt-six ans, nommé Galkin, qui avait donné des gages politiques, et en avait fait son ministre de la Guerre. Mais il ne suffit pas d'avoir un titre pour exercer la fonction. Le commandement effectif des volontaires était assuré par les officiers qui les avaient recrutés et organisés, tel l'énergique colonel Kappel qui s'était distingué aux côtés des Tchèques lors de la prise de Simbirsk et de Kazan. À la façon des condottieri, ces officiers se considéraient souvent comme propriétaires et maîtres de leurs unités sans se sentir en rien tributaires du gouvernement de Samara ou d'ailleurs.

L'indépendance était encore plus marquée chez les atamans de cosaques, chefs élus ou autodésignés, qui allaient jouer un rôle parfois détestable dans l'aventure sibérienne. Les cosaques d'Orenbourg avaient formé leur propre gouvernement sous la direction du général ataman Doutov. Tous n'ont pas la même réputation honorable. Ceux de l'Oussouri ont pour ataman l'ancien capitaine Semenov, bombardé général, qui a établi un semblant de gouvernement à Tchita. Les exactions de Semenov rivaliseront en horreur avec celles de Krasilnikov, ataman des cosaques de la Sibérie occidentale, ou de Kalmykov, ataman de Transbaïkalie, qui mettront en coupe réglée leurs régions respectives et finiront par fabriquer plus de bolcheviks qu'ils n'en avaient tués.

Un Directoire dans la tourmente

En pénétrant dans Kazan, les Tchèques s'étaient emparés des énormes réserves d'or de la Russie impériale. À l'époque de Brest-Litovsk, craignant pour la sécurité de ce trésor évalué à 80 millions de livres sterling de l'époque, le Sovnarkom l'avait expédié vers l'Est. Et voilà qu'il tombait aux mains des Blancs ! Les officiers de la Légion tchèque et leur Conseil national en useront pour persuader les divers gouvernements « blancs » de se réunir à Oufa le 1er septembre 1918 en vue de constituer un seul « gouvernement panrusse » anti-bolchevique.

Dans le grand style parlementaire, les discussions d'Oufa promettaient de durer longtemps, quand l'approche de l'armée rouge de Blücher se chargea de les abréger. Avant de se disperser, les délégués auront tout juste le temps de constituer un « Directoire panrusse ».

Précédé d'un train transportant l'or sous bonne garde, le Directoire se réfugie alors à Omsk, ville de la Sibérie occidentale qui semble pour le moment hors d'atteinte. Ce Directoire est une sorte de gouvernement de coalition réunissant le S-R Avkentiev, chassé de Samara, le S-R sibérien Vologodski, chef du premier gouvernement d'Omsk, le leader libéral Vinogradov, le S-R de droite Vologodski, et le sans-parti Mikhaïlov.

L'ancien gouvernement sibérien d'Omsk continue cependant de siéger de son côté sans reconnaître l'autorité du Directoire. N'ignorant pas l'importance des questions militaires, celui-ci tente de manifester son existence par la création d'un ministère de la Guerre confié au général Boldyrev. Las ! Celui-ci ne parviendra jamais à se faire reconnaître par les multiples embryons d'armées blanches ni par la Légion tchèque.

À l'automne 1918, la Légion a d'ailleurs cessé d'exister comme formation de combat. Un premier coup a été porté à son moral quand elle a appris en juin que les Alliés n'avaient pas envoyé de bateaux à Vladivostok pour assurer son transport vers la France. Dans son édition du 26 juin 1918, le journal de la Légion expliquait que l'intention des Alliés était qu'elle combatte les Allemands en Russie et non en France. Elle devait se considérer comme l'avant-garde des Alliés en Russie. Elle reconstituait en quelque sorte sur la Volga le front allié de l'Est qu'allaient venir renforcer les secours débarqués à Vladivostok. Ce changement d'orientation ne fut pas trop mal accepté. La Légion tchèque était encore victorieuse face à des armées rouges en pleine débandade. Quatre mois plus tard, tout a changé. En septembre, Trotski a repris Kazan, Nikolaïevsk et Simbirsk. Le 8 octobre, Tchèques et Blancs ont été contraints d'abandonner Samara, capitale du *Komoutch*. Leur retraite ressemble à une déroute.

Le 20 octobre, le 4e régiment tchèque s'est mutiné, imité bientôt par les trois autres régiments de la 1re division tchèque qui n'existe plus. Promu général peu avant par le Conseil national tchèque, son chef, l'ex-capitaine Tchetchek, est relevé de son commandement et remplacé par le colonel Sviecht qui, devant le refus d'obéissance que lui opposent ses troupes, choisit de se suicider.

À la 2e division où le capitaine Gajda a été lui aussi promu général, le moral n'est pas meilleur. Épuisement, lourdes pertes, absence d'approvisionnements. L'offensive victorieuse des Rouges se poursuit sans que l'on voie poindre la relève par les troupes alliées.

Tout concourt à détruire la Légion. Elle était entrée en révolte contre les bolcheviks par crainte que ces derniers ne lui interdisent de quitter la Russie. Et voilà qu'elle se trouve mortellement engluée dans la guerre civile russe. Ses hommes, sinon ses officiers, vont tout faire pour s'en dégager.

Seule la venue du terrible hiver sibérien, en suspendant les opérations, interrompt l'avance des Rouges.

Naissance difficile des armées blanches de Sibérie

C'est l'heure de vérité pour les Blancs qui doivent désormais assumer seuls leur propre lutte, ce pourquoi ils montrent peu d'empressement et une complète inorganisation. Les troupes blanches de première ligne qui sont regroupées dans trois directions face à l'avance rouge, au nord (Oural), au centre (Volga), au sud (Orenbourg) totalisent peut-être 100 000 hommes qui ne sont pas tous sur le front. Elles sont en partie composées de volontaires et recrues sibériens, dont le comportement est assez comparable à celui des cosaques du Don ou du Kouban. Quand elles sont bien commandées et tant qu'il s'agit de défendre leur propre région, ce sont d'assez bonnes troupes. Mais elles perdent leur moral et se débandent dès qu'on les expose hors de chez elles. Les états-majors improvisés mais pléthoriques sont d'une parfaite incompétence. Les approvisionnements ne sont pas assurés, ni les services d'étape, ni les soins aux blessés. Tout n'est qu'improvisation, négligence, désordre, indifférence.

Poussé par les hasards du temps à s'engager dans une unité de cosaques sibériens, un jeune prisonnier de guerre allemand se souvient de l'armée allemande « où la plus petite vis, huilée et soignée, fonctionnait avec exactitude et sans frottement ». Il la compare amèrement avec « ces pauvres hordes qui ont à peine de quoi tirer et de quoi manger, et qui sont enchaînées, alourdies par cent mille fainéants et embusqués[1] ».

La juxtaposition des gouvernements et pouvoirs indépendants, des partis opposés, des petits et grands condottieri, des

1. Edwin Erich Dwinger, *Entre les Rouges et les Blancs, 1919-1920*, traduit de l'allemand par René Lobstein, Paris, Payot, 1931, p. 102.

atamans cosaques, des nationalités rebelles, sans parler des problèmes insolubles représentés par les distances, tout cela contribue à faire de la Sibérie un gigantesque chaos sur lequel une administration quasi inexistante, incapable et corrompue, n'a aucune prise. Certains officiels continuent d'appliquer aux paysans les méthodes coercitives en usage avec les serfs du XIXe siècle, ainsi que le rapporte Edwin Dwinger dans ses souvenirs :

« Irkoutsk est derrière nous... Dans une petite station où l'on fait eau, il s'est produit un incident. Nous venions de descendre pour faire quelques emplettes, lorsque notre capitaine Vereniki aperçut, devant un étalage, un officier qui battait quelqu'un.

Nous avons joué des coudes à travers le petit rassemblement qui s'était formé, et nous avons vu au milieu deux cosaques transbaïkaliens, qui maintenaient contre le sol un paysan nu jusqu'aux hanches, tandis qu'un officier le fustigeait avec une *nagaïka* sertie d'argent.

Vereniki s'y prend si bien qu'il est derrière le capitaine avant que celui-ci et les cosaques l'aient remarqué. D'un geste rude, il arrache le fouet de la main de l'officier et hurle : "De quel droit procédez-vous en public à des exécutions de la sorte ?"

L'officier, petit, mince avec un museau de rat, veut prendre son revolver ; mais quand il nous voit tous trois, sa main retombe mollement. "Lâchez-le !" s'écrie Vereniki en montrant le paysan. Les cosaques s'esquivent, l'homme veut rentrer dans sa blouse, mais n'y peut parvenir. Nous voyons nettement que les coups ont fait un réseau sur son dos.

"À la fin, répondez ! continue Vereniki. Sinon, c'est moi-même qui vous fouetterai !"

L'officier pâlit et balbutie enfin : "Nous avons des prix limites, et cet homme vendait son pain trop cher..."

Les yeux de Vereniki s'ouvrent démesurément. "Êtes-vous fou ? éclate-t-il. Ou bien croyez-vous que nous gagnerons la sympathie du peuple par ces moyens ? Pas la peine, pensez-vous ? Vous l'avez déjà, n'est-ce pas ? Ha ! ha !... Et vous battez les gens, tandis que vous devriez être heureux qu'on ne vous fouette pas vous-mêmes, avec des fouets rouges ! Votre nom ?" conclut-il en reprenant haleine. »

Le marin le plus respecté de Russie

Voici le monde dans lequel débarque l'amiral Koltchak, en gare d'Omsk, le 15 octobre 1918, venant de Vladivostok par le lent Transsibérien.

Quand il l'a vu pour la première fois, le général Knox en fut impressionné : « Il possède deux caractères inhabituels chez un Russe : son humeur est très vive, ce qui inspire à ses subordonnés une crainte salutaire, et il n'aime pas parler pour le seul plaisir de parler. » Fortement marqué par ce premier contact, Knox câble au War Office que Koltchak est « le Russe le plus capable de nous aider dans la réalisation de nos projets [1] ».

« Mes enfants, dira un capitaine cosaque après avoir été reçu en audience par Koltchak, si cet homme ne sauve pas la Russie, c'est que personne ne peut la sauver [2]. »

En 1918, l'amiral Alexandre Vassilievitch Koltchak a quarante-quatre ans. Il est le plus respecté des officiers de l'ancienne marine impériale. Son père, qui avait terminé sa carrière comme général de l'artillerie de marine, était sans fortune. Le jeune Alexandre Vassilievitch sort à dix-neuf ans de l'École navale, second au classement final. Il navigue sur un cuirassé dans le Pacifique pendant plusieurs années tout en se spécialisant dans les travaux d'océanographie et

---

1. Cité par Peter Fleming, *Le Destin de l'amiral Koltchak*, *op. cit.*, p. 126.
2. Edwin Erich Dwinger, *Entre les Rouges et les Blancs, op. cit.*, p. 83.

d'hydrologie. En 1899, il accompagne l'expédition du baron Toll dans l'Arctique. Il en revient pour participer en 1904 à la guerre contre le Japon qui devait tant éprouver la marine impériale. Blessé à bord d'un mouilleur de mines à Port-Arthur, il est capturé par les Japonais. Après sa libération, il participe en 1906 aux travaux de réorganisation de la marine. Affecté en 1911 à l'état-major de la flotte de la Baltique, il se distingue sur cette mer face aux Allemands dès le début de la Grande Guerre.

Contre-amiral en 1915, Koltchak commande en chef la flotte de la mer Noire en 1916. C'est à ce poste que le surprennent la révolution de Février et les troubles de 1917. Des marins mutinés envahissent la passerelle de son navire et le somment de leur remettre le sabre d'honneur qu'il a gagné pendant la guerre russo-japonaise. Tendu et méprisant, il détache le sabre de son ceinturon et, d'un geste large, le jette par-dessus bord en disant : « Ce qui est venu de la mer retourne à la mer ! » Saisis malgré eux de respect, les mutins se retirent.

Comme beaucoup de ses pairs, l'amiral a tout d'abord salué favorablement la fin du tsarisme, l'abdication de Nicolas II et l'avènement du nouveau pouvoir : « J'entretenais des liens avec la Douma, dira-t-il dans son étonnante confession quelques jours avant son exécution. J'en connaissais de nombreux membres, les savais honnêtes, leur faisais pleinement confiance. J'approuvais d'autant plus leur action que je jugeais négativement le pouvoir précédent... Quand le souverain eut abdiqué, il m'apparut clairement que c'était la chute définitive de notre monarchie et qu'il n'y aurait pas de retour en arrière. Je prêtai serment à notre premier gouvernement provisoire. Je le fis en confiance, estimant nécessaire de reconnaître ce gouvernement et étant donné les circonstances. Je me jugeais libre de toute obligation à l'égard de la monarchie et suivis le principe qui avait toujours été le mien : je servais ma patrie et non une forme de gouvernement... J'accueillis donc le nouveau pouvoir comme une possibilité de mener jusqu'à son terme victorieux cette guerre qui me semblait plus importante que tout[1]... »

Illusion que ne partageaient ni un Mannerheim ni un Wrangel. Mais illusion typique d'un esprit étroitement militaire, fermé à la méditation philosophique et politique de l'histoire.

Un esprit étroitement militaire

« Cette guerre qui me semblait plus importante que tout... » Telle est donc sa préoccupation dominante durant l'année 1917, alors que le monde bascule et que l'existence même de la Russie est mise en cause, Koltchak ne saurait mieux souligner qu'il est encore à cette époque un officier comme en fabriquent les États modernes pour leur tranquillité, un professionnel confiné dans sa spécialité et soumis au principe de l'obéissance passive au pouvoir.

Ajoutons un correctif important le concernant. S'il est avant tout un militaire, un marin, voyant le monde à travers le prisme déformant de sa profession, il est aussi un homme d'une hauteur morale exceptionnelle qui se sacrifiera entièrement à l'idée de son devoir.

C'est en décembre 1917, lors d'une escale au Japon (allié de la Russie et de l'Entente), à son retour des États-Unis où l'avait envoyé en mission le gouvernement Kerenski, que l'amiral apprend l'ouverture des pourparlers de Brest-Litovsk. Voilà ce qui le conduit à rompre sans pour autant devenir un rebelle. Simplement, il ne lui est plus possible de servir un régime qui lui semble déserter devant l'ennemi et qui d'ailleurs ne lui laisse pas le choix puisqu'on le menace d'arrestation et de mort.

---

1. Cité par Vladimir Maximov, *L'Amiral blanc*, traduction du russe par Anne Codefy-Faucard, Paris, Olivier Orban, 1989.

Dans les jours qui suivent, il demande audience à l'ambassadeur de Grande-Bretagne, sir Conygham Greene :

– Je considère comme de mon devoir d'officier russe de remplir les obligations de mon pays envers les Alliés. Les obligations de la Russie sont aussi les miennes.

À l'ambassadeur qui dissimule difficilement sa stupeur, il ajoute qu'il sollicite « la faveur de combattre si possible sur le front occidental dans les troupes terrestres, comme simple soldat si c'est nécessaire ».

Contrairement aux Kornilov, Alexeiev, Denikine, Mannerheim, Wrangel et beaucoup d'autres, en cette fin 1917, Koltchak ne songe donc pas que la priorité est devenue de lutter contre le régime bolchevique qui est en train de détruire la Russie. Non. Même à cet instant, il reste un militaire dont l'horizon se limite à la guerre contre l'Allemagne, et qui est prêt à se mettre au service d'une puissance étrangère, l'Angleterre. Son excessive confiance en des alliés qui pratiquent l'égoïsme national et la fourberie comme des vertus lui coûtera cher. Dans sa naïveté, il n'imaginera jamais, sinon à l'extrême fin, devant leur trahison, que ces alliés pourraient manquer à la loyauté qu'il a lui-même toujours pratiquée.

La requête qu'il présente à l'ambassadeur britannique lui semble tout à fait logique. La marine britannique n'a certainement pas d'emploi pour un officier de son rang. En revanche, rien ne devrait s'opposer à sa demande de combattre dans l'armée de terre, et ce ne serait pas déchoir que d'accepter un poste même subalterne.

Sir Conygham câble à Londres l'étrange message. La réponse viendra en janvier 1918. On songe à adjoindre Koltchak à la mission militaire spéciale du général Dusterville, l'un des officiers les moins orthodoxes des armées britanniques, pour l'heure en Mésopotamie. Mais Dusterville est en passe de partir pour Bakou, sur la Caspienne, l'un des endroits du monde où l'odeur de pétrole est la plus forte. Il y subira d'ailleurs un cuisant échec.

Dans le panier de crabes de Kharbin

Koltchak n'atteindra jamais la Mésopotamie. Lors d'une escale à Singapour, un message du War Office lui recommande de se mettre en rapport avec le prince Koudatchev, ambassadeur de Russie à Pékin, maintenu en place par les Alliés après le putsch bolchevique, comme représentant du dernier et seul gouvernement légitime de la Russie. Les Alliés ont partout agi de la sorte, refusant de reconnaître le gouvernement de Lénine considéré comme complice de l'Allemagne. À Paris, l'ancien ministre des Affaires étrangères Sazonov jouit du statut de représentant du véritable gouvernement russe.

Le poste de Pékin est important. Il constitue en Asie la base arrière de l'opposition au régime bolchevique. Cette ambassade a conservé son autorité sur le chemin de fer de l'Est chinois, le Transmandchourien, qui échappe au pouvoir rouge et sur le gouvernement constitué par le général Horvath. C'est là que le prince Koudatchev désire envoyer Koltchak comme une sorte de ministre de la Guerre afin de réorganiser les troupes russes affectées à la protection de la ligne, quelques milliers d'hommes plus ou moins désœuvrés, dont certains sont cependant déjà intervenus contre les soviets en Transbaïkalie.

À Kharbin, ville principale de la Mandchourie, se sont réfugiés de nombreux officiers russes, chassés de leur pays par les troubles. Généralement pourvus de fortune personnelle, ils limitent leur action à d'interminables discussions dans les bars et les hôtels de la ville, faisant admirer des tenues de fantaisie et des bottes rutilantes. Ils parlent de lever des armées, mais ces armées restent prudemment cantonnées dans leur imagination, sans s'aventurer hors de leurs cabarets préférés.

Arrivé à Kharbin en mai 1918, l'amiral est aimablement reçu par le vieux et rusé général Horvath, directeur du Transmandchourien. L'accueil du général Nakajima, chef de la mission militaire japonaise en Mandchourie, est beaucoup plus réservé. « Il n'y avait pas de place [ici] pour un Russe qui imposait le respect à ses compatriotes et qui était susceptible, si on lui donnait une chance, de rétablir quelque espèce d'ordre et de mener dans quelque direction précise le demimonde ramolli et chicanier, dont les chefs paraissaient aux Japonais d'un maniement si facile et profitable[1]. » Dès la première entrevue, alors que l'amiral explique loyalement que son but est de reprendre en main les petites armées russes du gouvernement d'Extrême-Orient, Nakajima manifeste ironiquement son scepticisme. Et pour cause. Koltchak ne tardera pas à le comprendre.

Le 15 mai, écoutant le conseil empoisonné de Nakajima et faisant fi de toute préséance, Koltchak prend sur lui de se déplacer jusqu'à Mandchouria, à 600 kilomètres à l'est de Kharbin, près de la frontière de la Transbaïkalie russe, afin d'y rencontrer l'ataman Semenov, le seul qui se soit jamais battu à partir de la Mandchourie.

L'ataman Semenov

C'est un matin de janvier 1918, sabre au poing, que le capitaine Grigori Semenov, vingt-huit ans, est entré dans l'histoire de la guerre civile russe. À la tête d'une troupe évaluée à 600 cavaliers, dont 400 Chinois et Mongols, il s'est emparé de la petite station frontière de Mandchouria qui commande la ligne directe reliant le Transsibérien à Vladivostok par la Mandchourie. La localité était occupée par des gardes rouges venus de la Russie voisine. Ils n'auront pas le temps de comprendre. Ceux qui ne sont pas sabrés sur place sont embarqués comme du bétail dans un convoi de marchandises. On accroche une locomotive. Dressé sur ses

1. Peter Fleming, *Le Destin de l'amiral Koltchak*, *op. cit.*, p. 96.

étriers, Semenov toise les cheminots tenus en respect par ses hommes :

– Toi ! lance-t-il à un mécanicien.

– Oui, Excellence.

– Tu vas me conduire ce train jusqu'en Russie, à la première gare. Je renvoie ces porcs à leurs amis !

Les « porcs » ont beaucoup de chance. C'est sans doute la dernière fois que Semenov fait grâce à des prisonniers [1].

Fils d'un père cosaque et d'une mère bouriate, Grigori Semenov n'a pas à se forcer pour se sentir chez lui en Asie. Officier au régiment de Nertchinsk des cosaques de l'Oussouri que commandait le colonel Wrangel en 1916, il s'est distingué pendant la guerre par une audace peu commune en Pologne et dans les Carpates. « Soldat exemplaire, brave surtout sous l'œil du chef, écrira Wrangel qui excelle dans les portraits enlevés, il avait su se rendre très populaire parmi les cosaques et les officiers. Un penchant aux intrigues et l'indifférence devant les moyens à employer pour parvenir étaient ses côtés faibles. Ingénieux et habile, il manquait complètement d'instruction. Ses horizons étaient bornés. Je n'ai jamais compris comment il parvint à jouer un rôle de premier plan [2]... »

Comment il parvint à jouer un rôle de premier plan ? Deux raisons au moins. Semenov porte en lui des aptitudes de chef de bande que va dévoiler la guerre civile. De plus, c'est un condottiere malin. Il a vite compris où se trouvait la vraie puissance en Mandchourie et en Sibérie occidentale. Il est l'homme des Japonais, indéfectiblement et jusqu'au bout de sa trajectoire [3].

---

1. Marina Grey et Jean Bourdier, *Les Armées blanches*, *op. cit.*, p. 113.
2. Général Pierre Wrangel, *Mémoires*, *op. cit.*, p. 7.
3. Capturé par les troupes soviétiques après l'effondrement japonais de 1945, il sera condamné à mort et pendu à Moscou en 1946.

Semenov est capitaine en 1917. Il a suivi son régiment affecté en Transbaïkalie. En novembre, juste après la prise du pouvoir bolchevique, alors qu'il est menacé d'arrestation, il passe en Mandchourie avec son escadron et un petit groupe d'officiers, parmi lesquels le capitaine baron Roman von Ungern-Sternberg dont il fait son chef d'état-major. Depuis la base qu'il s'est donnée à Mandchouria, il lance des raids contre les Rouges en territoire russe sur le Transsibérien, se faisant reconnaître comme ataman de l'Oussouri par une poignée de cosaques. Fort du soutien japonais, Semenov préserve jalousement son autonomie.

À une époque où les ripostes au pouvoir rouge sont encore rarissimes, les incursions de Semenov attirent l'attention sur leur auteur. Les Japonais lui fournissent des armes, notamment des pièces d'artillerie, et détachent auprès de lui un officier d'état-major, le capitaine Kuvoki, chargé de le conseiller autant que de le surveiller. À l'ambassade britannique de Pékin, le capitaine R.B. Denny, attaché militaire et à ce titre chargé du renseignement, a entendu parler du « roi de Mandchouria ». Il obtient de Londres le versement de subsides, payés par le consulat britannique de Kharbin. Avec un peu de retard, ayant été informés de ces transactions, les Français envoient à leur tour des fonds.

Des informations inquiétantes sur les méthodes de Semenov étant parvenues à la connaissance des Anglais, les versements cesseront dans le courant de 1918. Les accusations de débauche dont on accable parfois l'ataman ne sont d'ailleurs que vétilles. Mais son ami Ungern, à cheval sur certains principes, ne lui pardonnera pas de vivre avec une actrice juive, jolie femme au demeurant.

De passage à Tchita, un jeune officier blanc qui servira quelque temps dans l'une des *sotnias* cosaques de Semenov, consigne dans ses souvenirs ce qu'on en dit en ville : « Son armée est petite, beaucoup trop petite ; il faut donc qu'il se montre dur pour la maintenir. Et puis, voici ce qu'il paiera peut-être un jour de sa tête : avez-vous vu, à la gare, ses trains blindés ? C'est son arme la plus dangereuse. Presque toutes les semaines, ils font une sortie... Quand une des communes qui sont sous sa domination est en retard pour les contributions en nature, on y envoie un de ces trains. Quelques officiers les commandent, et il faut voir lesquels... Dieu du Ciel ! Le *staroste* du village est mis en pièces, un habitant sur dix est fusillé. C'est encore pire quand il y a une émeute. Ensuite, les dénonciations ne prennent pas de fin. Tous les jours, il y a dans notre petite ville des perquisitions ; on ne peut plus se fier à ses voisins, et personne n'est plus sûr de sa vie. L'autorité qui ordonne ces perquisitions se nomme la "Kontra-Rasviedka". Mais nous, nous l'appelons la "Tcheka blanche" [1] ! »

Les Japonais contre Koltchak

La rencontre du 15 mai 1918 entre Koltchak et Semenov se passe au plus mal. L'ex-officier cosaque se montre insolent, laissant clairement entendre qu'obtenant ce qu'il veut des Japonais, il méprise royalement les propositions de coopération de l'amiral. Il semble que Koltchak, dont la patience n'est pas le trait de tempérament dominant, se soit cependant maîtrisé. Les deux hommes se quittent froidement, certains l'un et l'autre de s'être fait un ennemi. Quelques jours plus tard, rencontrant une nouvelle fois Nakajima, Koltchak explosera. Désormais, il est « flambé » en Mandchourie.

Après quelques semaines de vains efforts pour unifier les fantomatiques troupes russes de Mandchourie, toutes contrôlées par les Japonais, et se heurtant à ces derniers, il tente une démarche directe au Japon. Il est reçu à Tokyo par le chef d'état-major. L'ayant poliment écouté, celui-ci élude toutes les questions et lui conseille de prolonger son séjour au Japon et de s'y reposer. Il y a de jolis coins à visiter, ici...

1. Edwin Erich Dwinger, *Entre les Rouges et les Blancs*, *op. cit.*, p. 30.

Koltchak avait quitté le Japon sept mois plus tôt pour se rendre en Mésopotamie à l'invitation de la Grande-Bretagne. Sept mois de frustrations, d'efforts inutiles et usants. Un mois va encore se passer, avant que le câble envoyé à Londres par le général Knox (« Il est le Russe le plus capable de nous aider ») ne porte ses fruits. On l'enverra en Sibérie.

À la mi-septembre 1918, Koltchak débarque à Vladivostok. Le voici sur le sol russe, mais il est seul, il n'a plus un rouble en poche, et pas vraiment de plan, sinon l'intention imprécise de rejoindre le front de l'Oural par le Transsibérien. Quinze jours plus tôt, il a dit aux Anglais qu'il souhaitait gagner l'enclave blanche de la Russie du Sud libérée par Denikine, où se cachent sous de faux noms sa femme et son fils âgé de neuf ans. Le hasard et Sa Majesté britannique en ont décidé autrement. Il ne reverra jamais sa famille.

Le 21 septembre, il embarque dans le Transsibérien à destination d'Omsk. Le général Knox a mis à sa disposition un wagon particulier. Il y voyage en compagnie du jeune et ambitieux général Gajda, l'une des principales figures de la Légion tchèque. Les deux hommes sympathisent. Durant leur long voyage, à travers ce que lui raconte l'impétueux et tortueux officier tchèque, Koltchak découvre la guerre civile en Sibérie, un monde complètement nouveau, mystérieux et opaque qu'il va lui falloir affronter sans aucune préparation. Le souvenir de ce voyage sera tenace. Il explique la confiance excessive que l'amiral manifestera tout d'abord à Gajda et aux Tchèques, puis sa brutale désillusion suivie d'une irrémédiable rupture.

Le coup d'État d'Omsk

Après un voyage de plus de trois semaines sur 6 000 kilomètres, l'amiral Koltchak arrive à Omsk le 15 octobre 1918. La situation politique est à la fois confuse et tendue. Quatre jours plus tôt, venant d'Oufa, le Directoire est également arrivé sur place. Hormis Gajda, Koltchak ne connaît personne à Omsk. Pas plus les politiques que les militaires. Étranger aux cliques et aux clans qui se font la guerre dans la petite capitale de la Sibérie blanche, il n'a pas encore d'ennemi. On insiste donc pour lui faire accepter le ministère de la Guerre et de la Marine, pure clause de style, la « marine » se résumant à quelques canonnières improvisées et à un bataillon de fusiliers marins.

Le 9 novembre, pour échapper à l'atmosphère étouffante d'Omsk, Koltchak part en tournée sur le front. Deux jours plus tard, l'Allemagne signera l'armistice à Rethondes, reconnaissant sa défaite. Le Kaiser abdique et la révolution embrase Berlin. Le prétexte qui justifiait l'intervention alliée en Sibérie comme ailleurs disparaît donc, comme les raisons initiales qui avaient poussé Koltchak à proposer ses services aux Anglais. Mais l'enchaînement des événements ne peut être rompu. La guerre civile russe s'impose à tous sans qu'il soit possible de s'en arracher, et surtout pas Koltchak.

Quand il rentre à Omsk, la situation politique locale n'a fait qu'empirer. Le 17 novembre, lendemain de son retour, plusieurs officiers de la Stavka (état-major général) demandent audience. Selon eux, le Directoire est incapable de gouverner. Il faut constituer d'urgence un nouveau pouvoir, sinon la Russie blanche sera emportée. Sur une question de l'amiral concernant la tête de ce pouvoir, ils répondent :

– Ce ne peut être que vous !

Fermement, il refuse. Le même jour, en Conseil des ministres, il dit son intention de démissionner du ministère et sa volonté d'aller se battre sur le front.

Mais dans la nuit, les événements se précipitent. Conduit par l'ataman Krasilnikov et le capitaine Vladimir A. Volkoff, un escadron de cosaques fait irruption dans la résidence du Directoire, coffrant plusieurs ministres dont le S-R Avksentiev.

Rassemblés d'urgence dès qu'ils apprennent ce coup de force, les autres membres du gouvernement se concertent au petit matin du 18 novembre, rejoints par plusieurs généraux.

Le calme règne dans les rues où patrouillent des cosaques nimbés des légers nuages formés dans l'aube glacée par l'haleine de leurs chevaux.

Après d'inutiles discussions, l'un des participants dont l'histoire n'a pas retenu le nom déclare que la seule solution est l'instauration d'une dictature militaire. Applaudissements dans la salle. Tout le monde se tourne vers Koltchak :

– C'est à vous d'agir, amiral ! Vous seul pouvez...

Il se dérobe, rappelant son ignorance de la situation et des hommes, exprimant son aversion pour les questions politiques. Il suggère fortement que l'on fasse appel au général Boldyrev, qui est connu de l'armée et possède une grande expérience de la Sibérie.

Koltchak n'est pas un homme à feindre et il n'y a aucune raison de mettre en doute sa répulsion pour la dictature qui lui est offerte. Peu de temps après, dans une lettre à sa femme, il parlera du « fardeau terrifiant du pouvoir suprême » et de sa « répugnance à affronter les problèmes du gouvernement ».

Après l'avoir écouté, le Conseil récuse ses arguments et déclare se placer sous l'autorité d'un Régent, chef suprême, dictateur à la romaine, nommé le temps que durera la situation d'urgence. Et ce chef ne peut être que lui.

Que faire alors, sinon s'incliner, le cœur étreint d'angoisse ? Un moment après l'amiral signe un décret comportant deux articles :

« 1. Aujourd'hui, par ordre du Conseil des ministres du gouvernement de toute la Russie, j'ai été nommé chef suprême.

2. Aujourd'hui, j'ai pris le commandement en chef de toutes les forces armées de terre et de mer de la Russie. »

Dans une adresse au peuple, il précise :

« Je ne m'engagerai pas dans la voie de la réaction ou sur le chemin fatal d'une politique partisane. Je pose comme mes objectifs principaux la création d'une armée efficace, la victoire sur le bolchevisme, et l'établissement de la loi et de l'ordre pour que le peuple puisse choisir librement la forme de gouvernement qu'il souhaite et réalise les grandes idées de liberté qui sont aujourd'hui proclamées dans le monde entier. »

Il n'y a pas de quoi enthousiasmer les foules ni mobiliser des partisans, mais cela résume ses intentions.

Tandis qu'il rédige le brouillon de cette proclamation, un bataillon du Middlesex Regiment veille aux portes de sa résidence. Erreur que ne commettrait pas un politique avisé. Cette participation britannique trop visible accréditera la rumeur d'un coup monté par les Anglais. Ce sera notamment la conviction du général Janin.

Rien dans les archives britanniques ne vient conforter cette interprétation. Au moment du coup d'État, le général Knox est à Vladivostok, à 6 000 kilomètres d'Omsk. Inquiet pour la sécurité de l'amiral, c'est lui qui a donné comme instruction au colonel Ward, commandant le Middlesex Regiment, de lui offrir son concours. C'est à cela que s'est limitée semble-t-il la participation britannique[1]. Ces soldats anglais autour de sa résidence ne font que souligner l'isolement de l'amiral, son extrême solitude.

Un Régent symbolique

Seul, il l'est dramatiquement[2]. Il n'a pas même un aide de camp à qui se fier. Quand on lui reprochera le choix malheureux du jeune colonel Lebedev comme chef d'état-major, il

1. Peter Fleming, *Le Destin de l'amiral Koltchak*, *op. cit.*, p. 148-155.
2. Seul réconfort, la jeune femme qui l'accompagne, Anna Timireva. Cette liaison ancienne, extrêmement discrète, découragera les critiques. Jolie femme brune de trente ans, Anna est discrète et réservée. Elle passe ses journées à soigner les blessés et à venir en aide aux réfugiés. Elle accompagnera Koltchak jusque dans sa prison d'Irkoutsk. Libérée par les Rouges après l'exécution de l'amiral, elle parviendra à survivre. Elle est morte à Moscou en 1975.

aura cette réponse : « Au moins lui ne m'enfoncera pas un poignard dans le dos. » Que peut faire un homme seul dans le bourbier sibérien ? Qui plus est, un homme que ni son tempérament ni son passé n'ont préparé à la tâche monstrueuse qui l'attend. Là où il faudrait de la ruse, il est honnête. Là où il faudrait être brutal par calcul, il se montre brusque par emportement. Ce n'est pas un homme de pouvoir ni un chef de guerre. C'est un esprit scientifique épris de questions techniques et de navigation. Quoi de commun entre le commandement d'une escadre, dont les rouages sont bien huilés, et la domination de cette fosse à serpents qu'est la Sibérie ? Il faudrait être un dompteur de génie. Et encore ! Aussi doué fût-il, celui-ci ne pourrait rien sans des hommes à lui, sans une idée mobilisatrice et sans un parti féroce et discipliné de type bolchevique.

N'ayant rien de tout cela et le sachant, que peut-il être, sinon un drapeau, droit, intègre, et par avance sacrifié ?

Oui, tel est l'amiral blanc. Un drapeau. Et tel il restera dans l'histoire malgré la somme des reproches qu'il sera facile de lui adresser.

Koltchak est certainement inapte au commandement politique et militaire dans une guerre civile, mais il y a en lui quelque chose qu'un universitaire anglais présent en Sibérie qualifiera de « royal [1] », et qui fait qu'on se soumet volontiers à son autorité cassante. Malgré une taille moyenne, l'ancien commandant de la flotte de la mer Noire en impose. Son visage, décrit par des témoins, est impassible en public. L'impression d'autorité est accentuée par le nez hardi et le front anguleux. Dans ce visage brille un regard noir qui fascine. Mais les photos d'époque disent aussi la tristesse de ce visage et le poids excessif des soucis.

Hormis le général Janin qui le déteste et s'est violemment emporté lors de leur première rencontre, hormis également les

1. Sir Bernard Pares, *My Russian Memoirs*, Londres, 1931.

Tchèques qui ont toutes les raisons de dénigrer celui qu'ils ont livré à la mort, le chef suprême – le Régent – bénéficiera chez les Blancs d'un respect que la cruauté de son destin contribuera à grandir.

En témoigne la scène étonnante rapportée par Dwinger au cours de laquelle l'un de ses camarades, Kostia, lieutenant de cosaques, qui eut l'occasion de rencontrer Koltchak, manifeste une quasi-adoration :

« Koltchak est le seul qui puisse sauver la Russie ! Je sais, vous pouvez me dire qu'il représente le tsarisme, la réaction, la servitude. Mais il est le seul qui ne vendra pas la Russie, à aucun prix ! Moi aussi, je préfère le progrès, le juste milieu. Mais chez nous, le juste milieu, cela veut dire la Douma, la représentation du peuple, et avec elle la corruption.

Kostia se lève brusquement, lance ses bras en avant et s'écrie avec extase :

– Ah ! frères, c'est un homme comme je n'en ai jamais vu d'autre. Je l'aime, je l'aime... Et il ajoute, si bas qu'on l'entend à peine : "C'est mon tsar" [1]. »

---

1. Edwin Erich Dwinger, *Entre les Rouges et les Blancs*, *op. cit.*, p. 67.

Chapitre XI

Le martyre de l'armée Koltchak

Knout et corruption en Sibérie

Sur le territoire immense et peu habité de la Sibérie, plongé dans la nuit polaire pendant l'hiver et assommé de chaleur pendant un bref été, la disparition de l'administration impériale a donné naissance à une foule de petites républiques anarchiques et quasi indépendantes au sein desquelles s'infiltrent les bolcheviks. De-ci, de-là, éclatent spontanément des insurrections contre le pouvoir lointain du Régent et du gouvernement d'Omsk. La vague administration blanche, brutale et souvent corrompue, en vient à être plus détestée que les Rouges qui sont loin et ont l'astuce de flatter les tendances autonomistes de la population sibérienne. Ils exploitent aussi une xénophobie latente contre les missions alliées dénoncées, elles et leurs « valets blancs », comme responsables de tous les malheurs de la guerre civile.

En se retirant, les Rouges ont laissé des agents dans les villes et des partisans dans les campagnes. Ils resurgissent dès qu'une situation favorable se présente, contribuant à la désorganisation des arrières de l'armée blanche. Mais dans leurs propres zones, les Rouges ne sont pas à l'abri de ce genre de désagréments. Eux aussi, par leur brutalité, l'ineptie de certaines décisions et l'arrogance des nouveaux maîtres prolétariens, provoquent le soulèvement des populations. Et dans les armées rouges comme dans les armées blanches les recrues paysannes, mal instruites, mal encadrées et mal équipées, saisissent la première occasion pour déserter.

Comme le commandement rouge bien souvent, celui des armées blanches de Sibérie est en général assez médiocre. Des états-majors sans liaison entre eux se superposent et se contredisent, ignorant la situation de leurs effectifs, et se révélant incapables de lutter contre une gabegie généralisée à laquelle ils prêtent souvent la main. Les énormes approvisionnements et les armements qui sont débarqués à Vladivostok par les Alliés disparaissent au cours des 8 000 kilomètres jalonnés de trafiquants divers, avant d'atteindre le front qui survit dans un état de pénurie tragique.

Ces désordres sont aggravés par les conflits qui opposent entre eux les représentants des Alliés. Chacun se constitue une clientèle et cherche à discréditer les partenaires adverses. Les Tchèques sont soutenus par les Français, tandis que les Anglais appuient Koltchak, dont l'autorité est systématiquement sapée par les Japonais...

« Les officiers russes, rapporte le général Rouquerol, adversaire déclaré de l'amiral Koltchak, ajoutaient à leur ignorance du métier, à leur manque de dévouement, à leurs habitudes de prévarication et à leurs fréquents abus de boisson, des manières brutales vis-à-vis de leurs hommes, dont ils se faisaient souvent des ennemis... Le couteau ou le fusil, un jour de vague combat, répondait à d'anciennes injures. Le massacre des officiers russes était le premier acte des contingents qui se mettaient en rébellion[1]. »

---

1. *L'Aventure de l'amiral Koltchak*, Le général tient à préciser : « Il ne faudrait pas étendre ces appréciations peu flatteuses à toute l'ancienne armée impériale. Les officiers dévoués et instruits, les généraux distingués pour le savoir et les talents militaires y étaient nombreux. Ceux que notre mission a trouvés en Sibérie étaient pour la plupart attirés par un milieu particulièrement agité qui présentait des tentations malsaines aux ambitions impatientes. »

Ces rébellions n'étaient pas rares. Certains officiers russes n'ont rien appris depuis 1917, mais ont contracté des vices nouveaux. Beaucoup, d'ailleurs, fuient le front. Les grandes villes regorgent de ces embusqués. À Omsk, on en compte environ 5 000 qui touchent leur solde, loin de tout danger.

L'état de corruption de l'administration militaire et civile annonce l'Orient. Des officiers trafiquent sur les subsistances de leurs troupes, vendent les équipements, les bottes et les armes de leurs hommes. Des ministres détournent des wagons, revendent le thé des soldats... Ce sont sans doute là des mœurs anciennes en Russie. Le grand-duc Nicolas Nikolaïevitch, père du commandant en chef de 1914, généralissime des armées des Balkans en 1878, avait ainsi restauré une fortune passablement ébréchée, en prélevant un pourcentage sur les fournitures de l'armée. La disparition de l'autorité centrale et de son administration rigide avait multiplié de telles pratiques jusqu'à en faire le fléau des armées blanches de Sibérie.

Il aurait fallu une main de fer pour réformer de telles mœurs. Mais le gouvernement d'Omsk sert de paravent à des intrigants et à des prévaricateurs sans scrupule. La valeur d'un emploi est appréciée au prix des bénéfices illicites qu'il permet. L'amiral Koltchak, lui-même irréprochable, ne dispose ni des aptitudes ni des moyens capables de porter remède à ce dérèglement généralisé.

Gamins idéalistes et troupes de choc

Pourtant, des épreuves de la guerre civile surgit ici et là dans les troupes de choc une nouvelle génération de combattants et d'officiers, qui se distingue en tout des embusqués et des corrompus, déchets putrides d'une société condamnée. Ils annoncent un monde épuré qui n'aura pas le temps d'éclore.

« Hier, note l'aspirant Dwinger dans son journal, j'ai vu un régiment d'officiers partir pour l'assaut. Ils étaient admirablement dans la main de leurs chefs. Le nombre de ceux qui combattent pour de petits avantages matériels est infime. Les autres croient sincèrement servir une grande cause, tout comme ceux qui leur sont opposés de l'autre côté[1]. »

Au cours des scènes de la guerre civile en Sibérie que l'on peut lire dans *Le Docteur Jivago*, Boris Pasternak a décrit d'après ses propres souvenirs le type de jeunes idéalistes qui forment les meilleures unités de choc des Blancs : « Le gros de la troupe était composé de jeunes, d'étudiants, qui n'avaient derrière eux qu'un seul semestre à l'université, ou de lycéens de la 8e classe qui venaient tout juste de se porter volontaires. Le docteur n'en connaissait aucun ; mais leurs visages lui paraissaient familiers, comme s'il les avait déjà vus auparavant. Beaucoup lui rappelaient d'anciens camarades de classe... Il croyait déjà en avoir rencontré d'autres au théâtre ou en déambulant dans les rues. Il se sentait apparenté à leurs visages impressionnants, sympathiques. Leur jeunesse et leur haute idée du devoir avaient fait naître en eux un profond enthousiasme, ce qui les avait conduits à l'héroïsme, au mépris du danger. Ils fonçaient en avant, en ordre de bataille, droits et fiers, plus intrépides que les officiers de la Garde ; ils se riaient du danger et ne cherchaient pas à l'éviter en courant plus vite. Le docteur était sans arme, couché dans l'herbe, et observait le déroulement du combat. Il était de cœur aux côtés de ces jeunes gens qui marchaient vers la mort en héros. Presque tous appartenaient à des familles spirituellement proches de lui. Ils avaient été éduqués comme lui, ils étaient proches de lui par leur attitude éthique... »

---

1. Edwin Erich Dwinger, *Entre les Rouges et les Blancs*, *op. cit.*, p. 176.

Les Kappelevski

Ceux-là, on les appelle les Kappelevski, les hommes de Kappel, nom du meilleur général blanc de Sibérie, désigné trop tard pour les plus hautes fonctions. Avec deux autres généraux, Voytsekhovski et Pepeliaev le Sibérien, Kappel forme une troïka fameuse.

Dernier commandant en chef de l'armée blanche de Sibérie en 1919, Vladimir Oskaritch Kappel est servi par son aspect physique. Avec ses deux mètres, son torse puissant orné de la croix de Saint-Georges, il n'a pas d'effort à faire pour imposer son autorité. Toujours en tête, toujours sous le feu, jusqu'à la fin il restera un officier de cavalerie. Breveté d'état-major, il a terminé la guerre en 1917 avec le grade de colonel. Réfugié à Samara après le coup d'État bolchevique, il s'est mis à la disposition des Tchèques dès leur soulèvement. Héros de la prise de Simbirsk et de Kazan, il apparaît rapidement comme le plus énergique général de Koltchak. Mais quand ce dernier lui confiera le commandement en chef, le 7 décembre 1919, l'armée blanche sera en pleine débâcle et en totale décomposition. Kappel fera cependant des miracles durant l'épouvantable retraite d'hiver le long du Transsibérien. Les jambes gelées, ayant refusé de se laisser évacuer, il mourra parmi ses hommes, le 5 février 1920, alors qu'en vue d'Irkoutsk, il espère libérer l'amiral livré aux bolcheviks par les Alliés.

Pepeliaev le Sibérien participera jusqu'au bout à cette marche de la mort. Dans l'armée blanche, on l'a surnommé Pepeliaevcadet pour le distinguer de son frère aîné Victor, ancien membre de la Douma d'Empire, Premier ministre dans le gouvernement Koltchak, qui accompagnera l'amiral jusque dans la mort. Officier pendant la guerre mondiale, Anatoli Nikolaïevitch Pepeliaev a regagné la Sibérie en 1917 avec le grade de colonel. Recrutant d'autres officiers, il a créé à Tomsk une organisation antibolchevique qui apporte son soutien au soulèvement des Tchèques dès mai 1918. D'un courage frisant la témérité, il peut tout obtenir de ses tirailleurs sibériens avec qui il s'empare de Perm, pointe extrême des offensives blanches en décembre 1918.

Son camarade le général Voytsekhovski a suivi un itinéraire analogue, mais plus engagé encore au côté des Tchèques. Il a participé à leur encadrement dès la formation de leur Légion. Il fut même l'un des trois officiers élus comme délégués avec Gajda et Tchetchek lors du soulèvement de mai 1918. En novembre 1918, il commande 20 000 hommes sur le front de la Volga. Adjoint de Kappel en 1919, il le remplacera à sa mort dans les pires circonstances, devant Irkoutsk, la veille de l'exécution de Koltchak. Il mettra à profit l'ancienne camaraderie d'armes qui le lie aux Tchèques pour sauver les débris de l'armée et faire passer ses hommes en Transbaïkalie[1].

Tels sont quelques-uns des hommes qui sauvent l'honneur des armées blanches de Sibérie, donnant aux Rouges du fil à retordre pendant toute l'année 1919.

Retrait et rancœur des Tchèques

Dès sa désignation comme Régent et chef suprême, Koltchak s'est consacré en priorité à la conduite de la guerre, laissant le gouvernement fonctionner sans pratiquement intervenir dans ses affaires. Comme ses prédécesseurs, il découvre qu'en Sibérie le destin des Blancs est lié à celui des Tchèques. Dans le train qui l'avait conduit à Omsk, venant de Vladivostok en compagnie du général Gajda, celui-ci avait eu tout le temps de l'informer de l'état préoccupant de la Légion. Il sait donc que les Tchèques sont usés et que rien ne pourra les contraindre à retourner au front. Mais sans doute n'a-t-il

1. Ayant donné à ses hommes leur liberté après les avoir mis à l'abri sur l'autre rive du lac Baïkal, il est pris en charge par la Légion tchèque. Évacué vers la Tchécoslovaquie, il y mourra en 1935 avec le grade de général dans l'armée tchécoslovaque.

pas pris la mesure exacte de leur démoralisation, de leur dégoût des Russes et de cette guerre civile qui n'est plus la leur.

Dans un premier temps, il tente de les séduire, spécialement les officiers qui vont recevoir les meilleurs équipements, des soldes alignées sur celles des Français, et des promotions excessivement flatteuses. Ayant accordé sa confiance à Gajda, l'amiral la lui maintiendra longtemps et au-delà du concevable. Mais rien n'y fera. À la fin de 1918, les Tchèques ont décidé de ne plus se battre. Ils en ont « plein les bottes » de leurs « frères slaves », pour reprendre la formule wilsonienne. Ils sont d'autant plus décidés à ne plus participer à cette folie sanglante qu'on les attend désormais chez eux, dans la Tchécoslovaquie constituée depuis le 28 octobre sur le corps dépecé de l'Empire austro-hongrois. Rentrer chez eux est leur seul but.

Quand Koltchak découvre enfin la réalité, comme souvent chez lui, sa désillusion se transforme en colère. D'une façon blessante que n'oublieront ni les Tchèques ni surtout leur chef, le général Syrovy, il exigera leur retrait qui sera officiellement admis par le général Janin le 13 janvier 1919. L'accord passé avec Janin prévoit cependant que les Tchèques assureront la garde du Transsibérien, ce que les armées blanches ne peuvent garantir. Cette garde est vitale pour l'approvisionnement de l'armée. À la fin de l'année 1919, lors de la débâcle, elle se transformera pourtant en un piège mortel pour l'armée blanche et son chef à qui les Tchèques feront payer de la façon la plus cruelle leurs rancœurs.

Quoi qu'il en soit, le retrait des Tchèques est dans l'ordre des choses puisqu'ils ne veulent plus se battre, multipliant les mutineries et les refus d'obéissance sur le front. Désormais, les Blancs sont seuls face aux armées rouges qui se renforcent. À eux de faire leurs preuves.

Koltchak prend le commandement

Quand l'amiral accède au pouvoir au mois de novembre 1918, l'immense front occidental est encore commandé par le général Syrovy, ex-capitaine tchèque, chef de cette Légion qui a constitué jusque-là l'ossature du front. Il a pour chef d'état-major le général russe Dieterichs.

Après avoir suspendu Syrovy, l'amiral assume lui-même le commandement en chef des armées blanches de Sibérie, tâche pour laquelle il est peu préparé, n'ayant aucune expérience de la guerre terrestre, qui plus est de la guerre civile. Cette lacune est aggravée par un jugement défaillant. Il se trompe sur les hommes, accordant trop souvent sa confiance à qui ne la mérite pas.

Chef d'état-major de Syrovy, le général Dieterichs, un officier de valeur, a démissionné quand son chef a été relevé de son commandement. Koltchak l'a remplacé par un homme dévoué mais tout à fait médiocre et inexpérimenté, le colonel Lebedev. Sous sa direction chaotique, l'état-major se révélera incapable de concevoir les opérations, de préparer des plans tactiques, d'organiser le déplacement des troupes et leur approvisionnement. Les magasins de l'arrière regorgent de matériel alors qu'en première ligne les troupes manquent de tout.

« Comme au temps des tsars, par Dieu ! Rien n'a changé, non, s'exclame avec fureur un officier du front. Toute la Russie est un monceau de décombres, et ces vieux crétins travaillent suivant les recettes savamment dosées du temps de paix ! Leurs services se multiplient comme des microbes et enfantent chaque jour de nouvelles divisions, sections, chancelleries... Survient-il quelque chose qu'il faut régler sur-le-champ ? Non, *nitchevo*, seulement par la voie hiérarchique, s'il vous plaît [1]... »

---

1. Edwin Erich Dwinger, *Entre les Rouges et les Blancs*, *op. cit.*, p. 98.

Ironisant sur les maigres aptitudes des états-majors russes, le général Rouquerol ajoute : « C'était du reste un art tout spécial que de mener au combat des troupes qui n'avaient aucune envie de se battre. »

Il n'est pas certain que l'amiral Koltchak ait maîtrisé cet art difficile. Pourtant, sa prise de commandement est marquée par un succès obtenu à coups d'audace et dont l'effet psychologique est certain. Dans le but de relever le moral de l'armée, il a ordonné une offensive en plein hiver, malgré les conditions les plus éprouvantes.

Le 24 décembre 1918, par -40°, le corps sibérien du général Pepeliaev, tout juste constitué et insuffisamment équipé, attaque par surprise la 1re armée rouge qu'il met en déroute. Les Blancs s'emparent de Perm, importante capitale provinciale bourrée d'approvisionnements. Cette victoire sonne comme un triomphe pour les Blancs dans toute la Russie. Elle a cependant coûté très cher. Plus de 5 000 tués, dont 500 officiers, victimes du froid plus encore que du feu.

L'état-major de l'amiral se grise un peu trop facilement de ce résultat heureux dont il ne cherche pas à analyser la cause. Tout à son euphorie, il dresse maintenant des plans pour une offensive de printemps sur toute l'étendue du front.

Les armées blanches de Sibérie au début de 1919

Il est équivoque de parler de « front » pour désigner une réalité qui n'a strictement rien de commun avec les fronts linéaires, continus et très organisés de France en 1918. Mais tel est le mot qu'utilisent les Russes eux-mêmes et qui désigne aussi un théâtre d'opérations.

Ce « front » de la Sibérie occidentale, arc-bouté en partie sur l'Oural, atteint une largeur de presque un millier de kilomètres. Il est largement dépendant du Transsibérien, artère vitale de la Sibérie. Il se divise en trois théâtres, celui du Nord, celui du Centre et celui du Sud. Les théâtres du Nord et du Centre épousent la direction des deux branches du chemin de fer visibles sur la carte au départ d'Omsk. L'une se dirige vers Ekaterinbourg et Perm (armée du Nord), l'autre s'oriente vers Oufa et Samara (armée du Centre). Quant à l'armée du Sud, composée de cosaques sans grande valeur militaire, son centre est à Orenbourg. Elle est aux ordres du général ataman Doutov, mieux fait pour les manœuvres politiques que pour la guerre.

Koltchak a confié l'armée du Nord au général Gajda, qui vient de démissionner de la Légion tchèque pour rejoindre les Blancs. Cette nomination est fort mal reçue par les officiers russes qui ne l'apprécient pas. Mais l'amiral a confiance en Gajda qui le tient sous sa séduction. Fonceur, ambitieux, incroyablement sûr de lui, ce jeune officier a fait ses preuves comme chef de bataillon, mais le commandement d'une armée est une autre affaire. Lui-même ne nourrit cependant aucune inquiétude sur ses capacités. Il se voit déjà dans les bottes d'un Bonaparte sibérien. L'amiral mettra longtemps à s'en détacher. Quand il le fera enfin, après les revers de l'été 1919, le désastre ne pourra plus être conjuré.

Le commandement de l'armée du Centre est confié au général Khangine, officier qui avait prouvé de solides qualités militaires au grand état-major impérial pendant la guerre mondiale. Mais ses troupes, très mélangées et qui ont été sérieusement étrillées durant l'automne à Oufa, sont d'une valeur incertaine.

L'une des idées caressées par l'état-major d'Omsk serait de percer vers le nord pour rejoindre le front tenu par le général Miller et les Anglais dans la région de Mourmansk-Arkhangelsk. Sur une carte, cela semble imaginable. Mais sur le terrain, il s'en faut d'un millier de kilomètres tenus par l'ennemi pour que les deux fronts puissent s'unir. Autant dire que l'on nage en pleine utopie. La seule liaison avec Mourmansk sera effectuée au moyen d'une station radiotélégraphique envoyée de France à Omsk.

Vers le sud, on a également imaginé de donner la main, par-delà la Volga, aux armées de Denikine. Ce dessein, sans doute plus réaliste, se trouvera enterré au printemps 1919 par l'offensive des Rouges en direction d'Orenbourg que devra abandonner Doutov en pleine déroute. Au premier choc, ses troupes bachkires se sont débandées. Non, il n'est pas aisé de mener au combat des troupes qui ne veulent pas se battre.

Difficultés de recrutement et retournement de prisonniers

Les Rouges ont été les premiers à instituer la conscription obligatoire. Koltchak les imitera, mais il sera handicapé par une administration défaillante et par la faible densité de population de l'immense Sibérie, alors que les bolcheviks peuvent puiser sans fin dans le réservoir abondant du bassin de la Volga. Rouges et Blancs rencontrent cependant les mêmes difficultés pour conserver dans les rangs des contingents formés de jeunes paysans illettrés, complètement indifférents à l'enjeu de la lutte, sauf quand des exactions ont enflammé leur désir de vengeance. D'où la multiplication des défections en masse, des désertions et des redditions sans combat.

Suivant une méthode qui rappelle celle des guerres coloniales, les deux camps procèdent au recrutement forcé de prisonniers.

Toujours précis et coloré dans ses souvenirs, Dwinger a raconté ce genre de retournement. Son escadron ayant capturé une grosse section, les prisonniers sont ramenés à l'arrière. On les entend venir de loin, précédés du chant de triomphe des cosaques, dont les sombres basses célèbrent les exploits de leur chef.

« Sur un rang ! » commande Seydlitz, l'officier adjoint.

Les prisonniers se mettent sur un rang en se poussant sans dire mot, comme un troupeau de moutons qui sent le voisinage du loup. Certains ouvrent des yeux plus grands que nature et leurs regards, courant de l'un à l'autre, s'attachent enfin, pour ne plus les quitter, aux yeux noirs et ardents du capitaine Vereniki, en qui ils reconnaissent le chef.

Vereniki s'avance devant le rang, accompagné à un pas de Seydlitz, son aide de camp. Il regarde chacun des prisonniers en le scrutant rapidement. "Recruté de force – Oui, Votre Grâce, j'ai... – Ça va. Va à droite !" Le prisonnier, un jeune paysan blond, inoffensif et franc, avec de bons yeux, ne comprend pas, dans son émoi, ce qu'on lui ordonne. "Allez à droite !" répète tranquillement Seydlitz.

Vereniki avance toujours, posant toujours la même question, recevant toujours la même réponse. Le ton seul varie, et tout est dans cette nuance. "Recruté de force ? – Oui, Votre Grâce, on... – C'est bon, je sais... à droite !" Mais ce n'est pas toujours "à droite". C'est "à gauche" pour sept hommes, des ouvriers de fabrique visiblement fanatisés, dont le front cache des ténèbres.

Au bout du rang, Vereniki se retourne : "Lieutenant Sabourov, conduisez ces seize hommes au dépôt des recrues, section des récupérés." Il se tait un instant, puis reprend, sans changer le ton de sa voix d'orgue : "*Praportchik* Dodanov, prenez quatorze cosaques pour emmener les autres hors du village !"

Dodanov ne comprend pas, Dodanov a encore dormi. "Et que... que dois-je en faire ?"

Vereniki s'en va en murmurant : "Les faire fusiller, naturellement... Quoi donc d'autre ?" »

L'offensive victorieuse du printemps

Face à la Sibérie, au début de 1919, les Rouges alignent près de 100 000 hommes que commande l'ex-colonel breveté Serge Kaménev[1]. Ces effectifs ne cessent de grossir. La discipline y est maintenue vaille que vaille par une poigne sans faiblesse.

1. Ne pas confondre avec Lev Borissovitch Rosenfeld, dit Kaménev, beau-frère de Trotski, l'un des principaux dirigeants du parti, utilisé contre Trotski par Staline, puis liquidé par ce dernier en 1936.

L'encadrement de *spets* s'étoffe. Le moral est alimenté par un carburant efficace : « Nous étions pénétrés d'une haine de classe pour les koulaks, les cosaques contre-révolutionnaires et les forces de l'intervention, se souvient le maréchal Joukov. Cela nous aidait à élever les hommes de l'armée rouge dans la haine farouche de l'ennemi et à les préparer aux combats décisifs [1]. »

Il ne faut pourtant pas s'exagérer la qualité de ces troupes. De part et d'autre, les armées restent passablement invertébrées. Elles ne sont en rien comparables aux forces allemandes, françaises ou anglaises qui se sont affrontées dans la guerre mondiale. « La valeur combative des deux adversaires était au total très médiocre, estime le général Rouquerol avec une pointe de mépris. L'avis des officiers de notre mission était qu'une division de troupes européennes occidentale aurait également battu les deux partis sans grand effort. »

Les trois armées blanches (Gajda, Khangine et Doutov) reprennent l'offensive sur le front Est en mars 1919. En un mois et demi, elles progressent de plusieurs centaines de kilomètres. La 5e armée rouge alors commandée par Blumberg ne parvient pas à conserver Oufa. Au cours des combats, elle perd en morts, en prisonniers, mais surtout en déserteurs, la moitié de son effectif. Au début avril, son commandement est confié à Toukhatchevski, dont le talent et l'énergie n'ont cessé de s'affirmer depuis un an.

La situation pour l'armée rouge est d'autant plus difficile qu'elle doit faire face à de continuelles révoltes paysannes dans les arrondissements de Samara, Syzran, Senguileï, Stavropol et Melekess. À Samara, le 175e régiment de tirailleurs se mutine contre son commandement rouge, à l'approche des forces de Khangine.

Au début d'avril, les cosaques de Doutov occupent Aktioubinsk, coupant la voie ferrée Orenbourg-Tachkent et isolant

1. Maréchal Joukov, *Mémoires*, Paris, Fayard, 1970.

une nouvelle fois le Turkestan de la Russie des soviets. Là encore, les Blancs sont servis par des révoltes paysannes. Seule la fonte des neiges, qui transforme la Sibérie occidentale en marécage, ralentit les opérations.

Devant de tels succès, les puissances alliées se figurent déjà les armées de Koltchak marchant sur Moscou, tandis que Denikine s'en approche par le sud et que Ioudenitch menace Petrograd. Pour appuyer cette victoire qu'ils croient prochaine, les Alliés adressent le 12 juin à l'amiral un télégramme par lequel ils le reconnaissent officiellement comme chef du seul gouvernement de la Russie. Sur leurs instances, Denikine et Ioudenitch font de même.

Frounze prépare la contre-offensive rouge

C'est dans cette période critique pour les Rouges que va s'imposer un chef militaire issu du parti, l'un de ces hommes que rien ne semble destiner à un grand destin et que des événements extraordinaires peuvent seuls révéler : Mikhaïl Vassilievitch Frounze. Très jeune membre du parti bolchevique en 1905, il a fait alors ses premières armes en dirigeant une *droujina* (détachement de partisans armés) lors du soulèvement de Moscou. Son action révolutionnaire l'a conduit en prison où il s'est passionné pour l'étude de questions militaires. Après février 1917, il a créé une garde rouge à Minsk, et commandé un détachement armé à Moscou lors de la révolution d'Octobre. En 1918, il participe à l'écrasement du soulèvement de Iaroslav, puis il est nommé commissaire de cette région militaire. Sa voie est désormais tracée.

En janvier 1919, il commande la 4e armée sur le front de l'Est. Il lui faut réaliser la fusion des détachements de partisans dans l'organisation stable voulue par Trotski. Ce travail d'organisation est interrompu par l'offensive blanche. Il se charge d'écraser l'insurrection des troupes de Samara.

N'ayant pas reçu de réponse claire aux questions soumises au commandant en chef Vatsetis, il en appelle directement à Lénine, et propose un plan d'action.

Les succès mêmes de l'offensive blanche, expose-t-il en substance, placent les forces de Koltchak dans une situation délicate en allongeant excessivement leurs communications. Si nous exploitons à fond ces circonstances, ce pourrait être pour Koltchak le commencement de la fin. Tout en contenant de front les forces blanches, il faut attaquer au sud avec la 1re et la 4e armée, ainsi que l'armée du Turkestan. C'est là que se trouve le point faible de Koltchak avec des lignes très étirées. Ensuite, transformer cette contre-attaque en une puissante contre-offensive de tout notre front Est en direction de l'Oural et de la Sibérie.

Les propositions de Frounze sont approuvées par Lénine et le Comité révolutionnaire de guerre. L'organisation de la contre-offensive lui est confiée, ainsi que le commandement d'un groupe d'armées comprenant les 1re, 4e, 5e armées et celle du Turkestan, avec Kouïbychev au poste de commissaire politique.

La contre-offensive est déclenchée à la fin du mois d'avril. Dès les premiers coups de fusil, un régiment ukrainien de l'armée Khangine se mutine, massacrant ses officiers et entraînant toutes les troupes de la division qui passent chez les Rouges dans leurs uniformes anglais. Frounze lance ses troupes dans la brèche.

Son audacieuse manœuvre déborde le flanc Sud des armées blanches, forçant celles-ci à refluer en désordre vers l'Oural, talonnées par la 25e division de Tchapaïev. Le commandant du front Est, Serge Kamenev, veut exploiter cette victoire et poursuivre Koltchak jusqu'en Sibérie. Mais Vatsetis s'y oppose. À son avis, Koltchak dispose encore de puissantes réserves et le risque à prendre lui apparaît excessif. Il ordonne à Kamenev et à Frounze de s'arrêter sur l'Oural. Trotski soutient Vatsetis. Les renseignements en provenance du front Sud sont alarmants. C'est là qu'il veut désormais porter ses efforts. Il se soucie donc peu de connaître des difficultés sur le front Est, d'autant qu'une mission supplémentaire lui est confiée. Béla Kun a proclamé une république soviétique à Budapest et Lénine veut courir à son aide [1].

Kamenev, persistant dans son projet, est relevé. Mais les commissaires du front, Smilga et Lachkevitch, se solidarisent avec leur *komandarm*, en appellent à Lénine et obtiennent l'annulation de la décision de Trotski. Kamenev engage donc la poursuite au-delà de l'Oural comme il le désirait, ne rencontrant aucune résistance. À la fin du mois de juin 1919, le front des armées blanches s'est disloqué. Une cascade de démissions achève de désorganiser le commandement.

Koltchak remplace Gajda par Dieterichs

L'armée blanche du Nord ayant mieux résisté, son chef, Gajda, se plaint violemment auprès de Koltchak des fautes de Khangine qui démissionne. Toujours favori, Gajda est nommé coordinateur du front. Cette décision soulève une telle tempête de protestations qu'il est à son tour contraint de démissionner en juillet. Il accablera désormais Koltchak de sa rancune.

Au milieu de cette déroute, l'amiral fait appel au général Dieterichs, ancien chef d'état-major de Syrovy, et lui confie le commandement en chef.

De l'avis de ses pairs, le général Dieterichs est sans doute le plus expérimenté des officiers d'état-major disponibles en Sibérie, le seul qui pourrait remettre un peu d'ordre dans l'immense désordre, mais sans doute n'en a-t-il pas la

1. L'armée rouge n'aura pas le temps de se porter au secours des communistes hongrois déconsidérés par de sanglants excès. Leur dictature sera renversée par une intervention de l'armée roumaine (3 août 1919) et l'établissement du gouvernement contre-révolutionnaire de l'amiral Horthy.

poigne. Dieterichs, dont les ancêtres sont d'origine tchèque, a commencé sa carrière en participant à la guerre russo-japonaise, puis à la campagne du Turkestan. Pendant la guerre mondiale, il a débuté comme chef d'état-major de la 3e armée en Galicie. Devenu chef d'état-major du front, il a commandé ensuite une division en Macédoine. En 1917, Kerenski lui a proposé d'être ministre de la Guerre, mais il a préféré servir à la Stavka sous Kornilov.

Les Rouges avancent toujours sans rencontrer de résistance. Ils ne sont ralentis que par l'immensité des distances. Leurs subsistances sont assurées par l'énorme butin capturé. Les soldats blancs sont pieds nus, mais les magasins de l'intendance étaient pleins... Fin juillet, en dehors de la division du général Kappel et de détachements cosaques, les armées blanches de Sibérie se sont évanouies dans l'espace sans fin. Leurs débris sont pourchassés par les avant-gardes de Kamenev et les partisans rouges de Blücher.

Inspiré par les réminiscences de la retraite russe de 1812 devant Napoléon, Dieterichs a replié ce qui lui reste de troupes derrière le fleuve Tobol, puis derrière l'Ischin. De là, en septembre, il parvient à lancer une contre-offensive, avançant jusqu'aux contreforts de l'Oural.

Mais se reprenant et recevant le renfort de trois divisions, la 5e armée rouge exerce une telle pression qu'à la mi-octobre l'armée blanche du Centre est une nouvelle fois rompue. Elle reflue, disloquée. Seuls les cosaques de l'Oural, de loin les meilleurs, parviennent à maintenir une certaine cohésion dans la déroute.

Dieterichs avertit Koltchak d'avoir à évacuer Omsk. Le général estime encore possible de se battre derrière l'Irtych, en arrière de la ville. Mal conseillé par son désastreux état-major et ne mesurant pas la réalité de la situation, l'amiral refuse d'abandonner Omsk, ce qui provoque la démission de Dieterichs. Son successeur, le général Zakharov, en arrive rapidement à la même conclusion que lui. La fin approche pour les armées blanches de Sibérie.

Ioudenitch menace Petrograd

Trotski a rejoint le front Sud. Il y passe l'été 1919, face à l'offensive de Denikine en Ukraine, s'efforçant d'organiser un commandement tenu par des « communistes de gauche », Antonov-Ovsenko, Podvoïski et Boubnov, favorables au système des « partisans ». Trotski demande qu'ils soient relevés. Il se rend à Moscou, mais c'est pour y être attaqué sur son erreur d'appréciation dans l'affaire Kaménev. Staline conduit l'accusation et demande le remplacement de Vatsetis par l'ex-colonel S. Kaménev.

Le 3 juillet 1919, le Comité central approuve cette proposition qui apparaît comme une grave défaite politique pour Trotski. Défaite aggravée par la nomination d'un nouveau Conseil révolutionnaire de guerre de la République au sein duquel ses amis Smirnov, Rosengoltz et Raskolnikov sont remplacés par ses ennemis, Smilga et Goussev, soutenus par Staline. Ulcéré, il donne sa démission que le Politburo refuse. Lénine, qui a joué contre lui dans toute cette opération, fait un geste de conciliation et l'assure publiquement de son entière confiance...

Au-delà de ces conflits internes, l'attention des dirigeants bolcheviques se porte désormais en priorité sur le front Sud que menace Denikine.

Pourtant, en octobre 1919, surgit une nouvelle menace sur le front Nord-Ouest cette fois et qui vise directement Petrograd.

Au cours des combats pour l'indépendance des Pays baltes (voir chap. IV), plusieurs détachements russes avaient participé à la lutte contre l'armée rouge. L'un d'entre eux avait été formé dans la région de Tallinn (Reval) sous la direction du colonel Rodzianko, neveu de l'ancien président de la Douma. On se souvient qu'une autre unité blanche, constituée par le prince de Lieven dans la région de Libau avec d'anciens prisonniers russes capturés par les Allemands en 1914, avait combattu en Lettonie. Après avoir contribué à vaincre les armées rouges dans le Baltikum, ces divers détachements furent invités à rejoindre en Estonie le général Ioudenitch qui bénéficiait du soutien de l'Angleterre.

Le général Nikolaï Nikolaievitch Ioudenitch (1862-1933) commandait l'armée du Caucase, face aux Turcs, en 1916. Il s'y distingua par la prise d'Erzeroum. Destitué lors de la Révolution, il s'échappa vers la Finlande. Au début de 1918, il est devenu grâce aux Anglais le commandant en chef des forces blanches de la Baltique (front Nord-Ouest) basées à Narva et à Pskov en Estonie.

Par crainte de la puissance soviétique, la Finlande et l'Estonie sont disposées à soutenir militairement Ioudenitch, pour autant que celui-ci reconnaisse leur indépendance. Une nouvelle fois, la doctrine blanche de la « grande Russie indivisible » va ruiner l'alliance possible entre adversaires du bolchevisme. Avec la participation militaire des Finlandais et des Estoniens, Ioudenitch pourrait s'emparer de Petrograd prise en tenaille. Faute d'obtenir satisfaction, la Finlande et l'Estonie, toujours considérées par beaucoup d'officiers blancs comme des possessions russes, s'abstiendront et Ioudenitch devra compter sur ses seules forces. Celles-ci représentent environ 20 000 hommes, la division du prince de Lieven et la division de Toula, beaucoup moins sûre, formée d'anciens soldats rouges révoltés à Gomel en mars 1919, qui ont payé leur passage aux Blancs en massacrant leurs commissaires. L'arrière de Ioudenitch est naturellement encombré d'une collection d'embusqués.

Une première occasion d'attaquer Petrograd s'est présentée en mars 1919 quand plusieurs régiments de la 7e armée rouge se sont mutinés. Lénine a dépêché sur place Staline avec des unités de la Tcheka. Ioudenitch n'a pas bougé. Il hésite encore durant l'été. Enfin, le 10 octobre, pour venir en aide à Koltchak et à Denikine, son armée se met en route. Devant ses avant-gardes, les unités rouges fuient en désordre, abandonnant armes et matériel. Les Blancs occupent successivement Iambourg, Gatchina, Krasnoïe Selo. Le 20, ils pénètrent à

Tsarskoïe Selo, l'ancienne résidence impériale. Ils sont à trente kilomètres de Petrograd. Leurs patrouilles de cavalerie distinguent dans le lointain la coupole dorée de la cathédrale Saint-Isaac.

Mais, rassuré sur l'évolution du front Sud, Trotski est arrivé sur place le 16 octobre pour organiser la défense. Il mobilise vingt-trois classes, vidant les usines et les bureaux. L'encadrement est assuré par les *koursanty*, élèves des écoles militaires de Petrograd. Dans tous les détachements siègent des cours martiales pour régler leur compte aux planqués, aux saboteurs et aux déserteurs. Comme par miracle, les services d'approvisionnement se mettent à fonctionner et les désertions diminuent.

Dès le 20 octobre, Trotski donne le signal d'une contre-attaque, plaçant en arrière de ses troupes des mitrailleuses pour abattre ceux qui reculeraient.

En face, Ioudenitch a perdu le contrôle de plusieurs unités, chacun de ses généraux voulant être le premier à entrer dans la ville. Au dernier moment, obéissant aux instructions de Londres, la flottille anglaise du golfe de Finlande fait défaut aux Blancs, laissant la place à deux cuirassés rouges qui prennent la gauche des Blancs sous le feu de leurs canons. Quelques jours plus tard, une manœuvre d'enveloppement par la droite rejette les soldats de Ioudenitch qui, décimés par une épidémie de typhus, combattent cependant pied à pied. Ainsi Petrograd échappe aux Blancs qui se réfugient en Estonie où ils sont désarmés.

Sur le front Nord, les Anglais ont déjà rembarqué l'ensemble de leurs troupes depuis le 14 septembre à Mourmansk et Arkhangelsk, abandonnant le général Miller qui tiendra face aux Rouges jusqu'en 1920.

Mortelle retraite en Sibérie

Le 13 novembre 1919, les avant-gardes rouges ne sont plus qu'à quelques kilomètres d'Omsk. Le même jour, Koltchak quitte sa capitale en direction d'Irkoutsk avec son état-major, sa garde personnelle, son administration et de trop nombreux officiers. En tout sept trains se suivent, dont l'un contient l'or de l'ancien trésor impérial. L'interminable convoi roule au ralenti dans la steppe enneigée. Il a été précédé par les cinq trains de luxe des commandants alliés. « Quand on compare leurs magnifiques wagons à celui du Régent, il fait l'effet d'une niche à chiens », dira Dwinger.

Les Tchèques ont interdit l'accès des trains à la foule des civils et des femmes d'officiers qui veulent fuir. Il leur faudra partir à pied dans l'effroyable hiver sibérien. On ne peut imaginer le désespoir de ces malheureux que 6 000 kilomètres séparent de Vladivostok. Plusieurs hôpitaux militaires n'ont pu être évacués. Les officiers blessés et amputés seront massacrés dès l'arrivée des Rouges.

La canonnade se rapproche. La ville est saisie d'une danse de mort à chaque heure plus folle. À côté de ceux qui tentent de fuir, d'autres, se sachant condamnés, s'enivrent une dernière fois. Dans les cabarets, des femmes nues dansent sur les tables et rejoignent ensuite des officiers ivres sur des sofas. À coups de revolver on casse les glaces, les bouteilles et les vitres dans un ultime éclat de rire.

Toute la plaine autour d'Omsk est emplie des troupes de l'arrière-garde blanche et d'une multitude de fuyards qui cherchent leur protection. En tête, marchent les restes d'un régiment de cavalerie, puis les débris d'une batterie avec la moitié du nombre réglementaire de chevaux. Les hommes semblent dormir sur leurs montures. Les pièces sont couvertes de boue jusque sur la volée des canons, et cette bouc ayant gelé forme une enveloppe vitreuse. L'infanterie avance en désordre au pas de route, en uniformes disparates, les officiers en tête, fusil en bandoulière. Beaucoup ont le bras dans une écharpe en loques, ou la tête couverte d'un pansement sale.

Le défilé déprimant dure toute la nuit. Au matin, arrivent encore de nouvelles masses de réfugiés. Les uns portent de lourds fardeaux. Les autres, en légères blouses d'été et les pieds bleus et enflés dans des savates, n'ont pas la moindre provision. Des charrettes paysannes se succèdent en grinçant, conduites par des dames pâles, en robes habillées, brandissant de longs fouets de leurs mains délicates. De petits enfants geignent doucement et la faim leur fait ronger les fétus de leur litière pourrie. Ailleurs, on voit de belles jeunes filles au visage déjà marqué par la mort. À plusieurs kilomètres autour d'Omsk, toute la campagne est transformée en bivouac dont la vue fait frémir. Il y a là toute la noblesse et la bourgeoisie de l'ancien Empire. L'une et l'autre vont mourir.

Cette retraite dans l'hiver qui commence dépassera en horreur celle de Napoléon en 1812. Elle fera infiniment plus de victimes, entraînant dans la mort par le typhus, la faim et le froid, des dizaines de milliers de femmes, d'enfants, de vieillards. Pas un n'en réchappera.

La foule s'en va à pied sur la route qui longe le Transsibérien et traverse la steppe de part en part, le *trakt* glacé, encombré d'un flot immense et compact de fuyards. Les cosaques de l'Irtych émigrent aussi, leurs familles et leurs biens chargés dans des milliers de traîneaux.

Aucun service de ravitaillement n'existe plus. Les civils qui ont de l'argent achètent des vivres aux mercantis ambulants et aux Tchèques qui leur revendent le contenu des wagons volés à l'intendance russe. Les soldats, eux, pillent les maisons des paysans quand, par chance, il y a encore quelque chose à marauder. Ils y mettent le feu dès qu'on résiste. La résistance paysanne d'ailleurs s'organise. Des bandes d'insurgés se forment dans la steppe, réunissant plusieurs centaines d'hommes armés de fusils. Ces bandes seront particulièrement nombreuses et agressives dans la région d'Irkoutsk où existent de grandes agglomérations rurales. Malheur à l'officier blanc qui tombe aux mains de ces partisans. Il ne sera pas seulement mis à mort, il sera torturé. L'un des procédés favoris consiste à écraser les testicules du prisonnier entre deux briques et à le laisser hurler jusqu'à ce qu'il n'ait plus de voix. Alors seulement on le tue.

« Les échelons des Tchèques sont partout, note Dwinger, qui fit la retraite de bout en bout, encombrant les communications, bourrés de leurs maraudes. Tandis que des milliers et des milliers de gens meurent de faim, les légionnaires ont encore des trains pleins de vivres et ils emmènent avec eux les plus beaux chevaux de la Russie, luisants, bien pansés et pourvus de couvertures. Mais ils ne donnent rien et aucune fille russe n'ose plus se risquer dans le voisinage de leurs trains. Trop d'entre elles ont été traînées de force dans les wagons, pour être ensuite jetées dehors en pleine marche[1]. »

Dans la gare de Taïga, les embouteillages sont inextricables. Les voies sont encombrées de wagons bondés de malades et de blessés provenant d'hôpitaux évacués. Ils sont là depuis des jours, sans nourriture et sans soins. On entend leurs cris et leurs supplications, dont personne ne se soucie plus. Pris de panique, les Tchèques travaillent fébrilement à débrouiller l'embouteillage afin de continuer leur course vers l'Est, rejetant vers les voies de garage tout ce qui est russe.

Chaque matin, dans la plaine blanche, on voit les cadavres raidis des civils morts de froid pendant la nuit, gisant par files entières. Des femmes tiennent dans leurs bras un enfant raidi. D'autres enfants restent là, tout seuls, comme de petits paquets abandonnés au bord de la route. Pour se couvrir, les survivants arrachent aux morts leurs manteaux pleins de poux qui propagent le typhus. Au milieu de cette cohue pathétique, la foule des soldats ressemble de plus en plus à une horde de mendiants. Et pourtant l'arrière-garde que commande Kappel se bat toujours pied à pied, mordant à la façon des loups.

Le 11 décembre, de son train qui progresse lentement parmi les autres convois au gré des Tchèques, Koltçhak signe un ordre qui fait du général géant le dernier commandant en chef

1. Edwin Erich Dwinger, *Entre les Rouges et les Blancs*, *op. cit.*, p. 228.

de l'armée blanche. Kappel est le plus capable et le plus énergique des généraux de Sibérie, mais il ne commande plus qu'à un fantôme d'armée.

Le calvaire imposé à Koltchak

Dans plusieurs villes, à Irkoutsk et Krasnoïarsk, des coalitions de bolcheviks et de S-R ont fomenté des soulèvements.

Les troupes du général Voytsekhovski pénètrent dans Krasnoïarsk et s'emparent de la gare. « En dehors des troupes régulières, beaucoup d'élèves des écoles y ont pris part et on a même vu des jeunes filles avec des bandes de cartouches croisées sur leur poitrine[1]. »

À Irkoutsk, la ville se trouve partagée entre les insurgés qui constituent un « Centre politique » et les troupes fidèles à Koltchak. Au nom des missions alliées, le général Janin, dont le train luxueux est arrêté dans la gare, s'interpose entre les adversaires.

La trêve est rompue par l'intervention d'un détachement envoyé par Semenov. Il s'empare d'une trentaine d'otages qui seront sauvagement exécutés quelques jours plus tard.

Loin à l'ouest, le train de Koltchak ne progresse que suivant l'humeur des Tchèques qui sont les maîtres du Transsibérien. Le 13 décembre, à Mariinsk, ils l'ont mis sur une voie de garage, pour donner la priorité à leurs propres trains. La décision a été prise par Syrovy et acceptée par Janin. Koltchak proteste auprès du général français, mais on lui répond que la ligne téléphonique est coupée. Le train repart cependant. Il atteint Krasnoïarsk le 17 décembre. Il y reste bloqué une semaine. Janin se dérobe à tous les appels que lui adresse l'amiral.

---

1. *Ibid.*, p. 248.

Le 27 décembre, le train qui est enfin reparti atteint la gare de Nijne-Oudinsk à 500 kilomètres d'Irkoutsk. Immobilisé sous la menace des canons d'un train blindé tchèque, il va y rester deux semaines. Durant ces deux semaines, Janin ne répondra pas une fois aux appels de plus en plus nerveux de Koltchak, faisant dire qu'étant occupé il ne peut répondre. Il est occupé en effet à tirer vengeance de l'amiral qui l'avait pris de haut dès leur premier entretien un an plus tôt.

Le 1er janvier, les hauts-commissaires alliés en Sibérie ont cependant adressé à Janin une note demandant que « toutes mesures [soient] prises pour assurer, autant qu'il sera humainement possible, la sécurité personnelle de l'amiral Koltchak ». On peut méditer sur le « autant qu'il sera humainement possible ». Pendant trois semaines, avec l'accord du général Janin, les Tchèques qui sont tout-puissants sur la ligne, ont bloqué le train du Régent, l'humiliant intentionnellement et laissant la situation pourrir à Irkoutsk. Au début de son voyage, rien ne s'opposait à son passage, sauf les Tchèques qui, d'évidence, font payer avec avarice les rancunes accumulées.

Le 4 janvier, après le départ de la garnison blanche d'Irkoutsk, la ville passe entièrement sous le contrôle du « Centre politique » qui se transforme en gouvernement rouge sous le nom de *Revkom*. Tout de suite, celui-ci exige la livraison de Koltchak.

Le 5 janvier, Janin fait transmettre au Régent une proposition. Il sera escorté jusqu'à Irkoutsk sous la protection des Alliés, à la condition qu'il abandonne son convoi et voyage dans un seul wagon sous la garde des Tchèques. Sinon, fait-il savoir, personne ne répondra plus de sa sécurité. L'amiral est malade. L'épuisement nerveux des derniers mois, que tous les témoins ont constaté, a été aggravé par les incroyables avanies qu'on lui fait subir depuis son départ d'Omsk. Il ne se fait plus d'illusions sur ce qui l'attend. Céder aux exigences de Janin permettra peut-être de sauver ceux qui l'ont suivi. Ayant donné son accord, il doit se séparer de son escorte personnelle.

Le voici sous la garde d'un détachement du 6e régiment tchèque. Il est prisonnier. Anna Timireva l'accompagne ainsi que le Premier ministre, Victor Pepeliaev [1].

Le 8 janvier, le voyage reprend vers l'Est. Le 13 janvier, à Polovina, sous la menace de ne pas fournir de charbon, un soviet de cheminots obtient des Tchèques que l'amiral lui soit livré. Des gardes rouges prennent position dans le wagon. Deux jours plus tard, le Régent est conduit à la prison d'Irkoutsk en compagnie de Pepeliaev et d'Anna Timireva.

La cruauté du destin grandit son prestige

Tous les témoignages recueillis ultérieurement indiquent qu'en prison l'ascendant naturel de Koltchak s'est exercé sur ses geôliers et sur les commissaires chargés de l'interroger. Il sait, bien entendu, qu'il est promis à la mort. On peut penser qu'il éprouve comme un soulagement d'être enfin débarrassé de l'incertitude et des responsabilités qui l'étreignaient. « Pendant plus d'un an, Koltchak avait été en mauvais termes avec le destin et avec lui-même, jouant un rôle pour lequel il n'était pas fait, en compagnie de gens qui lui étaient indifférents. Il avait conçu de faux espoirs, il avait eu confiance en des hommes sans valeur, il avait commis des erreurs impardonnables. Il avait passé les deux derniers mois soumis aux contraintes les plus pénibles et les plus humiliantes, parqué dans un wagon de chemin de fer, comme un fauve dans une cage, forcé d'endurer le mauvais vouloir, le manque de respect, l'attente sans rien pour distraire son

1. Peter Fleming *(Le Destin de l'amiral Koltchak, op. cit.)* a minutieusement reconstitué le calvaire de l'amiral depuis son départ d'Omsk, mettant ainsi en lumière ce qu'il faut bien appeler la félonie des généraux Syrovy et Janin. Quand Paris apprit ce qui était arrivé à Irkoutsk, Janin fut relevé de son commandement, rappelé en France et mis discrètement en congé.

esprit de son destin, si ce n'est le paysage de cauchemar de la défaite, qui se déroulait sans trêve sur le *trakt*, en contrebas. D'une grande hauteur, il était tombé en un rien de temps dans l'échec total, dans l'impuissance absolue. Et pourtant, dans ces circonstances cruelles, il semble que son prestige s'accrut au lieu de décroître [1]. »

Il se prête avec calme aux questions du long et relativement courtois interrogatoire qui commence le 21 janvier et se poursuivra plus d'une semaine. À l'évidence, il ne parle ni pour ses interrogateurs, ni pour la postérité, mais pour lui-même. On a le sentiment qu'il accueille avec faveur l'occasion de réfléchir au déroulement de sa vie, et qu'il en retire une étrange satisfaction.

Le 20 janvier, à Nijne-Oudinsk, apprenant l'emprisonnement de l'amiral, Kappel veut tenter l'impossible pour le libérer. Avec ce qui lui reste de forces, il s'ouvre une route à coups de canon en direction d'Irkoutsk, livrant combats sur combats à des détachements de partisans rouges. Progressant sur le *trakt*, le long de la voie ferrée, ses hommes subsistent en achetant leur nourriture aux Tchèques. Lui-même, à la suite d'une chute dans un trou de glace, a eu les deux jambes gelées. Un médecin tchèque lui propose de l'évacuer par train. Il refuse de quitter ses hommes et poursuit son odyssée dans un froid polaire, en traîneau. La gangrène s'étant mise dans ses jambes, il meurt le 27 janvier après avoir transmis le commandement à Voytsekhovski [2].

Les restes de son armée poursuivent leur progression haletante, bousculant au passage les Tchèques hostiles à une libération de Koltchak. Enfin, le 5 février, ils arrivent en vue d'Irkoutsk. Par l'intermédiaire des Tchèques, des négocia-

1. Peter Fleming, *Le Destin de l'amiral Koltchak*, *op. cit.*, p. 275-276.
2. Le corps du général Vladimir Kappel sera transporté par les Tchèques à Tchita. Transférée ensuite à Kharbin (Mandchourie), sa dépouille sera rapatriée en Russie en janvier 2007 et inhumé dans le monastère de Donskoï à Moscou avec les honneurs nationaux.

tions commencent avec le *Revkom*. Talonné par la 5e armée rouge, Voytsekhovski consent à épargner la ville, à la condition que l'amiral et ses compagnons soient libérés et remis aux Alliés.

Craignant que sa proie ne lui échappe, le *Revkom* ordonne l'exécution du Régent et de son ministre. À l'aube du 7 février 1920, on vient les chercher dans leur cellule. Koltchak est calme, déjà prêt et rasé. Le jour n'est pas encore levé. À l'extérieur de la prison, les phares d'un camion éclairent le cours gelé de la rivière Outchakovka. Un trou a été creusé dans la glace. Les deux condamnés sont placés dos à la rivière. Koltchak refuse qu'on lui bande les yeux. Une salve déchire l'air froid. Les deux corps basculent dans l'eau noire que la glace se charge de recouvrir [1].

---

1. Ayant été épargnée, Anna Timireva sera libérée par la suite et survivra. Elle mourra à Moscou en 1975. Voytsekhovski a renoncé à prendre Irkoutsk. Il a obtenu des Tchèques qu'ils facilitent le passage des rescapés de l'armée blanche au-delà du lac Baïkal. Il rend alors à chacun sa liberté. Un peu plus de 10 000 hommes ont échappé à l'enfer glacé de la retraite, moins d'un dixième de l'effectif initial. Certains rejoindront les troupes de Semenov, d'autres tenteront leur chance par petits groupes en direction de Kharbin ou de Vladivostok par la Mandchourie. Ils y retrouveront parfois d'autres rescapés, comme les cosaques de l'Oural qui ont suivi l'intrépide ataman Boris Annenkov à travers un incroyable périple. S'enfonçant vers les monts de l'Altaï pour échapper à la retraite générale, ceux-là ont traversé le Sinkiang et le désert de Gobi, pour rejoindre finalement Kharbin et Vladivostok.

CHAPITRE XII

WRANGEL ENTRE EN LICE

Réveil des Blancs et des cosaques dans le Sud

Avant de perdre sa liberté, l'amiral Koltchak avait désigné le général Denikine pour lui succéder en tant que Régent de la Russie libre.

Sur le front Sud, au temps de la splendeur de Koltchak, à la fin de l'année 1918, les Blancs avaient connu une période délicate lorsque les unités cosaques du haut Don, touchées par la propagande bolchevique, s'étaient une nouvelle fois mutinées et démobilisées.

La politique, dite de « décosaquisation », décidée par la direction du parti bolchevique et qui a fait l'objet d'une directive signée par Sverdlov le 29 janvier 1919, allait pourtant rapprocher les cosaques des armées blanches et provoquer l'insurrection de Viochenskaïa en mars 1919, qui démantèlera en peu de temps le front Sud de l'armée rouge[1].

1. Cette directive prescrit notamment de « pratiquer la terreur massive contre les cosaques riches, par l'extermination générale. Pratiquer une terreur aussi implacable à l'égard des cosaques qui, de près ou de loin, ont participé à la lutte contre le pouvoir des soviets. À l'égard des autres cosaques, on mettra en œuvre toutes les mesures de nature à les dissuader de se livrer à de nouvelles actions contre le pouvoir des soviets »... Cité par Roy Medvedev, *Qui a écrit Le Don paisible ?, op. cit.*

Un *komandir* de la 9e armée des soviets, Meretskov, a raconté les conséquences de cette nouvelle révolte des cosaques pour les Rouges : « L'ennemi tirait immédiatement parti de nos erreurs. Traversant une *stanitza*, nous ne savions pas si des cosaques ne surgiraient pas en hurlant à l'angle d'une rue. Les femmes cosaques et même les enfants se refusaient à nous donner tout renseignement. Par contre, l'armée blanche du général Sidorine possédait de nombreux yeux et oreilles et, de ce fait, avait une information suffisante sur nos déplacements. Le 3e corps de cosaques du Don (blanc), dont le gros talonnait la 9e armée, avait introduit dans nos arrière-gardes des détachements et des patrouilles de cosaques qui, se cachant dans les ravins et les combes, laissaient passer les importantes formations et attaquaient les petits groupes de soldats rouges, leur infligeaient des pertes et jetaient la confusion dans le déroulement de la retraite. Notre cavalerie s'avérait nettement insuffisante. »

La 9e armée rouge qui retraite ainsi sur le territoire montagneux du Don, en butte à la guérilla des cosaques de l'ataman Bogaïevski, successeur de Krasnov, ne peut compter sur ses voisines. La 10e armée qui défend Tsaritsyne a toutes les peines, malgré son énorme artillerie, à faire face aux attaques de cavalerie de Wrangel qui a bousculé les cavaliers rouges de Boudienny et s'empare finalement de la ville dans les derniers jours de juin 1919.

Les 8e, 14e et 13e armées rouges, disposées plus à l'ouest, n'ont pas assez de forces pour s'opposer au passage des régiments de Volontaires à travers l'Ukraine, tout en luttant contre les « verts » de Makhno.

Les 45 000 hommes que totalise alors Denikine font refluer les 150 000 hommes des armées rouges. Si les Blancs du front Sud ne sont pas exempts de certains vices répandus en Sibérie, notamment la brutalité envers les populations civiles, ils sont beaucoup mieux encadrés et disposent d'une remarquable cavalerie, dont les Rouges mettront longtemps à apprendre les leçons. Ils savent également utiliser l'important matériel de guerre livré par l'Angleterre au printemps 1919, au total 558 canons, 12 tanks et automitrailleuses, 1,7 million d'obus, 160 millions de cartouches, plusieurs dizaines d'avions, 250 000 uniformes et du matériel sanitaire.

L'armée Denikine bénéficie également de plusieurs excellents généraux parmi lesquels se distingue tout particulièrement Wrangel.

Un général doué pour la guerre irrégulière

Capitaine de la Garde à cheval en 1914, le baron Wrangel s'était distingué dès les premiers jours de la guerre mondiale en s'emparant, sabre au poing, d'une batterie prussienne. Devenu général, à la tête d'un corps de cavalerie cosaque en 1917, sa méthode n'avait pas changé. C'était toujours : « L'arme à la main et suivez-moi ! » Ce trait de tempérament et quelques autres qualités rares expliquent ses succès durant la guerre civile au Caucase et sur la Volga. À son actif, la libération du Kouban et du Terek, la prise de Rostov et de Tsaritsyne (futur Stalingrad).

Le général Pierre Wrangel (1878-1928) est né dans une très illustre famille qui s'est distinguée au cours des siècles au service des souverains de Prusse, de Suède et de Russie. Lui-même se sent totalement russe. Il assumera jusqu'aux plus extrêmes conséquences le destin de sa patrie.

Avant de devenir élève de la célèbre école de cavalerie de Saint-Pétersbourg, il avait recueilli un diplôme d'ingénieur de l'École des mines.

Long, maigre, la figure hautaine, sanglé le plus souvent dans la traditionnelle tenue cosaque, ainsi nous apparaît-il sur les photos prises à l'époque de la guerre civile où son rôle est si grand.

Contrairement à beaucoup de ses pairs, il ne se laisse pas abattre par la révolution. Comprenant que tout s'effondre irrémédiablement, il prend du champ, se retirant avec sa famille en Crimée.

Après la prise du pouvoir bolchevique, il est arrêté à Yalta par une bande de marins rouges qui veulent le tuer. Devant la menace, il n'abdique rien de sa dignité. Finalement, il doit son salut à l'intervention de sa femme dont le comportement pathétique fléchit ses bourreaux.

En septembre 1918, il parvient à rejoindre l'armée blanche que Denikine organise au Kouban, et se met aussitôt à ses ordres :

« Votre Excellence sait qu'en 1917 j'étais à la tête d'un corps de cavalerie ; mais en 1914 je ne commandais qu'un escadron. Je ne crois pas avoir vieilli depuis ce temps... »

Dès le lendemain, il est à cheval pour reprendre en main une division cosaque en loques et à demi mutinée. Quinze jours plus tard, il remporte son premier vrai succès contre les Rouges. Ses cosaques le saluent d'une succession de « hourras » frénétiques. Dans ses *Mémoires*, il commente sobrement mais non sans orgueil : « Dès ce moment mes unités étaient à moi. »

À la différence d'autres généraux, Wrangel se révèle parfaitement à l'aise dans la guerre civile, dont l'art difficile n'était pas enseigné dans les écoles de l'armée impériale. Les cosaques, comme les Vendéens de 1793, se battent bien, mais une fois leur village libéré, ils quittent les rangs pour rejoindre leur ferme. Si l'on ajoute qu'une partie des troupes blanches est formée d'anciens soldats rouges ralliés après leur capture par des méthodes expéditives, on comprend que de tels hommes ne se commandent pas comme les soldats d'une armée conventionnelle. Wrangel le sait d'instinct comme il sait de science ancienne et sûre prendre dans l'instant les décisions politiques imposées par les circonstances. Occupant Rostov avec une poignée de cosaques, alors que les Rouges tiennent encore les environs, il fait arrêter les agitateurs. L'administration civile objecte que cela va augmenter les troubles. Le général fait aussitôt fusiller une demi-douzaine de meneurs.

« Tout redevint tranquille et le resta », commente-t-il laconiquement. Mais dans le même temps, il sanctionne impitoyablement les actes de pillage, fait pendre les maraudeurs, rétablit la discipline et restaure le droit. Il ne se gêne pas pour critiquer vertement l'inefficacité des états-majors démesurément enflés, ainsi que les vices de certains généraux qui se comportent en chefs de bande et en satrapes.

Comme il accumule les succès, on le laisse dire et on le laisse faire. Au début de novembre 1918, après des combats difficiles et risqués, il est parvenu à chasser l'ennemi de toute la rive gauche du Kouban. Le 4 novembre, il entre à Ouspenskaïa salué par les « hourras » des cosaques. Ses hommes ont capturé 3 000 prisonniers, mais ses propres pertes sont dramatiques. L'un des régiments d'infanterie cosaque n'a plus que quelques dizaines d'hommes, tout le reste a été tué. Comment le compléter ? « Je résolus, dit-il dans ses *Mémoires* (p. 63), de faire un coup d'essai avec nos prisonniers. J'ordonnai de mettre en rangs les bolchevistes, officiers et sous-officiers, au nombre de trois cent soixante-dix hommes, et les fis fusiller sur place. Puis je dis aux autres qu'eux aussi méritaient la mort, mais que je laissais la responsabilité de leur trahison à ceux qui les avaient trompés, et que je voulais leur donner une occasion d'expier leur faute et de prouver leur fidélité à la Patrie. Des armes leur furent distribuées immédiatement. Deux semaines après, ils allèrent au feu et s'y conduisirent vaillamment. Depuis, ce bataillon fut un des meilleurs de l'armée et se couvrit de gloire. »

La reconquête du Nord-Caucase

À la fin de 1918, Wrangel commande en chef l'armée du Caucase. Au printemps suivant, il a chassé les Rouges du Kouban et du Terek. Tout le Nord-Caucase est libéré, offrant une base stable aux armées blanches. Ses *Mémoires*, précieux par leurs descriptions et aussi par ce qu'ils révèlent de leur auteur à son insu, relatent cette campagne du Caucase sans rien masquer de sa férocité.

« La lutte continuait, l'ennemi faisait de vains efforts pour arrêter notre avance et éviter une défaite définitive. Le général Pokrowski continuait à le chasser devant lui. À Mozdok, à Mekenskaïa, à Kalinovskaïa, les restes de l'armée ennemie, jadis forte de 150 000 hommes, furent définitivement détruits. Seules, quelques troupes de cavalerie parvinrent à s'échapper et à gagner les steppes d'Astrakhan. Mais tout ce qui restait d'infanterie et d'artillerie tomba entre nos mains. La route, par laquelle les Rouges fuyaient, était jonchée d'autos, de canons, de voitures, de morts et de blessés. Notre cavalerie prit 31 000 prisonniers, 8 trains blindés, 200 canons, 300 mitrailleuses. Notre avant-garde était à Kizlar, nos avant-postes aux bords de la mer Caspienne. En douze jours, notre cavalerie couvrait un parcours de 350 kilomètres.

Les stations et les haltes étaient bondées de trains abandonnés, locomotives éteintes, portes de wagons défoncées. Les habitants du voisinage les pillaient. Pêle-mêle, au milieu de fusils, de tapis, de mille belles choses, on trouvait des morts et des blessés.

À une autre station, on me montra un train d'ambulance, quarante-quatre wagons remplis de morts et pas un seul vivant. Dans une voiture rien que des sœurs de charité et des médecins, eux aussi morts. Le général Pokrovski avait envoyé quelques dizaines d'hommes pour débarrasser les stations des morts et des malades. On chargeait les cadavres comme des bûches l'un sur l'autre sur des wagonnets à bras et on les jetait dans des sablières.

Le pays du Terek, libéré, revenait à la vie. Dans les villages que nous traversions, beaucoup de maisons étaient détruites mais les rues restaient pleines de monde. On riait, on chantait, on nous acclamait. Des cosaques galopaient, des femmes en beaux costumes du pays promenaient leurs enfants. Mon chauffeur stoppa pour demander le chemin. Un groupe d'enfants s'approcha pour nous dévisager de près. Une dizaine de gamins, l'aîné pouvait avoir de quatorze à quinze ans, portaient sur l'épaule des fusils deux fois grands comme eux.

– Eh bien ! mes enfants, où allez-vous comme ça ?

– À la chasse des Rouges. Ils se cachent dans les roseaux de la rivière.

– Moi, j'en ai tué sept hier, me déclara un gamin de douze ans, en grand bonnet de fourrure.

Jamais, durant notre guerre civile, toute l'horreur de la lutte fratricide ne m'apparut si clairement [1]... »

La méthode Wrangel de remise en ordre

Peu perméable aux effusions sentimentales, Wrangel est cependant le contraire d'une brute et d'un spadassin. Dans la plus impitoyable des guerres, il s'efforce de limiter les violences que d'autres tolèrent ou encouragent. L'exemple avait été donné par les Rouges. Au début de la guerre civile, avant d'avoir recours à la levée de recrues, leurs troupes étaient composées pour une large part de la lie de l'ancienne armée, déserteurs, forçats, disciplinaires. Ils pillaient et massacraient les habitants, achevaient les blessés, violaient les femmes.

Confrontés à ces horreurs, les Blancs n'en ménageaient pas les auteurs. N'ayant pas d'arrières, entourés d'ennemis, ils ne faisaient pas de prisonniers. Comme ils manquaient de tout, ils vivaient sur le pays, n'éprouvant qu'un respect très relatif pour la propriété d'autrui. Dans les unités formées de cosaques, dont les foyers avaient été systématiquement dévastés, il était pratiquement impossible d'interdire aux hommes de reprendre leur bien en pillant à leur tour. Beaucoup d'officiers et de généraux blancs fermaient les yeux. Tout devenait permis. Le résultat était aussi désastreux pour le moral de l'armée blanche que pour la cause qu'elle voulait servir. Les

1. Général Wrangel, *Mémoires*, *op. cit.*

soldats qui ont pris l'habitude du pillage échappent à la discipline et à l'honneur, perdant peu à peu toute valeur militaire. Quant à la population, après avoir accueilli les Blancs en libérateurs, elle avait tôt fait de s'en détourner au point, parfois, de regretter les Rouges.

Très conscient de cette grave dérive, Wrangel a toujours sévi au sein de ses propres unités avec la dernière rigueur contre le vol et les exactions, faisant pendre les maraudeurs. Alors qu'il vient de remporter une victoire écrasante sur la 10e armée rouge au printemps 1919, il rapporte dans ses *Mémoires* (p. 89) un exemple de sa façon de faire : « J'entrai à Vélikokniageskaïa. On venait d'y amener quelques Circassiens pris en flagrant délit de maraude. Je les fis passer par une cour martiale et deux heures plus tard cinq d'entre eux furent pendus. J'ordonnai de laisser quelques jours leurs corps au gibet, pour que les troupes et la population puissent se convaincre que nul excès ne serait toléré. »

La rigueur du général n'épargne personne et surtout pas les officiers. Après la prise de Tsaritsyne, en juin 1919, la vie a repris dans cette grande ville de la Volga. « Comme le fait se produit malheureusement souvent à l'arrière d'une armée, il y eut des cas de débauche. Pour y mettre fin, je résolus d'être impitoyable. Ayant appris qu'un groupe d'officiers s'était permis des excès dans un restaurant, je fis passer les coupables par un conseil de guerre. Un capitaine fut condamné à mort. Le gouverneur civil et des officiers du grand état-major vinrent me demander sa grâce, mais je refusai de commuer la peine. Il fut exécuté et la sentence affichée dans tous les endroits publics. Tous les excès cessèrent immédiatement. » (*Mémoires*, p. 99.)

On se prend à songer que le sort des Blancs dans leur ensemble et notamment dans la Sibérie de l'amiral Koltchak eût été certainement autre s'il s'était trouvé un peu plus d'officiers de la trempe de Wrangel.

Encore un exemple de sa manière dure et juste, spécifiquement militaire bien qu'elle ne s'apprenne pas dans les écoles d'officiers. Cela se passe à Tsaritsyne, dont il ordonne l'évacuation en prévision d'une offensive victorieuse des Rouges. « Sept trains devaient partir chaque jour. On devait expédier en premier lieu le matériel de guerre, puis les administrations civiles et militaires et finalement les particuliers qui voulaient quitter la ville et qui, à cet effet, devaient s'inscrire à la mairie. Comme bagages on n'avait droit qu'à une malle. Le nombre de gens qui se firent inscrire fut énorme et j'appris que, malgré les ordres donnés, les trains étaient pleins de meubles et de marchandises de toutes sortes. Le général chargé de veiller à l'évacuation vint me dire que ses efforts restaient vains et que tout marchait à la diable. Était-ce mauvaise volonté de l'administration ou simplement manque de savoir-faire ? Mais au lieu de sept trains, le premier jour il n'en partit que quatre, et trois seulement, le lendemain. Je pris quelques cosaques de mon escorte et j'allai avec eux à la gare. Un train de passagers était justement en partance. Les wagons étaient pleins de pianos, de glaces, de meubles de prix. Je les fis jeter dehors et mettre en pièces. Ensuite, ayant trouvé un train dont les wagons étaient plombés – les documents les disaient chargés de munitions –, je les fis ouvrir. Au lieu de munitions, ils étaient pleins de voyageurs, juifs pour la plupart, qui voulaient partir avec leurs marchandises. Ils m'avouèrent avoir soudoyé le chef de gare et deux de ses adjoints. J'ordonnai de faire passer ces trois employés par la cour martiale et, le même jour, ils furent pendus. L'arrêt fut communiqué à toutes les stations du chemin de fer et, depuis, l'évacuation marcha admirablement. On put faire partir huit trains par jour au lieu de sept et la ville était évacuée quand les Rouges s'en approchèrent. » (*Mémoires*, p. 101.)

La grande offensive de Denikine en direction de Moscou

Le 3 juillet 1919, Denikine fait connaître à ses généraux sa décision de marcher sur Moscou. Sous les ordres du général

Wrangel, l'armée du Caucase qui vient de s'emparer de Tsaritsyne marchera vers l'est, en direction de Saratov et de Nijni-Novgorod. L'armée du Don commandée par le général Sidorine marchera sur Moscou par Voronej et Riazan. Enfin, l'armée des Volontaires du général Maï-Maïevski se voit réserver l'avance directe depuis Kharkov, par Koursk, Orel et Toula. Rien n'est prévu pour assurer la sécurité des arrières.

« Cet ordre, écrira Wrangel, équivalait à un arrêt de mort pour les armées du Sud de la Russie. Il faisait table rase de tous les principes de la stratégie. Le choix d'une direction principale, la concentration du gros des troupes dans cette direction, la manœuvre, tout y manquait. On ne faisait que dicter un itinéraire sur Moscou à chacune des armées[1]. »

Les armées du général Denikine marchent pourtant à grands pas vers Moscou au moins par deux itinéraires, ceux de l'armée des Volontaires et de l'armée du Don. En revanche, l'armée du Caucase fortement éprouvée par sa coûteuse victoire à Tsaritsyne doit se limiter à la défense de ce point d'appui capital. Kiev, Koursk, Orel sont pris. La cavalerie qui fait des prodiges est aux portes de Voronej. Tout le Sud tombe entre leurs mains. Mais elles ne disposent ni de bases organisées ni de points d'appui à l'arrière et le front est trop vaste pour leurs forces.

Il faut reconnaître au crédit du général Denikine que celui-ci a pris les Rouges de vitesse. Le maréchal Joukov, dans ses *Mémoires*, reconnaîtra : « Ayant appris grâce à ses agents de renseignements que l'armée rouge préparait une contre-offen-

---

1. *Mémoires, op. cit.* Le général Wrangel avait recommandé une direction principale unique depuis Tsaritsyne organisée en place d'armes. Marina Grey et Jean Bourdier, dans leur essai pionnier consacré aux *Armées blanches* (*op. cit.*), ont entrepris de justifier le plan du général Denikine. Concernant les dates, dans leurs *Mémoires*, les généraux blancs continuent d'utiliser souvent l'ancien calendrier julien. Ainsi Wrangel date-t-il l'ordre sur Moscou du 20 juin. Il s'agit en réalité du 3 juillet du calendrier grégorien.

sive, Denikine, pour faire échouer cette dernière, s'empressa de nous soumettre à une série d'attaques conjuguées et de prendre ainsi l'initiative. En août 1919, le corps de cavalerie de Mamontov [armée du Don], ayant rompu le front de notre 8e armée et pénétré sur les arrières de notre front Sud, marchait sur Tambov où se trouvaient d'importantes bases de ravitaillement. Simultanément, Denikine lançait à la jonction de nos 13e et 14e armées le 1er corps de Koutiepov [armée des Volontaires] qui commença à refouler nos unités. »

Un commandement rouge divisé

Face à cette offensive inquiétante, le haut commandement rouge hésite et se divise. Le nouveau commandant en chef, Serge Kaménev, propose de frapper à l'est, en direction de Tsaritsyne, du Don et du Nord-Caucase, ce qui présente l'avantage de déborder les armées blanches et de les couper de leurs arrières.

Trotski, se fiant à une analyse du contexte politique, s'oppose à cette direction, de crainte qu'une attaque du Don ne se heurte à une résistance acharnée des cosaques et ne cimente leur alliance avec Denikine, donnant toute latitude à ce dernier de poursuivre sa marche sur Moscou. Il propose donc d'avancer par le Donets, région industrielle, favorable aux Rouges, afin de couper les forces de Denikine en deux, les attaquant au point faible entre l'armée des Volontaires et l'armée du Don.

Le Politburo, saisi du conflit, approuve Kaménev contre Trotski. Pour accentuer l'effet de ce désaveu, Vatsetis est arrêté sous une accusation de trahison forgée par Staline. Trotski défend son protégé avec acharnement et obtient sa libération et sa réhabilitation[1].

---

1. Vatsetis sera affecté à l'enseignement militaire supérieur.

Trotski repart pour l'Ukraine, ulcéré et en état de semi-rupture avec Lénine qui, pour arranger les choses, lui impose ses ennemis intimes, Smilga et Lachkevitch.

Les choses vont cependant se passer comme il les a prévues. Le gros de la contre-offensive rouge piétine sur les contreforts du Don, tandis que l'armée blanche du général Koutiepov menace l'arsenal de Toula.

Reconnaissant implicitement son erreur, Kaménev se résout à modifier ses plans et à revenir au projet primitif de Trotski, tandis que sur le front Nord, une nouvelle menace se dessine avec une offensive lancée par Ioudenitch contre Petrograd (voir chapitre XI).

Devant l'urgence et l'évidence, le Politburo et même Staline donnent raison à Trotski qui retrouve aussitôt son énergie bouillonnante et ses capacités d'entraîneur.

Les faiblesses des Blancs

Mais déjà l'offensive de Denikine s'épuise. Pour arriver à Moscou, il ne suffisait pas d'avancer à grands pas, il fallait aussi couvrir ses flancs et rester maître de ses bases. Or le front est trop vaste pour les forces blanches qui ne disposent d'aucun point d'appui organisé. De la Volga au Dniepr, la largeur du front atteint 2 000 kilomètres.

À l'automne 1919, les effectifs des armées de Denikine, en comptant les cosaques, sont d'environ 100 000 hommes, auxquels s'ajoutent 30 000 hommes en dépôts. En face, les Rouges alignent 180 000 hommes et une réserve quasi illimitée. L'offensive a épuisé les hommes comme les chevaux. Beaucoup ne sont plus ferrés, ils boitent et deviennent inutilisables.

Les communications sont distendues, les arrières sont soumis aux attaques et aux destructions des « verts » de Makhno et des partisans rouges qui saccagent les villes, pillent les trains et les dépôts de l'intendance.

Sur les territoires soumis à l'autorité théorique de Denikine et de son « gouvernement de la Russie libre », le désordre est général. Les autorités locales ne savent pas se faire respecter. Les abus de pouvoir sont la règle. Étant mal rétribués et peu surveillés, les fonctionnaires sont corrompus. La question agraire, si importante puisqu'elle conditionne le soutien ou l'opposition de la paysannerie, n'a pas trouvé de solution. Comme le gouvernement n'a pas arrêté sa position sur cette question essentielle, il donne l'impression de soutenir les grands propriétaires qui veulent récupérer leurs anciens domaines au détriment de la masse des petits paysans qui se sont emparés des terres.

En raison de la position intransigeante de Denikine et de beaucoup d'officiers blancs qui en tiennent pour le principe de la « grande Russie une et indivisible », les relations avec les nationalités sont au plus mal. Les pourparlers ont été rompus avec les Géorgiens et les Polonais antibolcheviques comme avec les Ukrainiens de Petlioura.

La situation est pire peut-être avec les autonomistes cosaques que Denikine s'entête à appeler des séparatistes. Les grands territoires cosaques du Don, du Kouban et du Terek constituent la base originelle la plus solide des armées blanches. Faute d'avoir établi des relations claires et équitables respectant leur autonomie traditionnelle, la méfiance s'est développée de part et d'autre. La politique de force qui a la préférence de Denikine est en train de transformer les institutions cosaques en autant d'ennemies, notamment au Kouban, territoire dont les Blancs ont pourtant un besoin vital.

L'autre question capitale pour les Blancs est celle de l'Ukraine.

Denikine s'oppose à Petlioura en Ukraine

Depuis la défaite du Reich en novembre 1918 et le retrait des forces d'occupation allemandes, l'Ukraine est la proie de toutes les convoitises. L'hetman Skoropadski ayant été contraint de se retirer, le chef nationaliste Petlioura a instauré un directoire ukrainien qui le nomme hetman (commandant en chef) le 11 février 1919, alors qu'une fois de plus les Rouges s'emparent de Kiev. Déchirée par de multiples guerres civiles dans la guerre civile, la situation chaotique de l'Ukraine est encore aggravée par la politique des Blancs.

Couvrant la retraite de la Rada nationale, Petlioura et ses hommes se sont repliés dans leur refuge à l'ouest du pays. Vers la mi-juillet, ils ont reçu le renfort de l'armée galicienne chassée de son propre territoire par les Polonais. Amalgamant ces 30 000 survivants à ses propres troupes, l'hetman déclenche en août une offensive. Franchissant le Dniepr, ses forces remontent de ville en ville, chassant les Rouges. On signale ici ou là des débuts de pogroms contre les juifs assimilés aux bolcheviks. Certains bataillons ont même pris comme emblème « Liberté et mort aux juifs ». Petlioura intervient énergiquement pour faire cesser ces violences qu'il réprouve.

Le 30 août 1919, salué par les « hourras » de la foule, il entre dans Kiev. C'est la cinquième fois en quinze mois que la vieille capitale change de main.

Devant la cathédrale, debout dans sa torpédo découverte, frémissant de fierté, l'hetman ordonne d'envoyer les couleurs de l'Ukraine libre.

Lentement, le drapeau national bleu et or monte vers le ciel devant les troupes alignées et la foule fervente.

C'est alors qu'un coup de feu claque sèchement dans le silence recueilli. Raide sur ses étriers, un officier rengaine sans hâte son revolver en fixant l'assistance. Derrière lui, ondule une *sotnia* de cosaques blancs.

– C'est le généralissime Denikine qui m'envoie.

Fouillant dans son dolman, il en sort un billet qu'il tend à Petlioura d'un geste méprisant. Puis il attend, le poing sur la hanche.

C'est un ultimatum. Le jour même où, venant de l'ouest, les hommes de Petlioura sont entrés dans Kiev, Denikine y arrive aussi, venant de l'est.

Certes, tous deux luttent contre les bolcheviks et devraient conjuguer leurs forces. Ils devraient.

Mais Denikine se considère comme l'héritier et le défenseur de tout l'empire russe, même sans empereur. Il s'est juré d'écraser la révolution, mais il s'est juré aussi de briser les « séparatismes », à commencer par celui de l'Ukraine. Et ce conflit-là, celui des Russes contre les Ukrainiens, est beaucoup plus ancien et peut-être plus passionnel encore que la guerre des Blancs contre les Rouges.

Le lendemain de cet incident, pour éviter une nouvelle guerre dans la guerre, le directoire ukrainien décide d'évacuer une nouvelle fois Kiev. Talonnées par les Blancs, les troupes de Petlioura se replient en grondant sur Kamenetz-Podolsk [1].

Makhno détruit les arrières de Denikine

Maître d'une partie de l'Ukraine, Denikine y restaure l'ancienne législation russe, remettant en cause les distributions de terres. Les paysans ne vont pas tarder à se soulever. Ils suivent un hardi chef de bande nommé Makhno que, dans l'ombre, soutient Petlioura.

Bandit pour les uns, héros de l'anarchie ou de la paysannerie ukrainienne pour d'autres, Nestor Makhno (1889-1935) n'a pas cessé de fasciner les historiens. Né en 1889 dans une famille de pauvres paysans ukrainiens, il est ébloui par le grand rêve révolutionnaire de 1905, version anarchiste. Militant très actif, il est arrêté en 1908, condamné à la pendaison. Sa peine ayant été commuée en détention, il est encore empri-

1. En avril 1920, Petlioura parvient à conclure un accord avec les Polonais qui libèrent Kiev le 7 mai 1920, mais doivent se replier un mois plus tard devant l'offensive de Boudienny. L'indépendance de l'Ukraine est abolie par l'armistice signé entre Polonais et Soviétiques le 12 octobre, et par le traité de Riga (18 mars 1921) qui partage l'Ukraine entre la Russie et la Pologne.

sonné à Moscou quand éclate la révolution de février/mars 1917. Prestement libéré, il accourt à Goulaï-Polé, sa ville natale en Ukraine. La prison lui a enseigné l'art et la technique de la révolution qu'il va mettre en pratique. Il organise le partage sauvage des terres au détriment des grands propriétaires. Levant des unités de partisans, brandissant l'étendard vert des révoltes paysannes par opposition aux couleurs des Rouges et des Blancs, il entre d'abord en lutte contre les Allemands et contre l'hetman Skoropadski[1].

Surnommé « Batko » (« petit père » en ukrainien) par ses partisans, Makhno se révèle un extraordinaire chef de guérilla doué d'un charisme puissant. Il manque cependant de perception politique. Il sera finalement floué par les bolcheviks qui, après l'avoir utilisé contre Denikine et Wrangel, l'écraseront impitoyablement en 1921. Au demeurant, l'homme se montre inutilement cruel. L'exécution barbare des émissaires que lui enverra Wrangel en 1920 peut difficilement être considérée comme un titre de gloire.

Mais en attendant, il va faire payer cher à Denikine sa victoire en Ukraine. Tout à son offensive sur Moscou, le

---

1. Ayant cru naïvement aux promesses des bolcheviks, Makhno leur a apporté l'appui de ses guérillas. Après avoir bien servi les Rouges contre Wrangel, les « verts » seront finalement massacrés par la cavalerie de Boudienny en 1921. Lui-même parviendra à fuir par la Roumanie, se réfugiant à Paris où il meurt en 1935. Dans l'abondante bibliographie qui lui a été consacrée, on retiendra deux titres : Malcolm Menzies, *Makhno, une épopée* (Paris, Belfond, 1972) et Alexandre Skidra, *Les Cosaques de la liberté* (Paris, Jean-Claude Lattès, 1986) qui insiste sur le contenu identitaire de l'anarchisme de Makhno, très différent de celui des anarchistes russes, B. Voline et P. Arsinov. À côté de l'habituelle utopie libertaire, il s'inscrit semble-t-il dans une tradition à la fois paysanne et ukrainienne. Face au pouvoir centralisateur russe (blanc ou rouge), face à l'administration urbaine, il trace le sillon d'une révolte originale que souligne la présence majoritaire au sein de ses troupes de descendants des cosaques zaporogues.

général en chef des Blancs ne s'inquiète pas des quelques exactions qu'on lui signale sur ses arrières. Mauvaise humeur de paysans que les cosaques materont un de ces jours. Koutiepov et ses Volontaires se sont emparés de Koursk, Chkouro et ses cosaques ont pris Voronej. Hourra !

Soudain, l'offensive s'arrête. Les munitions envoyées par le Dniepr s'entassent dans le port fluvial d'Ekaterinoslav et ne parviennent plus au front. Les voies de communications sont coupées. Les trains sautent. Le 26 septembre, Makhno attaque les troupes blanches à Perogonovka et les met en déroute. De village en village la *Makhnovchina* rallie les habitants, déferle comme un torrent jusqu'au Donets. Un raid s'empare même d'Ekaterinoslav !

Comme un arbre scié à sa base, l'armée blanche bascule dans une retraite qui va se transformer en débâcle. Que s'est-il passé ?

Il s'est passé ceci que deux ennemis viennent de porter un coup fatal à l'imposante machine montée par Denikine. Makhno et les « verts » sur ses arrières. La cavalerie rouge de Boudienny sur le front.

Boudienny brise l'offensive blanche

Le commandant en chef de l'armée rouge, Kaménev, a compris qu'à Tsaritsyne l'armée blanche du Caucase (général Wrangel) est trop affaiblie pour reprendre l'offensive contre Saratov. Il décide donc de concentrer ses forces au point faible des deux autres armées blanches toujours en marche vers Moscou. Il réunit toute sa cavalerie sous le commandement de Boudienny et la lance à la jonction de l'armée des Volontaires (général Maï-Maïevski) et de l'armée du Don (général Sidorine), entre Orel et Voronej.

Bousculant la cavalerie blanche du général Chkouro, Boudienny reprend Voronej le 24 octobre 1919. Brutalement, l'offensive blanche est enrayée.

Ancien adjudant-chef de cosaques du Don, ami de Vorochilov et protégé de Staline, Boudienny est l'un des personnages les plus pittoresques du « groupe de Tsaritsyne ». Nommé à la tête du corps de cavalerie en remplacement de Doumenko, tombé malade, Boudienny ne se sent bien qu'à cheval et le sabre à la main. Il est d'une bravoure et d'une audace sans égales. Les subtilités tactiques le déconcertent, mais il sait comme personne enlever une charge. C'est d'ailleurs ce qu'on lui demande. Pour le reste, il dispose d'un chef d'état-major, l'ex-colonel breveté Matkovski, théoricien des charges massives. Sur son conseil, Boudienny a réclamé depuis le début de 1919 la constitution d'une véritable armée de cavalerie qui mènera des raids en profondeur sur les arrières ennemis, exactement comme les cosaques blancs de Mamontov, de Wrangel et de Chkouro l'ont fait tant de fois pour le plus grand dommage des Rouges.

Trotski s'est longtemps opposé à cette idée. Il ne croit pas à la cavalerie. Sans doute parce que la suggestion vient d'un protégé de Staline, mais peut-être aussi parce que les cavaliers, survivance à ses yeux de l'ancien régime et d'une époque révolue, lui semblent condamnés par l'expérience de la guerre moderne. Mais la guerre moderne telle qu'elle est pratiquée sur le front de France a peu de rapports avec celle des steppes immenses de la Russie. Il devra s'incliner devant l'efficacité des raids de cavalerie de Denikine : « Ce corps conservateur connaît une véritable renaissance, écrit-il. Il est devenu l'arme offensive ou défensive la plus importante aux mains des classes les plus conservatrices. Nous devons leur arracher cette arme et la faire nôtre. » Passant d'un extrême à l'autre, il lance le mot d'ordre : « Prolétaires, à cheval ! » Ce qui ne se fera pas sans mal. L'écrivain cosaque Krioukov a moqué ces cavaliers improvisés, secoués sur leur selle comme sacs de pommes de terre, et son cœur de cosaque a saigné devant le spectacle pitoyable de nobles étalons du Donets maltraités par ces débutants brutaux et ignares.

Le corps de cavalerie de Boudienny, qui deviendra en décembre 1919 la 1er armée rouge de cavalerie, se grossit en cours d'offensive de cosaques ralliés. Ses chefs figureront parmi les futurs maréchaux de la Seconde Guerre mondiale : Timochenko, Joukov ou Rokossovski. Lancé sur les communications exagérément distendues de Denikine, ce corps aura un effet décisif et précipitera directement sa déroute.

L'armée blanche n'existe plus

Après Voronej où il a pris sa revanche sur une cavalerie blanche exténuée et diminuée par de lourdes pertes [1], des désertions, Boudienny poursuit son offensive triomphante jusqu'à Rostov où il essuie un échec avant de reprendre son avance en tournant les positions ennemies.

Envoyé en catastrophe à Kharkov pour tenter d'enrayer le désastre, Wrangel croise le train du général Maï-Maïevski qui, ayant complètement perdu la tête, quitte l'armée. Le 9 décembre, il adresse à Denikine un rapport qui ne masque rien d'une situation dramatique :

« À mon arrivée, Kharkov était déjà abandonné par l'état-major et l'armée se trouvait en pleine retraite.

L'évacuation fut menée d'une manière désastreuse : ni plan ni ordre. J'ai trouvé les voies obstruées de trains, les ambulances abandonnées du personnel, les blessés et les malades sans nourriture depuis trois jours. À mon arrivée à Slaviansk, un officier blessé venait de se pendre pour ne pas endurer les tortures de la faim. Une foule de réfugiés – pour la plupart les familles des officiers – remplissaient tous les trains, toutes les

1. Le général Mamontov, victime du typhus, ne peut assurer son commandement.

gares. Aucune mesure pour leur évacuation n'était prise, ils mouraient littéralement de faim et de froid...

Sur le parcours de Zmiev à Izioum, à l'arrière de l'armée, des bandes locales détruisaient les voies, molestaient les troupes, pillaient les ambulances et les bagages.

J'ai trouvé à mon arrivée les forces très réduites : au total 2 600 fantassins et 4 700 cavaliers. Le corps du Kouban ne forme plus qu'une brigade, les régiments Kornilov que des bataillons. Les deux régiments de Markov et la brigade "spéciale" n'ont que leurs cadres et sont hors de combat. La division Drozdovski se trouve réduite à trois compagnies. Les troupes refusent le concours des tanks, craignant de les perdre. L'artillerie n'est plus bonne à rien.

Les forces de l'ennemi se composent de 51 000 fantassins, 7 000 cavaliers et plus de 200 canons.

À notre arrière, nous n'avons plus que les restes de la division Alexeiev, 300 hommes en tout. L'armée, marchant sans trêve ni repos par tous les temps, est depuis des mois exténuée de fatigue et à bout de forces. Les chevaux sont fourbus ; aussi est-on souvent obligé d'abandonner canons et bagages.

Voilà la triste vérité. L'armée n'existe plus. Les mesures nécessaires pour mettre de l'ordre à l'arrière sont prises, on travaille à créer des points d'appui, on mobilise les continents disponibles, mais toutes ces mesures viennent trop tard et, pour créer une nouvelle armée, il faudra bien du temps[1]. »

---

1. Dans ses *Mémoires* (p. 93), Wrangel a brossé du général Maï-Maïevski ce portrait : « Depuis peu de temps nommé au commandement de l'armée volontaire, [Maï-Maïevski] était un bon officier, connaissant son affaire et sachant s'y prendre avec ses inférieurs et ses soldats. S'il n'avait pas porté un uniforme, on l'aurait pris pour un acteur comique d'un petit théâtre de province. Gros comme un tonneau, petit, la figure bouffie, un nez en poire, il savait se rendre agréable, et, quoi qu'il arrivât, ne perdait pas son entrain. Mais sa

Deux conceptions opposées du commandement

À la fin de 1919, le désaccord entre les généraux Wrangel et Denikine est de notoriété publique. Il provient d'une opposition de tempérament, de conceptions contradictoires du commandement, et d'une appréciation tout à fait différente de la guerre civile.

Denikine répugne aux affaires politiques presque autant que Koltchak. Aussi se consacre-t-il en priorité aux questions militaires pour lesquelles il se sait plus qualifié.

L'ancien compagnon de Kornilov est resté l'excellent officier d'état-major de l'armée impériale qu'il était jadis, travaillant avec une honnêteté scrupuleuse, mais aussi un formalisme qui l'empêche d'intervenir en personne pour secouer, contraindre ou remplacer des subordonnés défaillants, communiquer son énergie à l'armée, modifier ses propres plans avec audace pour les adapter aux imprévus d'une guerre pas comme les autres.

Dans son livre, *Mon père, le général Denikine* (Paris, Perrin, 1985, p. 272), Marina Grey cite un texte de 1926 dans lequel l'ancien commandant en chef recense les responsabilités expliquant selon lui la défaite des Blancs : « La responsabilité du gouvernement qui n'a pas su réussir à assurer la subsistance de l'armée, celle du commandant qui n'est pas parvenu à tenir la bride à certains de ses subordonnés, celle des chefs qui n'ont pu – ou n'ont pas voulu – maîtriser l'indiscipline de leurs troupes, celle des troupes incapables de résister aux tentations, celle de la population refusant de sacrifier temps et argent... » Cette énumération de griefs est révélatrice d'une conception du commandement qui fait que le supérieur, se gardant d'intervenir, attend de chacun de ses subordonnés qu'il fasse ponctuellement son devoir et se conforme à un

---

conduite à Rostov où se trouvait son quartier général indignait les honnêtes gens. Ses orgies discréditaient l'armée et le pouvoir. »

modèle idéal. Une conception moins candide et plus expérimentale, celle de Wrangel, postule *a contrario* qu'il appartient au chef de contraindre ou de stimuler énergiquement ses subordonnés afin qu'ils agissent et se comportent comme il est nécessaire.

« Denikine était l'un des meilleurs généraux de l'ancienne armée russe, écrira Wrangel dans ses *Mémoires*. Il parlait admirablement bien, mais il ne savait pas empoigner la troupe. Son extérieur ne le servait pas. Il n'avait pas la prestance d'un grand chef. Il lui manquait ce je ne sais quoi qui allume les cœurs et fait vibrer les âmes. Fils d'un petit officier de la ligne, il conservait le parti pris des petites gens contre les "aristocrates", il mettait une susceptibilité maladive à préserver sa dignité d'atteintes imaginaires. Le destin avait chargé sur ses épaules le poids d'un travail énorme dans une sphère qui lui était étrangère. Il se perdait dans cette tâche, craignant de se tromper, ne se fiant à personne et pourtant ne trouvant pas en soi-même la force pour diriger d'une main assurée le navire de l'État sur la mer en tourmente [1]. »

Portrait sévère qui néglige trop les qualités de vaillance, d'obstination et d'intelligence, ayant permis à Denikine de rassembler et de conduire pendant deux ans les armées qui ont fait trembler les bolcheviks. Mais il est néanmoins intéressant. On peut y déceler une sorte de portrait « en creux » de Wrangel lui-même. La prestance, la parole qui empoigne les hommes, le charisme du chef, l'aisance acquise de naissance, le coup d'œil et la décision dans les affaires de la guerre comme dans celles de l'État, oui, tout cela appartient en propre au général Wrangel.

Son tempérament et son expérience de la révolution lui ont montré que la modestie n'est pas une vertu politique. Il est aussi audacieux et agressif que Denikine est circonspect et conciliant. Par inclination, Wrangel est un officier de terrain

1. Général Wrangel, *Mémoires*, *op. cit.*, p. 76-77.

qui préfère commander en première ligne plutôt que d'un lointain GQG. C'est une supériorité évidente dans des circonstances qui exigent de promptes décisions soutenues par l'énergie personnelle du chef.

Wrangel succède à Denikine

Il semble que ce soit en juin 1919, durant la phase la plus tendue des combats pour Tsaritsyne, alors qu'il éprouve le sentiment d'avoir été lâché par le commandant en chef, que Wrangel a perdu confiance en Denikine. C'est du moins ce qui ressort assez clairement de ses *Mémoires*. Peu après, nous l'avons dit, Wrangel a vivement critiqué la directive de la marche sur Moscou, la traitant d'erreur stratégique mortelle. Par la suite, il ne cessera de discuter les décisions d'un chef qu'il n'estime plus. Il se fait ainsi implicitement le candidat à sa succession dès lors que celle-ci se trouve ouverte par l'effondrement du crédit de Denikine.

Des adversaires ont reproché à Wrangel d'avoir favorisé une sorte de complot de droite. En fait, ses positions politiques sont assez voisines de celles que nourrira plus tard en France un général de Gaulle, auquel il fait d'ailleurs songer par certains traits de caractère, l'ambition, l'assurance, la ruse, la hauteur de vues et le flair politique, ajoutant à tout cela le talent militaire. Wrangel est soucieux de trouver un nouveau cadre social et institutionnel stable, adapté à la Russie. Une république lui conviendrait, pour autant qu'elle disposât d'un exécutif fort et d'une classe dirigeante capable.

En décembre 1919, quand son opposition à Denikine devient irrémédiable, alimentée qu'elle est par les marques de défiance du commandant en chef, Wrangel apparaît comme l'espoir d'une fraction des officiers. On se dirige vers une crise ouverte d'autant que la situation militaire ne cesse d'empirer.

L'état-major du général Denikine avait accroché ses dernières espérances aux succès éphémères des cosaques du général Pavlov contre la cavalerie rouge de Doumenko, désorganisée par le pillage de Rostov. Mais le commandant rouge a été fusillé pour indiscipline, décision de force jamais prise chez les Blancs. La cavalerie rouge ayant été reformée, elle écrase définitivement les cosaques blancs de Pavlov le 25 février 1920. Le destin des armées blanches du Sud est scellé.

À la mi-décembre, considérant déjà la bataille perdue et la situation désespérée, Wrangel s'est entretenu avec son collègue Sidorine, commandant l'armée du Don. La question du remplacement de Denikine a été soulevée. Wrangel a désormais enterré tout scrupule. Il estime urgent de dénouer la crise et pense être le seul à pouvoir encore sauver quelque chose, ce en quoi il ne se trompe pas.

Sans doute n'est-il pas responsable de l'affreux climat d'intrigues qui se développe alors, mais à sa façon il y contribue.

Plus ou moins informé des propos que tient son grand subordonné, Denikine le relève de son commandement après lui avoir confié une mission impossible au Kouban. Ayant compris qu'on souhaite son éloignement, Wrangel demande à être mis à la retraite pour raison de santé, ce qui lui est aussitôt accordé. Pour garder sa liberté de mouvement, il s'exile volontairement de l'autre côté de la mer Noire, à Constantinople, sorte de base arrière de la Russie blanche.

Durant ce séjour, tous ses pronostics se vérifient. Au mois de mars 1920, les troupes blanches enfermées au Kouban refluent en désordre devant les Rouges et sont bientôt acculées à la mer Noire. Leur évacuation vers la Crimée s'effectue dans la panique, le 27 mars, par Novorossisk, sur des navires anglais, français et russes. Des désespérés qui ne peuvent embarquer se suicident sur le rivage. En tout 22 000 hommes sont abandonnés et capturés. L'armée blanche a pratiquement cessé d'exister et Denikine décide d'abandonner ses fonctions.

C'est à ce moment que Wrangel reçoit une convocation pour participer à Sébastopol au grand Conseil des généraux blancs qui se tient le 4 avril. Ce jour-là, il se voit attribuer la totalité des pouvoirs, alors que tout s'effondre et que Denikine se retire [1].

---

1. Refusant de se comporter en soviet et pour respecter le principe de la hiérarchie militaire, le Conseil que préside le général Dragomirov, après avoir choisi Wrangel, obtient de Denikine que ce soit lui qui désigne son successeur. Ayant sacrifié à cette formalité, Denikine embarque le soir même à bord d'un navire britannique pour Constantinople. Il y sera rejoint par son chef d'état-major et ami, le très impopulaire général Ivan P. Romanovski, en qui certains voient une diabolique éminence grise. Le malheureux sera assassiné par un officier, à quelques mètres de Denikine, dans les instants qui suivront son arrivée à Constantinople. Drame sinistre qui témoigne du sombre climat suscité par la défaite.

CHAPITRE XIII

LES DERNIERS GÉNÉRAUX BLANCS

Une infusion de sang neuf et d'énergie

Long, maigre, botté, toujours revêtu de la *tcherkessa* traditionnelle, cette tunique cosaque ornée de cartouchières, le général Wrangel impose d'emblée l'image qu'a retenue l'histoire. Il sait d'instinct ce qui parle à l'imagination des foules. Cette tenue n'est pas innocente. Elle fait partie du personnage et de sa légende. De si loin qu'on aperçoive sa grande silhouette sèche étroitement sanglée, la confiance revient. Et c'est bien de cela dont l'armée blanche a le plus grand besoin en ce début de printemps 1920, après l'incroyable débâcle de l'hiver.

En quelques jours, débordant d'énergie, Wrangel infuse un sang neuf dans le dernier réduit blanc, parvenant à retourner une situation désespérée. Et quelle situation !

Le jour où lui était parvenu à Constantinople, par les transmissions britanniques, le message l'appelant au grand Conseil des généraux blancs, l'amiral Robeck, haut-commissaire anglais, a voulu le mettre en garde. Il lui a donné à lire un câble de son gouvernement annonçant que l'Angleterre cessait désormais d'apporter son assistance. Cette décision inattendue enlevait aux Blancs leur dernier espoir.

– Merci, amiral, de m'avoir prévenu, répondit Wrangel. Tout à l'heure j'hésitais encore, maintenant je n'hésite plus. Si l'on me choisit, mon devoir est d'accepter.

Le soir même, il embarquait pour Sébastopol et son nouveau destin.

Complètement privée de ressources naturelles, la minuscule Crimée ne peut même pas nourrir ceux qui sont venus s'y réfugier en catastrophe. Le pain commence à manquer dans les villes. Pour arranger les choses, la situation financière des Blancs est catastrophique. Ils sont dépourvus de devises et leur monnaie perd chaque jour de sa valeur. Impossible donc d'acheter à l'extérieur vivres et matériels.

D'énormes stocks d'armes, de munitions et d'équipements ont été abandonnés au cours de la retraite, et ce qui reste de l'armée (25 000 hommes démoralisés) est démuni de tout. Elle manque de fusils, de mitrailleuses, de canons et de vêtements. La cavalerie n'a plus de chevaux. Embarqués en catastrophe à Novorossisk, les cosaques ont été contraints d'abandonner leurs montures sur le port. Et ils n'ont pas toujours sauvé leurs fusils.

Dans la déroute, les troupes ont échappé à leurs chefs. L'ivrognerie et le vol, parfois le meurtre, sont l'ordinaire dans la plupart des cantonnements.

En rade de Sébastopol et dans les autres ports, Wrangel découvre que rien n'ayant été fait pour renouveler les provisions de charbon, aucun des navires de la flotte russe ne pourrait même prendre la mer. S'il arrivait malheur, personne ne pourrait s'échapper.

Pour tout esprit sensé, cette dissolution générale semblerait désespérée.

Une bonne nouvelle pourtant au milieu de cet océan de désastres. La situation stratégique, soudain, s'est modifiée. On peut s'attendre du jour au lendemain à la reprise des hostilités entre les bolcheviks et les Polonais en Ukraine. Les Rouges vont nécessairement concentrer leurs forces sur ce nouveau front, ce qui soulagera d'autant la petite armée blanche de Crimée. Comme la Pologne est la pièce essentielle du jeu de la France en Europe, on peut espérer que, pour aider son alliée, Paris apportera son assistance aux Blancs, remplaçant au pied levé les Anglais décidés à renouer avec les soviets en vue de fructueux échanges commerciaux. Haut-commissaire français, le général Mangin confirmera l'intention française de soutenir le gouvernement de Crimée.

La république blanche de Crimée

Dans les premières journées, efficacement aidé par son aide de camp, le général Chatilov, Wrangel affronte à bras-le-corps toutes les priorités à un rythme qui en tuerait de plus robustes. Toujours en mouvement, il passe des bureaux de Sébastopol à la ligne de front. Il faut se montrer, insuffler sa confiance, son calme et sa détermination. Et rien ne remplace la présence du chef, son charisme, sa vigueur entraînante. Oui, tout est prioritaire, la réorganisation de l'armée, la reprise en main des troupes, le ravitaillement en charbon de la flotte, la fortification d'une ligne de défense, la préparation d'une offensive destinée à se donner de l'air. Simultanément, il faut remettre de l'ordre dans une administration pléthorique, molle et corrompue, définir le cadre politique clair dans lequel va s'inscrire le nouveau pouvoir, établir aussi des relations diplomatiques avec les puissances alliées, en premier lieu avec la France.

Face à la 13e armée soviétique qui, visiblement, prépare la curée, la seule force militaire blanche encore un peu organisée est commandée par le général Slaschov, officier énergique, mais qui donne tous les signes d'un dérangement cérébral. Wrangel repousse cependant à plus tard son remplacement, estimant que dans la situation présente il lui faut travailler avec les cadres en place. Il sera remplacé en août par le général Pissarev.

Le 7 avril, trois jours après avoir été désigné pour la fonction suprême, Wrangel harangue ses troupes sur la plus grande place de Sébastopol : « Après avoir dressé un sombre tableau de notre situation, je dis que je me mettais à la tête de l'armée sans hésitation et sans crainte, ayant foi en Dieu qui ne laisserait pas périr une juste cause. » Une façon de dire que les troupes pouvaient se fier à sa résolution.

Le même jour, il met de l'ordre dans l'organisation des pouvoirs, confiant à l'académicien Pierre Struve la direction des Affaires étrangères. Personnage éminent, entretenant les meilleures relations dans les capitales européennes, c'est lui qui obtiendra, le 20 juillet, la reconnaissance *de facto* du gouvernement Wrangel par la France, puis sa reconnaissance *de jure* le 18 août.

Pour remédier au désordre de l'administration intérieure et diriger la réorganisation du pays, Wrangel fait appel à l'homme d'État le plus capable de l'ancien gouvernement impérial, M.A. Krivochéine, qui avait été le proche collaborateur de Pierre Stolypine. Homme d'une qualité exceptionnelle, esprit puissant, ouvert et cultivé, Krivochéine a une expérience incomparable de toutes les branches de l'administration. Après avoir commencé sa carrière dans les institutions régionales, puis au ministère de l'Intérieur, il a été l'adjoint du ministre des Finances. Pendant dix ans, comme ministre de l'Agriculture, il a mis en œuvre la grande réforme de Stolypine. C'est en France où il s'est exilé que l'atteint une lettre par laquelle Wrangel lui demande de sacrifier son confort et sa sécurité pour venir l'aider. Malgré son âge, Krivochéine se lance dans l'aventure et rejoint la Crimée. Avant son départ, il s'entretient avec les membres du gouvernement français, obtenant l'intensification de l'aide et la protection de la flotte.

Le 11 avril, Wrangel a promulgué le statut régissant la nouvelle administration des territoires soumis à son autorité. Se trouvant dans une place assiégée, seul un pouvoir fort et uni peut sauver la situation. Dans ses *Mémoires*, Wrangel résumera : « Cet acte posait pour la première fois, clairement et ouvertement, le principe de la dictature [1]. » Dictature à la romaine, limitée au temps du danger.

1. Général Wrangel, *Mémoires, op. cit.*, p. 167-168. Selon ce statut, le

Devant les représentants de la presse internationale, il précisera ses intentions. Créer pour la population du sud de la Russie un régime de droit. Régler la question agraire en accordant la propriété de la terre à ceux qui y travaillent. Garantir la sécurité du travail aux plus défavorisés. Trouver un accord avec les nationalités de l'ancien empire. Arracher aux mains de l'ennemi l'arme de la propagande et la retourner contre lui.

« Ce n'est pas par une marche triomphale de la Crimée à Moscou qu'on peut libérer la Russie, précise-t-il, c'est par la création, ne fût-ce que sur un lambeau du sol russe, d'un ordre tel que le peuple russe qui gémit sous le joug des Rouges en subira inévitablement l'attraction [1]. »

En une phrase, tout est dit du but politique de l'entreprise. Créer une république blanche qui ne soit pas seulement un refuge pour les adversaires du bolchevisme, mais un modèle de société différente. À la fois moderne et traditionnelle, russe, nationale et sociale. C'est pourquoi, malgré ce qu'aura d'éphémère l'aventure blanche de Crimée, elle apparaît à la postérité comme ce que les Blancs ont fait de mieux dans les épreuves surhumaines qu'ils ont dû affronter.

Plusieurs décisions pratiques montrent la voie sur laquelle Wrangel s'engage, celle du droit et de la réconciliation nationale. Tout d'abord les poursuites judiciaires vont échapper à l'arbitraire des chefs militaires. Elles sont renvoyées devant les tribunaux compétents. Pour mettre fin aux pillages et brigandages par des soldats, des juridictions militaires spéciales sont instituées qui font instantanément cesser les abus. Wrangel promulgue également une amnistie en faveur de tous ceux qui

---

Régent et commandant en chef réunit en sa personne la plénitude des pouvoirs civils et militaires sans limitation aucune. Les territoires cosaques gardent leur autonomie intérieure, mais les troupes cosaques sont entièrement subordonnées au commandant en chef. Dans les rapports avec les cosaques, les choses sont enfin claires.

1. *Ibid.*, p. 175.

avaient été poursuivis en raison de leur passé, rouge pour les uns, autonomiste pour d'autres.

Les Blancs reprennent l'offensive

Tout en multipliant les actions destinées à durer, le général ne perd pas de vue l'extrême précarité de l'enclave blanche. Si par malheur, il fallait l'abandonner, où trouver refuge ? Seuls les pays slaves, et en premier lieu la Serbie qui doit tant à la Russie, pourraient s'y prêter. Dans cette pensée, Wrangel écrit au prince et futur roi Alexandre de Serbie pour lui demander asile et protection en cas de malheur. Le moment venu, c'est là que les Blancs trouveront le meilleur accueil.

Le 13 avril, alerte générale ! Les Rouges attaquent dans la région de Perekop, isthme très étroit qui relie la presqu'île au continent et qui commande la sécurité de la Crimée. La menace est vigoureusement repoussée. Les Blancs lancent même plusieurs contre-attaques. Après plusieurs jours de combats acharnés, ils s'emparent des débouchés de la Crimée. Les troupes ont tenu bon. C'est leur première victoire depuis des mois.

En juin, deux mois après son entrée en fonction, Wrangel lance sa première grande offensive depuis Perekop. Il dispose de 25 000 hommes, mais la plupart de ses cosaques n'ont pas de chevaux. Pour appuyer le front d'attaque, il a prévu une opération amphibie de débarquement sur le flanc de l'ennemi. L'action sera soutenue par une demi-douzaine de vieux tanks bringuebalants qui serviront à détruire les barbelés adverses. Après onze jours de combats, progressant sur le littoral de la mer d'Azov, les Blancs s'emparent de Melitopol, capitale de la Tauride du Nord. Quinze jours plus tard, ils sont maîtres de toute la province. Leur ravitaillement en vivres est désormais assuré et d'énormes quantités de matériels sont tombées dans leurs mains.

Au même moment, en Ukraine, l'offensive rouge menace les Polonais qui sont contraints d'abandonner Kiev et de se replier. La victoire de Wrangel incite la France à augmenter son aide.

Mais la menace rouge n'est pas suspendue. Venant du Caucase en renfort de la 13e armée, un corps de cavalerie commandé par Jloba s'approche par l'est. Le 2 juillet, dans la soirée, Wrangel a réparti ses forces en vue de l'affronter le lendemain. Attaquée de front et de flanc par l'artillerie blanche, la masse de la cavalerie adverse, lancée dans une charge géante, tombe dans un piège de feu. Les quelques vieux avions dont dispose Wrangel se sont mis de la partie, lâchant des bombes rudimentaires qui jettent la panique dans la cavalerie rouge. Elle fuit vers le nord-ouest où l'attend la réserve blanche appuyée par des trains blindés. Le coup de grâce est porté par les cosaques du Don. Au soir du 4 juillet, il ne reste plus rien de la cavalerie rouge. Elle est anéantie. Wrangel a capturé 60 canons, 300 mitrailleuses, 11 000 prisonniers et 3 000 chevaux. Grâce à quoi, ses cosaques retrouvent enfin des montures. Le plan soviétique de reconquête de la Tauride du Nord se solde par un fiasco complet.

En Ukraine, la situation des Polonais est beaucoup moins brillante.

La Pologne et l'enjeu ukrainien

Depuis 1772, la Pologne avait perdu son indépendance. Son territoire sans frontières naturelles était divisé entre ses trois conquérants, la Russie, la Prusse et l'Autriche. Le sentiment national ne s'était pourtant pas tari, entretenu par le souvenir d'un grand passé, la langue et une religion nationale[1].

1. La Pologne catholique est prisonnière entre la Russie orthodoxe et l'Allemagne luthérienne.

La défaite austro-allemande de novembre 1918 lui rend indépendance et unité, sous la protection lointaine de l'Angleterre et surtout de la France qui entend rétablir grâce à elle et à la Tchécoslovaquie l'encerclement de l'Allemagne naguère obtenu grâce à l'allié russe désormais défaillant.

Le traité de Versailles, en 1919, n'a pas fixé ses frontières avec la Russie des soviets. Le conflit va naître sur la question de l'Ukraine.

Après le traité de Brest-Litovsk de mars 1918, on l'a vu, l'Ukraine est un indescriptible enchevêtrement, une confusion de groupes ethniques et politiques, de partis, de clans, de sous-races et de sous-groupes que déchirent des querelles mortelles exacerbées par des passions nationales, raciales, religieuses, sociales et idéologiques.

En simplifiant beaucoup, on distingue trois forces inégales qui s'opposent à l'hetman Skoropadski, soutenu par les Allemands. D'abord le nationaliste Petlioura que nous avons plusieurs fois rencontré. Il s'appuie sur la Rada et ses haïdamaks armés. Les bolcheviks dirigés par Rakovski, né en Bulgarie, citoyen roumain et homme de confiance de Lénine, parlant six langues, féroce, habile et ambitieux. Enfin, les bandes armées n'obéissant qu'à elles-mêmes et se réclamant plus ou moins de Makhno. Les bolcheviks rechercheront son alliance contre Denikine avant de le combattre.

Lorsque les troupes allemandes se retirent en novembre 1918, Petlioura renverse Skoropadski et instaure un Directoire national. Mais les bolcheviks créent un gouvernement rival sous la direction de Rakovski. La lutte s'engage entre eux, le second étant soutenu par le poids de l'armée rouge.

Le Directoire national de Petlioura se place sous la protection de la France. On connaît la suite, le débarquement des divisions du général Berthelot à Odessa, puis leur rembarquement, au bord de la mutinerie, quelques mois plus tard.

Intervient en 1919 un troisième larron en la personne du général Denikine et des armées blanches du Sud qui entreprennent avec succès la reconquête de l'Ukraine, chassant devant elles l'armée rouge, mais refusant de reconnaître Petlioura. Le but avoué de Denikine est de restaurer l'Empire russe dans son intégrité. À ses yeux, Petlioura n'est qu'un séparatiste, donc un rebelle.

Pilsudski entre en scène

La Pologne observe. Non qu'elle se désintéresse de l'Ukraine. Bien au contraire. Depuis les temps anciens, elle l'a toujours considérée comme un prolongement naturel et ses intérêts y sont grands. Mais pourquoi intervenir alors que l'ennemi héréditaire russe est en train de s'y déchirer entre Rouges et Blancs ? La Pologne attend donc la fin de cette lutte.

L'homme qui décide alors pour la Pologne est Joseph Pilsudski, l'artisan de l'indépendance. Il a cinquante-trois ans. « Grand, large d'épaules, de longues jambes, une moustache tombante, un regard intense, toujours vêtu d'un uniforme gris. » C'est ainsi que l'a vu son compatriote Mgr Meyesztowicz et que le montrent les photos de l'époque.

Le maréchal Pilsudski est né en 1867 dans une vieille famille de la noblesse originaire de Lituanie. Pendant ses études de médecine, à Kharkov, il adhère au parti socialiste. Il représente même la Pologne au congrès de l'Internationale socialiste à Londres en 1896. Il s'y distingue en réclamant le droit à l'indépendance de sa nation partagée entre la Russie, l'Autriche et l'Allemagne. Son socialisme est fortement coloré de nationalisme. « J'ai pris le tramway socialiste, dit-il, pour descendre à l'arrêt de l'indépendance. »

Dès 1908, il fonde en Galicie des groupes paramilitaires polonais destinés à lutter contre la Russie en cas de guerre. En 1914, avec l'accord des Autrichiens, il lève ainsi une légion polonaise qui combat dans l'armée austro-hongroise contre les Russes. Il a rang de général dans les armées de François-Joseph. Mais en 1917, quand la VIIIe armée allemande s'empare d'une grande partie de la Pologne, il est emprisonné par les nouvelles autorités qui voient d'un mauvais œil l'influence autrichienne. Libéré lors de la défaite allemande de novembre 1918, il rentre à Varsovie. On le fête comme le héros de l'indépendance. Il va cumuler la fonction de chef d'État provisoire et de commandant des nouvelles forces armées polonaises.

Quand, en Ukraine, les armées blanches de Denikine sont défaites et refluent au début de 1920, remplacées par l'armée rouge, Pilsudski décide que le moment est venu d'intervenir. L'occasion lui en est fournie par Petlioura qui, désespérant de tenir tête aux Rouges, l'appelle au secours.

La guerre qui s'annonce entre la Pologne et les soviets ajoute au conflit des Rouges et des Blancs le souvenir du vieil antagonisme entre « frères slaves ».

Dès la fin de 1919, c'est-à-dire depuis l'effondrement des armées blanches, Pilsudski est convaincu que les Soviétiques lanceront une agression contre la Pologne. En février 1920, deux mois avant l'entrée des troupes polonaises en Ukraine, l'ex-colonel Chapochnikov, chef d'état-major général adjoint de l'armée rouge, a dressé un plan de campagne contre la Pologne, celui-là même qu'appliquera Serge Kamenev en juillet.

La menace d'agression repose sur l'absence de frontières définies entre les deux États, et sur la volonté des soviets d'exporter la révolution à la pointe des baïonnettes. Il est donc évident qu'un jour il faudra en appeler aux armes.

Cette certitude se voit renforcée par une certaine présomption des dirigeants polonais. Les chefs militaires polonais se croient supérieurs à leurs voisins et sont convaincus de les battre si l'on fait parler le canon. Ils sont donc partisans d'une guerre préventive.

Le 26 avril 1920, les troupes polonaises, appuyées sur 20 000 haïdamaks de Petlioura, pénètrent en Ukraine et bientôt s'emparent de Kiev. De l'Oural où il se trouve en inspection, Trotski saute dans son train blindé pour rejoindre

Moscou. Le 1er mai, s'adressant à l'armée rouge, il l'adjure de porter à l'envahisseur un coup qui « résonnera dans les rues de Varsovie et dans le monde entier ».

Les Rouges exploitent le sentiment national

L'invasion polonaise place la Russie des soviets devant une situation politique nouvelle et imprévue. Durant la guerre civile, sa propagande a flatté la xénophobie des masses contre l'« intervention » des Alliés volontairement grossie et dramatisée. Elle en a tiré des bénéfices certains dans toutes les couches de la population et notamment auprès des anciens officiers de l'armée impériale, qui trouvaient ainsi une justification patriotique à leur engagement sous le drapeau des soviets, confondu pour la cause avec celui de la Russie de toujours. Le conflit restait pourtant une guerre civile où l'ennemi était un autre Russe et peut-être un ancien camarade.

Avec l'invasion polonaise, les choses sont autrement claires. Cette fois, il s'agit d'une guerre nationale. L'ennemi est un envahisseur étranger puisque l'Ukraine est considérée comme partie intégrante de la Russie par les Russes. Qui plus est, c'est l'ennemi de toujours, le Polonais. Pour les orthodoxes, pratiquants ou non, c'est une guerre contre l'adversaire catholique. L'invasion polonaise sera le prétexte à de nombreux ralliements, dont le général Broussilov donnera le signal avec l'autorité d'un nom encore respecté, en appelant « tous les bons Russes » à soutenir la défense nationale, c'est-à-dire l'armée rouge. Un grand nombre d'anciens officiers reprendront du service dans ses rangs pour repousser l'envahisseur. En avril 1919, ils étaient 28 410 dans l'armée rouge. En août 1920, ils seront 48 409 !

Cette vague d'unité nationale imprévue embarrasse quelque peu les bolcheviks qui n'ont pas encore l'expérience de ce genre de manipulation. Plus tard, ils y seront passés maîtres et leurs émules avec eux.

La victoire de Pilsudski sera brève. L'armée rouge de l'époque, sans être un modèle d'organisation, est une force considérable par le nombre. Elle compte plus de cinq millions d'hommes [1]. Elle ne tarde pas à se ressaisir. Egorov attaque par le sud et Toukhatchevski par le nord. Leur action est favorisée par les partisans de Makhno qui soulèvent les paysans contre l'envahisseur. Kiev est repris le 12 juin 1920.

La cavalerie rouge de Boudienny

La 1re armée de cavalerie de Boudienny qui guerroyait dans le Nord-Caucase arrive en renfort, franchissant en moins d'un mois les mille kilomètres qui la séparent du théâtre des opérations. Son chef d'état-major, l'ex-colonel breveté Matkovski, a tout prévu. Elle s'est considérablement renforcée de cosaques du Kouban et du Don qui ont à se faire pardonner d'avoir longtemps combattu aux côtés des Blancs. Elle compte 18 000 sabres, et utilise un engin de combat nouveau et redoutable emprunté aux bandes de Makhno, la *tatchanka*. C'est une légère et rapide carriole de paysans, attelée de trois chevaux, montée par deux hommes et armée d'une mitrailleuse vissée au plancher. Cette mitrailleuse mobile escorte désormais les sabreurs en toutes circonstances, aussi rapide, souple et légère dans les déplacements et la bataille.

L'écrivain communiste Isaac Babel suit la 1re armée de cavalerie comme correspondant de guerre, sous une identité d'emprunt parce que les cosaques qui composent le plus clair de l'effectif ont beau combattre sous le drapeau rouge, ils sont

---

1. En octobre 1920, à la fin de la campagne de Pologne, ses effectifs seront de 5 558 000 hommes, dont 2 587 000 dans les dépôts, 391 000 dans des bataillons de travail, 1 780 000 sur les différents fronts, mais seulement 800 000 combattants.

restés passablement antisémites[1]. Il compose avec ses souvenirs une série de nouvelles réunies sous le titre *Cavalerie rouge*. Livre violemment critiqué par Boudienny qui lui reprochera d'assombrir la réalité. En fait, dans son style heurté et chaotique, c'est une fresque d'une vérité crue, comme le reconnaîtra un autre maréchal soviétique, Blücher. Dans la remarquable édition en langue française due à J. Catteau, le journal de Babel vient compléter les récits en fin d'ouvrage. On y trouve, en style télégraphique, l'atmosphère de ce que dut être cette chevauchée haletante, conduite par Boudienny avec une poigne de fer, usant avec ses commandants de division de menaces de mort pour vaincre les difficultés du combat. Ainsi cette description des cosaques après un engagement : « Les cavaliers reviennent poudreux, suants, rouges, aucune trace d'émotion, sabreurs professionnels, tout se déroule dans le plus grand calme, c'est typique, confiance en soi, rude travail... » Ce n'est pas une guerre pour rire, comme en témoigne ce tableau après une charge de cavalerie : « Champ de bataille effroyable, jonché de corps sabrés, cruauté inhumaine, blessures incroyables, crânes fracassés, des corps jeunes, blancs, nus, brillent au soleil, calepins dispersés, feuillets, livrets militaires, évangiles, corps dans les blés... »

---

1. À en croire Babel, les cavaliers rouges vouent une sorte de culte à Trotski, beaucoup plus qu'à Lénine. Dans le récit *Le Sel*, une Ukrainienne jette au cosaque Balmachov : « Vous ne pensez pas à la Russie, vous ne pensez qu'à sauver les youpins Lénine et Trotski.
« Pour le moment, rétorque Balmachov, je ne parle pas de youpins, citoyenne malfaisante, les youpins n'ont rien à voir ici. Au demeurant pour Lénine je ne peux rien dire, mais Trotski est le fils d'un gouverneur de Tambov... » (passage supprimé dans les éditions soviétiques postérieures à 1927). (*Cavalerie rouge*, Lausanne, L'Âge d'Homme, 1972.)

« La révolution mondiale passera sur le cadavre de la Pologne ! »

En juillet 1920, les Polonais, chassés d'Ukraine, ont repassé les frontières ethniques de la Pologne. Sur la politique à suivre, un conflit va opposer Trotski à Lénine et à une partie du Politburo.

Trotski veut signer la paix aux meilleures conditions avec la Pologne. Lénine, lui, veut poursuivre la campagne si brillamment engagée, marcher sur Varsovie, s'emparer de la capitale polonaise, y proclamer une république des soviets et, qui sait, poursuivre en direction de Berlin où il lui semble, avec les yeux de l'espoir, distinguer les signes d'un renouveau révolutionnaire[1]. Il veut « sonder l'Europe avec les baïonnettes de l'armée rouge ».

Le principe n'est pas pour choquer Trotski. Il se sépare sur les modalités. Il juge la situation avec l'expérience de la guerre civile :

« Nos forces sont épuisées par une offensive de cinq semaines, s'alarme-t-il. Elles n'avancent plus que par la force de l'inertie. Il suffira d'un choc violent pour ébranler notre front et transformer un élan offensif inouï en retraite catastrophique. Je demande une conclusion aussi rapide que possible de la paix, avant que l'armée ait définitivement perdu le souffle. »

Mais le siège de Lénine est fait. Il sait convaincre les autres membres du Politburo, et donne l'ordre de marcher sur Varsovie avec le slogan « La révolution mondiale passera sur le cadavre de la Pologne ! ». Trotski s'incline, mais il ne participera pas à la campagne.

Un futur gouvernement des soviets polonais embarque dans les fourgons de l'armée. Il compte parmi ses membres

1. Au mois de mars, le putsch réactionnaire de Kapp a été brisé en quarante-huit heures par une grève générale. Les troubles continuent, réprimés par la Reichswehr.

la figure inquiétante de Dzerjinski, fondateur et chef de la Tcheka. En Pologne même, les agitateurs bolcheviques passent à l'action. Celle-ci aura peu d'influence sur la population mais elle ne sera pas sans effet sur le moral de certaines unités polonaises.

Dans les derniers jours de juillet et les premiers jours d'août 1920, le 2e Congrès du Komintern siège à Moscou. On attend l'annonce de victoires décisives. Chaque jour, les participants regardent une grande carte dans la salle : les drapeaux rouges s'avancent vers l'Ouest. L'espoir flambe. La révolution va se propager à toute l'Europe [1].

L'armée rouge, sous le commandement suprême de Serge Kamenev, est divisée en deux fronts d'attaque. L'un, au sud, avec Staline aux fonctions de commissaire politique, est commandé par Egorov, ancien officier impérial entièrement acquis aux soviets. Il comprend les 12e et 14e armées, et surtout la 1re armée de cavalerie de Boudienny. Il doit suivre l'axe naturel de Kiev à Varsovie par Lublin.

Le deuxième front attaquera au nord-ouest, par Minsk et la Biélorussie, avec également Varsovie comme objectif. Il est commandé par Toukhatchevski et comprend les 3e, 4e, 15e et 16e armées.

En face, l'armée polonaise est de constitution très récente. Elle est recrutée par conscription, mais comporte un grand nombre de volontaires. Son encadrement d'origines diverses n'est pas homogène. Les officiers ont été formés pour l'essentiel, soit dans l'armée autrichienne, soit dans l'armée russe, soit enfin dans l'armée française (les cinq divisions de l'armée Haller). Le haut commandement, très attaché à ses préroga-

---

1. Voir Norman Davies, *White eagle, Red star, The Polish-Soviet war 1919-1920*, Londres, Macdonald, 1972. Cet ouvrage d'un grand intérêt pèche cependant par une illusion fréquente chez les auteurs occidentaux. Il crédite l'armée rouge en général (et le jeune *komandarm* Toukhatchevski en particulier) d'une influence politique qu'elle n'a jamais eue.

tives, n'est pas toujours au niveau de ses ambitions. Il a la chance d'être épaulé par une importante mission militaire française qui comprend deux cents officiers, dont le capitaine de Gaulle et, à partir du 21 juillet, le général Weygand, chef d'état-major du maréchal Foch, qui, avec tact et discrétion, sera le véritable stratège de la défense polonaise au moment décisif de la bataille de la Vistule[1].

Présomption de Toukhatchevski et vanité de Staline

Les succès faciles enregistrés par le front Sud en Ukraine étaient naturellement pour beaucoup dans la décision de porter la guerre en Pologne même. Ils invitaient à sous-estimer l'adversaire et à manquer à la prudence, ce que va faire Toukhatchevski à la tête des armées du Nord-Ouest. Son offensive commence le 4 juillet 1920 sur la Berezina. Avec une audace qui frise la témérité, il exécute en quarante jours une marche qui fait parcourir à ses troupes 600 kilomètres, sans cesser de poursuivre les troupes polonaises en déroute. Au début d'août, il est en vue de Varsovie et à quelques étapes de Berlin. Le jeune chef de vingt-sept ans, qui vole ainsi vers la victoire et rêve d'entrer le premier dans Varsovie en attendant mieux, peut difficilement ne pas songer à Bonaparte et à sa campagne d'Italie. Le succès lui fait abandonner toute mesure.

Une poursuite si rapide et si lointaine en pays ennemi ne peut se développer sans lignes d'étapes convenablement assu-

---

1. Ce rôle déterminant du général Weygand a été clairement établi par l'étude des archives du service historique de l'armée, dont les conclusions ont été présentées par les colonels Le Goyet et Costantini lors du colloque sur la guerre polono-soviétique organisé par le Laboratoire de slavistique en 1973. Les actes en ont été publiés à Lausanne par les Éditions l'Âge d'Homme, 1975.

rées, un état-major bien organisé, des troupes fortement encadrées et bien instruites. En août 1920, l'armée rouge ne présente pas de telles qualités. Certains chefs au niveau le plus élevé trahissent leur inexpérience du commandement des grandes unités. En fait, ni le commandant en chef Serge Kamenev, ni Toukhatchevski ne seront en mesure d'assurer l'unité de commandement au moment de la bataille décisive. Toukhatchevski, resté à Minsk avec son QG, sera beaucoup trop loin des opérations pour peser sur elles. De son côté, Kamenev ne pourra imposer au moment voulu sa volonté à ses subordonnés.

Les deux fronts d'attaque devaient, suivant le plan initial, converger sur Varsovie. Mais celui du Sud va obliquer vers l'ouest en direction de Lvov (Lemberg). Cette décision est prise sous l'influence du commissaire politique, Staline. Celui-ci n'entend pas partager la gloire d'une victoire avec Toukhatchevski. Il lui faut une proie à sa mesure, ce sera Lvov.

Kamenev voit le danger. L'ennemi pourra s'élancer dans l'intervalle entre les deux armées pour les couper et peut-être les battre tour à tour. Il envoie message sur message au groupe Sud, lui enjoignant de rallier Varsovie. En vain. Quand Staline s'y décidera enfin, il sera trop tard.

Le général polonais Sikorski, protagoniste important de la bataille de la Vistule, juge que « le soldat rouge à cette époque n'était pas apte à participer à de grandes opérations comme l'offensive de Toukhatchevski. Il n'avait pas assez de facultés d'organisation et surtout son moral n'était pas à la hauteur d'une opération aussi audacieuse. Son légendaire héroïsme de fataliste, tant de fois mis à l'épreuve par le grand-duc Nicolas Nikolaïevitch pendant la guerre mondiale, n'était plus en 1920 qu'un souvenir. Son penchant aux extrêmes avait été augmenté par l'agitation bolchevique. Il passait facilement de l'enthousiasme du succès à la dépression morale du revers... Avec un tel soldat il était difficile de fournir un effort prolongé d'une grande énergie. Cela était d'autant plus aléatoire que ce soldat était peu instruit, mal équipé et n'avait pas confiance dans ses chefs[1] ».

Toukhatchevski ne semble pas conscient des difficultés grandissantes créées par son avance rapide. Il poursuit les divisions polonaises, mais ne cherche pas à leur livrer bataille pour, si possible, les anéantir, comme le voudrait un principe élémentaire de stratégie.

Aussi sa poursuite reste-t-elle frontale. Il n'utilise pas sa forte aile droite pour déborder l'aile nord du front adverse, malgré les conseils du commandant en chef Kamenev. Il court au plus droit sur Varsovie, n'admettant pas la possibilité d'une bataille sur la rive orientale de la Vistule. Groupant la majorité de ses forces sur son aile droite, il découvre sa gauche, exposée à l'attaque décisive qui viendra la frapper. Ce seront ses trois erreurs.

Le plan Weygand devant Varsovie

La bataille de Varsovie ou « miracle de la Vistule » (point de vue polonais) se développe sur un front immense de 350 kilomètres. Quatre armées rouges et demie y prennent part, contre cinq armées polonaises.

Tout semble craquer du côté polonais. Le corps diplomatique évacue la capitale. C'est alors que le 6 août un plan de bataille est arrêté sur les conseils pressants du général Weygand qui en laisse habilement le bénéfice au maréchal Pilsudski, mais veille étroitement à son exécution. Weygand a connaissance du mouvement des armées rouges du front Sud en direction de Lvov. Il comprend qu'il n'a provisoirement rien à redouter de ce côté. Il peut donc démunir le sud pour se

---

1. Général Sikorski, *La Campagne polono-russe de 1920*, Paris, Payot, 1928.

constituer une réserve de contre-attaque. C'est sa première intuition remarquable.

Il voit également que la contre-offensive doit être amarrée solidement sur la défense de Varsovie, ce que l'on appellera en termes imagés le « camp retranché » de Varsovie. Tâche écrasante à laquelle il apportera toute sa science de la défense, aidé et relayé par les officiers français qui veilleront à l'efficacité de l'artillerie et à l'organisation des plans de feu, n'hésitant pas à prendre directement les choses en main. L'idée de ce « camp retranché » sera la deuxième forte intuition de Weygand.

Appuyée sur cette réserve et sur cette résistance, la contre-offensive polonaise comprend deux opérations. La première incombe au « camp retranché de Varsovie » qui fixera Toukhatchevski. Elle est confiée au général Sikorski et à sa 5e armée.

La seconde, dite de rupture, sera menée par les réserves constituées de sept divisions d'infanterie et une brigade de cavalerie. Ce groupement d'attaque, commandé en personne par le maréchal Pilsudski, s'élancera droit au nord pour tomber sur le flanc dégarni de Toukhatchevski.

Le rôle des conseillers militaires français pour la mise en œuvre pratique de ces opérations est essentiel. « À Radzymin les 14 et 15 août, à Nowo-Minsk le 17, des officiers français, en gants blancs, la cravache à la main, marchaient avec les premières lignes polonaises afin d'exalter le moral des troupes[1]. »

Le « miracle de la Vistule »

Dès le 15 août, les résultats commencent à se faire sentir. Bénéficiant d'une surprise totale, la contre-offensive décisive

1. G.V. Saint-Dizier, *L'Aigle blanc contre l'étoile rouge*, Strasbourg-Paris, Berger-Levrault, 1930. Il faut noter que ces officiers français n'ont pas le statut de belligérants et que leur capture par les Rouges équivaut à un arrêt de mort.

enfonce la gauche affaiblie de Toukhatchevski, le contraignant à une retraite qui se transforme bientôt en déroute. Les Polonais n'ont pas à redouter une intervention de Boudienny qui, malgré les ordres reçus, cherche un succès personnel pour le compte de Staline à Lvov.

Les Rouges abandonnent 66 000 prisonniers, 231 canons, plus de 1 000 mitrailleuses. Toute la 4e armée soviétique est détruite et ses débris se réfugient en Prusse-Orientale sous protection allemande. Des 22 divisions soviétiques, il n'en échappe que 12, momentanément hors de combat en raison des pertes subies. Seuls, le *komdiv* Gaï et ses cavaliers parviennent à se frayer un chemin à coups de sabre à travers les colonnes polonaises épuisées par une marche forcée.

En douze jours, Toukhatchevski venait de perdre tout le bénéfice de sa victoire de juillet. Il est contraint de céder le terrain conquis, en abandonnant un très grand nombre d'hommes et une grande quantité de matériel de guerre. Son front culbuté, il doit fuir avec ses troupes débandées pour chercher refuge de l'autre côté du Niémen et du Boug. Tous les plans de conquête du gouvernement des soviets se sont effondrés. Lénine se voit contraint de proposer la paix qui établira des frontières communes favorables à la Pologne, jusqu'à la revanche de 1939 obtenue grâce au pacte germano-soviétique.

On peut poser la question des conséquences qu'aurait entraînées l'intervention du groupe Sud, des armées d'Egorov et des cavaliers de Boudienny, si Staline avait rapporté à temps son ordre de marche sur Lvov. L'opinion du général Sikorski est partagée par tous les historiens de cette période :

« L'inexécution de l'ordre reçu par Boudienny et la 12e armée fut une des causes principales de la défaite russe sur la Vistule en 1920. »

Au cours de cette guerre, les Polonais se sont battus seuls contre l'armée rouge (hormis l'aide des conseillers militaires français et du matériel débarqué à Dantzig) et ils ont vaincu, démontrant par le jugement des armes leur droit à l'existence et imposant des frontières que jamais les soviets ne leur auraient concédées sans y être contraints.

Le dernier combat de Wrangel

En septembre 1920, la fin du conflit avec la Pologne fait affluer contre Wrangel les meilleures troupes de l'armée rouge.

Un front rouge de Crimée est constitué sous le commandement de Frounze. Il est formé de la 6e armée commandée par Oubérovitch et de la 13e commandée par Gorodovikov. En octobre, il sera renforcé par l'arrivée de trois autres armées, dont deux de cavalerie. Au total, 14 divisions de tirailleurs et 12 de cavalerie, 100 000 fantassins et 33 600 cavaliers. Le rapport avec les forces de Wrangel est de quatre contre un.

Wrangel avait fait plusieurs tentatives pour élargir ses bases en direction du Kouban et de l'Ukraine, allant jusqu'à envoyer des émissaires à Makhno qui les fit exécuter. Au Kouban, une expédition dirigée par le général Oulagaï avait été repoussée. Il ne restait plus qu'à s'avancer vers le nord et l'ouest, au-delà du Dniepr. Mais la fin de la guerre soviéto-polonaise bouleversait tous les projets.

En septembre, sous la pression conjuguée de l'armée rouge et des bandes de Makhno, les Blancs ont dû abandonner les territoires conquis durant l'été.

Wrangel a encore le choix entre la résistance en Tauride du Nord ou le retrait sur ses positions fortifiées de l'isthme de Perekop. Il adopte le second parti.

L'offensive générale des Rouges est déclenchée le 28 octobre par un froid presque sibérien. Il fait -15°. Profitant du brouillard, la 1re armée de cavalerie rouge (Boudienny) tente un mouvement tournant pour couper les Blancs de la Crimée. Wrangel lance des appels angoissés à ses deux meilleurs lieutenants, Koutiepov (armée des Volontaires) et Abramov (cosaques du Don) pour qu'ils occupent le défilé de Salkovo, porte d'accès de la Crimée. Les voies ferrées bloquées par le gel ralentissent les mouvements.

« Vinrent les heures d'angoisse, raconte Wrangel. Je n'avais pas de troupes sous la main ; l'accès de la Crimée était ouvert à l'ennemi. Dans la journée du 17/30 [1], je dirigeai sur Salkovo tout ce qui pouvait porter des armes : l'école militaire de Simferopol, l'école d'artillerie, mon escorte... »

Au crépuscule, le combat s'engage entre ces troupes improvisées et les premiers détachements de cavalerie rouge. À l'aube, Abramov accourt enfin et tombe sur le flanc des Rouges qu'il met à mal. Vers midi, Koutiepov arrive à son tour. La position est sauvée.

Mais la Tauride du Nord a été perdue et les pertes sont lourdes.

Confiant le commandement de l'isthme de Perekop à Koutiepov, Wrangel repart pour Sébastopol afin de vérifier l'état du plan d'évacuation qu'il a fait préparer en secret.

L'isthme de Perekop est une bande de terre large d'une dizaine de kilomètres qui unit la Crimée au continent. Wrangel y a établi trois lignes de défense. La première, au nord, est formée de faibles tranchées défendues par des barbelés. La seconde s'appuie sur le vieux « mur turc ». Elle est bien pourvue en nids de mitrailleuses. La dernière a été édifiée beaucoup plus au sud.

L'assaut bolchevique commence le 7 novembre, date du troisième anniversaire de la révolution d'Octobre. Dans la nuit, une unité d'élite de l'armée rouge, la 51e division de Blücher, venant de Sibérie, et des mitrailleurs de Makhno s'emparent des deux premières lignes en traversant le golfe

1. Dans les *Mémoires* de Wrangel, toutes les dates sont encore données en calendrier julien.

de Sivache gelé, et en repoussant une contre-attaque des cosaques du Kouban commandés par le général Fostikov.

Abandonnant des positions désormais intenables, les Blancs se retirent sur la troisième ligne de défense où les combats se poursuivent trois jours durant. Mais le 11 novembre, après un intense bombardement d'artillerie, la 13e division de l'armée rouge réussit à percer.

Dès qu'il est averti, Wrangel ordonne de commencer les opérations d'embarquement, annonçant à la presse et aux Alliés sa décision. Les armées blanches vivent leurs dernières heures sur le sol russe.

S'efforçant de contenir l'avance des Rouges, les troupes de Koutiepov reculent pied à pied, tandis que dans les cinq ports d'embarquement les opérations se déroulent dans l'ordre.

Arrivé de Constantinople à bord du *Waldeck-Rousseau*, l'amiral Dumesnil, commandant par intérim de la flotte française de Méditerranée, assure Wrangel de son concours.

Ce ne sont pas 75 000 personnes comme on le prévoyait initialement, mais 146 000 qui sont embarquées et qui vont quitter la Crimée à la barbe de l'armée rouge.

Tout est fait en trois jours. Chaque port signale par radio l'achèvement des opérations.

Le croiseur *Général Kornilov*, à bord duquel Wrangel a pris place, est le dernier à lever l'ancre pour Constantinople. Vingt et un coups de canon du *Waldeck-Rousseau* saluent une dernière fois « le drapeau russe dans une mer russe ». Il est exactement 14 heures, le 16 novembre 1920[1].

---

1. Dans son livre *La Russie fantôme, l'émigration russe de 1920 à 1950* (Lausanne, L'Âge d'Homme, 1995), Marina Gorboff a raconté la cruelle odyssée sur les routes de l'exil des Blancs et de leurs familles. Les partisans de Makhno qui avaient tant aidé les Rouges dans leur lutte contre les Blancs en furent remerciés à la mode bolchevique. Dès le 25 novembre, en Crimée, leurs chefs furent arrêtés par la Tcheka et passés par les armes. Les survivants des bandes « vertes » furent également exterminés, tandis que Makhno parvenait à fuir.

Les « Vendées » de la Volga

Pour les manuels d'histoire, la guerre civile est donc terminée. En réalité, elle va durer au-delà de 1921 en Extrême-Orient, mais également en Russie où éclatent de nombreuses insurrections spontanées de paysans. La plus importante est celle d'Antonov dans la province de Tambov.

« Nous avons eu notre Vendée et même plus d'une, et nous pouvons en être fiers », dira Alexandre Soljenitsyne, le 25 septembre 1993, lors de sa visite-pèlerinage aux Lucs en Vendée. « Ce sont les grands soulèvements paysans, celui de Tambov en 1920-21, de la Sibérie occidentale en 1921. Un épisode bien connu : des foules de paysans en chaussures de ville, armés de bâtons et de fourches, ont marché sur Tambov, au son des cloches des églises avoisinantes, pour être fauchées par les mitrailleuses. Le soulèvement de Tambov s'est maintenu pendant onze mois, bien que les communistes, en le réprimant, aient employé des chars d'assaut, des trains blindés, des avions, bien qu'ils aient pris en otages les familles des révoltés et qu'ils fussent à deux doigts d'employer des gaz toxiques. Nous avons connu aussi une résistance farouche au bolchevisme chez les cosaques de l'Oural, du Don, du Kouban, de Tersk, étouffée dans des torrents de sang, un véritable génocide. »

Durant l'été 1920, l'effroyable famine due à la politique de réquisitions a en effet soulevé toute la population de la région de Tambov sur la Volga. Un ancien S-R, Antonov, organise plusieurs détachements armés, dont chacun dépasse le millier d'hommes. Pour étouffer cette rébellion, le gouvernement des soviets crée une armée spéciale commandée par Antonov-Ovsenko, le presque homonyme du rebelle. Cette armée comprend 40 000 baïonnettes et 11 000 sabres, appuyés par des centaines de mitrailleuses, 63 canons. Malgré l'importance de cette force répressive, Antonov continue d'enregistrer des succès, anéantissant même la garnison de Rasskazovo en avril 1921. « Nous avons eu à livrer des combats nombreux et difficiles », dira Joukov qui y participa et faillit y être tué.

Dépouillant les archives du Comité central du parti communiste d'URSS partiellement accessibles après 1992, Dimitri Volkogonov a pu apporter des précisions sur l'ampleur et l'implacable cruauté de la répression qui procéda à l'extermination d'une partie de la population avec des gaz de combat.

Le 27 avril 1921, le Politburo, sous la présidence de Lénine, nomme Toukhatchevski commandant en chef de la région de Tambov. On lui donne un mois pour écraser le soulèvement paysan. Chaque semaine, il doit faire un rapport écrit sur l'accomplissement de sa mission. Malgré ses efforts, Toukhatchevski ne put respecter les délais assignés. Voici ce qu'il écrivait le 12 juin 1921 :

« Les débris des bandes défaites et des bandits isolés se rassemblent dans la forêt et se livrent à des attaques contre des habitants paisibles *[sic]*. 1. La forêt où les bandits se cachent doit être nettoyée au moyen de gaz asphyxiants ; tout doit être calculé de façon à ce que la nappe de gaz pénètre dans la forêt et extermine tout ce qui s'y cache ; 2. L'inspecteur de l'artillerie doit immédiatement fournir les quantités requises de gaz asphyxiants ainsi que des spécialistes compétents [1]. »

La veille de la rédaction de ce rapport, le Politburo détaillait des ordres qui rappellent par leur horrible minutie ceux que la Convention prescrivait en 1793 aux colonnes infernales pour parvenir à la « dépopulation » de la Vendée :

« La bande d'Antonov (à Tambov) a été écrasée par l'action décisive de nos troupes, dispersée et capturée morceau par morceau. Afin d'arracher définitivement toutes les racines du banditisme S-R... le Comité exécutif ordonne ce qui suit : 1. Les citoyens qui refuseraient de décliner leur identité seront fusillés sur-le-champ sans jugement ; 2. La peine de prise d'otages peut être prononcée et ils seront fusillés si les armes ne sont pas rendues ; 3. En cas de découverte d'armes

1. Dimitri Volkogonov, *Le Vrai Lénine d'après les archives secrètes soviétiques*, Paris, Robert Laffont, 1995, p. 310.

dissimulées, fusiller le chef de famille, sur-le-champ et sans jugement ; 4. Toute famille ayant hébergé un bandit est passible d'arrestation et de bannissement hors de la province, ses biens seront confisqués et le chef de famille sera fusillé sans jugement ; 5. Le chef de toute famille ayant caché des membres des familles ou des biens des bandits sera fusillé sur place sans jugement ; 6. En cas de fuite de la famille d'un bandit, ses biens seront distribués aux paysans loyaux envers le régime soviétique, et les maisons abandonnées brûlées ou démolies ; 7. Cet ordre doit être appliqué rigoureusement et impitoyablement. Il en sera donné lecture aux assemblées de village[1]. »

Toukhatchevski a sous ses ordres plus de cinquante mille hommes de troupes régulières, trois trains blindés, des chars, des automitrailleuses et une unité aérienne. En cas de résistance, les troupes incendient des villages entiers, tirant à bout portant sur les habitations des paysans et ne faisant pas de prisonniers. Après une première défaite, durant l'été 1921, Antonov parvient à réanimer la résistance et pendant plusieurs mois encore il donne du fil à retordre aux bolcheviks. Finalement, en mai 1922, il sera dénoncé et livré à la Tcheka. Des troupes spéciales assiègent la maison où il s'est réfugié avec son frère. Tous deux tiennent pendant plus d'une heure. Mais quand les assaillants se mettent à tirer au canon sur la maison où ils se sont barricadés, ils tentent une sortie pour gagner la forêt. C'est à ce moment qu'ils seront abattus.

D'autres soulèvements de moindre ampleur se sont produits dans plusieurs provinces. En 1921, l'armée rouge a perdu 171 185 hommes durant ces troubles, sans compter les troupes de la Tcheka et les unités spéciales. En 1921-1922, trente-six provinces sont encore en état de guerre.

La liquidation définitive des révoltes de Tambov et du bassin de la Volga est obtenue avec une adaptation de la politique des otages. Des camps de concentration sont créés

1. *Ibid.*

dans toute la province. Un champ nu est entouré de poteaux et de fils barbelés. À l'intérieur on rassemble toutes les familles dont un membre a rejoint les insurgés. Celui-ci a trois semaines pour se livrer. Passé ce délai, la famille est déportée et dispersée dans des camps d'Asie centrale et de Sibérie.

C'est en effet à cette époque que commence à se développer en grand la politique du Goulag inaugurée dans le courant de 1918 et officialisée par le décret du 5 septembre 1918. Durant l'été 1920, on a expédié vers Arkhangelsk une foule d'officiers présumés blancs capturés dans le Sud. On les dirige en barques vers les îles Solovki. Beaucoup sombrent en cours de route dans la mer Blanche. Des faits analogues se produisent sur la mer Caspienne où l'on noie les officiers par paquets dans de grandes barges immergées, d'autres sont dirigés vers les camps en compagnie d'« ennemis de classe », survivants de l'aristocratie, membres des partis cadets ou S-R. Le système s'étend aux officiers qui avant de devenir rouges ont eu un passé blanc. C'est la première épuration dans l'armée. Les arrestations se font discrètement. Les familles de tous ces disparus posent aussi un problème : mère, femme, enfants, autant de mécontents et d'adversaires en puissance, ce qui les condamne à être arrêtés et déportés à leur tour...

En 1921, un an après l'établissement du pouvoir des soviets sur le Don, la réapparition de détachements de réquisition réveille une quatrième révolte sur cette terre martyrisée. Ce sont les cosaques rouges qui se lèvent, les anciens de la 1re armée de cavalerie qui se sont tant battus en Ukraine et en Pologne. L'insurrection va leur coûter cher, mais à l'armée rouge aussi. La révolte ne s'achève qu'avec la fin de la politique de réquisitions et de chasse aux paysans, en 1922. Dans un premier temps, les cosaques ayant participé aux différents soulèvements sont amnistiés. Par la suite, ils seront discrètement arrêtés et déportés au Goulag.

Ces troubles gênent le pouvoir, sans vraiment le menacer. Or, voici qu'en mars 1921 éclate un soulèvement qui n'affecte plus seulement les « ennemis de classe », mais le cœur et la forteresse de la révolution : Kronstadt.

La Commune de Kronstadt

Durant tous les combats de la guerre civile, les matelots rouges ont servi aveuglément le parti, constituant souvent les troupes de choc dans les situations difficiles. Cependant, au cours de l'hiver 1920-1921, tout change. Au retour de permission, les hommes rapportent des récits effrayants de la famine et de la misère qui se sont abattues sur leur famille et sur toute la population, pires qu'avant la révolution. Une évidence leur apparaît brutalement : le régime bolchevique ne fait pas le bien du peuple. Les nouvelles de Petrograd confirment leur indignation. Il se produit des grèves incessantes, les usines sont investies par l'armée, les ateliers sont surveillés par des tchékistes. Bref, la vie est plus sombre qu'au temps des tsars !

Les délégués des matelots adoptent une longue résolution qui va devenir célèbre. Elle exige de nouvelles élections libres et secrètes, la fin de la dictature du parti, l'abolition de la Tcheka, la libération des détenus politiques, la fin des réquisitions, la liberté de l'artisanat et du commerce.

Le 1er mars 1921, le parti leur envoie Kalinine, président de l'Exécutif des soviets. Il ne peut ouvrir la bouche et se retire sous les huées. Le lendemain, Kouzmine, membre du soviet de la Flotte et Vassiliev, président du soviet de Kronstadt, viennent menacer les matelots. Ils sont instantanément arrêtés et conduits en prison. Un soviet révolutionnaire prend la direction de la forteresse. Les points stratégiques sont occupés. Kronstadt s'érige en Commune révolutionnaire.

Dans toute la Russie l'annonce de cette rébellion fait l'effet d'un séisme. Les insurgés tentent d'étendre le mouvement. Ils rallient l'escadrille aéronavale d'Orianenbaum, mais Petrograd dépêche des troupes qui encerclent la base, arrêtent les mutins, et en fusillent quarante-cinq pour l'exemple. Décidément, les bolcheviks s'entendent mieux que le tsar à mater le peuple.

C'est un avertissement pour Kronstadt. Le 5 mars, Trotski arrive à Petrograd et prend les choses en main. Il confie le commandement des forces d'assaut à Toukhatchevski. Tâche difficile. La forteresse est bien défendue par l'artillerie de ses casemates et les canons de ses navires. Elle est cependant vulnérable au sud, et ses réserves en vivres n'excèdent pas deux semaines. Enfin, le gel permet de franchir à pied sec le bras de mer qui l'entoure.

Une première attaque est lancée le 8 mars après une intense préparation d'artillerie. C'est un échec sanglant. Les vagues d'assaut sont balayées par le tir de la forteresse. La glace se fend, par endroits, sous les obus, engloutissant des grappes de soldats rouges dans la mer glacée. Toukhatchevski doit replier ses hommes et attendre un instant plus favorable. Huit jours plus tard, c'est l'occasion attendue. L'aube est voilée par un épais brouillard. 50 000 hommes, leur tenue recouverte d'un drap blanc, s'élancent en trois colonnes. Ils sont triés sur le volet. Tous communistes. On a même fait appel aux élèves officiers. À la faveur de la brume, ils atteignent la forteresse. La bataille dure toute la journée et se poursuit dans Kronstadt par de féroces combats de rue à la baïonnette et à la grenade. Profitant de la nuit, les rebelles s'enfuient vers la Finlande. Toukhatchevski reste maître du terrain, mais il a perdu près de 25 000 hommes, tués ou blessés. En face, il y a 600 morts, 1 000 blessés et 2 000 prisonniers.

Effet pacificateur de la Nep

Le choc de ce soulèvement a été très fortement ressenti par le parti tout entier et par Lénine. Ce dernier comprend que certaines limites sont dépassées. « La vie a montré nos erreurs, écrit-il dans la *Pravda*. Toute une série de degrés intermédiaires étaient nécessaires en vue de préparer le passage au communisme. » Il fait adopter par le Xe Congrès du parti, qui se tient au cours de ce même mois de mars 1921, l'abandon de ce que l'on appelle depuis le « communisme de guerre » et l'adoption de la « Nouvelle politique économique », la Nep, qui reprend plusieurs des revendications de la Commune de Kronstadt : fin des réquisitions dans les campagnes remplacées par un impôt en nature, les ouvriers peuvent changer d'emploi, les artisans peuvent vendre librement leur production et les commerçants exercer leur profession. Les usines de moins de dix salariés sont dénationalisées. Enfin, on lance un appel aux investissements étrangers.

Ces décisions tardives qui suppriment les causes de la révolte désespérée du peuple contre le pouvoir vont mettre fin à la guerre civile, mieux que l'armée rouge ne saurait le faire. Désormais, ne subsiste que le problème des nationalités indépendantes de Transcaucasie et du Turkestan. L'armée rouge sera requise d'y trouver une solution conforme à sa destination. Se maintiennent aussi quelques irréductibles dans les lointaines régions frontières de la Sibérie, de la Chine et de la Mongolie. Le plus étonnant d'entre eux est le baron Ungern, le dernier des généraux blancs.

La légende d'Ungern, le dernier général blanc

Wrangel, qui l'eut sous ses ordres durant la guerre mondiale, a dit de lui : « Les hommes de sa trempe sont inappréciables en temps de guerre et impossibles en temps de paix. » Pour le baron Ungern, c'est toujours la guerre. Cadet du tsar, mercenaire en Mongolie, officier de cosaques en compagnie du futur ataman Semenov en 1914, petit, malingre, il possède une santé de fer et une énergie farouche, mais son style n'est pas celui d'un officier traditionnel. « Débraillé, sale, dit Wrangel, il dort sur le plancher parmi ses cosaques, mange à la gamelle. Des contrastes singuliers se rencontraient en lui : un esprit original, perspicace, et, en même temps, un manque étonnant de culture, un horizon borné à l'extrême, une timidité sauvage, une furie sans frein, une prodigalité sans bornes et un manque de besoins exceptionnel[1]. »

Avec un tel tempérament, une belle carrière s'offrait à lui dans la première armée rouge. Pourtant, quelque chose l'a retenu. Le hasard peut-être. À moins que ce ne soit son indépendance, rebelle à tout carcan. Son mépris aussi des dirigeants bolcheviques, assimilés une fois pour toutes aux juifs qu'il fait massacrer quand il en a l'occasion.

De surcroît, contrairement à un Toukhatchevski, Ungern n'est pas en révolte contre sa caste. Il est crasseux et débraillé, mais il tient à son titre de baron. C'est d'ailleurs ainsi que ses hommes l'appellent, « le baron ». Ce marginal est une bête de guerre, ennemi des conventions, mais fidèle à lui-même et à son passé. Son biographe, Jean Mabire, place dans sa bouche ces paroles qui résument son choix : « Le désespoir est aussi menteur que l'espérance. Il n'y a qu'une chose qui compte : devenir ce que l'on est et faire ce que l'on doit[2]. »

Cet homme porte au front le signe de la légende. Wrangel l'avait noté : « C'est un véritable héros de romans de Mayne-Reid. » Mais avant de devenir un héros de fictions et même de bandes dessinées[3], il avait inspiré plus d'une histoire folle que l'on colportait déjà sur lui, en Sibérie ou en Mandchourie, au temps de ses aventures.

« Il arrivait au baron d'Ungern-Sternberg de faire boire ses officiers et d'abattre ceux qui, ne pouvant supporter la même dose d'alcool que lui, tombaient ivres », rapporte le Dr Georges Montandon, à l'époque sympathisant bolchevique et délégué de la Croix-Rouge française en Sibérie[4].

1. Général Wrangel, *Mémoires, op. cit.*, p. 7.
2. Jean Mabire, *Le Baron fou*, Paris, Balland, 1973.
3. Hugo Pratt, *Corto Maltese en Sibérie*, Paris, Casterman.
4. Dr Georges Montandon, *Deux ans chez Koltchak et chez les Bolcheviks*, Paris, Librairie Félix Alcan, 1923.

Fable qui valut au médecin-mémorialiste une cinglante réplique d'un correspondant de guerre français, présent en Sibérie à la même époque :

« À moins que M. Montandon, *per impossibile*, ne nous donne des preuves irréfutables de ce qu'il avance, je maintiens qu'il a enregistré ici, comme d'ailleurs si souvent dans son livre, une des ridicules inventions qu'on colportait en Sibérie. Quiconque a fréquenté les milieux des officiers gardes blanches en Sibérie en conviendra. Ceux-ci se conduisaient souvent envers les civils avec un scandaleux manque de scrupules, mais leurs relations mutuelles étaient généralement empreintes de camaraderie et même d'honneur. Ce trait leur est d'ailleurs commun avec les pires bandes de brigands. Quand, en décembre 1919, Semenov fit exécuter, pour la première fois, quelques officiers pour indiscipline, la surprise et la fureur furent générales. Plusieurs Semenovtsy me dirent "que l'ataman devait prendre garde, et qu'on pourrait bien lui préférer un chef plus important et qui, en toutes circonstances, protégeait ses subordonnés". Ce fut von Ungern-Sternberg, officier d'ancien régime, brave, dur, mais équitable envers ses troupes. Et c'est de ce général, vivant parmi ses officiers, partageant avec eux les mœurs et habitudes héritées de l'ancien régime, que M. Montandon veut nous faire croire qu'il a pu impunément tuer des camarades pour la seule raison d'avoir succombé à l'ivresse, c'est-à-dire pour une faiblesse que tous ces officiers étaient habitués à considérer plutôt comme la conclusion naturelle d'une orgie, que comme une inconvenance[1] ? »

---

1. Ludovic H. Grondijs, in *Mercure de France* du 15 juillet 1923. Tiré à part, pp. 34-35.

Un tempérament frugal et aventureux

Roman Feodorovitch von Ungern-Sternberg est né, pense-t-on, à Reval, en Estonie, le 29 décembre 1885, dans l'une des quatre familles baltes que l'on appelait les « Quatre de la Main réunie », les Ungern, les Uxkull, les Tisenhausen et les Rosen.

Le nom des Ungern remonte au moins au XIIIe siècle quand les chevaliers Teutoniques viennent se fixer en Courlande. Un des généraux de la Grande Catherine était un Ungern-Sternberg. Beaucoup d'autres hommes de guerre ont illustré cette lignée [1].

Accepté au corps des cadets de Saint-Pétersbourg en 1903, le jeune Roman veut s'engager quand éclate l'année suivante la guerre de Mandchourie contre le Japon. Le règlement des cadets l'interdit, mais il se fait exclure et peut ainsi se joindre au 91e régiment d'infanterie. Il découvre l'excitation d'une guerre qui n'est pourtant ni fraîche ni joyeuse. Il découvre aussi les sortilèges de l'Asie. Il ne cessera plus d'en rêver. Admis à l'école d'officiers d'infanterie Paul Ier, il en sort en 1909, son brevet en poche. Il s'ennuie en garnison, part en Sibérie avec un régiment de cosaques, se querelle après avoir bu avec un autre officier, ce qui lui vaut un coup de sabre sur la tête. Les mauvaises langues disent qu'il ne s'en est jamais tout à fait remis.

Voulant retourner en Russie, il se décide à faire le trajet Vladivostok-Kharbin à cheval. Il plaque son régiment, se met en selle, siffle son chien et part, un fusil de chasse pour tout bagage. Se nourrissant du produit de la chasse, couchant à la belle étoile, il met une année entière pour parvenir à Kharbin. Autant dire qu'il a pris le chemin des écoliers aventureux. Sur place, il apprend qu'une guerre a éclaté entre les Chinois et les Mongols. Il remonte à cheval, pénètre en Mongolie et offre

1. Gérard Gorokoff, in revue *Hommes de guerre*, n° 6, mars 1988 ; Fujiko Isono, in revue *L'Histoire*, n° 49, octobre 1982.

ses services. « Et le voilà chef de toute la cavalerie mongole. » C'est du moins ce qu'assure Wrangel dans son portrait coloré du baron, ce qui semble fort douteux.

En 1913, Ungern est bien en Mongolie, mais pas en qualité de chef de la cavalerie. Il loue ses services à un ethnologue russe, Burdukov, qui parle de lui dans ses souvenirs. « Il avait, dit Burdukov, le regard glacé d'un maniaque. » Peut-être, mais quel talent pour se retrouver dans les dangers de la steppe ! Partant d'Ourga, ils ont voyagé à cheval toute la nuit. Leur guide les égare. Ungern commence par le rosser à coups de fouet, puis il prend la tête de la colonne pour traverser le marais. Avec une adresse incroyable, il repère dans l'obscurité un passage permettant aux chevaux d'avancer. Ayant atteint l'autre rive, Ungern hume l'air à la manière d'un chien de chasse. Un peu plus tard, humant toujours, il parvient à un campement de nomades qui leur donnent l'hospitalité.

Vient la guerre mondiale. Il rejoint le régiment de Nertchinsk des cosaques de l'Oussouri, que commandera Wrangel en 1916. Il y fait la connaissance de Semenov, un peu plus jeune que lui. Plusieurs fois blessé, décoré de la croix de Saint-Georges, il est, à la fin de 1914, capitaine en premier et commande un escadron.

En 1917, le régiment se trouve en Transbaïkalie. Il y est surpris par la révolution d'Octobre. Semenov prend le maquis en Mandchourie avec une partie de ses cosaques. Ungern le suit comme chef d'état-major. La grande aventure commence. Raids sur Mandchouria d'où sont chassés les bolcheviks, coup de main sur Karinskaïa, création du « gouvernement provisoire de Transbaïkalie » à Tchita. Soutien discret mais très efficace des Japonais, nous avons déjà raconté cela.

Division de cavalerie asiatique et Grande Mongolie

Le 28 février 1919, Ungern participe à une conférence entre les atamans cosaques, les Japonais, des autonomistes bouriates et des nationalistes mongols. Dans les vapeurs de la vodka, l'idée est lancée de créer une Grande Mongolie, du lac Baïkal au Tibet. S'intéressant à cette idée qui pouvait permettre de contrer l'influence chinoise, les Japonais vont lui apporter leur soutien. Un illustre bouddha de Mongolie intérieure est mis à la tête de l'État en création et Ungern est nommé chef de la « Division de cavalerie asiatique ».

Le gouvernement de Pékin et celui de l'amiral Koltchak sont hostiles à cette initiative et font pression sur le *bogd* (prince royal) d'Ourga qui finit par se récuser.

En novembre 1919, un seigneur de la guerre chinois, le général Hsü, arrive à Ourga avec dix mille hommes comme « pacificateur de la Mongolie ». Il abolit l'autonomie mongole et signifie aux indigènes qu'ils sont désormais soumis à l'autorité de Pékin. Ce coup de force déchaîne par réaction un grand mouvement de nationalisme mongol. Quelques jeunes gens dirigés par un certain Soukhé Bator, qui ont constitué une société secrète, prennent contact avec les bolcheviks qui les assurent de leur appui.

Entre-temps, la Sibérie blanche de l'amiral Koltchak s'est effondrée sous les coups de l'armée rouge et de ses propres contradictions. Ignominieusement abandonné par les Alliés, l'amiral est fusillé le 7 février 1920. Les rescapés de son armée se sont dispersés en Mandchourie. Certains rejoindront Vladivostok et l'Europe, d'autres resteront en Mandchourie et iront même en Chine. Quelques-uns se joindront aux bandes de Semenov [1].

Placée sous l'attention vigilante des Japonais, la Transbaïkalie échappe en partie à l'autorité de Moscou qui accepte en avril 1920 la création d'un État-tampon, la République d'Ex-

---

1. Les navires transportant les derniers soldats tchèques quittent Vladivostok le 30 novembre 1920. Les Japonais, qui ont conservé le contrôle d'une enclave côtière autour de Vladivostok, ne partiront qu'en octobre 1922. Le mois suivant, la République d'Extrême-Orient votera sa propre disparition au profit de la Russie des soviets.

trême-Orient. Les Japonais tentent de mettre Semenov à sa tête. Mais les partisans rouges qui forment des bandes puissantes passent à l'offensive. L'ataman est contraint de fuir Tchita vers la Mandchourie à l'automne 1920.

C'est à ce moment qu'Ungern, prévoyant que son camarade ne pourra tenir face aux Rouges, a pris le parti de s'enfoncer en direction de la Mongolie à la tête de ses troupes personnelles, cette « Division de cavalerie asiatique » initialement créée avec l'appui des Japonais.

On lui impute d'avoir exterminé en cours de route la population de plusieurs villages réputés rouges. Mais les confins de la Sibérie, à cette époque, ne sont pas à un massacre près. En mars 1920, par exemple, la garnison japonaise de Nikolaevsk, à l'embouchure de l'Amour, et une bonne partie des civils ont été massacrés par les partisans rouges. Il y eut 700 morts parmi les Japonais et plus de 6 000 hommes, femmes et enfants parmi les civils, abattus sur ordre de Triapitsyne, le chef des partisans. « L'un de ses ordres prescrivait de tuer tous les enfants de plus de cinq ans, qui, autrement, pourraient garder des souvenirs et nourrir des idées de vengeance. Le chef d'état-major de Triapitsyne, qui était aussi sa maîtresse, Nina Lebedeva, une communiste de vingt-cinq ans, était censée veiller à ce que les partisans de Nikolaevsk agissent conformément à la politique soviétique ; caracolant sur son cheval, armée jusqu'aux dents et généralement habillée de cuir rouge, c'était un personnage de mélodrame. Quand une expédition punitive japonaise apparut sur les lieux, Triapitsyne rasa Nikolaevsk et se retira à l'intérieur du pays, où ses partisans, écœurés, bien qu'un peu tard, par ses cruautés, l'arrêtèrent. Lui, Nina et quelques-uns de ses acolytes les plus vils furent exécutés, après un jugement sommaire [1]. »

Dès qu'ils apprennent qu'Ungern est entré en Mongolie, les bolcheviks accentuent leur soutien aux jeunes révolution-

---

1. Peter Fleming, *Le Destin de l'amiral Koltchak, op. cit.*, p. 314.

naires mongols de Soukhé Bator (le « petit Staline ») qui reçoivent une instruction militaire et politique à Irkoutsk. Ils seront bientôt envoyés à la frontière mongole avec des armes et des conseillers soviétiques.

Ungern lui-même est accueilli en libérateur. De nombreux princes mongols voient en lui celui qui peut libérer le pays de l'occupation chinoise. L'un d'eux, Tseveen, devient même le commandant en chef des troupes mongoles d'Ungern. Celui-ci semble être partout. On signale sa présence simultanément en plusieurs points éloignés du territoire.

À la fin du mois d'octobre 1920, il lance une première offensive sur Ourga pour en chasser les Chinois. Il dispose alors, semble-t-il, de deux mille hommes de toutes origines, dont 800 cosaques. Les forces chinoises sont cinq fois plus nombreuses et l'attaque est repoussée. Mettant l'hiver à profit pour renforcer ses troupes, il s'empare aussi de la personne du *bogd*, par un coup d'audace, et l'emmène sous bonne escorte au monastère de la Montagne Sacrée.

La deuxième offensive d'Ungern, en janvier 1921, prend les Chinois par surprise. Après quelques jours de combat, Ourga est prise le 2 février dans une orgie de sang. Tous ceux qui sont soupçonnés de sympathies bolcheviques sont exécutés. Le baron rétablit le *bogd* sur son trône, et se fait accorder les pleins pouvoirs. D'autorité, il recrute les Russes antibolcheviques réfugiés à Ourga dans son armée. Un peu inquiet des débordements de son protecteur, le *bogd* finira par demander à Pékin d'être libéré du « baron fou ».

Mort du dernier général blanc

De leur côté, les bolcheviks tentent d'obtenir une intervention chinoise contre Ungern. Un rapport du capitaine japonais Sassaki explique l'inquiétude des bolcheviks : « Bien que les troupes d'Ungern soient insuffisantes pour renverser la République d'Extrême-Orient, leur présence obligerait cette dernière à déployer constamment toute son armée le long de la frontière mongole. Par ailleurs, si un important mouvement antibolchevique venait à naître en Extrême-Orient, Ungern, avec ses troupes, pourrait créer la secousse initiale qui préluderait à l'écroulement de la République et à l'ébranlement des fondations de la Russie soviétique. »

C'est bien ce que craignent Lénine et les dirigeants bolcheviques qui décident d'intervenir en force. Au printemps 1921, les partisans de Soukhé Bator sont moins de 500. C'est suffisant pour s'emparer de Khiagt, une bourgade où ils fondent aussitôt un « gouvernement populaire provisoire de Mongolie ». Suivant un schéma déjà utilisé plusieurs fois en Ukraine et dans les Pays baltes, ce « gouvernement » fait appel au grand frère soviétique qui expédie ses forces armées sous une apparence légale.

Le 21 mai, Ungern quitte Ourga à la tête de son armée. Son intention est de passer à l'offensive vers le nord en direction de la Transbaïkalie. Il escompte un soulèvement antibolchevique dans l'Oussouri. On signale en effet plusieurs guérillas antibolcheviques dans les provinces maritimes. L'armée réunie par Ungern compte semble-t-il 10 000 hommes. Se lancer à l'assaut de la Sibérie rouge avec une telle force relève pour le moins de la témérité.

Le 12 juin, Ungern attaque Troitskosavsk que défendent des troupes soviétiques beaucoup plus nombreuses. À la suite d'une journée indécise, le baron se replie en Mongolie, ayant essuyé de lourdes pertes. Les troupes soviétiques pénètrent en Mongolie pour lui faire la chasse. L'armée rouge d'Extrême-Orient compte 78 000 hommes. Les troupes d'intervention sont commandées par Rokossovski, un excellent chef militaire. Ungern disperse ses troupes en petits détachements et fait le vide devant l'envahisseur, ne cherchant pas à défendre Ourga qui est occupé par l'armée rouge le 11 juillet. Par un vaste mouvement tournant, il vient attaquer les arrières des Rouges. Le 24 juillet, il pénètre en territoire soviétique. Ayant subi un nouveau revers en août, il se retire vers le sud, échappant par miracle à l'encerclement, pendant que ses poursuivants s'entre-tuent...

Il reste insaisissable, toujours bouillonnant d'idées. Mais son escorte est fourbue. Ses hommes sont démoralisés. Une nuit, ses propres cosaques attaquent sa tente. Profitant de l'obscurité, il saute sur un cheval et parvient à fuir. Cette fois, il est seul, ce qui ne l'effraie pas. Il en a vu d'autres. D'ailleurs les Rouges ont perdu sa trace.

Un prince mongol, Sundui, qui lui est resté apparemment fidèle, le rejoint. Le baron est toujours sur ses gardes, la main sur le revolver. Un jour, profitant d'un instant de distraction, les hommes de Sundui le jettent à bas de son cheval et parviennent à le ligoter. Peu après, Sundui le livrera à Rokossovski.

Sous bonne garde, Ungern est conduit à Novonikolaïevsk (future Novossibirsk). Condamné d'avance, il est fusillé le 17 septembre 1921 [1]. Ainsi disparaît le dernier général blanc, ce « baron fou » qui croyait à un axe entre l'Extrême-Orient et l'Extrême-Occident. Ce qui montre que, dans sa « folie », l'audacieux baron était en avance sur son temps.

---

1. Dimitri Volkogonov (*Le Vrai Lénine d'après les archives secrètes soviétiques*, *op. cit.*, p. 255) a retrouvé dans les archives soviétiques le compte rendu d'une séance du Politburo (27 août 1921) à laquelle participaient Trotski, Kamenev, Zinoviev et Staline et au cours de laquelle fut discuté le sort du baron Ungern-Sternberg. Lénine fit une proposition qui fut aussitôt acceptée : « Mener un procès public à une vitesse maximum et aussitôt fusiller. » On se reportera aussi à Leonid Youzéfovitch qui a consulté les archives soviétiques : *Le Baron Ungern, Khan des steppes*, Paris, Les Syrtes, 2001. Voir également Erik Sablé, *Ungern*, Grez-sur-Loing, Pardès, 2006.

Chapitre XIV

La revanche des vaincus

Les enseignements de la guerre civile

« J'ai observé avec attention la révolution à Pétersbourg et à Moscou, dans le Nord et dans le Sud, et je vous dirai avec conviction : le "peuple", c'est-à-dire la majorité du "petit peuple", s'est tenu en dehors des deux camps pendant la guerre civile. Lorsque l'armée des Volontaires abandonnait Rostov à la fin de décembre 1919, le petit peuple se réjouissait avec malice et lorsque Koutiepov, quelques semaines plus tard, réoccupa pour un temps le même Rostov, le même petit peuple exultait très sincèrement et l'accueillit comme un libérateur. La guerre civile fut une épreuve entre deux minorités, considérées avec indifférence politique par le peuple, dont l'humeur variait comme le temps qu'il fait. »

Il y a beaucoup de vrai dans ce raccourci de Pierre Struve [1] qui vaut pour toutes les révolutions. Mais la guerre civile russe ne se réduit pas à la lutte entre deux minorités.

Elle s'est déroulée à trois niveaux : guerre entre les Rouges et les Blancs (ce qui inclut tous les opposants, y compris d'extrême gauche), guerre des Rouges contre les soulèvements paysans, enfin guerre des Rouges contre les nationalités. À ces

1. Lettre à Catherine Kouskova (1940).

trois niveaux, l'armée rouge a triomphé, c'est-à-dire a fait triompher par les armes la volonté politique du parti, sauf lorsqu'elle s'est heurtée à un nationalisme fort et cohérent.

Si l'épreuve de la guerre a couronné les bolcheviks dans la partie russe de l'ancien Empire, en y incluant l'Ukraine, elle leur a été fatale en Finlande, dans les Pays baltes et en Pologne. Dans ces trois circonstances, le nationalisme s'est révélé plus fort que le bolchevisme. Cet adversaire est d'ailleurs le seul devant lequel tout au long de son histoire le communisme devra reculer en Europe, contrairement à la religion, sauf quand celle-ci vient en renfort du nationalisme.

La guerre civile est une mine d'enseignements pour l'historien. Elle annonce une nouvelle forme de conflit, l'intervention massive de la passion idéologique et des armes psychologiques, l'usage intensif de la terreur, la guerre de partisans, mais aussi la rupture avec la guerre de positions de 1914-1918. Avec vingt ans d'avance, les grandes batailles livrées dans le Sud, Koursk, Rostov, Orel, Tsaritsyne (Stalingrad), anticipent sur les mêmes sites les affrontements décisifs de la Seconde Guerre mondiale.

Armée rouge et guerre totale

Cette guerre fournit l'exemple saisissant de la reconstitution d'une armée après la période de décomposition révolutionnaire. Devant l'épreuve des faits, l'utopie égalitaire et pacifiste est jetée aux orties. Puisque l'on veut gagner, il faut en revenir avec une extrême brutalité aux recettes irremplaçables de la discipline, de la hiérarchie et même du patriotisme. Les bolcheviks doivent faire massivement appel aux anciens cadres impériaux. À la fin de la guerre civile, on institue une première décoration (ordre du Drapeau rouge) et on rétablit peu après des marques distinctives de grades. Cette restauration de la fonction militaire et de ses attributs ne cessera de se confirmer jusqu'au style prussien, mécanisé, rigide, botté, sanglé, décoré, postérieur à la Seconde Guerre mondiale.

Mais cette armée d'apparence classique se distingue pourtant radicalement de toutes les autres. C'est dans la guerre civile que se sont dessinés les traits qui la caractériseront. L'armée rouge, comme son nom l'indique[1], n'est pas une armée nationale, mais celle d'un parti. Un parti qui intervient de façon directe dans les questions proprement militaires et qui ne laisse pas l'armée intervenir dans les décisions politiques. L'armée rouge est à son service, au service d'un messianisme conquérant qui justifie absolument tout. C'est une armée qui rompt avec le code de l'honneur et les lois de la guerre instituées après la guerre de Trente Ans par les armées européennes. C'est une armée de guerre civile au niveau d'une nation d'abord, et de l'univers ensuite. Pour elle, il n'est pas de basses besognes. Contre l'ennemi politique, ennemi absolu, tout est permis. Elle est elle-même soumise à un contrôle politique étroit par un encadrement idéologique interne, assuré par un corps spécial d'officiers politiques. Le système des *spets* n'était qu'un pis-aller provisoire, destiné à être remplacé par un corps d'officiers, en grande majorité membres du parti. Cet encadrement est renforcé par une surveillance policière interne et par un système de châtiments d'une exceptionnelle dureté.

La guerre civile a inventé la guerre totale moderne qui recule les bornes de la cruauté consciente, n'épargne rien ni personne, et entend mobiliser tout et tous jusqu'à la fibre intime de chaque être.

La période 1918-1921 n'est pas seulement le théâtre de la reconstitution d'une armée, mais également d'un État à travers l'épreuve de la guerre et par la guerre.

Seuls, les Soviétiques se sont efforcés de faire une étude rationnelle de la guerre civile de leur point de vue, afin d'en

1. Le qualificatif *soviétique* adopté en 1946 est synonyme. Il n'implique aucun lien national, mais une allégeance politique.

tirer des leçons. Le sujet a peu tenté les historiens non soviétiques. Alors que les maigres événements du putsch bolchevique d'Octobre 1917 ont engendré un déluge de textes imprimés d'intérêt souvent médiocre[1], l'enchaînement des circonstances ayant précipité la révolution, lui, était ignoré. De même, la guerre civile, qui fonde la société soviétique, édifie le parti-État et voit naître l'armée rouge, était pour ainsi dire inconnue.

Supériorité initiale des Rouges sur les Blancs

La guerre civile est naturellement dominée par la lutte des Rouges contre les armées blanches. En moins de trois ans, celles-ci ont été vaincues, détruites et leurs survivants contraints à l'exil. Plusieurs fois cependant elles ont semblé sur le point de l'emporter, pendant l'été 1918 ou au printemps 1919. En réalité, même dans sa très grande faiblesse initiale, l'armée rouge n'a jamais cessé de disposer d'atouts supérieurs à ceux de ses adversaires.

La position centrale de son territoire, d'une superficie voisine de celle de la France, bien pourvu en moyens de transport, permettait d'acheminer des troupes d'un front à un autre, et assurait la rapidité des communications, la transmission des renseignements et des ordres. Inversement, des mil-

1. Parmi ces ouvrages, le livre fameux du journaliste américain John Reed, *Les Dix Jours qui ébranlèrent le monde*, traduit dans toutes les langues et auquel Hollywood consacrait encore en 1982 un film à grand spectacle, *Reds*, de Warren Beatty, dans lequel John Reed était dépeint comme généreux et inspiré, mais aussi homme d'action, bref l'archétype rêvé de l'intellectuel de gauche. Le dossier de John Reed conservé aux archives du Comité central du PCUS a été rendu public en octobre 1992. Il révèle que « l'homme généreux et inspiré » était un stipendié. Pour son livre à la gloire des soviets, Lénine lui avait fait verser l'équivalent de 1,5 million de dollars actuels (1997).

liers de kilomètres isolaient les armées blanches. Elles étaient contraintes à des offensives épuisantes par leur position périphérique. Elles étaient dépourvues de moyens de communication entre elles, et se trouvaient dans l'impossibilité de coordonner leurs efforts. L'offensive de Denikine sur Moscou, dans l'été 1919, commença lorsque Koltchak était déjà en pleine retraite et Ioudenitch n'entama sa deuxième marche sur Petrograd qu'après l'échec de Denikine. D'éventuelles transmissions radiotélégraphiques entre le QG de Koltchak en Sibérie et celui de Denikine dans le Kouban ou dans une ville du Sud, étaient contrôlées par les Anglais et les Français, elles transitaient par Londres et Paris. Pour assurer le secret des transmissions, nous l'avons dit, les Blancs avaient donc recours à des messagers, procédé extrêmement lent et hasardeux. L'envoyé de Koltchak à Denikine, Tolstoï-Miloslovski, mit quatre mois pour parvenir dans le sud. Quant à l'émissaire de Denikine, Grichine-Almazov, il n'atteignit jamais la Sibérie. Capturé par les Rouges sur la Caspienne, il se suicida.

L'immensité même de la Russie, son impénétrabilité et le peu de moyens de communication furent la meilleure protection des bolcheviks. Cette immensité détermina l'échec des offensives blanches, par l'allongement excessif de leurs communications tant à l'est qu'au sud. Si Lénine avait pris le pouvoir non pas en Russie, mais en Hongrie ou en Autriche par exemple, il eût été balayé. Comme l'avait appris Napoléon et comme le découvrira Hitler, ce qui importe pour conquérir la Russie, ce n'est pas la pointe de la lance, c'est la longueur de la hampe.

La partie centrale de la Russie tenue par les Rouges était la plus peuplée, celle qui comportait la plus forte densité de villes industrielles et en même temps une terre fertile. Sans doute, les Blancs occupèrent-ils le Donets et l'Oural, mais ces régions industrielles étaient dévastées et, faute de pouvoir les réorganiser, ils ne purent en tirer parti.

La région centrale était celle de la population proprement russe. Elle était ethniquement homogène. Il ne s'y posait aucun problème de nationalité. Pas de ces velléités d'indépendance ou d'autonomie qui furent la plaie permanente des années blanches dans les régions périphériques où se trouvaient leurs bases.

La politique bolchevique, en principe favorable aux revendications centrifuges des nationalités, favorisa les Rouges contre les Blancs qui s'obstinèrent à s'affirmer défenseurs de l'unité de l'ancien Empire (« une seule Russie »).

Jusqu'à la fin de 1918, les Alliés, soucieux en priorité de leur front occidental, n'apportèrent qu'une attention très secondaire aux événements de Russie et ne parvinrent pas à dégager une ligne d'action commune et cohérente. Leur intervention dans les affaires russes était naturellement subordonnée à l'idée qu'ils se faisaient de leurs intérêts et aux évolutions de leurs diplomaties souvent concurrentes et contradictoires[1]. Le ballet équivoque des Japonais, des Français et des Anglais autour de la Légion tchèque et de l'amiral Koltchak ne fut pas étranger au conflit mortel qui surgit entre ces derniers. Jamais l'intervention ne menaça sérieusement le pouvoir des soviets, en revanche, elle compromit les Blancs et alimenta contre eux une campagne xénophobe. La propagande bolchevique présenta les Alliés comme responsables de la famine et de la misère qui sévissaient en Russie, et les Blancs comme leurs complices serviles.

Différences du commandement

Contrairement aux armées blanches, l'armée rouge était pourvue d'un commandement politique et militaire unique et relativement cohérent, fonctionnant comme une dictature

---

1. Pour le président Wilson : « Le seul moyen de tuer le bolchevisme, c'est de fixer les frontières et d'ouvrir toutes les portes au commerce. » Mythe économiste typiquement américain qui aura la vie longue.

de guerre dominée par la personnalité de Lénine. Elle était au service d'une politique d'ensemble définie par un organisme souverain et servie par un appareil d'encadrement des masses, le parti.

Dès le début de la guerre civile, les effectifs de l'armée rouge furent supérieurs. Elle héritait de l'administration militaire impériale, de cadres d'état-major partiellement restés en fonction, de casernes, de dépôts d'armes et de munitions considérables, d'arsenaux pour les fabriquer. Elle pourra ainsi procéder à une mobilisation relativement méthodique qui fera passer ses effectifs d'environ 200 000 hommes en mai 1918 à 5 600 000 en octobre 1920.

Les commandants d'armée étaient souvent quelconques, mais ils étaient assistés d'états-majors d'anciens officiers brevetés de l'armée impériale dont l'efficacité s'imposa.

Les armées blanches ne manquaient pourtant pas d'officiers, notamment dans le Sud. Elles en avaient même trop. La présence pléthorique d'officiers anciens et de haut grade se révéla plus un inconvénient qu'un avantage. Leur formalisme anachronique interdit l'adoption de méthodes nouvelles exigées par les conditions particulières de la guerre civile. Inversement, l'armée rouge sut généralement utiliser dans ses états-majors de jeunes officiers qualifiés qui apportèrent ce qu'il y avait de meilleur dans l'ancienne armée, sans s'encombrer d'esprit routinier et d'habitudes désuètes.

Lorsque, à l'automne 1918, le Comité central du parti décida la création d'une armée régulière de trois millions d'hommes, il adopta la proposition de Trotski de reconstituer sur des bases nouvelles l'ancienne Académie (équivalent de l'École de guerre), des écoles militaires et des cours de *komandirs* pour former des cadres issus de la révolution et de la guerre civile. Ces différentes écoles furent confiées à des *spets*. L'Académie, tout d'abord installée à Ekaterinbourg, était dirigée par l'ex-lieutenant-général A. Klimovitch assisté de l'ancien major général A. Iakovlev, sous le contrôle des commissaires E. Kozlovski et V. Zalejski, tous deux vieux bolcheviks. En 1919, l'ex-général Snessarev succéda à Klimovitch. Puis l'Académie fut dirigée par Toukhatchevski en 1921. « Parmi les premiers professeurs qui me laissèrent la plus forte impression, écrira plus tard le futur général Meretskov, il faut mentionner A. Svietchine et V. Novitski, tous deux anciens officiers de l'armée russe ayant reconnu le pouvoir soviétique, spécialistes érudits, esprits originaux et excellents professeurs. » Pour être admis à l'Académie, l'essentiel était d'avoir une recommandation de deux membres du parti et une expérience militaire acquise, si possible, dans l'armée rouge. Le niveau d'instruction n'était pas un critère décisif.

« L'armée russe est une horde »

Les observateurs occidentaux de la guerre civile, déconcertés par le caractère mouvant des forces en présence et l'immensité imprécise des fronts, en jugèrent avec la même condescendance que leurs pères devant la guerre de Sécession américaine[1]. Dans ses carnets de la campagne de Pologne (1920), le capitaine de Gaulle ironise sur « les effectifs très faibles répartis en ligne sur une étendue démesurée. Pas de positions organisées, pas de réserves. Et chez l'ennemi c'est la même chose. L'adversaire qui se porte en avant trouve toujours entre les groupes de défenseurs des trous immenses par où il passe. Et la retraite commence alors, pour celui qui se voit traversé, jusqu'à ce que son commandement ait pris la résolution de grouper ses forces à nouveau, de les reporter en avant. Alors l'assaillant de naguère bat en retraite à son tour et ainsi de suite. Voilà le secret des allées et venues surprenan-

---

1. J'en ai cité plusieurs exemples dans *Le Blanc Soleil des vaincus*, Paris, La Table ronde, 1975. Il est symptomatique qu'Engels, contrairement aux militaires de son temps, ait reconnu dans la guerre de Sécession un conflit de première importance.

tes des bolcheviks, des Polonais, de Koltchak, Denikine, Ioudenitch, Wrangel, Petlioura. Elles se déroulent à la manière des romans russes, qui paraissent sans cesse sur le point de finir et qui recommencent toujours. Les Allemands seuls ont su tenir ce front gigantesque avec des moyens réduits. Ils ont retourné la terre et disposé en profondeur des réserves, que des chemins de fer habilement maniés transportaient rapidement là où ils le voulaient. Les Allemands savaient faire la guerre[1] ». Cela sous-entend que les Russes, Rouges ou Blancs...

Jugement un peu rapide d'un officier habitué aux armées rigoureusement structurées et au front linéaire de la guerre à l'Ouest, dont la technique était certainement supérieure, malgré la pauvreté de l'intelligence stratégique.

« L'armée russe n'est pas pareille aux vôtres, expliquait le lieutenant Toukhatchevski à ses camarades de captivité français en 1917. C'est une horde et sa force est d'être une horde. (...) Notre discipline n'est pas la discipline française. Pourvu que les officiers fassent marcher leurs hommes à coups de bottes, tout est sauvé[2]. » Si l'on en croit les rares témoignages d'époque dépourvus d'intention de propagande, témoignages crus, livrés à chaud, ceux de Jaroslav Hasek, d'Isaac Babel[3] ou de l'auteur du *Don paisible*, les choses n'avaient guère changé que pour empirer. Il se dégage de ces récits une saisissante impression de démence. Ils décrivent un univers ubuesque où la vie des hommes compte moins que la sueur des chevaux. Une sorte de roulette russe permanente. Dans les armées rouges et parfois dans les armées blanches, les person-

---

1. Charles de Gaulle, « Carnets de campagne d'un officier français en Pologne », *Revue de Paris*, 1er novembre 1920.

2. Pierre Fervacque, *Le Chef de l'armée rouge*, *op. cit.*

3. Jaroslav Hasek, *Aventures dans l'armée rouge*, Paris, Les formes du secret, 1979 ; Isaac Babel, *Cavalerie rouge*, Lausanne, L'Âge d'Homme, 1972.

nages qui dominent, ceux qui disposent du pouvoir, ceux qui s'imposent, commissaires ou commandants, semblent pour la plupart des évadés d'asiles psychiatriques et leurs hommes des soudards assoiffés de cruauté. On comprend que Boudienny eût souhaité faire interdire *Cavalerie rouge* de Babel. Dans son style éclaté, ce bizarre recueil de croquis témoigne de l'atmosphère hallucinante de la guerre civile. C'est un monde où toutes les règles morales et sociales ont été pulvérisées par le cataclysme de la guerre et de la révolution. Les limites imposées aux pulsions par la culture et les conventions ont sauté, libérant des passions à l'état brut, haussant toute chose à l'exceptionnel, faisant de chaque soldat tour à tour un bourreau ou un martyr. Cela était vrai chez les Blancs comme chez les Rouges, mais ces derniers surent mieux tirer partie de ce chaudron de sorcières qui convenait à leur tempérament de marginaux professionnels.

Rôle des étrangers dans les deux armées

Les désertions massives furent la plaie constante des deux armées. Des régiments entiers passaient à l'ennemi ou se dissolvaient dans la steppe sans laisser de trace. Les représailles n'y changeaient rien. La solution fut trouvée par les Rouges qui jouaient sur la loi des grands nombres. Ainsi, en octobre 1920, pour mettre en ligne 800 000 combattants, l'armée rouge était pourvue d'un effectif théorique de 5 600 000 hommes. Elle injectait aussi de façon massive les membres du parti au sein des unités pour en maintenir la cohésion. Ils étaient 300 000 à servir dans l'armée en 1920. Enfin, elle s'appuyait sur des troupes de choc quasi professionnelles, composées de mercenaires étrangers plus ou moins politisés.

Les Blancs eurent aussi leur fer de lance étranger avec les Tchèques qui remplirent à l'Est le rôle décisif que l'on sait en 1918, puis s'évanouirent progressivement.

Selon les chiffres d'origine soviétique, il y eut de 1917 à 1922 plus de 80 000 Hongrois, Polonais et Chinois, plus de 10 000 Allemands, Tchèques, Slovaques, Serbes et Roumains dans les rangs de l'armée rouge, ainsi que la division de tirailleurs lettons, des détachements finlandais, une brigade de cavalerie kirghize et naturellement la 1re armée de cavalerie cosaque de Boudienny qui ne fut rouge que de nom et servit la révolution par force ou par hasard, mais certainement pas par conviction.

Dans les deux camps, on assassina, on viola et on pilla. Dans les deux camps, on abusa de représailles sur les civils et les innocents. Dans les deux camps, on usa de la terreur pour contraindre les neutres à s'engager avec soi, et les adversaires à se soumettre, avec une différence pourtant. La terreur blanche fut une réaction de rage, un effet de la vengeance ou de la peur, tandis que la terreur rouge était une institution. Mise en place avant le déclenchement de la guerre civile, elle se développa avec une pleine intensité après la rupture des bolcheviks et des S-R de gauche en juillet 1918. C'est à partir de ce moment que la Tcheka fut unifiée et pourvue de pouvoirs exorbitants. Son fondateur, Dzerjinski, sera surnommé « le boucher » et la *Pravda* elle-même pourra écrire en 1920 : « La formule "tout le pouvoir aux soviets" est remplacée par "tout le pouvoir aux tchekas" [1]. »

Signification de la « dictature prolétarienne »

Quand il s'empara du pouvoir, Lénine n'avait aucune expérience du gouvernement. Il n'avait jamais rien gouverné ni personne. Il ne connaissait de l'administration des États que ce qu'il avait lu dans les livres. C'est dire qu'il se trouvait complètement démuni face à la montagne de problèmes de

1. Boris Souvarine, *Staline*, Paris, Champ libre, 1977.

la Russie. Ses seules ressources lui venaient de son tempérament fanatique, de son mépris pour tous les autres partis, et de sa haine pour les « ennemis de classe », nobles, bourgeois et paysans libres. Ses recettes de gouvernement se résumaient en trois injonctions : contraindre, réquisitionner, exproprier. Il était incompétent mais implacable. Et jamais il n'éprouva de doute sur la justification des pires cruautés. Cette assurance effrayante et quasi pathologique, associée à une forte dose de rouerie et de cynisme, lui permit de s'imposer comme le chef incontesté de son parti dans les épreuves du pouvoir et de la guerre civile. Bien qu'il fût plutôt affable dans les relations privées, ce petit homme incroyablement obstiné était prêt à ordonner des actes d'une férocité illimitée pour triompher.

Par avance, il était partisan de la « dictature prolétarienne », notion qui n'a rien de commun avec l'idée habituelle de dictature. La « dictature prolétarienne » est une tyrannie absolue qui s'exerce sur tous, n'épargnant pas l'intimité des personnes, et qui commence par l'élimination physique et massive des « ennemis de classe ». Elle procède de ce qu'il faut bien appeler un racisme social dont on ne voit guère d'équivalent dans l'histoire universelle. Par millions, des nobles, des bourgeois et des koulaks (paysans actifs) furent tués pour l'unique raison qu'ils étaient bourgeois, paysans, etc. Lénine s'en est expliqué dans des textes nombreux, par exemple en novembre 1920 dans le journal *Kommounistiches-kii International* : « La dictature, cela ne signifie rien d'autre qu'un pouvoir totalement libéré de toute loi, que ne retient absolument aucune règle, et fondé directement sur l'usage de la force. (...) La violence infligée au nom de la dictature du prolétariat est la justice révolutionnaire[1]. »

Dès lors que les victimes désignées ne se prêtaient pas docilement au couteau du boucher, ce programme conduisait

1. Cité par Dimitri Volkogonov, *Le Vrai Lénine d'après les archives secrètes soviétiques*, *op. cit.*, p. 250.

inéluctablement à la résistance et à la guerre civile. Lénine la souhaitait. Il espérait même son extension à tout le continent européen, puis au monde entier. La guerre civile était le moyen de détruire l'ordre ancien, les normes et les coutumes qui imprégnaient la vie des Russes. Elle permettait d'engager une politique de violence contre des millions de gens. Dans son ouvrage *Comment organiser l'émulation*, qui réunit ses instructions de la guerre civile, il ne cache rien du but : « Débarrasser la terre russe des insectes nuisibles, des mouches-parasites, des riches cafards... »

Lénine perd les pédales

Mais la réalité de la guerre civile le plongea à plusieurs reprises, lui et la plupart des dirigeants bolcheviques, dans l'angoisse et l'effroi. Les gardes blancs, les cosaques et les paysans révoltés ne se laissaient pas écraser aussi facilement que des punaises ou des cancrelats (images favorites de Lénine). Ils paraissaient même parfois singulièrement menaçants pour le fragile pouvoir soviétique. Beaucoup de télégrammes conservés aux archives montrent Lénine cédant à la panique et perdant les pédales. Au début de 1918, il câblait à Antonov-Ovsenko et à Dzerjinski envoyés à Kharkov pour réquisitionner des vivres : « Pour l'amour de Dieu, prenez les mesures les plus énergiques et les plus révolutionnaires pour envoyer du blé, du blé et du blé ! ! ! Sinon [Petrograd] risque d'expirer. Utilisez des trains spéciaux et des troupes. Réquisitionnez et chargez. Escortez les trains. Informez-nous quotidiennement. Pour l'amour de Dieu ! »

En août 1918, il écrit aux bolcheviks de Penza, non loin de Simbirsk : « Le soulèvement koulak dans vos cinq districts doit être écrasé sans pitié. Les intérêts de la révolution tout entière l'exigent, car partout la "lutte finale" avec les koulaks est désormais engagée. Il faut faire un exemple : 1. Pendre (et je dis *pendre* de façon que les gens le voient) pas moins de

100 koulaks, richards, buveurs de sang connus ; 2. Publier leurs noms ; 3. S'emparer de tous leurs grains ; 4. Identifier les otages comme nous l'avons indiqué dans notre télégramme d'hier. Faites cela de façon qu'à des centaines de lieues alentour les gens voient, tremblent, sachent et s'écrient : ils tuent et continuent à tuer les koulaks assoiffés de sang. Télégraphiez que vous avez reçu et exécuté. »

On se demande qui est assoiffé de sang... Les koulaks, on le sait aujourd'hui, étaient les paysans les plus méritants. Ceux qui avaient profité de la réforme Stolypine pour acheter une terre et la mettre en valeur en s'endettant.

Durant l'été 1918, celui de tous les périls pour les Rouges, Trotski bombarde ses commissaires de télégrammes, les sommant d'avoir à l'œil les anciens officiers tsaristes qui servent dans l'armée, et de veiller aussi à étouffer dans l'œuf tout signe de panique ou de fléchissement dans la troupe. Une seule consigne : ne pas ôter la main du revolver. Il câble à Raskolnikov qui commande à Kazan : « En cas d'officiers douteux, mets-leur sur le dos des commissaires coriaces, revolver au poing. Donne aux officiers supérieurs le choix : la victoire ou la mort. » Le revolver devient l'équivalent de la guillotine dans la Révolution française. « Le manque de revolvers crée une situation désastreuse au front, câble Trotski à Lénine. Il est impossible de faire régner la discipline sans revolvers. Je suggère que [l'on] réquisitionne les revolvers de toutes les personnes qui ne sont pas à un poste de combat. En même temps, Toula [fabrique d'armes] doit être serré à bloc. Nous ne pouvons pas nous battre sans revolvers[1]. »

Un an plus tard, rien n'est réglé. En mai 1919, Lénine adresse un télégramme au CMR du front de l'Est : « Si nous ne conquérons pas l'Oural d'ici l'hiver, ce sera la fin de la

---

1. Toutes ces citations proviennent des archives publiées par Dimitri Volkogonov, *Le Vrai Lénine d'après les archives secrètes soviétiques*, *op. cit.*, p. 215 notamment.

révolution, j'en suis sûr. » Dans un autre télégramme à Zinoviev, il exige qu'un plus grand nombre de communistes soient envoyés au front, « sinon, nous allons nous effondrer ». Et dans un câble à Rakovski et Ioffe qui ont été envoyés à Kiev : « La mort de la révolution tout entière est absolument inévitable si nous ne remportons pas une victoire rapide dans le Donbass... »

Tous les télégrammes de Lénine conservés aux archives reprennent tous la même sanglante litanie : « fusiller sur-le-champ », « arrêter et fusiller », « appliquer des mesures révolutionnaires extrêmes »...

La terreur de masse et le Goulag

À partir de l'attentat de Fanny Kaplan contre Lénine, en août 1918, la terreur de masse remplaça la terreur individuelle comme politique d'État. Lénine en était partisan depuis longtemps. Au moment où l'on avait discuté le contenu du décret sur « la patrie socialiste en danger », le S-R de gauche Steinberg avait combattu l'idée d'exécuter sommairement quiconque était soupçonné d'aider les Blancs. « Tout au contraire, s'exclama Lénine, c'est précisément en cela que réside le véritable esprit révolutionnaire ! » Et sur un ton ironique : « Nous ne risquons pas de sortir victorieux si nous n'utilisons pas la terreur révolutionnaire de la plus dure espèce... Si nous ne sommes pas capables d'abattre un garde blanc saboteur, quelle sorte de grande révolution est-ce ? Rien que du bavardage et un bol de bouillie. » Il revint souvent sur ce thème de l'excessive mansuétude, à ses yeux, des bolcheviks : « Notre régime est incroyablement doux. Il est plus comme du pudding au lait que comme de l'acier[1]. »

1. *Ibid.*, p. 247.

Le 20 août 1918, Lénine écrivait à Nicolas Semachko, commissaire à la Santé, un des chefs de la guerre civile, envoyé à Livny : « Je te félicite pour l'extermination énergique des koulaks et des gardes blancs du district. Nous devons frapper pendant que le fer est encore chaud et ne pas perdre une minute, organiser les pauvres du district, confisquer tout le blé et tous les biens des koulaks rebelles, pendre les chefs de bande koulaks, mobiliser et armer les pauvres sous la direction de chefs fiables issus de nos propres unités, arrêter les otages parmi les riches et les détenir [1]. »

Lénine n'a pas seulement inspiré la terreur, il a été le premier à l'ériger en institution d'État. Instituée pendant la guerre civile, elle lui survécut et fut même amplifiée. Le 14 mai 1921, alors que l'armée Wrangel avait cessé de vivre depuis plusieurs mois, le Politburo adoptait une résolution élargissant les pouvoirs de la Tcheka « dans l'emploi de la force suprême de châtiment », c'est-à-dire la peine de mort. En janvier 1922, un nouveau pas était franchi par la création du Guépéou qui amplifiait les pouvoirs de l'ancienne Tcheka sous prétexte de « s'opposer à la contre-révolution ».

L'idée des camps de concentration (le Goulag), la terreur de masse, l'organisation des famines artificielles qui firent périr sept millions de paysans ukrainiens en 1929-1930, les grandes purges et l'élévation des « organes » au-dessus de l'État, toutes ces horreurs sont généralement associées au nom de Staline. La vérité, c'est que tout cela a été conçu et initié par Lénine. Il ne fut pas seulement l'inventeur de la « terreur révolutionnaire », il fut le premier à l'ériger en institution d'État.

Pour justifier l'injustifiable, les défenseurs du système bolchevique invoquaient jadis le précédent de la répression sous les tsars, Alexandre III ou Nicolas II. On sait ce qu'il en est. La fameuse déportation des révolutionnaires en Sibérie était souvent une simple assignation à résidence. Durant sa propre

1. *Ibid.*, p. 249.

relégation, Lénine habitait une maison privée, disposait d'une femme de charge, touchait une indemnité, et devait seulement se présenter une fois par semaine à la police. Il recevait toute sa correspondance, ainsi que la presse russe et étrangère de son choix. Il possédait même un fusil pour aller à la chasse. L'horreur, quoi.

Les premiers camps de concentration, qui furent d'emblée des camps de la mort, ont été créés durant l'été 1918. Ils furent institutionnalisés par le décret du 5 septembre 1918 sur la terreur de masse. Villes et villages rasés en représailles, otages exécutés par fournées, le système était en place [1]. Il se doublait d'une efficace propagande, qui rejetait l'horreur sur les Blancs. Le général Grigorenko, témoin de ses effets, a décrit ce mécanisme :

« En 1920, les "troïkas de la Tcheka" se mirent à passer dans les villages pour confisquer les armes qui restaient aux mains de la population. Nous eûmes donc droit, nous aussi, à une "visite". Le président de la commission, vêtu entièrement de cuir et armé jusqu'aux dents, prit la parole devant l'assemblée du village ; son intervention fut des plus laconiques : il lut une liste d'otages (comprenant sept "notables" du village) et déclara qu'ils seraient fusillés si, le lendemain à midi, la population n'avait pas remis à la Tcheka toutes les armes en sa possession [2]. »

Dans la nuit, quelques fusils de chasse, des revolvers et des couteaux furent déposés devant le siège du soviet. Le lendemain, un détachement de l'armée rouge ratissa toutes les habitations. Dans un potager, on découvrit une vieille pétoire. Les otages furent fusillés et, pour faire bonne mesure, les tchékistes en désignèrent sept autres...

---

1. Voir plus haut, p. 274-277. Voir aussi Alexandre Soljenitsyne, *L'Archipel du Goulag*, *op. cit.*, tome I. Dimitri Volkogonov, *Le Vrai Lénine d'après les archives secrètes soviétiques*, *op. cit.*, p. 257-259.
2. Piotr Grigorenko, *Mémoires*, Paris, Presses de la Renaissance, 1980.

Dans tous les autres villages de la région, la Tcheka ne fit pas fusiller moins de trois fournées successives d'otages. À Novo-Spassovka, gros bourg qui avait fourni volontairement deux régiments aux troupes révolutionnaires de Makhno, le sang coula tellement qu'il formait des ruisseaux le long des pentes où avaient lieu les exécutions. Un homme sur deux avait été fusillé, des hommes qui, deux ans plus tôt, s'étaient insurgés contre les Blancs...

« Or, s'étonne Grigorenko, toutes ces horreurs ne faisaient que glisser, pour ainsi dire, sur notre mémoire. Nous réévoquions inlassablement la terreur blanche, qui pourtant n'avait fait aucun mort dans notre village, alors que bientôt plus personne ne parla des otages injustement fusillés par la Tcheka. »

Triomphe de la propagande. Triomphe d'un système de pensée qui n'accorde de réalité à un fait qu'à travers son interprétation idéologique.

Une idéologie d'assaut

La politique de réquisitions alimentaires, les révoltes paysannes et la guerre civile dans les campagnes contraignirent Lénine à rechercher une explication idéologique satisfaisante. Karl Marx, qui avait pratiquement ignoré la paysannerie, ne lui était d'aucun secours, sinon pour suggérer de transposer au monde paysan le schéma de la lutte des classes. Ce qu'il fit en divisant arbitrairement la paysannerie en un prolétariat (les paysans pauvres) et une bourgeoisie (les koulaks). Dès lors, les révoltes paysannes n'étaient plus le résultat de la politique de réquisitions, mais la manifestation de la lutte des classes dans les campagnes et, par voie de conséquence, l'épreuve nécessaire conduisant au socialisme. Cette explication parfaitement spécieuse fournissait l'illusion rassurante de marcher vers le socialisme en massacrant les paysans. Elle offrait l'immense avantage de donner bonne conscience aux troupes bolcheviques confrontées aux exigences terribles de la guerre civile.

D'un côté, les forces « historiques » du progrès, le prolétariat et les paysans pauvres incarnés par le parti bolchevique. De l'autre, les vestiges d'un passé haïssable, les forces condamnées par les lois de l'évolution et par la science, les anciens exploiteurs, bourgeois et koulaks, les Blancs, accrochés à leurs anciens privilèges, et soutenus par le capitalisme international.

Cette interprétation idéologique simple donnait aux premiers la certitude de lutter pour l'accomplissement de l'Histoire, pour un avenir meilleur, pour l'édification de la première société rationnelle, ce qui justifiait tous les sacrifices mais aussi toutes les cruautés. Dans une telle lutte, ce qui était en jeu, c'était le Bien absolu contre le Mal absolu. D'ailleurs le combat des Rouges n'était-il pas sanctifié par le fait qu'ils s'identifiaient aux plus déshérités, tandis que leurs adversaires apparaissaient comme les représentants de l'égoïsme le plus sordide et des privilèges les plus scandaleux ? Dans une telle lutte, rien ne peut être neutre. « Si tu n'es pas avec moi, tu es contre moi. » Qui n'est pas avec le parti est au service du mal et doit être écrasé...

Le moujik enrégimenté depuis peu dans l'armée rouge était naturellement peu perméable à ce raisonnement qui faisait appel à des abstractions inintelligibles pour lui. Le général polonais Sikorski qui interrogea un grand nombre de prisonniers russes en 1920 observait qu'ils « ne comprenaient pas la phraséologie communiste dont ils étaient abreuvés, à l'exception des révolutionnaires appartenant à certaines divisions rouges sélectionnées. Naïvement, ils la traduisaient en espoir de piller et de s'amuser dans les riches villes de l'Ouest. C'était là leur principale ambition pendant la poursuite et surtout pendant les durs combats sous Varsovie [1] ». Sans doute, mais il n'y a rien là de contradictoire avec le bon moral de la troupe. La perspective de piller en toute bonne

1. Général Sikorski, *La Campagne polono-russe de 1920*, *op. cit.*

conscience a toujours été un puissant stimulant de l'ardeur guerrière.

L'idéologie d'assaut des bolcheviks ne fut certainement pas étrangère à une supériorité énergétique dont j'ai donné maints exemples. Les anciens officiers de l'armée impériale ne pouvaient y être insensibles. Mikhaïl Boulgakov met ces paroles dans la bouche de l'un de ses héros, un jeune Blanc de Kiev : « Je vais te dire une chose : les bolcheviks sont de sacrés gaillards. Ma parole. De sacrés gaillards (...). Et culottés avec ça. Et c'est ce que j'aime chez eux, le culot – putain de leur mère[1] ! »

Le général Broussilov, qui lança en 1920 un appel à tous ses anciens compagnons d'armes pour qu'ils rejoignent l'armée rouge, justifiait ainsi dans ses *Mémoires* les excès des nouveaux maîtres de la Russie : « Beaucoup de ceux que l'on qualifie chez nous de grands hommes étaient des bolcheviks par leurs méthodes de gouvernement et leur manière d'agir : Ivan le Terrible, Pierre le Grand, Pougatchev[2]... »

Comment s'étonner que de jeunes ambitieux aient cédé au dynamisme supérieur des bolcheviks en possession d'État, assumant à leur manière le destin russe et offrant à des natures violentes l'occasion de s'accomplir. Le verbalisme marxiste fut enfilé de surcroît, comme une vareuse d'uniforme.

Transformation du parti bolchevique

En quatre ans, les 20 000 bolcheviks de Février 1917 parvinrent à s'emparer de tous les pouvoirs dans le plus vaste pays de la terre et à édifier un régime nouveau. Comment cela a-t-il pu se faire, malgré l'opposition – passive il est vrai – de dix puissances étrangères, de la totalité des autres groupes

1. M. Boulgakov, *La Garde blanche*, Paris, Robert Laffont, 1970.
2. Général Broussilov, *Mémoires*, Paris, Hachette, 1929.

politiques et de la plupart des chefs militaires de l'ancien Empire russe ?

En octobre 1917, le parti bolchevique n'était encore qu'une nébuleuse assez hétéroclite. Il était passé à 100 000 membres environ depuis Février. Mais il manquait d'unité idéologique comme de discipline et d'organisation. Les ordres de Lénine ne passaient ni au sein du parti ni dans la presse, qui n'hésitait pas à critiquer ouvertement ses positions. Les dirigeants du parti étaient divisés sur la prise du pouvoir et sur la façon de l'exercer, question à laquelle Lénine lui-même n'avait pas réfléchi de façon pratique.

Dire que les bolcheviks se sont emparés du pouvoir est une clause de style. Il n'y avait plus de pouvoir en Russie. En quelques mois, il s'était décomposé avec l'ensemble de la société. Il avait chu de lui-même et, suivant la formule de Lénine, il a suffi aux bolcheviks « de se baisser pour le ramasser ».

Pendant plusieurs mois, les bolcheviks allaient se révéler eux aussi incapables de gouverner. Ils lançaient des décrets mais sans avoir le moyen de les faire appliquer. La volonté de Lénine ne s'exerçait ni au sein du parti (opposition des « communistes de gauche »), ni dans la gauche (opposition des S-R et des mencheviks), ni dans l'armée qui se dissolvait d'elle-même, ni dans l'administration qui opposait la force d'inertie, ni dans le pays où régnait la plus parfaite anarchie. La seule question qu'il ait réglée fut celle de la paix avec l'Allemagne, au prix de la perte de près d'un tiers de la population et des régions les plus riches de la Russie.

Dans cette période, le parti bolchevique ne se maintint au pouvoir que par une surenchère à l'anarchie et par l'absence d'une autre force. Le général Hoffmann avait raison de penser que ses divisions de vieux réservistes ne feraient qu'une bouchée de ce pouvoir fictif.

Ce fut la guerre civile, à partir de l'été 1918, qui contraignit le parti à se battre pour survivre, à s'organiser, à se discipliner, à s'unifier, à devenir réellement ce « parti de type nouveau » strictement militarisé, décrit dès 1902 par Lénine dans *Que faire ?*. L'artisan de cette création, avec Lénine, fut le secrétaire général du parti, Iakov Sverdlov, l'homme qui devait introduire la tenue de cuir noir bientôt distinctive des commissaires, des tchékistes et des troupes de choc de Trotski. Le danger allait conduire aux mêmes conséquences dans la Tcheka, excroissance policière du parti. En deux ans, son fondateur, le Polonais Dzerjinski, fit de cet organisme passablement anarchique l'outil efficace de la terreur organisée.

Cependant, ni Lénine ni personne n'avait prévu que le parti se verrait assigner par le hasard des circonstances une tâche d'une ampleur démesurée, sans équivalent dans l'histoire.

La Russie réduite à la« table rase »

La Russie avait subi, à partir de 1917, un cataclysme d'une dimension qu'aucune autre révolution, si radicale et si brutale fût-elle, n'avait enregistré. En quelques mois, ce n'est pas seulement l'État qui s'était effondré, mais la totalité du corps social. La noblesse, l'intelligentsia, la bourgeoisie, les professions libérales, l'administration civile et militaire avaient été balayées par un énorme mouvement de désintégration économique et social. Ce fut d'abord un déchaînement spontané, provoqué par la guerre moderne et les contraintes imprévues et insupportables qu'elle imposait à la fragile société russe de 1914. Dès les premiers mois, toute l'économie avait craqué comme une embarcation vermoulue sur une mer démontée. La paralysie d'une machine économique saturée et celle d'un gouvernement incapable avaient exacerbé les tensions jusqu'au déferlement qui commença de tout emporter à partir de Février 1917 et culmina après Octobre.

La Révolution française n'avait rien connu de semblable. Sans doute les groupes sociaux avaient-ils été ébranlés, mais sans être détruits. Après la bourrasque jacobine, les profiteurs de la Révolution, issus de la bourgeoisie citadine et rurale pour la plupart, feront Thermidor et susciteront Bonaparte pour mettre fin à la Révolution.

En Russie, le cyclone révolutionnaire avait tout rasé. En quelques mois, de la fin de 1917 à l'été 1918, tous les groupes sociaux autres que le prolétariat et la paysannerie avaient été engloutis par une sorte de séisme social, une désintégration soudaine de l'économie et une jacquerie généralisée aggravée par les appels à la guerre sociale des commissaires du peuple et leur brutale tentative de collectivisation des échanges.

La Russie de 1918 était devenue la « table rase » des chansons révolutionnaires. L'impossible s'était réalisé. Le corps social avait péri de mort violente. Ses représentants avaient disparu, liquidés, affamés, réduits à l'état de sous-prolétariat. Un peu plus de deux millions d'entre eux, plus chanceux, avaient émigré à l'étranger.

Dans leurs rêves les plus extravagants, les dirigeants du parti n'avaient jamais imaginé (tout en le souhaitant) que le hasard leur ferait le présent d'un tel génocide social, d'une telle réduction de la société à son niveau le plus élémentaire. Aussi n'avaient-ils rien prévu et devaient-ils tout improviser. Dans l'été 1918, le parti bolchevique s'est trouvé être le seul principe organisateur et fédérateur de Russie. C'est la chance que lui offrit le destin. Il lui appartenait de combler le vide qu'il avait contribué à creuser. Il y fut poussé par le défi que lui lançait la guerre civile. En deux ans, ses effectifs passèrent de 100 000 à 600 000 membres. Une moitié fut affectée aux tâches prioritaires de la guerre et de l'édification de l'armée rouge. Le reste jeta les bases de la bureaucratie totale, omniprésente et omnisciente que le parti inventa empiriquement pour remplacer le corps social disparu et fonder la nouvelle société socialiste.

Les Blancs et la question de l'État

Confrontés au même problème sur leurs territoires respectifs, les Blancs se révéleront incapables d'y apporter une réponse, ce qui précipitera l'échec de Koltchak puis de Denikine. Deux exceptions cependant. Celle du général Wrangel et de la république blanche de Crimée, mais il arrivait trop tard. Et celle du général Mannerheim. Mais la Finlande avait été en partie épargnée par le cataclysme russe. La conscience nationale de sa population et la robustesse communautaire de sa paysannerie firent le reste.

Les Blancs n'avaient aucune unité politique. Ils regroupaient tous les opposants au bolchevisme, de l'extrême droite monarchiste (rare) aux socialistes-révolutionnaires, mais aussi des nationalistes grand-russiens aux autonomistes cosaques. Contrairement aux bolcheviks, ils n'avaient pas abordé la révolution avec un système d'idées d'où ils tiraient leurs buts. Seules les circonstances les avaient contraints à prendre les armes dans une intention purement défensive. Sur l'avenir, ils se divisaient. Ils n'avaient aucun projet puissant, aucun mythe mobilisateur à opposer à ceux des Rouges. Leur structure était purement militaire. Ils n'avaient rien qui ressemblât au parti bolchevique pour encadrer les masses et irriguer l'armée. Les circonstances et l'absence d'hommes exceptionnels n'avaient pas permis, comme plus tard en Italie ou en Allemagne, la naissance d'un parti-État capable de répondre à l'effondrement de l'État.

Ce n'est pas qu'ils fussent complètement dépourvus d'idées, mais elles étaient sommaires et purement réactives, comme en témoigne le discours d'un officier des cosaques de l'Oussouri rapporté par Dwinger : « Le bolchevisme a apporté la liberté ? Quelle farce ! Il n'en veut pas, de la liberté... Il le dit lui-même : "La liberté est un préjugé bourgeois ; le peuple n'en a pas besoin." Et quand c'était Nicolas qui disait la même chose, ayant vu que la liberté ne nous réussissait pas, on l'appelait un despote sanguinaire... Un peuple en liberté ? Ce serait du propre ! Que le diable emporte tous les libéraux, tous les idéalistes avec leurs fichus bavardages ! Il faut les bâillonner tous, noyer leurs rêveries dans le sang. Le peuple libre ? Ha ! ha ! ha ! Savez-vous bien ce qu'elle veut, la masse ? Ne plus travailler, se chauffer au soleil, caresser les filles ! Voilà ce qu'elle veut, et je m'y connais, ayant vécu parmi elle. Sans une autorité rigoureuse, sans sévérité, on ne peut faire rien de grand d'un peuple, même le meilleur de la terre, pas plus qu'on ne peut élever un enfant sans maîtres, ou conduire un cheval sans bride[1]... »

La guerre avait été le plus impitoyable des juges. Les mêmes épreuves, qui avaient précipité la mort de l'autocratie puis des armées blanches, allaient favoriser l'édification d'un État bolchevique en contradiction totale avec la « loi » marxiste de la déperdition de l'État, utopie dont témoigne le texte sur *L'État et la révolution* écrit par Lénine trois mois avant de prendre le pouvoir, et qui se relit comme l'une des plus belles bouffonneries du siècle.

Faute d'avoir tiré leur justification d'un État, même virtuel (un parti peut constituer un État virtuel), les armées blanches étaient vouées à l'échec. L'armée est une part essentielle de l'État, mais elle n'est pas tout l'État. La fonction souveraine contient implicitement la fonction militaire, mais l'inverse n'est pas vrai. En Russie, la fonction souveraine fut vacante de février à octobre 1917. Les bolcheviks en devinrent les dépositaires inconscients dès lors qu'ils entreprirent d'assumer effectivement le pouvoir. Rapidement et non sans mal, la fonction militaire se reconstitua à leur profit. En revanche, jamais les armées blanches, malgré leur courage, leur patriotisme et la qualité personnelle de tel ou tel de leurs chefs, ne sont parvenues à créer un État. En dehors des Finlandais, des Polonais et des Baltes, seul Wrangel s'y efforcera en Crimée, mais les jeux étaient faits. Cette défaillance avait été clairement perçue par le maréchal Foch qui déclarait en 1919 : « Les armées n'existent

1. Edwin Erich Dwinger, *Entre les Rouges et les Blancs*, *op. cit.*, p. 233.

pas par elles-mêmes. Il faut qu'il y ait derrière elles un gouvernement, une législation, un pays organisé. Mieux vaut avoir un gouvernement sans armée qu'une armée sans gouvernement. »

Par un extraordinaire paradoxe et sans en avoir aucune conscience, dans leur effort surhumain de guerre et d'organisation, Lénine et les bolcheviks agirent en restaurateurs de l'État. Ils le firent au nom d'une idéologie étrangère à l'État et avec des moyens odieux. Mais, sans le vouloir, sans doute sauvaient-ils ainsi la Russie d'un anéantissement et d'un partage qu'ils avaient eux-mêmes contribué à déchaîner. Portés par une ambition contraire aux résultats, ils allaient devenir les rassembleurs de l'ancien Empire. Mais à quel prix ?

Le coût humain de la révolution bolchevique

Il existe deux évaluations scientifiques de l'hécatombe imputable à la dictature du parti communiste depuis 1917, en excluant les pertes de la Seconde Guerre mondiale. Ces évaluations reposent sur des études démographiques serrées. Selon la plus modeste de ces estimations due au démographe soviétique Maksudov, la transformation révolutionnaire de la Russie aurait coûté le chiffre énorme de 27,5 millions de victimes. Pour la seule période de la guerre civile et de la famine qui l'a suivie, de 1918 à 1926, les pertes sont évaluées à plus de 10 millions de morts. Pour la période de 1926 à 1938 qui inclut la dékoulakisation, le génocide-famine de l'Ukraine et les grandes purges : 7,5 millions de victimes. Enfin, de 1939 à 1958, les exécutions et les déportations de populations ordonnées par le régime (sans compter les pertes dues à la guerre) auraient coûté la vie à environ 10 millions d'individus [1].

---

1. Voir *Cahiers du monde russe et soviétique*, vol. XVII-3, juillet-septembre 1977, Mouton éditeur. Voir aussi *Le livre noir du communisme*, sous la direction de Stéphane Courtois, Paris, Robert Laffont, 1997.

Se fondant sur des taux de natalité et de mortalité différents, le démographe Kourganov obtient un chiffre global beaucoup plus important : plus de 66 millions de morts entre 1918 et 1953 (sans compter les pertes dues à la Seconde Guerre mondiale) [1]. Pour la période de guerre civile de 1918 à 1922, il conclut à 15 millions de vies humaines, dont 1 700 000 personnes massacrées ou exécutées par les Rouges, le reste étant dû aux armées blanches, aux conséquences des troubles, aux transferts de populations, au froid, à la faim, aux épidémies. Qu'on se souvienne de la terrifiante retraite des Blancs en Sibérie durant l'hiver 1919-20, au cours de laquelle tous les civils ont péri.

Ces chiffres sont assez proches de ceux que retiennent les historiens russes à la lumière des archives de l'ex-URSS. Ainsi pour Volkogonov, à elle seule, la guerre civile a coûté à la Russie treize millions de vies. Dans la période située entre la guerre civile et la collectivisation, c'est-à-dire dans « les années heureuses de la NEP », un million de personnes environ ont péri dans les camps ou dans l'extermination de la résistance antisoviétique dans le pays. Entre 1929 et 1953, année de la mort du « premier léniniste », ce bilan s'est alourdi de vingt-et-un millions et demi de victimes [2].

« À la fin de la guerre civile, et comme sa conséquence naturelle, écrit Soljenitsyne, une famine inouïe s'abattit sur le bassin de la Volga. Elle n'ajoute guère de lauriers aux vainqueurs de cette guerre ; aussi l'expédie-t-on chez nous en deux lignes. Et pourtant quelle famine ce fut ! Jusqu'au cannibalisme, les parents mangeant leurs propres enfants – une famine comme la Russie n'en avait pas connue au

1. Étude publiée en 1964 dans le *Novoïé Rousskoïé Slovo* à New York et traduite dans *Est & Ouest*, n° 594 du 16 mai 1977, Paris. Voir aussi Robert Conquest, *The Human Cost of Soviet Communism*, Washington, 1971.

2. Dimitri Volkogonov, *Le Vrai Lénine*, *op. cit.*, p. 344.

"Temps des Troubles"... Un seul film sur cette famine jetterait sans doute un jour nouveau sur tout ce que nous avons vu, sur tout ce que nous savons de la révolution et de la guerre civile. Mais il n'y a ni films, ni romans, ni études statistiques – on cherche à oublier – ça gâte le tableau [1]. »

« Je crache sur la Russie »

Il n'y a rien d'inattendu dans ces monstruosités révoltantes. Les idéologues fanatisés qui se croyaient les interprètes du devenir historique professaient la haine du peuple enraciné. Ils ne voyaient aucun inconvénient et beaucoup d'avantages à sa disparition.

Plusieurs écrits de Karl Marx montrent que le philosophe éprouvait un mépris certain pour la Russie et ce qu'il appelait son « obscurantisme séculaire ». Jamais il n'eût imaginé que ce pays « arriéré et servile » pût devenir le champ d'expérience des théories qu'il avait eu la prétention et l'habileté d'élever au rang d'une science [2].

Ses émules pétersbourgeois ou moscovites partageaient son mépris. Celui-ci était d'ailleurs commun à tous les « occidentalistes » du XIXe siècle, chez qui se sont recrutés les futurs marxistes russes. « Vampire monstrueux » pour Alexandre Herzen (*Le Peuple russe et le socialisme*, 1851), l'empire russe n'avait ni passé ni avenir sous le regard sévère de Pierre Tchaadaev (*Lettre philosophique*, 1836). À la différence cependant de ces précurseurs, le jeune Lénine, tout en profes-

---

1. *L'Archipel du Goulag, op. cit.* Un désastre plus grand fut épargné à la population russe par l'intervention humanitaire du ministre du Commerce et futur président Hoover et de l'*American Relief Administration* qui envoya des secours massifs à partir de septembre 1921 et sauva ainsi plusieurs millions de vies humaines.

2. Jules Monnerot, *Sociologie du communisme*, Paris, Gallimard, 1963, et *Sociologie de la Révolution*, Paris, Fayard, 1969.

sant de la répulsion pour la Russie, avait prophétisé : « La Russie sera le tout premier État à mettre en place un régime socialiste. » Mais il ajoutait aussitôt : « Ce n'est pas l'affaire de la seule Russie. Je lui crache dessus, Messieurs [1] ! »

Même en faisant la part de la provocation juvénile, le « *je crache sur la Russie* » exprime un dégoût révélateur de sentiments profonds que rien ne contredira ensuite, au contraire. À toutes les époques, les allusions blessantes au peuple russe parsèment les écrits de Lénine.

L'aversion pour la nation russe et son peuple est certainement le sentiment le mieux partagé chez les conspirateurs qui s'emparèrent du pouvoir à Petrograd en octobre/novembre 1917 [2]. Il convient toutefois de le replacer dans un cadre passionnel ou conceptuel qui ne se limite pas à la Russie. L'hostilité à la nation russe est l'expression particulière d'une phobie générale dirigée contre toute communauté organique et contre le sentiment national, obstacle majeur sur la voie de l'arasement planétaire. On peut naturellement se demander si une telle phobie est le fruit de l'idéologie internationaliste, ou si l'idéologie a vu le jour en raison d'un terreau de sensibilités réfractaires à l'enracinement.

La méfiance de Lénine et de ses principaux camarades à rencontre des Russes s'est manifestée dès la prise du pouvoir. Les internationalistes de toute sorte étaient en nombre au sein de son entourage et des organes de sécurité [3]. Dans la Tcheka,

---

1. G. Salomon, *Lénine et sa famille*, publié en russe à Paris en 1931, cité par Gérard Walter, *Lénine, op. cit.*

2. Ancien dissident et compagnon de Soljenitsyne, le mathématicien Igor Chafarévitch parle de *Russophobie*, titre d'un ouvrage de réflexions sur le drame de la Russie qui fit scandale. Trad. fr. Paris, Éditions Chapitre Douze, 1993.

3. On sait par exemple que les Juifs étaient proportionnellement surreprésentés dans les instances dirigeantes après Octobre. I.A. Sverdlov dirige le parti, Trotski (L.D. Bronstein) est le maître de l'armée, L.B. Kamenev (Rosenfeld) dirige Moscou, G.I. Zinoviev (Apfel-

que dirige tout d'abord le Polonais Dzerjinski, les Russes sont la minorité en comparaison par exemple des Lettons. Mais on a déjà noté qu'à l'époque on qualifie volontiers de « Letton » tout individu qui n'est pas russe. Un « Letton » est aussi bien un ancien prisonnier de guerre hongrois ou allemand rallié au bolchevisme qu'un ressortissant allogène de l'ancien Empire.

On comprend qu'Alexandre Zinoviev ait pu écrire que « le trait dominant de la révolution d'Octobre a été la colonisation dont ont été victimes la Russie et le peuple russe [1] ».

Porter la guerre civile dans toute l'Europe

Aux yeux de Lénine et des chefs bolcheviques, la Russie n'était qu'une étape sur le chemin de la révolution mondiale. À la veille de Brest-Litovsk, puis lors de la défaite des Empires centraux dans les derniers jours de 1918, et enfin quand se développa l'offensive de 1920 en direction de Varsovie, Lénine et ses proches eurent l'espoir de propager la guerre civile dans toute l'Europe. Ils pensèrent un moment y parvenir à Vienne et surtout à Berlin quand éclatèrent les insurrections

---

baum), futur président du Komintern, dirige Petrograd, Lozovsky (S. Drizo) dirige le Profintern, E. Zetlin dirige le Komsomol, etc. Cette présence visible, qui favorisait l'assimilation judaïsme-bolchevisme, n'est pas étrangère à la montée d'un odieux antisémitisme non seulement en Russie, mais également en Europe. Lénine avait lui-même un grand-père maternel juif, Alexandre Blank, mais à l'époque le fait n'était pas connu. D'une façon générale, on peut se reporter à l'étude d'Alexandre Soljenistsyne, *Deux siècles ensemble : 1795-2005. II. Juifs et Russes pendant la période soviétique*, Paris, Fayard, 2003.

1. A. Zinoviev, *Nous et l'Occident*, Lausanne, L'Âge d'Homme, 1981. Auteur de nombreux ouvrages, Alexandre Zinoviev ne doit pas être confondu avec Grégoire Zinoviev (G.I. Apfelbaum), compagnon de Lénine et de Trotski, président du Komintern de 1919 à 1926, et victime des purges de 1936.

spartakistes en décembre 1918 et mars 1919. Mais c'est à Munich et à Budapest que le rêve commença de se matérialiser par l'instauration pendant plusieurs mois de véritables dictatures rouges dirigées par Eugen Léviné en Bavière et Béla Kun en Hongrie. Après cinq mois d'existence, la « république des conseils » de Bavière s'effondra cependant le 1er mai 1919 sous l'assaut des corps francs du général von Epp. La guerre civile avait tourné en faveur de la « réaction ». Avant d'être terrassés, les hommes de Léviné avaient eu quand même le temps d'exécuter des otages choisis au sein de l'aristocratie et des associations nationalistes. Trois mois plus tard, le pouvoir de Béla Kun s'écroulait à son tour devant l'intervention énergique de l'armée roumaine et l'établissement d'un gouvernement national dirigé par l'amiral Horthy [1].

Les expériences sanglantes et délirantes de Béla Kun en Hongrie et d'Eugen Léviné en Bavière ne devaient pas être oubliées de sitôt. Elles avaient fait lever de grandes espérances dans les fractions sociales-démocrates européennes fascinées par le rougeoiement de la révolution bolchevique. Ailleurs, dans les autres couches de la population européenne, elles avaient jeté l'effroi.

Les rumeurs inquiétantes qui filtraient à l'Ouest sur la dictature bolchevique, ce que l'on commençait à savoir des

---

1. Ayant pu fuir vers la Russie des Soviets, Béla Kun se distingua en Crimée lors de l'évacuation de l'armée Wrangel en novembre 1920. Il y était présent en qualité de membre du CMR de l'armée rouge. Plusieurs milliers d'officiers blancs s'étant rendus sur sa promesse d'une amnistie, il les fit tous exécuter (Victor Serge, *Mémoires d'un révolutionnaire*, Paris, Le Seuil, 1951, p. 154-155). Béla Kun était originaire d'une famille juive de Transylvanie. Mobilisé dans l'armée austro-hongroise, il avait été fait prisonnier en 1916. Libéré par la révolution de 1917, il s'était voué à Lénine. Après avoir « travaillé » dans la Tcheka, il avait regagné la Hongrie en novembre 1918 pour y former un parti communiste. Faisant alliance avec les sociaux-démocrates, il s'était emparé du pouvoir à Budapest en mars 1919. Après avoir joué un rôle important au Komintern, il disparut dans les purges de 1937.

massacres répétés venant après celui de la famille impériale, les nouvelles sur les atrocités commises par les armées rouges et les Tchekas, tout un faisceau concordant d'informations montrait qu'une tyrannie sinistre s'était emparée d'un des plus puissants États du continent. Les motifs d'inquiétude ne manquaient pas, surtout dans les pays fragilisés par la guerre et les ébranlements révolutionnaires, l'Allemagne, l'Autriche ou l'Italie. Mais aucun pays européen n'était à l'abri.

Un parti puissant s'était emparé du pouvoir dans le pays d'Europe le plus vaste. Ce parti se voulait international. Il avait déclaré à l'ensemble du « vieux monde » une guerre sans merci qui n'était pas une guerre classique entre les États, mais une guerre civile qu'il voulait porter à l'intérieur de chaque État. Plus inquiétant encore, ce parti disposait partout de partisans nombreux, organisés sur son modèle, pratiquant le secret, et chez qui l'allégeance au parti russe primait la loyauté envers leur propre État. Leur objectif avoué était la prise du pouvoir par la force, comme cela s'était fait en Russie en 1917.

De la riposte fasciste à la revanche des vaincus

Un parti international de guerre civile était en possession d'un État puissant. Telle était la nouveauté introduite par la révolution de 1917 et le triomphe des Rouges sur les Blancs. Ce parti affichait l'ambition de détruire tous les États et de renverser partout l'ordre social existant en y portant la guerre civile. La lutte qui s'engageait s'annonçait donc comme une guerre civile européenne en attendant d'être mondiale.

Et jusqu'à la dissolution du parti communiste de l'Union soviétique en 1991, la vie des États et des hommes dans le monde entier, particulièrement en Europe, allait s'en trouver transformée. Pendant une grande partie du XXe siècle, les Européens ont vécu, consciemment ou non, sous l'ombre portée d'une guerre civile latente qui a modifié leurs représentations et leurs comportements.

Le spectre de la guerre civile fut moins ressenti après 1918 dans les États structurés, anciens et victorieux comme l'Angleterre ou la France. En revanche, sa menace s'impose dans les nations fragilisées par la défaite (Allemagne), ou par une fausse victoire (Italie). Là où l'État était trop faible pour apporter sa réponse à la menace, on vit surgir des « gardes blancs » indigènes beaucoup plus redoutables que leurs prédécesseurs russes. Ils étaient résolus à riposter à la guerre civile par la guerre civile. Ce furent les corps francs en Allemagne et les squadristes en Italie. Ils fourniront les cadres futurs du national-socialisme et du fascisme.

Après d'autres, mais sous une forme plus élaborée, l'historien allemand Ernst Nolte a mis en évidence cette filiation-réaction que suggère la chronologie [1]. Lénine prend le pouvoir en 1917, Mussolini en 1922. Cinq années séparent les deux événements. Après une tentative infructueuse en 1923, Hitler devient chancelier du Reich en 1933. La révolution d'Octobre figure bien comme le point de départ d'une réaction en chaîne où le fascisme italien et le national-socialisme allemand surgissent comme des réponses au communisme, mais des réponses de type révolutionnaire, ce qui les distingue complètement des armées blanches [2].

Mussolini venait lui-même du socialisme révolutionnaire. Il était le contraire d'un libéral ou d'un conservateur. Mais par toutes ses fibres, il était plus proche de Nietzsche que de Marx. L'expérience de la guerre fit le reste. Elle le transforma, for-

---

1. Ernst Nolte, *Der Europaïsche Burger Krieg, 1917-1945*, Berlin, Propylaën, 1987, trad. fr., *La Guerre civile européenne, 1917-1945*, Paris, Les Syrtes, 2000. Carl Schmitt avait étudié cette question sous une forme différente dans *Théorie du partisan*, trad. fr., Paris, Calmann-Lévy, 1972, ainsi que Jules Monnerot dans *Sociologie de la Révolution*, Paris, Fayard, 1969.

2. François Furet, *Le Passé d'une illusion*, Paris, Robert Laffont-Calmann-Lévy, 1995, p. 194-197.

geant en lui cette synthèse nouvelle de jacobinisme et de socialisme révolutionnaire qu'allait devenir le fascisme.

La guerre n'avait pas eu les mêmes conséquences sur Lénine. Elle avait créé en Russie les conditions de la révolution, mais elle n'avait pas transformé l'homme Lénine de l'intérieur, ni lui ni les autres dirigeants bolcheviques. La plupart d'entre eux n'y avaient pas participé. Contrairement à Mussolini, à Hitler et à tant de dirigeants fascistes ou nationaux-socialistes, les dirigeants bolcheviques n'étaient pas des « fils de la guerre », même s'ils en étaient les bénéficiaires. C'est une différence essentielle [1].

La relation réactive évidente que l'on perçoit entre le communisme et le fascisme ne doit pas masquer pour autant ce que le fascisme italien et le national-socialisme allemand ont en propre et qui ne se résume pas à une réaction au bolchevisme.

Sur le terrain de la guerre civile, le fascisme et le national-socialisme triomphèrent du communisme.

Paradoxalement, c'est sur le terrain de la guerre classique, en association avec les deux grandes thalassocraties capitalistes, l'Angleterre et les États-Unis, que le bolchevisme a pris sa revanche sur le fascisme et le national-socialisme en les écrasant militairement [2].

Puis, tirant un trait sur la monstruosité de son utopie, un demi-siècle après sa victoire de 1945, le communisme s'est sabordé dans sa propre citadelle, cette « troisième Rome », qui offrit soudain aux regards incrédules des contemporains le spectacle inédit d'une débâcle lamentable.

Et des décombres de l'URSS on vit resurgir après 1991 ce que l'on croyait à jamais disparu : le nom et le drapeau de

1. Dominique Venner, *Histoire d'un fascisme allemand, les corps-francs du Baltikum, 1918-1933*, Paris, Pygmalion/Gérard Watelet, 1996.

2. Dominique Venner, *Le Siècle de 1914, utopies, guerres et révolutions au XXe siècle*, Paris, Pygmalion, 2006.

l'ancienne Russie, pour l'honneur de qui étaient morts jadis tant de gardes blancs à l'appel de Koltchak, Denikine et Wrangel. Ainsi donc, le combat qu'avaient mené ces fantômes ne l'avait pas été en vain. Rétrospectivement, les vaincus de 1920 apparaissaient comme les vrais prophètes de l'avenir russe.

Cet extraordinaire retournement historique avait été anticipé et prolongé par Alexandre Soljenitsyne, le plus formidable écrivain russe de son temps, témoin du malheur sans égal de son peuple au XXe siècle. Communiste dans sa jeunesse, par simple conformisme, il était devenu le plus redoutable adversaire intellectuel d'un système écrasant dont il a fini par triompher.

Né en 1918, au temps de la guerre civile, il est prématurément orphelin, son père ayant été tué après un accident de chasse. Il passe son enfance et sa jeunesse à Rostov-sur-le-Don, élevé comme toute sa génération dans la foi du communisme triomphant et dans l'ignorance de la tradition russe. Après des études de mathématique, de physique, d'histoire et de littérature à l'université de Moscou, il est mobilisé au début de la guerre avec l'Allemagne, en octobre 1941. Passé par une école d'officiers, il deviendra plus tard officier d'artillerie, et combattra courageusement jusqu'en 1945. Mais, en janvier de cette année-là, dans une lettre à un ami, il émet des doutes sur le génie militaire de Staline. La correspondance étant surveillée, il est arrêté et condamné à huit ans de déportation. « Sur le châlit de la prison, écrira-t-il plus tard, je me suis mis à examiner mon passé réel d'officier et j'ai été saisi d'effroi (...). Le cœur s'empâte d'orgueil comme le cochon de lard. » Ce fut le début d'un retour sur lui-même et d'un effort immense pour s'arracher au mensonge du système dans lequel il avait baigné jusqu'alors sans se poser de questions. Un effort de reconquête de sa liberté intérieure et de la mémoire russe que le régime avait voulu abolir.

En 1957, la politique de déstalinisation lui vaut d'être libéré. Ses années de déportation ont fait de lui un autre homme. Il va mettre une énergie indomptable et son talent bientôt révélé d'écrivain puissant au service de la vocation d'éveilleur qui est née en lui. Secrètement, il commence à écrire. En 1962, le gouvernement Khrouchtchev autorise la publication dans la revue *Novy Mir* de sa nouvelle *Une journée d'Ivan Denissovitch*. Salué comme un chef-d'œuvre, ce roman éveille dans le public russe une intense émotion. C'est la première fois qu'un écrivain talentueux révèle, même de façon encore partielle, les horreurs du stalinisme. Inquiétude des autorités. Soljenitsyne est exclu de l'Union des écrivains et interdit de publication. Le KGB ne le lâche plus. On le harcèle, on lui vole ses manuscrits. Dans *Le Chêne et le Veau* (Le Seuil, 1975), il a raconté son combat d'écrivain dissident, montrant ce qu'un homme presque seul peut faire grâce à ses écrits répandus et recopiés de façon clandestine.

Sa notoriété, exploitée par l'un des camps de la guerre froide, lui vaut de recevoir le prix Nobel de littérature en 1970. Il était parvenu à faire passer clandestinement des manuscrits publiés à Paris en langue originale avant d'être traduits. C'est ainsi qu'ont été connus *Le Pavillon des cancéreux* et *Le Premier Cercle*. Puis, en 1974, ce livre explosif et formidable qu'est *L'Archipel du Goulag*.

Rédigé à partir des témoignages d'anciens *zeks*, cet ouvrage décrit avec une ironie dévastatrice l'univers concentrationnaire mis en place par les bolcheviks dès 1918. Soljenitsyne fait œuvre d'historien en révélant que l'initiateur de la terreur organisée n'a pas été Staline mais Lénine. Cette révélation annihilait la rhétorique de protection du système qui s'abritait derrières la « déstalinisation » et faisait du seul Staline un héritier pervers ayant trahi l'idéal intouchable du léninisme. Acheminé par un réseau clandestin, *L'Archipel* est publié au Seuil en 1974 dans un grand tintamarre médiatique. Cela vaut à Soljenitsyne d'être de nouveau emprisonné. Cependant, à la suite d'interventions diplomatiques, il sera expulsé vers l'Allemagne de l'Ouest où l'accueille Heinrich Böll.

Commencent vingt années d'exil forcé mises à profit pour entreprendre l'œuvre de sa vie qui l'a fait comparer à Tolstoï, l'immense fresque romanesque de *La Roue rouge* : *Août Quatorze, Novembre Seize, Mars Dix-Sept* et *Avril Dix-Sept*[1], dont la vocation est de décrire l'origine du drame immense de sa patrie au XXe siècle. Simultanément, d'autres livres voient le jour, notamment *Le Grain tombé entre les meules. Esquisses d'exil* (Fayard, 1998), où il compare le système d'oppression brutale de l'Est et le système d'étouffement de l'Ouest. Les meules sont le communisme et la société occidentale. Entre les deux, le grain, c'est-à-dire la liberté de l'écrivain, a toutes les chances d'être broyé.

À son arrivée à l'Ouest en 1974, Soljenitsyne crut aborder au pays de la liberté. Mais, allant d'étonnements douloureux en découvertes ahurissantes, il déchanta vite. Il s'aperçut qu'il devait sa libération et sa notoriété au seul fait qu'il était devenu malgré lui un « objet médiatique ». Dans la banlieue de Zurich où il se réfugia d'abord, il ne pouvait faire un pas sans se voir coller un micro devant la bouche. Excédé, il finit par jeter aux journalistes : « Vous êtes pires que le KGB. » Il découvrit aussi que la liberté de publier n'était qu'un leurre. Dans un train, il lia conversation avec un diplomate allemand qui revenait du Chili. Cet interlocuteur lui décrivit en termes crus « le charlatanisme des révolutionnaires chiliens ». Passionné, Soljenitsyne lui dit : « Vous devriez publier un livre là-dessus. » Réponse du diplomate : « Comme si c'était possible ! On me dévorerait vif ! »

Devenu un objet médiatique à la façon d'une princesse de Monaco, Soljenitsyne découvrit avec effroi que ce qui intéressait les médias, ce n'étaient pas des pensées, mais des

1. Une première version d'*Août Quatorze* avait été publiée au Seuil en 1972. Une version remaniée paraîtra chez Fayard en 1983. Cet éditeur publiera les autres volumes en 1985, 1992, 1998 dans de remarquables traductions de Georges Nivat.

indiscrétions. Au lieu de lire le livre dans lequel un écrivain avait mis toute son âme, on préférait l'interroger à la télévision sur un sujet à la mode et des futilités. Il apprit ainsi que les médias ne s'intéressent pas à la recherche de la vérité. Ils sont à la recherche d'émotions qui se vendent. On pouvait pratiquement tout publier, mais cela n'avait aucune importance. Dans un système fondé sur la fugacité, un livre ou un propos est vite oublié. Soljenitsyne en tira la conclusion que l'Occident avait inventé un Goulag mental plus efficace que le vrai. Il n'était pas nécessaire d'enfermer les dissidents puisqu'ils étaient réduits au silence par un système qui transforme l'écrivain en objet de commerce et ses livres en marchandises périssables.

L'écrivain avait découvert que l'Occident est un monde dérisoire, bruissant de vains tintamarres. Bien avant l'effondrement de l'URSS, dans *Le Chêne et le veau*, il avait écrit de façon prophétique : « Du côté de l'Occident, il n'y avait pas d'espoir, nous ne devons d'ailleurs jamais compter sur lui. Si nous accédons à la liberté, nous ne le devrons qu'à nous. Si le XXe siècle doit comporter quelque leçon à l'intention de l'humanité, c'est nous qui l'aurons donnée à l'Occident et non pas l'Occident à nous : l'excès du bien-être a atrophié en lui la volonté et la raison. »

ANNEXES

I

POURQUOI NOUS LUTTONS

par le général Wrangel[1]

Pourquoi nous luttons

À cette question, il ne peut être qu'une seule réponse : *nous luttons pour la liberté*. De l'autre côté du front, au nord, règnent l'arbitraire, l'oppression, l'esclavage. On peut avoir les idées les plus diverses sur l'opportunité de tel ou tel régime ; on peut être républicain, radical, socialiste, marxiste même – et reconnaître néanmoins que la République des soviets n'est que l'expression d'un despotisme sinistre qui fait dépérir la Russie et même sa classe soi-disant dirigeante –, le prolétariat, opprimé comme le reste de la population. Ce n'est plus un mystère pour l'Europe. Le voile est arraché de la Russie soviétique. C'est à Moscou que se trouve le nid de la réaction. C'est là que résident les tyrans qui traitent le peuple comme du bétail. Quant à nous, il faut être aveugle ou de mauvaise foi pour nous traiter de réactionnaires. Nous luttons pour libérer notre peuple d'un asservissement tel qu'il n'en a pas connu aux époques les plus sombres de son histoire. Longtemps on n'a pas compris en Europe – mais,

1. Déclaration en forme de programme faite le 5 juillet 1920 au journal *Velikaïa Rossia* par le général Wrangel, Régent de Russie et commandant en chef de l'armée blanche. Elle se trouve reproduite dans les *Mémoires* du général Wrangel, *op. cit.*, p. 222-224. Les sous-titres sont d'origine.

paraît-il, on commence à le comprendre – ce que nous entendons si clairement : l'importance mondiale de notre lutte intérieure. Si nos sacrifices restent vains, la société et la démocratie européennes devront se lever en armes pour défendre contre un ennemi enivré de son succès leurs institutions politiques et les acquisitions de leurs civilisations.

Le maître

Le mot « maître » a fait fortune. Il circule couramment. La Russie, en ce moment, n'a pas de « maître ». Je ne puis aucunement me considérer comme tel, je tiens à le déclarer de la façon la plus énergique. Mais je ne puis non plus voir le « maître » de la Russie dans le *Sovnarkom*[1] usurpateur, ce chardon qui a poussé dans l'anarchie qui submerge la Russie. Le « maître », c'est le peuple russe lui-même. L'État sera tel qu'il le voudra. Veut-il avoir un monarque, la Russie sera une monarchie. Considère-t-il qu'une république est nécessaire, nous aurons la république.

Mais donnez donc au peuple l'occasion de manifester son opinion sans Tcheka et sans mitrailleuses braquées sur lui ! Les bolcheviks ont dispersé la Constituante, ils ont emprisonné, assassiné même, quelques-uns de ses membres. Les bolcheviks redoutent toute forme de représentation légale qui pourrait traduire la volonté du peuple. Nous, par contre, nous voulons établir un minimum d'ordre pour que le peuple, s'il le désire, puisse se réunir et manifester librement sa volonté. Mes inclinations personnelles ne doivent pas entrer en ligne de compte. Dès le moment où j'ai accepté le pouvoir, j'ai répudié tout vœu personnel en ce qui concerne la question du régime. Je me soumets entièrement à la volonté du peuple russe.

Question juive

Une recrudescence d'animosité contre les Juifs se manifeste véritablement parmi la population. Ce sentiment est intense,

1. Sovnarkom : gouvernement bolchevique.

surtout dans les masses populaires. Ces tendances se multiplient rapidement autour du foyer d'infection bolcheviste. Le peuple ne distingue point les coupables. Il voit des commissaires juifs, des communistes juifs, et ne se dit pas que ce n'est qu'une partie de la population juive, qu'elle a peut-être rompu avec l'autre partie, que celle-ci ne partage pas les idées communistes et n'accepte pas le pouvoir soviétique. Je considère que toute tendance de pogroms, toute propagande en ce sens, sont un malheur pour l'État, et je lutterai contre elles par tous les moyens dont je dispose. Tout pogrom démoralise l'armée. Les troupes qui prennent part aux pogroms perdent toute discipline. Le matin elles s'attaquent aux Juifs, le soir elles vont piller chez d'autres. La question juive est une question millénaire, douloureuse, difficile, elle ne peut être résolue que par le temps et des mesures de législation sociale, et cela seulement à la condition d'un pouvoir fort qui s'appuie sur la loi et sur des forces réelles. Dans un pays où règnent l'anarchie et l'arbitraire, où l'inviolabilité des personnes et des propriétés est foulée au pied, la voie reste ouverte à toutes les violences qu'une partie de la population voudrait exercer contre une autre. Le réveil des tendances antisémites dans le peuple est peut-être un signe de son aversion pour le communiste, auquel il a une tendance injustifiée à assimiler tous les Juifs. La recrudescence de l'activité bolcheviste dans une contrée quelconque entraîne à sa suite des tendances antisémites.

La Russie et l'Europe

J'aspire de toute mon âme à la cessation de la guerre civile. Toute goutte de sang russe versée afflige douloureusement mon cœur. Mais la lutte reste inévitable jusqu'à ce que les consciences s'éveillent, jusqu'à ce que les hommes comprennent qu'ils luttent contre eux-mêmes, contre leur liberté, qu'ils commettent un acte insensé de suicide politique. Aussi longtemps qu'un pouvoir normal ne sera pas établi en Russie –, de quelque tendance qu'il soit, mais basé sur les principes consacrés par des siècles de recherches de la pensée humaine, sur les principes de la légalité, du respect des droits personnels et du droit de propriété, de l'inviolabilité des engagements internationaux –, l'Europe ne verra ni la paix, ni l'amélioration des conditions économiques. On ne pourra conclure aucun traité international tant soit peu stable, ni résoudre à fond aucune question. L'histoire appréciera un jour l'abnégation et les labeurs d'une poignée d'hommes russes en Crimée, qui, abandonnés de tous, ont lutté sur ce dernier lambeau de terre russe pour le bonheur de l'humanité, pour les foyers lointains de la culture européenne. L'armée russe en Crimée représente un grand mouvement libérateur. C'est la guerre sacrée pour la liberté et le droit.

II

BIOGRAPHIES DES CHEFS DE L'ARMÉE ROUGE ET DE LA TCHEKA

ANTONOV-OVSENKO, Vladimir Alexandrovitch (1884-1938). Officier du génie de l'armée impériale, rallié au mouvement révolutionnaire en 1901. Expert militaire du parti bolchevique en 1905. Arrêté, évadé, exilé à Paris, proche de Trotski, rentre en Russie en juin 1917. Artisan de l'insurrection bolchevique à Petrograd en octobre/novembre 1917. Premier chef des gardes rouges envoyés contre les Volontaires de Kornilov sur le Don à la fin de 1917. Commande le front ukrainien en décembre 1918. Révoqué en juin 1919 à la suite de ses échecs face à Denikine. Participe à la répression des soulèvements de la Volga en 1920-1921. Nommé par Trotski à la direction politique de l'armée rouge en 1922, il est relevé de ses fonctions en 1924. Muté dans la branche diplomatique en 1925, rallié à Staline, il est consul général à Barcelone en 1936. Il trempe dans la liquidation du Poum et des trotskistes étrangers. Rappelé à Moscou en 1938 et liquidé.

BLÜCHER, Vassili Constantinovitch (1889-1938). Maréchal de l'Union soviétique. Issu d'une famille de paysans pauvres sans aucun lien avec la Prusse. Milite très jeune au parti bolchevique. Mobilisé dans l'infanterie en 1914. Sous-officier en 1915. Réformé après une blessure grave, il est élu au soviet militaire de Samara en 1917. Dès le début de la guerre civile, commande des partisans rouges dans l'Oural contre l'ataman Doutov. À la tête d'une division d'infanterie en Sibérie depuis septembre 1918, il participe à la grande offensive contre Koltchak en 1919. Envoyé sur le front Sud en 1920, il commande face à Wrangel le groupement de choc de Perekop qui s'empare de la Crimée. Nommé en juin 1921 ministre de la Guerre et commandant en chef de la République d'Extrême-Orient, il dirige à ce titre les opérations contre Ungern. Il est détaché en Chine de 1924 à 1927 comme conseiller militaire de Sun Yat-sen. En 1929, il prend le commandement de l'armée spéciale d'Extrême-Orient. Après avoir fait partie en 1937 du tribunal qui condamne Toukhatchevski, il est liquidé à son tour en 1938.

BOUDIENNY, Siméon Mikhaïlovitch (1883-1973). Maréchal de l'Union soviétique. Issu d'une famille non cosaque du Don. Sous-officier de cavalerie rengagé. Adjudant en 1914. Se distingue au feu. Élu en mars 1917 par le soviet des soldats de son unité. Dès 1918, il constitue un détachement de cavalerie rouge dans le Sud, qui deviendra la 1re armée de cavalerie en 1919. Proche de Staline et de Vorochilov, il porte une lourde responsabilité dans l'échec de l'offensive rouge de Pologne en 1920. Engagé contre Wrangel à la fin de 1920. Inspecteur de la cavalerie jusqu'en 1941. Pur produit de la guerre civile, il révèle son incapacité au commandement du front Sud-Ouest face à la Wehrmacht en 1941. Il est relevé après son échec à Kiev. Mais la protection de Staline lui évite toute sanction et lui vaut des postes honorifiques.

BROUSSILOV, Alexis (1853-1926). Général de l'armée impériale. Il commande la 8e armée en 1914 et se distingue en Galicie. À la tête du front Sud-Ouest, face aux Austro-Hongrois, il conduit en 1916 l'offensive victorieuse qui porte son nom. Commandant en chef en juillet 1917, il est relevé de son commandement après l'échec de l'offensive prônée par Kerenski. Rallié tacitement au pouvoir bolchevique dès 1918, il fait officiellement acte d'allégeance lors de la campagne de Pologne en 1920, lançant un appel à tous les anciens officiers, les invitant à servir dans l'armée rouge.

CHAPOCHNIKOV, Boris (1882-1945). Maréchal de l'Union soviétique. Ancien officier de l'armée impériale, breveté d'état-major en 1910, colonel en 1917. Sert dans l'armée rouge à partir d'avril 1918. Chef du bureau des opérations de l'état-major rouge pendant la guerre civile. Adhère au parti en 1929. Dirige l'Académie Frounze de 1932 à 1935. Fait partie en 1937 du tribunal qui condamne à mort Toukhatchevski. Devient chef d'état-major général après la liquidation d'Egorov en 1938. Conseiller militaire de Staline de 1941 à 1945.

DYBENKO, Paul Efimovitch (1889-1938). *Komandarm* de 1re classe. Famille de paysans pauvres. Ouvrier à Riga en 1910, il se lie aux bolcheviks. Matelot dans la flotte de la Baltique en 1912. Fusilier marin en 1914, il participe à une mutinerie en 1916. Élu en février/mars 1917 président du comité central du soviet de la flotte de la Baltique, il participe activement à l'insurrection d'octobre/novembre à Petrograd. Commissaire du peuple à la marine jusqu'en avril 1918, il est envoyé en Ukraine durant l'été 1918. Il commande en 1919 l'armée rouge de Crimée. En 1920, il commande la 2e division de cavalerie sur le front Sud contre Wrangel. Il participe ensuite à la liquidation de l'insurrection de Kronstadt, puis à la répression des soulèvements paysans de la Volga (Antonov) en 1921. Il exerce ensuite plusieurs commandements dans l'armée rouge. Après avoir fait partie du tribunal qui condamne Toukhatchevski en 1937, il est liquidé en 1938.

DZERJINSKI, Félix Edmondovitch (1877-1926). Chef de la Tcheka. Famille de petite noblesse de Vilno. Il est l'un des organisateurs du parti social-démocrate polonais en 1899. Prend part à la révolution de 1905-1907. Connaît la prison. Ami de Lénine. Nommé par Lénine à la tête de la Tcheka dès sa création le 7/20 décembre 1917, il en fait le tentaculaire et cruel instrument de répression que l'on sait. Président du soviet de l'économie en 1924. Meurt de maladie.

EGOROV, Alexandre (1883-1941). Maréchal de l'Union soviétique. Ancien officier de l'armée impériale, breveté d'état-major. Lieutenant-colonel en 1917. Rallié aux Rouges dès 1918. Il commande successivement la 9e et la 10e armée rouge, puis le front Sud en 1919 contre Denikine. Chef d'état-major général en 1931. Maréchal en 1935. Remplace Toukhatchevski en 1937 au poste de commissaire adjoint à la Défense. Arrêté en 1938. Vraisemblablement mort au Goulag en 1941.

FROUNZE, Mikhaïl Vassilievitch (1885-1925). Commissaire du peuple aux Affaires militaires et navales. Né dans le Turkestan. Études supérieures techniques. Adhère au parti bolchevique en 1904. Étudie les questions militaires en prison. En 1917, à Minsk, il dirige un vaste réseau révolutionnaire dans les armées du front Ouest. Élu président du soviet des ouvriers et des soldats de Biélorussie. En octobre 1917, il arrive à Moscou avec un détachement de 2 000 gardes rouges et participe à l'établissement du pouvoir bolchevique. Il dirige en juillet 1918 l'écrasement de la révolte ouvrière de Iaroslav. Nommé commissaire militaire pour la Volga. En janvier 1919, il commande le groupe sud du front Est contre l'ataman Doutov. En juillet 1919, il est envoyé au Turkestan pour y diriger la répression. En septembre 1920, Lénine le nomme sur le front Sud où, disposant d'une supériorité de cinq contre un, il parvient à vaincre la dernière armée blanche de Wrangel. Il dirige ensuite en Ukraine la liquidation des bandes de Makhno et de Petlioura. Il élabore avec Toukhatchevski la doctrine de la guerre « prolétarienne », tout en s'opposant au contrôle de la Tcheka sur l'armée. Nommé en 1925 commissaire du peuple aux Affaires militaires et navales (ministre de la Guerre et de la Marine), il jette les bases d'une organisation qui s'est perpétuée après lui. Populaire et indépendant, il meurt dans des conditions mystérieuses qui laissent supposer que Staline l'aurait fait assassiner.

KAMÉNEV, Serge Serguéievitch (1883-1936). Commandant en chef de l'armée rouge. Ancien officier de l'armée impériale, breveté d'état-major. Colonel en 1917, rallié aux Rouges dès le début de 1918. Commande le front de l'Est face à Koltchak. Prépare la contre-offensive de l'été 1919. Nommé en juillet 1919 commandant en chef de l'armée rouge en remplacement de Vatsetis. Malgré l'échec de la campagne contre la Pologne en 1920, il restera en fonction jusqu'en 1924. Inspecteur de l'armée rouge, puis chef d'état-major général, il meurt de maladie en 1936.

SMIRNOV, Ivan Nikitovitch (1880-1936). Origines paysannes. Ouvrier dans l'industrie. Activités révolutionnaires dès 1898. Arrêté plusieurs fois. Participe aux troubles de 1905 à Moscou. Poursuit le combat politique. Mobilisé en 1916 à Tomsk (Sibérie), il joue un rôle de premier plan pendant la révolution de Février. Nommé membre du CMR du front de l'Est en 1918, il est bientôt chargé d'organiser des unités de partisans sur les arrières de Koltchak. Il est l'homme clé du CMR de la 5e armée lors de l'offensive victorieuse contre Koltchak en 1919-1920. Nommé président du soviet révolutionnaire de Sibérie. Dirige en 1921-1922 les industries de guerre. Victime des premiers procès de Moscou en 1936.

TOUKHATCHEVSKI, Mikhaïl Nikolaïevitch (1893-1937). Issu d'une famille noble de la province de Smolensk. École des cadets. École d'infanterie Alexandre de Moscou. Sous-lieutenant au régiment de la garde Semenovski en 1913. Blessé et fait prisonnier en 1914. Évadé en 1917, il adhère au parti bolchevique en avril 1918. Bénéficiant d'une promotion fulgurante, il commande la 1re armée à l'Est face aux Tchèques durant l'été 1918. Transféré sur le front Sud en décembre 1918, il commande la 8e armée qui envahit le Donets. En mars 1919, lors de l'offensive de Koltchak, il est nommé à la tête de la 5e armée. Il réussit la percée dans l'Oural qui ouvre la route de la Sibérie. Il conduit l'offensive sur Omsk, détruisant les armées blanches de Koltchak. Après la prise d'Omsk, à la fin de novembre 1919, il est envoyé de nouveau sur le front Sud contre Denikine en pleine retraite. À la tête de l'armée du Caucase en février 1920, il s'empare un mois plus tard de Novorossisk au Kouban, entraînant la défaite définitive de Denikine. Désigné pour commander le front Ouest en mai 1920, il dirige l'offensive contre la Pologne sans pouvoir imposer sa volonté au couple Boudienny-Staline. Cela n'est pas étranger à son échec devant Varsovie en août 1920. En 1921, il réprime la révolte de Kronstadt puis les soulèvements paysans de Tambov. Avec Frounze, il a élaboré une théorie de la guerre « prolétarienne » : hostilité à l'utilisation généralisée des « spécialistes » de l'ancienne armée tsariste, promotion de commandants rouges, développement de la guerre de partisans, offensive à outrance et formation d'un état-major révolutionnaire international. Chef d'état-major adjoint de l'armée rouge en 1924, il dirige en 1930 l'Académie Frounze. Il est commissaire adjoint aux Affaires militaires en 1931. Staline le fait condamner et exécuter en 1937.

TROTSKI (1879-1940). De son vrai nom Lev Davidovitch Bronstein, il est né dans une famille de commerçants juifs d'Odessa. Ayant participé au mouvement révolutionnaire à l'université d'Odessa, il est arrêté en 1898, puis assigné à résidence en Sibérie. Il s'en évade en 1902 pour l'Angleterre, évoluant alors entre bolcheviks et mencheviks. Rentré en Russie en 1905, il est élu en octobre président du soviet de Saint-Pétersbourg, faisant preuve d'un grand talent d'orateur. De nouveau arrêté, puis évadé, il s'établit à Vienne puis aux États-Unis. Bénéficiant de surprenants subsides financiers, il arrive à Petrograd en mai 1917 et passe une alliance avec Lénine en juillet. Président du Soviet de Petrograd, son rôle est essentiel dans le coup de force d'octobre/novembre. Après avoir participé aux négociations de Brest-Litovsk, il est nommé commissaire à la Guerre et devient le véritable fondateur de l'armée rouge dans la guerre civile, recrutant en grand nombre d'anciens officiers de l'armée tsariste (les « spécialistes »), surveillés par des commissaires politiques. Ses méthodes impitoyables et ses talents d'organisateur mettront peu à peu de l'ordre dans l'immense désordre des Rouges. Après la victoire en Russie et malgré l'échec de la révolution en Allemagne, en Autriche et en Hongrie, il reste fidèle à son idée de la révolution permanente. Après la mort de Lénine (1924), la lutte sans merci qui l'opposait depuis longtemps à Staline tourne en faveur de ce dernier qui l'isole peu à peu, puis l'expulse en 1929 avant de le faire assassiner au Mexique en 1940.

VATSETIS, Joachim V. (1873-1938). Premier commandant en chef de l'armée rouge. Officier letton de l'armée impériale. Colonel en 1917, il adhère au parti dès le début de la révolution. Participe à la répression du soulèvement S-R à Moscou en juillet 1918. Ayant remarqué ses aptitudes dans le chaos de la guerre civile, Trotski le fait nommer commandant en chef de l'armée rouge durant l'été 1918. Il le restera jusqu'à son remplacement par S. S. Kamenev, soutenu par Staline, en juillet 1919. Peu après, Staline le fait arrêter, mais Trotski obtient sa libération et sa réhabilitation. Il est alors affecté à l'enseignement militaire supérieur. Il sera liquidé sur ordre de Staline en juillet 1938.

VOROCHILOV, Klementi Efremovitch (1881-1969). Maréchal de l'Union soviétique. Ouvrier métallurgiste. Adhère très tôt au mouvement révolutionnaire. Arrêté après la révolution de 1905, puis évadé, il dirige le comité bolchevique de l'usine d'armements de Tsaritsyne en 1914. Membre du Soviet de Petrograd dès février/mars 1917. Participe à la création de la Tcheka en décembre 1917. Envoyé à Ekaterinoslav en 1918, il organise en Ukraine des détachements de partisans rouges. À la tête de la 10e armée, dont Staline est le commissaire politique, il défend Tsaritsyne (futur Stalingrad) de juillet à octobre 1918 contre les cosaques du Don. Après avoir exercé divers commandements en Ukraine et au Caucase, il est commissaire politique à la 1re armée de cavalerie de Boudienny en 1920, partageant avec Staline la responsabilité de l'échec de l'armée rouge en Pologne. Homme de paille de Staline, celui-ci le fait nommer commissaire aux Affaires militaires (ministre de la Guerre) à la mort de Frounze en 1925. Il y reste jusqu'en 1940. Commandant du front Nord-Ouest en 1941, il est relevé à la suite d'échecs répétés, mais Staline lui accorde des fonctions symboliques. Il est élu président du Soviet suprême en 1953, fonction dont il est écarté par Khrouchtchev en 1960.

III

BIOGRAPHIES DES CHEFS DES ARMÉES BLANCHES

ALEXEIEV, Mikhaïl Vassilievitch (1857-1918). Généralissime des armées russes en 1917, premier organisateur d'un embryon d'armée blanche. Fils d'officier, breveté de l'école de cadets de Moscou, il participe à la guerre contre la Turquie en 1877. Breveté de l'Académie d'état-major en 1890, il dirige les opérations de la 3e armée de Mandchourie en 1904. Chef d'état-major du front Sud-Ouest en 1914-1915, son habileté stratégique parvient à compenser les défaillances de son chef, l'incapable N.I. Ianov. Nommé chef d'état-major général en août 1915, il s'efforce vainement de pallier les insuffisances de Nicolas II et de son entourage. Favorable à un régime républicain et hostile à la personne du tsar, il provoque l'abdication de ce dernier en mars 1917. Commandant en chef, puis conseiller militaire de Kerenski, bientôt écœuré par ce dernier, il favorise durant l'été 1917 la création d'Unions d'officiers. Kornilov ayant été accusé de vouloir renverser le gouvernement provisoire, il parvient à lui éviter de passer en jugement en le faisant interner (ce que le bouillant cosaque ne lui pardonnera pas). Réfugié sur le territoire du Don chez son ami le général Kaledine, sitôt le coup d'État bolchevique de novembre, Alexeiev lance un appel pour la création d'une armée de Volontaires contre l'Allemagne et les bolcheviks. Malade et âgé, il n'exercera aucun commandement direct, accompagnant cependant la première armée blanche durant l'éprouvante campagne du Kouban. Il meurt le 8 octobre 1918 à Ekaterinodar, dont vient de s'emparer Denikine.

DENIKINE, Anton Ivanovitch (1872-1947). Le plus célèbre des généraux blancs. D'origine extrêmement modeste. Son père était un serf qui, après avoir servi comme soldat dans l'armée tsariste pendant plus de vingt ans, devint officier et prit sa retraite avec le grade de commandant. Quatre ans plus tard, il eut un fils, prénommé Anton, le futur général. Après des études secondaires, ce dernier entre dans une école d'officiers, dont il sort sous-lieutenant d'artillerie. Après être passé par l'Académie d'état-major en 1895, il participe en 1904 à la campagne de Mandchourie. Il est général en 1914 et mène au combat la fameuse Division de fer. En mars 1917, il voit sans regret disparaître le tsarisme. Il serait favorable à une Russie républicaine « une et indivisible ». Nommé chef d'état-major du généralissime Alexeiev en mai 1917, il commande en chef le front du Sud-Ouest en août 1917. Ayant apporté son soutien au général Kornilov contre Kerinski, il est emprisonné. En novembre 1917, il parvient à rejoindre son ancien chef, Alexeiev, qui organise une armée de Volontaires sur le territoire du Don. Il participe à la première campagne du Kouban et devient commandant en chef de la petite armée des Volontaires à la mort de Kornilov, le 31 mars 1918. Il a 46 ans. Bénéficiant du soutien avant tout moral des Alliés, et ayant obtenu la subordination des armées cosaques, il devient en janvier 1919 le commandant en chef des armées blanches de la Russie du Sud. Il lance une offensive d'abord victorieuse en direction de Moscou, remportant une série de succès (prise de Tsaritsyne par Wrangel le 17 juin). En Ukraine, il écrase les forces nationalistes de Petlioura (septembre), mais ses arrières seront bientôt détruits par les partisans de Makhno, ce qui provoque en octobre le reflux de ses forces. En mars 1920, son intervention au Kouban finit en catastrophe. Il est alors contraint de démissionner (4 avril 1920). Sa succession est assurée par le général Wrangel. Étranger aux ambitions, dépourvu de projet politique, victime de son refus de composer avec les nationalités, le général Denikine reste dans les circonstances effroyablement difficiles de la guerre civile avant tout un soldat. À ce titre, il emporte le respect. Exilé en Angleterre puis en France, il part aux États-Unis en 1945 où il meurt le 8 août 1947. Il a publié en langue française *La Décomposition de l'armée et du pouvoir*, aux Éditions J. Povolozky & Cie, Paris, s.d. (1921). Ses archives personnelles sont conservées à Columbia University (New York, États-Unis).

HORVATH, Dimitri Léonidovitch (1858-1937). Directeur des chemins de fer transmandchouriens de 1902 à 1920. Né dans la province de Poltava, il reçoit une formation d'ingénieur, mais il entre dans l'armée à l'occasion de la guerre russo-turque de 1877-1878. Il se familiarise avec l'organisation des chemins de fer lors de la construction de la ligne transcaspienne. Nommé en 1902 à la tête des chemins de fer transmandchouriens, il s'impose dans la région de Kharbin comme une sorte de potentat, faisant preuve de grandes qualités politiques, parvenant à se maintenir au cours des deux révolutions de 1905 et 1917. Dans le but de préserver sa région libre de toute ingérence bolchevique, il manœuvre entre les représentants des puissances alliées. Tout en reconnaissant formellement l'autorité de l'amiral Koltchak en 1919, il ménage l'ataman Semenov, protégé des Japonais. Ses fonctions ayant été résiliées par le gouvernement chinois en avril 1920, il se réfugie à Pékin et devient jusqu'à sa mort le chef de l'émigration russe en Extrême-Orient.

IOUDENITCH, Nikolaï Nikolaïevitch (1862-1933). Commandant l'armée du Caucase en 1916, il s'empare de la forteresse turque d'Erzeroum et mène la vie dure aux Ottomans. Destitué lors de la Révolution, il s'échappe vers la Finlande puis l'Estonie en novembre 1917, devenant par la grâce des Anglais (général March) le commandant en chef des forces blanches de la Baltique (front Nord-Ouest) basées à Narva en Estonie et à Pskov. Malgré une situation rendue confuse par l'intervention des corps francs allemands en Lettonie et la dissidence de certains Russes blancs (prince Avalow-Bermondt), Ioudenitch conçoit une offensive en direction de Petrograd au moment où Denikine semble menacer Moscou. Conduite dans les premiers jours d'octobre 1919, cette offensive bouscule la 7e armée soviétique, mais le 10 octobre, Trotski parvient à la repousser. Commence alors une pénible retraite vers l'Estonie où l'armée blanche est désarmée et internée. Réfugié en France, le général y mourra.

KAPPEL, Vladimir Oskarytch (1881-1920). Dernier commandant en chef de l'armée blanche de Sibérie. Élève de l'école de cavalerie Nicolas, breveté de l'Académie d'état-major, il est colonel en 1918. Présent à Samara lors du soulèvement de la Légion tchèque en mai 1918, il se met à la disposition des Tchèques. Héros de la prise de Simbirsk et de Kazan, il apparaît rapidement comme le meilleur et le plus énergique général de Koltchak. Mais quand ce dernier lui confie le commandement en chef, le 7 décembre 1919, l'armée blanche de Sibérie est en pleine débâcle et en totale décomposition. Kappel fait cependant des miracles durant l'épouvantable retraite en plein hiver le long du Transsibérien. Il meurt de ses blessures, le 5 février 1920, alors que, parvenu devant Irkoutsk, il espère libérer l'amiral livré aux bolcheviks par les Tchèques.

KOLTCHAK, Alexandre Vassilievitch (1874-1920). Amiral, chef suprême et commandant en chef des armées blanches de novembre 1918 à sa mort. Fils de marin, brillant officier de marine passionné de recherches océanographiques, il participe en 1899 à l'expédition du baron Toll dans l'Arctique. Héros de la guerre russo-japonaise (1904), il participe à la réorganisation de la marine en 1906. Il combat avec succès dans la Baltique de 1914 à 1916, puis il commande en chef la flotte de la mer Noire. Après avoir été envoyé aux États-Unis en 1917, il se trouve bloqué à son retour au Japon par la révolution bolchevique. Nullement politique et avant tout militaire, soucieux de continuer la guerre contre l'Allemagne, il fait des offres de service aux Anglais. En avril 1918, l'ambassadeur de Russie à Pékin, qui a été maintenu par les Alliés, l'envoie en Sibérie orientale pour commander les troupes du chemin de fer de Mandchourie sous l'autorité du général Horvath. Rencontrant l'hostilité des Japonais, mais bénéficiant du soutien anglais (général Knox), il se rend à Omsk où siège un gouvernement antibolchevique. Sans l'avoir souhaité, il est bientôt porté au pouvoir par une conjuration d'officiers (18 novembre 1918) qui le proclame « chef suprême ». Dictateur intègre, solitaire et impuissant d'un monde en proie au chaos et à la corruption, commandant en chef d'une armée qui lui échappe, il choisit d'être le drapeau incorruptible et sacrifié de la Russie blanche. Après avoir remporté des succès dans leur offensive vers l'Oural durant le printemps 1919, ses armées sont repoussées et s'effondrent au cours d'une épouvantable retraite dans l'hiver sibérien. Livré aux Rouges par les Tchèques et par le général Janin, chef de la mission militaire française, il est fusillé à Irkoutsk le 7 février 1920.

KORNILOV, Lavr Gueorguievitch (1870-1918). Ancien généralissime en 1917 et premier chef d'une armée blanche. Né en Sibérie d'un père cosaque et d'une mère bouriate, il est diplômé de l'école d'officiers d'artillerie Mihaïlovski. Après avoir servi au Turkestan en 1892, il étudie à l'Académie d'état-major de 1895 à 1898. Ayant rempli plusieurs missions d'espionnage en Iran et en Inde, grâce à son apparence asiatique, il participe à la guerre contre le Japon en Mandchourie (1904), puis il sert comme attaché militaire en Chine jusqu'en 1911. Commandant d'une division d'infanterie en 1914 sur le front Ouest, il est capturé par les Autrichiens en Galicie en 1915, mais parvient à s'évader. L'année suivante, il commande le 25ᵉ corps sur le front du Sud-Ouest. Nommé à la tête de la garnison de Petrograd en mars 1917, après l'abdication de Nicolas II qui ne lui inspire aucun regret, il désapprouve la faiblesse du gouvernement provisoire et demande à rejoindre le front. Nommé à la tête de la 8ᵉ armée (front Sud-Ouest), il fait exécuter des déserteurs alors que la peine de mort a été abolie dans l'armée. Cette audace lui assure une immense popularité. Nommé commandant en chef le 18 juillet, il tente de faire approuver son plan de restauration de la discipline dans l'armée. Craignant d'être renversé par un émule de Bonaparte, Kerenski fait alliance contre lui avec les bolcheviks, dénonçant une tentative de putsch. Kornilov est arrêté. Au nom du péril contre-révolutionnaire, les bolcheviks s'emparent du pouvoir. Parvenant à s'évader, Kornilov rejoint le territoire du Don et prend le commandement de la petite armée des Volontaires constituée par Alexeiev. Il est tué au Kouban le 31 mars 1918 lors d'une tentative désespérée pour s'emparer d'Ekaterinodar.

KOUTIEPOV, Alexandre Pavlovitch (1881-1930). Général blanc sous Denikine et premier chef du ROVS en exil. Engagé dans l'armée à 18 ans, il se fait admettre dans une école de Junkers et sert au régiment de la Garde Preobrajenski qu'il commande en 1917. Dès la prise du pouvoir par Lénine, il dissout son régiment et rejoint le Don. Il combat du début jusqu'à la fin dans le Sud, avec des grades de plus en plus importants que lui vaut sa fougue au combat. Réfugié à Paris, il se voit confier en 1924 par le grand-duc Nicolas la direction du ROVS, l'association des anciens officiers blancs. Il disparaît en plein Paris le 26 janvier 1930, enlevé par le Guépéou. Transporté à bord d'un bateau soviétique (le *Spartak*) ancré à Houlgate, le général serait mort d'une crise cardiaque avant d'arriver en URSS. Son fils Paul, âgé de cinq ans en 1930, s'engagera pendant la guerre dans une unité allemande pour combattre le bolchevisme. Capturé en Serbie, condamné à mort, sa peine sera commuée en vingt-cinq ans de détention. Libéré après dix ans de Goulag, il est mort en URSS en 1983.

KRASNOV, Piotr Nikolaïevitch (1870-1947). Général, écrivain et ataman du Don. Issu d'une vieille famille d'officiers cosaques. Jeune correspondant de guerre en Éthiopie en 1890 puis en Extrême-Orient, il devient par la suite officier et se couvre de gloire de 1914 à 1917. Général de cavalerie en novembre 1917, il tente vainement de briser le coup d'État bolchevique à Petrograd. Il est l'un des rares généraux blancs fidèles au tsarisme. Élu ataman du Don le 3 mai 1918, il est favorable à une entente tactique avec les Allemands dont il parle couramment la langue et admire la culture. Il entend d'autre part constituer le Don en territoire autonome. Sur ces deux points, il se heurte à Denikine qui est germanophobe et dont la devise est « la grande Russie, une et indivisible ». N'ayant pas été réélu en 1919, Krasnov se réfugie à Berlin en 1920, écrivant des romans à succès (*De l'aigle impérial au drapeau rouge*, publié chez Payot en 1927). Pendant la Seconde Guerre mondiale, avec l'accord des Allemands, il forme une division de cavalerie cosaque anticommuniste. En 1945, lui et ses cosaques sont livrés de force aux Soviétiques par les Anglais. Il est fusillé à Moscou avec d'autres officiers cosaques le 17 janvier 1947.

MANNERHEIM, Carl Gustav (1867-1951). Héros et artisan de l'indépendance finlandaise. Né près de Turku dans une vieille famille d'origine suédoise. Jeune officier aux Chevaliers gardes russes, breveté d'état-major, il participe à la guerre russo-japonaise (1904), puis dirige une expédition à cheval en Asie centrale et en Chine (1906-1908). Général en 1910, il commande un corps d'armée en 1917. Lors de la révolution de Février, il juge qu'on ne peut rien sauver en Russie, alors que tout est possible en Finlande si l'on s'appuie sur le sentiment national. Il reçoit le commandement des troupes blanches finlandaises qui combattent pour l'indépendance contre les bolcheviks. Après avoir écrasé les Rouges à Tempere en avril 1918, il achève la libération de sa patrie. Élu Régent du nouvel État, il obtient des Alliés la reconnaissance de l'indépendance finlandaise en décembre 1918, puis il se retire de la politique, tout en présidant le Conseil de défense de 1931 à 1939. Il a été élevé au maréchalat en 1933. Commandant en chef pendant la guerre d'hiver (1939-1940), il est l'âme de l'héroïque résistance finlandaise à l'agression soviétique. Il dirige les opérations militaires en liaison avec les Allemands jusqu'en 1944. Quand la défaite devient inéluctable, il est élu président de la République afin de faciliter la conclusion d'un armistice avec l'URSS (août 1944) qui préserve l'indépendance de la Finlande. Il abandonne ses fonctions pour raisons de santé en 1946. Ses *Mémoires* ont été publiés chez Payot en 1952. De bout en bout, il a été le général blanc le plus heureux dans ses projets politiques et dans ses campagnes militaires. Avec Pilsudski en Pologne, il est le seul général blanc qui ait triomphé des Rouges de façon durable.

MILLER, Evgueni Karlovitch (1867-1937). Général, commandant le front Nord, second chef du ROVS en exil. Destiné par son père à la carrière militaire, il entre à l'école des cadets, puis à l'école de cavalerie, enfin à l'Académie de l'état-major. Attaché militaire dans plusieurs capitales, il est chef d'état-major de la 5e armée en 1914. Il commande le 26e corps d'armée en 1917. Grièvement blessé par des soldats mutinés, il se trouve en mission sur le front italien lors de la prise du pouvoir par Lénine. En août 1918, les Anglais présents à Arkhangelsk sur la mer Blanche, où s'est constitué un embryon de gouvernement antibolchevique, font appel à lui comme gouverneur et chef militaire. Lorsque les Anglais évacuent Arkhangelsk en août 1919, il refuse d'être évacué. Par ses actions de harcèlement, il espère soulager Denikine et Ioudenitch. Quand cet espoir disparaît, il évacue ses hommes en direction de la Norvège à bord des deux seuls navires qui lui restent. Miller se réfugie ensuite à Paris avec sa femme et ses enfants. Resté en liaison avec le général Wrangel, il joue un rôle important dans l'émigration. Au lendemain de l'enlèvement du général Koutiepov par le Guépéou, en janvier 1930, il devient son successeur à la tête du ROVS, l'association des officiers blancs en exil. Le 22 septembre 1937, à Paris, il tombe à son tour dans un piège du Guépéou tendu par un ancien officier blanc, le général Skobline. Enlevé, transporté à bord d'un navire soviétique (le *Maria Oulianov*) qui quitte Le Havre aussitôt, il est emprisonné à la Loubianka, jugé et abattu, comme le révélera le tchékiste Soudoplatov dans ses Mémoires (*Missions spéciales*, Le Seuil, 1994).

PETLIOURA, Simon (1879-1926). Hetman d'Ukraine de 1918 à 1920. Né dans une famille cosaque, il est l'un des fondateurs du parti social-démocrate ukrainien (1905), tout en militant pour l'indépendance et en publiant un journal nationaliste. Mobilisé dans l'armée russe en 1914, officier et spécialiste militaire de la Rada (assemblée ukrainienne), il forme une légion ukrainienne en 1917 qui combat les bolcheviks. Après la défaite allemande de novembre 1918 et le retrait de l'hetman Skoropadski, Petlioura instaure un directoire ukrainien et devient hetman (commandant en chef) le 11 février 1919. L'Ukraine est en plein chaos, déchirée par de multiples guerres civiles dans la guerre civile. Campé sur ses positions de la « grande Russie indivisible », Denikine occupe une partie du territoire, voulant soumettre l'Ukraine à son autorité, y recruter une armée et y imposer l'ancienne législation russe favorable aux grands propriétaires. Cela a pour effet de provoquer de terribles insurrections paysannes dirigées par l'habile Makhno que soutient Petlioura (septembre 1919). Lorsque commence la troisième offensive bolchevique contre l'Ukraine (7 novembre 1919), les Rouges bousculent Denikine et s'emparent d'une grande partie du territoire. En avril 1920, Petlioura parvient à conclure un accord avec les Polonais qui libèrent Kiev le 7 mai 1920, mais doivent se replier un mois plus tard devant l'offensive de Boudienny. L'indépendance de l'Ukraine est abolie par l'armistice signé entre Polonais et Soviétiques le 12 octobre et par le traité de Riga (18 mars 1921) qui partage l'Ukraine entre la Russie et la Pologne. Petlioura se réfugie alors en Pologne puis en France. Il y est assassiné par un jeune Juif, agent bolchevique, Samuel Schwartzbard, qui prétend venger des pogroms auxquels l'ancien hetman n'a eu aucune part.

PILSUDSKI, Josef (1867-1935). Maréchal polonais, artisan de l'indépendance de son pays. Né dans une famille noble lituanienne sous la domination russe. Étudiant en médecin à Kharkov, il est arrêté en 1887 pour activités subversives et relégué pendant cinq ans en Sibérie. Il devient à son retour (1892) l'un des fondateurs du parti social-démocrate polonais, dirige un journal clandestin et participe aux troubles de 1905. Par la suite, il évolue du socialisme au nationalisme, préparant dès 1908 en Galicie des groupes paramilitaires polonais destinés à lutter contre la Russie en cas de guerre. En 1914, il lève ainsi une légion polonaise qui combat aux côtés des Autrichiens. Mais en 1917, il est emprisonné par les Allemands qui voient d'un mauvais œil l'influence autrichienne en Pologne. Rentré à Varsovie en novembre 1918, il prend le commandement des forces polonaises et devient chef d'État provisoire. Il apporte son soutien à l'Ukraine indépendante de Petlioura, mais il est contraint d'évacuer Kiev devant l'avance des Rouges qui semblent sur le point de s'emparer de toute la Pologne. Avec le concours du général Weygand, il rétablit miraculeusement la situation de Varsovie en août 1920, rejetant l'armée rouge, ce qui fait de lui un héros national. Retiré des affaires publiques, il revient au pouvoir à la faveur d'un coup d'État (12 mai 1926), exerçant une dictature à la romaine jusqu'à sa mort, le 12 mai 1935.

SEMENOV, Grigori (1889-1946). Général et ataman des cosaques de l'Oussouri. De père russe et de mère bouriate, il est capitaine en 1917 au régiment de Nertchinsk. En novembre, il passe en Mandchourie avec son escadron et un petit groupe d'officiers, parmi lesquels l'essaoul Ungern-Sternberg dont il fait son chef d'état-major. « Soldat exemplaire, brave surtout sous l'œil du chef, écrit Wrangel qui fut son ancien colonel, il avait su se rendre très populaire parmi les cosaques et les officiers. Un penchant aux intrigues et l'indifférence devant les moyens étaient ses côtés faibles. Ingénieux et habile, il manquait complètement d'instruction. Ses horizons étaient bornés. Je n'ai jamais compris comment il parvint à jouer un rôle de premier plan... » À partir de janvier 1918, depuis sa base de Mandchouria, Semenov lance des raids contre les Rouges dans la région de Karymskoïe, sur le Transsibérien, se faisant reconnaître comme ataman des cosaques de l'Oussouri. Soutenu par les Japonais, Semenov préserve jalousement son autonomie, refusant de reconnaître l'autorité de Koltchak. Il s'efforcera cependant de le secourir quand il tombera au pouvoir des Tchèques, à la fin de 1919, peut-être dans l'espoir de s'emparer des réserves d'or qui escortent l'amiral... Sentant la fin imminente et rédigeant son testament politique le 22 décembre 1919, Koltchak fait de Semenov son successeur dans la région : « Je confie au général-lieutenant ataman Semenov l'ensemble des pouvoirs civils et militaires sur les territoires de l'Est de la Russie. » Au printemps 1920, Semenov quitte Tchita en avion avant l'arrivée des bolcheviks. Il se réfugie en Mandchourie. Capturé par les troupes soviétiques après l'effondrement japonais de 1945, il est condamné à mort et pendu à Moscou en 1946.

SKOROPADSKI, Pavlo (1873-1945). Général et hetman d'Ukraine. Officier de carrière, breveté d'état-major, il a participé à la guerre russo-japonaise. Promu général en 1912, il commande la Garde à cheval en 1914 et combat durement contre les Allemands pendant toute la Première Guerre mondiale. Après la révolution de Février, il supervise l'ukrainisation du 34e corps russe qui devient le Ier corps ukrainien. Il est élu représentant des cosaques d'Ukraine en octobre 1917. Après le traité de Brest-Litovsk, la Rada ukrainienne demande le soutien de l'Allemagne pour libérer le territoire occupé par les bolcheviks, ce qui est fait en avril. Mais commencent alors des conflits avec les Allemands qui favorisent un coup d'État. Le 29 avril 1918, Skoropadski est proclamé hetman (chef politique et militaire) d'Ukraine. Après la défaite allemande de novembre 1918 et le retrait des forces allemandes, Skoropadski tente de donner satisfaction aux Français qui, écoutant Denikine, sont hostiles à l'indépendance de l'Ukraine. Sa proclamation de fédération avec une hypothétique Russie blanche lui vaut d'être renversé par les nationalistes ukrainiens le 14 décembre 1918. Il se réfugie alors en Allemagne où il réside jusqu'à sa mort.

UNGERN-STERNBERG, Roman Feodorovitch von (1887-1921). Dernier général blanc. Famille de barons baltes. S'engage comme simple soldat en 1904 pour se battre en Mandchourie. Puis école d'officiers en 1906. Son attrait pour la Mongolie est précoce. Il est garde au consulat russe d'Ourga en 1910. En 1913, il accompagne l'ethnologue russe Burdukov dans une expédition en Mongolie. À la veille de 1914, il sert au régiment cosaque de Nertchinsk que commande Wrangel. Il y fait la connaissance de Semenov. Il combat sur le front du Caucase de 1914 à 1917. Il est capitaine en 1917 quand son régiment est envoyé en Transbaïkalie. Il suit Semenov en Mandchourie en 1918, puis il fait approuver par les Japonais son projet d'un État mongol, se faisant reconnaître comme chef de la Division de cavalerie asiatique avec le grade de général. En août 1920, à la tête de sa Division, il quitte Daouria dans l'intention de constituer un pouvoir blanc en Mongolie. Dans les derniers jours d'octobre, il assiège Ourga qu'occupent les Chinois. Le 3 février 1921, il s'en empare, abolissant la suzeraineté chinoise. En mai, il marche vers la Transbaïkalie où il est capturé par traîtrise le 21 août. Livré aux bolcheviks, le dernier général blanc est fusillé à Novossibirsk le 17 septembre, affichant jusqu'au bout un grand mépris de la mort.

Wrangel, Pierre Nikolaïevitch (1878-1928). Le dernier et le plus habile des grands généraux blancs. Sa famille d'origine allemande s'était distinguée depuis longtemps au service de la Russie. Tout d'abord ingénieur des mines, il est capitaine de la Garde à cheval en 1914 et général au début de 1917. Le baron Wrangel commande un corps de cavalerie cosaque à la veille de la Révolution qui trouve en lui un adversaire résolu. Partisan avoué de Kornilov, il est privé de commandement lors du putsch bolchevique de novembre, et se réfugie avec sa famille en Crimée. Arrêté à Yalta par des marins rouges en janvier 1918, il échappe à la mort par miracle. Après l'arrivée des troupes allemandes, il refuse le poste de chef d'état-major de l'armée ukrainienne et rejoint Rostov en septembre 1918 pour se mettre à la disposition de Denikine qui lui donne un corps de cavalerie. Il fait rapidement preuve d'aptitudes exceptionnelles dans la guerre civile, s'emparant du Kouban et du Terek. Nommé à la tête de l'armée du Caucase le 27 décembre 1918, il s'oppose à Denikine sur le plan stratégique de la marche sur Moscou. Il s'empare cependant de Tsaritsyne (futur Stalingrad) en juillet 1919. Après les revers de la fin 1919 et la crise de mars 1920, il est désigné par ses pairs pour remplacer Denikine. En peu de temps, il remet sur pied une armée et donne vie au seul véritable projet gouvernemental et politique opposé aux Rouges par les Blancs. Mais il est trop tard. Ayant concentré ses forces en Crimée, il réussit l'exploit de les évacuer par mer en novembre 1920 à la barbe de l'armée rouge. Jusqu'à sa mort en 1928 (empoisonné peut-être par le Guépéou), il dirigera l'émigration russe. Ses *Mémoires* ont été publiés à Paris par Tallandier en 1930.

IV

CHRONOLOGIE DE LA GUERRE CIVILE (1917-1921)[1]

1917

8-12 mars (23-27 février). Émeutes insurrectionnelles à Petrograd.

15 (2) mars. Victoire de l'émeute à Petrograd. Abdication de Nicolas II imposée par ses généraux. Constitution d'un gouvernement provisoire.

21 (7) juillet. Kerenski devient chef du gouvernement provisoire.

28 (15) août. Rébellion du généralissime Kornilov contre Kerenski.

7-9 novembre (24-25-26 octobre). Putsch bolchevique à Petrograd. Kerenski est renversé. Lénine préside le gouvernement des commissaires du peuple (Sovnarkom).

15 (2) novembre. Le général Alexeiev arrive sur le territoire du Don, accueilli par le général ataman Kaledine. Il lance un appel pour la formation d'une armée de Volontaires contre le bolchevisme et pour la poursuite de la guerre contre l'Allemagne.

7 décembre (24 novembre). Proclamation de l'indépendance de la Finlande.

---

1. Les dates correspondent au calendrier grégorien et entre parenthèses au calendrier orthodoxe julien jusqu'au 31 janvier 1918.

9 décembre (26 novembre). Lénine proclame l'état de siège dans tous les territoires « où apparaîtront des détachements contre-révolutionnaires ».

17 (4) décembre. Ultimatum des bolcheviks à l'Ukraine. En riposte, Petlioura fait arrêter les dirigeants locaux des soviets. L'indépendance de l'Ukraine sera proclamée par la Rada le 22 janvier 1918.

20 (7) décembre. Création par Lénine de la Tcheka.

25 (12) décembre. Les Volontaires d'Alexeiev s'emparent de Rostov-sur-le-Don. Dans l'Oural, le général Doutov, ataman des cosaques de l'Orenbourg, crée avec les S-R un comité de salut public contre le pouvoir des soviets.

1918

7 janvier (25 décembre). Sur le Don, formation officielle de l'armée des Volontaires commandée par Kornilov, assisté d'Alexeiev.

15 (2) janvier. Création de l'armée rouge.

19 (6) janvier. À Petrograd, dissolution par les gardes rouges de l'Assemblée constituante qui s'était réunie la veille pour la première fois.

27 (14) janvier. Création par le Sovnarkom de « détachements de ravitaillement » chargés de contraindre par la force les paysans à livrer leurs récoltes. Disposition aggravée le 20 mai 1918 par un décret sur la « dictature alimentaire », qui provoquera partout des révoltes d'où surgira la vraie guerre civile.

29 (16) janvier. Venant de Petrograd, une armée rouge envahit le Don. Trop faible pour se maintenir sur le territoire, l'armée blanche de Kornilov commence sa retraite en direction du Kouban. Suicide du général Kaledine.

Janvier-février. En Transbaïkalie, l'ataman Semenov et son chef d'état-major, le capitaine (futur général) Ungern-Sternberg s'emparent de Mandchouria et lancent des raids contre les soviets locaux à la jonction du Transsibérien et du Transmandchourien.

Janvier-avril. Retraite au Kouban (campagne de glace) des généraux Kornilov, Alexeiev et Denikine, suivis d'une poignée de gardes blancs. Victoire des Rouges sur le Don, au Caucase et en Ukraine.

3 mars. Signature entre les bolcheviks et l'Allemagne du traité de Brest-Litovsk. Les Allemands occupent la Pologne, l'Ukraine, le Don et la Crimée, dont ils chassent les Rouges.

10 mars. Transfert du gouvernement bolchevique de Petrograd à Moscou qui devient la capitale de la République soviétique.

31 mars. Mort du général Kornilov au Kouban. Le général Denikine lui succède à la tête de la petite armée des Volontaires en pleine retraite. Sur le Don, début du soulèvement des Cosaques.

5 avril. Débarquement de troupes japonaises à Vladivostok.

6 avril. En Finlande, victoire décisive des gardes blancs du général Mannerheim à Tempere. L'armée rouge de la Finlande de l'Ouest capitule le 2 mai. Le 16 mai, à Helsinki, Mannerheim annonce qu'il n'y a plus un seul soldat rouge en Finlande.

23 avril. Libération de Novotcherkassk par les cosaques blancs.

30 avril. Fin de la première campagne du Kouban. Renforcés par un grand nombre de cosaques, les Volontaires du général Denikine sont accueillis sur le Don en libérateurs. Le 3 mai, le général Krasnov est élu ataman du Don.

Mai. Semenov et Ungern créent à Tchita le gouvernement provisoire du territoire de Transbaïkalie. Désaccord entre Semenov et l'amiral Koltchak.

26 mai. Proclamation de l'indépendance de la Géorgie.

27 mai. Soulèvement de la Légion tchèque le long du Transsibérien. Révolte des cosaques du Don (mai).

Juin. Début pour Denikine de la deuxième campagne du Kouban pour en chasser les Rouges. Ekaterinodar sera pris en août. Création d'une armée blanche du Nord commandée par le général Miller que soutiennent les Anglais.

6 juin. Prise d'Omsk en Sibérie occidentale par les Tchèques. Constitution d'un gouvernement de la Sibérie occidentale (droite).

29 juin. Prise de Vladivostok par des gardes blancs et des légionnaires tchèques. Constitution d'un gouvernement provisoire de la Sibérie autonome.

6-7 juillet. Tentative de soulèvement des S-R de gauche à Moscou.

16 juillet. Massacre de la famille impériale, alors que les Blancs approchent d'Ekaterinbourg.

Août. Débarquement de troupes japonaises, américaines et alliées à Vladivostok.

7 août. Les Blancs s'emparent de Kazan. Soulèvements ouvriers antibolcheviques dans l'Oural. Trotski réorganise l'armée rouge. Staline est chargé de la défense de Tsaritsyne.

30 août. Tentative d'assassinat de Lénine par Fanny Kaplan. Proclamation de la terreur de masse, 512 otages sont fusillés. Création du Goulag, le 8 septembre.

8 septembre. À Oufa, fusion de deux gouvernements sibériens de Samara (S-R) et d'Omsk (droite). En Sibérie occidentale, les Blancs ont environ 100 000 hommes sous les armes.

11 novembre. Armistice entre l'Allemagne et les Alliés. Début de la retraite des troupes allemandes présentes au Caucase, en Ukraine, en Pologne et dans les Pays baltes.

18 novembre. Coup d'État à Omsk qui porte au pouvoir contre sa volonté l'amiral Koltchak, élu Régent de Russie et chef suprême des armées blanches, fonction purement fictive qu'il ne pourra jamais exercer. Dans le Sud, le général Denikine reconnaîtra son autorité le 30 mai 1919.

6 décembre. Débarquement d'un contingent français à Odessa.

Dans le Sud, fusion de l'armée des Volontaires et de l'armée du Don sous le commandement de Denikine (Forces armées du sud de la Russie).

1919

Janvier. Stabilisation du front Nord que commande le général Miller.

25-28 février. À Tchita (Transbaïkalie), en présence d'un officier japonais, conférence entre Semenov, Ungern et des nationalistes mongols en vue de la création d'une Grande Mongolie du lac Baïkal au Tibet. Partisan d'une grande Russie unifiée, l'amiral Koltchak est hostile à ce projet.

Mars. Début de l'offensive de Koltchak en direction de Moscou, sans coordination possible avec Denikine.

2-6 mars. Premier congrès de l'Internationale communiste à Moscou.

22 mars. Mutinerie de la flotte française et abandon d'Odessa aux bolcheviks le 5 avril.

Mai. Depuis l'Estonie et Pskov, avec l'accord anglais, ouverture par le général Ioudenitch d'un front Nord-Ouest.

Fin de l'offensive de Koltchak en direction de Moscou et amorce de la retraite.

Offensive victorieuse de Denikine sur tout le front Sud.

Mai-décembre. Intervention des corps francs allemands en Courlande. Indépendance des trois États baltes.

30 juin. Wrangel s'empare de Tsaritsyne. Trois jours plus tard, Denikine définit un plan de marche sur Moscou que critique Wrangel. Les armées rouges ne cessent de se renforcer.

Août. Début de la contre-offensive rouge contre Denikine sur le front Sud.

Septembre. En Ukraine, Denikine écrase Petlioura, mais ses arrières seront détruits par les partisans de Makhno.

14 septembre. Les Anglais abandonnent le front Nord (général Miller), rembarquant à Mourmansk et Arkhangelsk.

Octobre. Intervention chinoise en Mongolie. Occupation d'Ourga. Naissance d'un mouvement mongol prosoviétique (Soukhé Bator).

10 octobre. Échec de l'offensive de Ioudenitch en direction de Petrograd.

24 octobre. Après la prise de Voronej par la cavalerie rouge de Boudienny, début de l'effondrement de Denikine dans le Sud. En Sibérie, début de la débâcle des armées de Koltchak.

14 novembre. Les Rouges s'emparent d'Omsk, capitale de Koltchak qui fuit le long du Transsibérien.

Décembre. Koltchak est abandonné par le général Janin. Il est prisonnier des Tchèques qui le livreront aux bolcheviks. Il a nommé l'intrépide général Kappel au commandement des dernières forces blanches de Sibérie.

1920

Janvier. Fin du front Nord. Miller se retire en Norvège.

7 février. Exécution de Koltchak à Irkoutsk. Les rescapés des armées blanches de Sibérie s'échappent vers la Mandchourie.

16 février. Dans le Sud, les Rouges s'emparent de Rostov.

27 mars. Échec de l'intervention de Denikine au Kouban. Une partie de ses troupes est évacuée par mer vers la Crimée.

4 avril. Crise au sommet chez les Blancs. Denikine démissionne. Il est remplacé par Wrangel.

Avril. Les Polonais interviennent en Ukraine, mais en sont chassés par les Rouges qui marchent sur Varsovie.

Avril-septembre. En Crimée, reprise en main de l'armée blanche par Wrangel qui édifie un « modèle » blanc. Son gouvernement sera reconnu par la France le 10 août.

3 juillet. L'armée Wrangel détruit la cavalerie rouge du Caucase (Jloba).

Été. Révolte des paysans de Tambov sous la direction d'Antonov.

Août. À la tête de sa Division asiatique de cavalerie, Ungern quitte Daouria dans l'intention de constituer un pouvoir blanc en Mongolie. Dans les derniers jours d'octobre, il assiège Ourga qu'occupent les Chinois.

20 août. Miracle de la Vistule. L'armée blanche du général Pilsudski applique le plan Weygand et met en déroute les Rouges (Toukhatchevski) devant Varsovie.

1er octobre. Traité de paix entre la Pologne et les soviets qui concentrent désormais leurs forces contre Wrangel.

16 novembre. Wrangel parvient à évacuer la Crimée par mer, sauvant son armée du massacre.

Conquête par les Rouges de l'Azerbaïdjan et de l'Arménie. Début des campagnes du Turkestan qui se poursuivront jusqu'en 1926.

1921

Février. Résistance des cosaques de l'Oural. Invasion de la Géorgie par l'armée rouge.

2 février. Ungern s'empare d'Ourga, capitale de la Mongolie et abolit la suzeraineté chinoise. En mars, Soukhé Bator devient commandant en chef d'une armée révolutionnaire mongole. Il demande l'aide armée de la Russie soviétique contre les troupes blanches d'Ungern.

2-18 mars. Soulèvement des marins de Kronstadt.

Été. Anéantissement des révoltes paysannes de la Volga et des résistances organisées sur le Don, au Kouban et dans le Terek. Fin tragique des « Vendées russes ».

Juin. La 5e armée soviétique (Blücher) intervient en Transbaïkalie et en Mongolie contre Ungern qui sera capturé par traîtrise le 21 août.

17 septembre. Dernier général blanc, Ungern est fusillé à Novossibirsk.

V

BIBLIOGRAPHIE

ADORJAN (André), *La Finlande rempart de l'Europe*, Paris, Sorlot, 1940.

ALEXANDRA FÉODOROVNA (impératrice), *Lettres à l'empereur Nicolas II*, Paris, Payot, 1924.

ALEXANDROV (Victor), *Octobre rouge*, Bibliothèque de culture historique, Paris, s.d.

ANDOLENKO (général C. R.), *Histoire de l'armée russe*, Paris, Flammarion, 1967.

ANET (Claude), *La Révolution russe*, Paris, Payot, 1919.

ANTONELLI (Étienne), *La Russie bolchéviste*, Paris, Grasset, 1919.

ARAGON (Louis), *Histoire de l'URSS*, Paris, Presses de la Cité, 1962.

ARON (Raymond), *Penser la guerre, Clausewitz*, Paris, Gallimard, 1976, 2 vol.

ARVON (Henri), *Les Juifs et l'idéologie*, Paris, PUF, 1976.

AVRICH (Paul), *La Tragédie de Cronstadt 1921*, Paris, Seuil, 1975.

BABEL (Isaac), *Cavalerie rouge*, Lausanne, L'Âge d'Homme, 1972, traduction, notes et étude de Jacques Catteau.

BAJANOV (Boris), *Bajanov révèle Staline*, Paris, Gallimard, 1979.

BAYNAC (Jacques), *Les Socialistes-révolutionnaires*, Paris, Robert Laffont, 1979.

BENOIST (Alain de), *Vu de droite*, Paris, Copernic, 1977.

Benoist-Méchin (Jacques), *Histoire de l'armée allemande*, Paris, Albin Michel, 1938, t. I.
Benoist-Méchin (Jacques), *L'Ukraine*, Paris, Albin Michel, 1941.
Berberova (Nina), *Histoire de la baronne Boudberg*, Arles, Actes Sud, 1988.
Berberova (Nina), *Les Francs-maçons russes au XXe siècle*, Arles, Actes Sud, 1991.
Berdiaev (Nicolas), *Les Sources et le sens du communisme russe*, Paris, Gallimard, 1951.
Bergeron (Francis), *Le Goulag avant le Goulag*, Paris, Association pour la Russie libre, 1987.
Besançon (Alain), *Le Tsarévitch immolé*, Paris, Plon, 1967.
Besançon (Alain), *Éducation et société en Russie*, Paris-La Haye, Mouton, 1974.
Besançon (Alain), *Être russe au XIXe siècle*, Paris, Armand Colin, 1974.
Besançon (Alain), *Court traité de soviétologie à l'usage des autorités civiles, militaires et religieuses*, Paris, Hachette, 1976, préface de Raymond Aron.
Besançon (Alain), *Les Origines intellectuelles du léninisme*, Paris, Calmann-Lévy, 1977.
Besançon (Alain), *Présent soviétique et passé russe*, Paris, Livre de Poche, 1980.
Body (Marcel), *Les Groupes communistes français de Russie, 1918-1921*, Paris, Allia, 1988.
Bogdan (Henry), *Histoire des peuples de l'ex-URSS*, Paris, Perrin, 1993.
Bontch-Brouïevitch (général M.), *L'Heure du choix*, Moscou, 1966.
Botchkareva (Maria), *Yashka, ma vie de paysanne, d'exilée, de soldat*, Paris, Plon, 1923.
Botkine (Tatiana), *Au temps des tsars*, Paris, Grasset, 1980.
Boulgakov (Milkhaïl), *La Garde blanche*, Paris, Robert Laffont, 1970.
Bourget (C. de), *Mannerheim, maréchal de Finlande*, Paris, Sorlot, 1940.
Bradley (John), *La Légion tchécoslovaque en Russie*, Paris, 1965.

BRADLEY (John), *Civil War in Russia, 1917-1920*, Londres, Batsford, 1975.

BRAUN (Maximilien), *La littérature russe au* XIXe *siècle*, Paris, Payot, 1963.

BRÉHÉRET (Yves), *Les Cosaques*, Paris, Balland, 1972.

BROUÉ (Pierre), *Le Parti bolchevique*, Paris, Éd. de Minuit, 1963.

BROUSSILOV (général), *Mémoires*, Paris, Hachette, 1929.

BUCHANAN (sir George), *Mémoires*, Paris, Payot, 1925.

BUDBERG (baron Alexis), *Le Journal d'un garde blanc*, Priboï, 1929.

BYBOV (I. P.), *The Last Days of Tsardom*, Londres, Martin Lawrence, 1934.

CARR (E. H.), *History of Soviet Russia : the bolchevik revolution, 1917-1923*, Londres, 1952-1954, 3 vol.

CARRÈRE D'ENCAUSSE (Hélène), *L'Empire éclaté*, Paris, Flammarion, 1978.

CARRÈRE D'ENCAUSSE (Hélène), *Le Malheur russe*, Paris, Fayard, 1988.

CARRÈRE D'ENCAUSSE (Hélène), *Nicolas II ou la transition interrompue*, Paris, Fayard, 1996.

CHAFARÉVITCH (Igor), *La Russophobie*, Paris, Chapitre Douze, 1993.

CHAMBERLIN (William Henry), *The Russian Revolution*, New York, Macmillan, 1935, 2 vol.

CHOLOKHOV (Mikhaïl), *Le Don paisible*, Paris, Julliard, 1959.

CŒURDEROY (Ernest), *Hurrah !!! ou la révolution par les cosaques*, publié pour la première fois en 1854, réédition Paris, Plasma, 1977.

COMMUNISME (revue), n°s 42/43/44, *Les Archives : la nouvelle histoire de l'URSS*, Paris, CNRS-L'Âge d'Homme, 1995.

COMTE (Gilbert), *La Révolution russe par ses témoins*, Paris, La Table Ronde, 1963

CORNELISSEN (P.), *Un croiseur dans la révolution, 1918-1919*, Paris, Payot, 1932.

COURTOIS (Stéphane), sous la direction de, *Le Livre noir du communisme*, Paris, Robert Laffont, 1997.

COURTOIS (Stéphane), sous la direction de, *Du passé faisons table rase !* Paris, Robert Laffont, 2002.

CUSTINE (marquis de), *Lettres de Russie*, publié en 1843, rééd. Paris, Gallimard, 1975.

DANILOV (général Youri), *La Russie dans la guerre mondiale*, Paris, Payot, 1927.

DAVIES (Norman), *White eagle, Red star. The Polish-Soviet war 1919-1920*, Londres, Macdonald, 1972.

DELAVAUD (L. *et. al.*), *La Russie*, Paris, Larousse, 1896.

DENIKINE (général Anton Ivanovitch), *La Décomposition de l'armée et du pouvoir, février-septembre 1917*, Paris, Povolozky & Cie, 1921.

DENIKINE (général Anton Ivanovitch), *The white army*, Londres, 1930.

DESROCHES (Alain), *Le Problème ukrainien et Simon Petlura*, Paris, NEL, 1962.

DEUTSCHER (Isaac), *Staline*, Paris, Gallimard, 1953.

DEUTSCHER (Isaac), *Trotsky*, Paris, Julliard, 1962, 2 vol.

DOLOT (Miron), *Les Affamés, l'holocauste masqué, Ukraine 1929-1933*, Paris, Ramsay, 1986.

DOSTOÏEVSKI, *Les Possédés*, Paris, Gallimard.

DOSTOÏEVSKI, *Journal d'un écrivain*, Paris, Gallimard.

DUGUET (Raymond), *Moscou et la Géorgie martyre*, Paris, Tallandier, 1927.

DURAND (Pierre), *Les Sans-Culottes du bout du monde 1917-1921*, Moscou, Éd. du Progrès, 1977.

DWINGER (Edwin Erich), *Mon Journal de Sibérie, 1914-1918*, Paris, Payot, 1930.

DWINGER (Edwin Erich), *Entre les Rouges et les Blancs, 1919-1920*, Paris, Payot, 1931.

EARLE (Edward Mead), *Les Maîtres de la stratégie*, Paris, Berger-Levrault, 1980.

FEODOROVITCH (général A. A.), *Kappel*, Melbourne, 1967.

FERRO (Marc), *La Révolution russe*, Paris, Aubier, 1967 et 1977, 2 tomes.

FERVACQUE (Pierre), *Le Chef de l'armée rouge*, Paris, Bibliothèque Charpentier, 1928.

Fleming (Peter), *Le Destin de l'amiral Koltchak*, Paris, Plon, 1967.
Footman (David), *Civil war in Russia*, Londres, Faber & Faber, 1961.
Fourmanov (Dmitri), *Tchapaev*, Moscou, Éd. du Progrès, 1946.
Francis (David), *Russia from the American embassy, 1916-1918*, New York, 1921.
Friedel (Berthold C.), *Les Fondements théoriques de la guerre et de la paix en URSS*, suivi du *Cahier de Lénine sur Clausewitz*, Paris, Éd. Médicis, 1945.
Fülop-Miller (René), *Raspoutine et les femmes*, Paris, Payot, 1928.
Furet (François), *Le Passé d'une illusion*, Paris, Robert Laffont-Calmann-Lévy, 1995.

Garder (Michel), *Histoire de l'armée soviétique*, Paris, Plon, 1958.
Garthoff (Raymond L.), *La Doctrine militaire soviétique*, Paris, Plon, 1956.
Gaucher (Roland), *L'Opposition en URSS 1917-1967*, Paris, Albin Michel, 1967.
Gignoux (C. J.), *Lénine*, Paris, Les Îles d'Or, 1952.
Gilliard (P.), *Le Tragique Destin de Nicolas II et de sa famille*, Paris, Payot, 1921.
Gméline (Patrick de) et Gorokhoff (Gérard), *La Garde impériale russe, 1896-1914*, Paris, Lavauzelle, 1986.
Goldstein (David I.), *Dostoïevski et les juifs*, Paris, Gallimard, 1976.
Gorbatov (général A. V.), *Les Années de ma vie*, Paris, Stock, 1966.
Gorboff (Marina), *La Russie fantôme, l'émigration russe de 1920 à 1950*, Lausanne, L'Âge d'Homme, 1995.
Gorki (Maxime), *Pensées intempestives*, Lausanne, L'Âge d'Homme, 1975.
Goulévitch (A. de), *Tsarisme et révolution*, Paris, Rieder, 1931.
Govy (Georges), *Sang russe*, Paris, Club des Éditeurs, 1961.
Graf (H.), *La Marine russe dans la guerre et la révolution, 1914-1918*, Paris, Payot, 1928.
Gretchko (maréchal Andrei), *Les Forces armées de l'État soviétique*, Moscou, Éd. du Progrès, 1977.

GREY (Marina), *La Campagne de glace*, Paris, Perrin, 1978.

GREY (Marina), *Le Général meurt à minuit, l'enlèvement de Koutiepov et de Miller*, Paris, Plon, 1981.

GREY (Marina), *Mon Père le général Denikine*, Paris, Perrin, 1985.

GREY (Marina), BOURDIER (Jean), *Les Armées blanches*, Paris, Stock, 1968.

GRIGORENKO (Piotr), *Mémoires*, Paris, Presses de la Renaissance, 1980.

GRONDIJS (L. H.), « Bolchevisme et Croix-Rouge en Sibérie, réponse au Dr Georges Montandon », *Mercure de France*, 15 juillet 1923.

GUERASSIMOV (général), *Tsarisme et terrorisme*, Paris, Plon, 1934.

Guerre polono-soviétique 1919-1920 (La), colloque organisé par le Laboratoire de slavistique, Lausanne, L'Âge d'Homme, 1975.

GUINET (capitaine), *En mission à travers la Russie de Lénine*, Paris, Fournier, 1921.

HANNULA (J. O.), *La Guerre d'indépendance de la Finlande, 1918*, Paris, Payot, 1938.

HASEK (Jaroslav), *Aventures dans l'armée rouge, octobre 1918*, Paris, Les Formes du secret, 1979.

HAUPT (Georges), MARIE (Jean-Jacques), *Les Bolcheviks par eux-mêmes*, Paris, Maspero, 1969.

HELLER (Michel), *Histoire de la Russie et de son empire*, Paris, Plon, 1997.

HELLER (Michel) et NEKRICH (Alexandre), *L'Utopie au pouvoir*, Paris, Calmann-Lévy, 1982.

HERBERSTEIN, *La Moscovie du XVIe siècle vue par un ambassadeur occidental*, Paris, Calmann-Lévy, 1965.

HINGLEY (Ronald), *La Police secrète russe*, Paris, Albin Michel, 1972.

Histoire du parti communiste (bolchevique) de l'URSS, Moscou, Éd. en langues étrangères, 1946.

Histoire du parti communiste de l'Union soviétique, Moscou, Éd. en langues étrangères, 1961.

HODGSON (J. E.), *With Denikin's armies*, Londres, Lincoln Williams, 1932.

HOFFMANN (général Max), *La Guerre des occasions manquées*, Paris, Payot, 1927.

ISAAC (Jules), *Le Problème des origines de la guerre*, Paris, Rieder, 1933.

ISORNI (Jacques), CADARS (Louis), *Histoire véridique de la Grande Guerre*, Paris, Flammarion, 1968, 4 vol.

JANIN (général Maurice), *Ma Mission en Sibérie*, Paris, Payot, 1932.

JOUKOV (Maréchal G.), *Mémoires*, Paris, Fayard, 1970.

JOUVOSKY (Arkady), *Histoire de l'Ukraine*, Paris, Éd. du Dauphin, 1993.

KELLER (Werner), *Est moins Ouest égale zéro*, Paris, Livre Contemporain, 1961.

KENEZ (Peter), *Civil War in South Russia 1919-1920*, University of California Press, 1977.

KENNAN (George F.), *Soviet-American Relations, 1917-1920*, Londres, 1956, 1958, 2 vol.

KERENSKI (Alexandre), *La Révolution russe*, Paris, Payot, 1927.

KERHUEL (Marie), *Le Colosse aux pieds d'argile*, Rodez, Subervie, 1961.

KEUN (Odette), *Au pays de la Toison d'or, en Géorgie mencheviste indépendante*, Paris, Flammarion, 1923.

KIRCHEISEN (Frédéric M.), *Étude critique sur les Souvenirs de la bataille de la Marne du général baron von Hausen*, Paris, Payot, 1922.

KNOX (général A.), *With the Russian army, 1914-1917*, Londres, 1921, 2 vol.

KOHN (Hans), *Le Panslavisme*, Paris, Payot, 1963.

KOHN (Richard), *La Révolution russe*, Paris, Julliard, 1963.

KOURNAKOFF (S.), *Savage squadrons*, Londres, 1936.

KRAKOWSKI (Édouard), *Histoire de Russie*, Paris, Club du Livre d'Histoire, 1957.

KRASSNOFF (ataman P. N.), *De l'aigle impériale au drapeau rouge*, Paris, Payot, 1926.

KRAVCHENKO (Victor A.), *J'ai choisi la liberté !*, Paris, Self, 1948.

Kröger (Theodor), *Le Village oublié, quatre ans en Sibérie, 1914-1918*, Colmar, Alsatia, 1951.

Lamouche (colonel), *Quinze ans d'histoire balkanique 1904-1918*, Paris, Payot, 1928.

Laqueur (Walter), *Histoire des droits en Russie*, Paris, Michalon, 1996.

Lasies (commandant), *La Tragédie sibérienne*, Paris, Éd. Françaises, 1920.

Lastours (Sophie de), *Toukhatchevski*, Paris, Albin Michel, 1996.

Laurent (Éric), *La Corde pour les pendre*, Paris, Fayard, 1985.

Legras (Jules), *Mémoires de Russie*, Paris, Payot, 1921.

Lehovich (D.), *White against Reds, general Anton Denikin's story*, New York, 1947.

Lénine, *Que faire ?*, Moscou, Éd. en langues étrangères, 1958.

Lénine, *La Maladie infantile du communisme, le « gauchisme »*, Moscou, Éd. en langues étrangères.

Lénine, *L'État et la révolution*, Paris, Éditions sociales.

Lénine, *Les Forces armées soviétiques*, Moscou, Éd. du Progrès, 1974.

Leroux (Gaston), *L'Agonie de la Russie blanche*, Paris, Éd. des Autres, 1978.

Liddell Hart (sir Basil), *The Soviet army*, Londres, 1956.

Lockhart (R. H. Bruce), *Mémoires d'un agent britannique en Russie 1912-1918*, Paris, Payot, 1933.

Lockhart (Robin Bruce), *L'As des espions (Sidney Reilly)*, Paris, Fayard, 1971.

Lorrain (Pierre), *La Nuit de l'Oural, l'assassinat des Romanov*, Paris, Bartillat, 1996.

Luckett (R.), *The white generals*, Londres, 1971.

Lukomski (général A.), *Memoirs of the Russian revolution*, Londres, 1922.

Mabire (Jean), *Le Baron fou*, Paris, Balland, 1973.

Malia (Martin), *Comprendre la révolution russe*, Paris, Le Seuil, 1980.

Malia (Martin), *L'Occident et l'énigme russe*, Paris, Le Seuil, 2003.

MANNERHEIM (maréchal), *Mémoires 1882-1946*, Paris, Hachette, 1952.

MARABINI (Jean), *L'Étincelle*, Paris, Arthaud, 1962.

MARABINI (Jean), *La Vie quotidienne en Russie sous la révolution d'Octobre*, Paris, Hachette, 1965.

MARTCHENKO (Borys) et WOROPAY (Olexa), *La Famine-génocide en Ukraine, 1932-1933*, Paris, L'Est Européen, 1983.

MARX (Karl) et ENGELS (Friedrich), *Écrits militaires*, Paris, L'Herne, 1971.

MASSIE (Robert K.), *Nicolas et Alexandra*, Paris, Stock, 1969.

MAXIMOV (Vladimir), *L'Amiral blanc*, Paris, Olivier Orban, 1989.

MAWDSLEY (E.), *The Russian Civil War*, Winchester, Mass., Allen & Unwin, 1987.

MEDVEDEV (Roy), *Qui a écrit « le Don paisible » ?*, Paris, Christian Bourgeois, 1975.

MEDVEDEV (Roy), *La Révolution d'Octobre était-elle inéluctable ?*, Paris, Albin Michel, 1976.

MEDVEDEV (Roy), *La Révolution d'Octobre*, Paris, Maspero, 1978.

MELGOUNOV (S. P.), *La Terreur rouge en Russie, 1918-1924*, Paris, Payot, 1927.

MENZIES (Malcolm), *Makhno, une épopée*, Paris, Belfond, 1972.

MERETSKOV (maréchal Cyrille), *Au service du peuple*, Éd. de Moscou, 1971.

METT (Ida), *La Commune de Cronstadt*, Paris, Spartacus, 1977.

MEYER (Jean), *Noblesses et pouvoirs dans l'Europe d'Ancien Régime*, Paris, Hachette, 1973.

MICHAGUINE-SKRYDLOFF (prince), *Russie blanche et Russie rouge*, Paris, Plon, 1935.

MONKÉVITZ (général Nicolas de), *La décomposition de l'armée russe*, Paris, Payot, 1919.

MONNEROT (Jules), *Sociologie du communisme*, Paris, Gallimard, 1963.

MONNEROT (Jules), *Sociologie de la révolution*, Paris, Fayard, 1969.

MONTANDON (Dr Georges), *Deux ans chez Koltchak et chez les bolcheviks*, Paris, Félix Alcan, 1923.

MORAND (Paul), *L'Europe russe annoncée par Dostoïevski*, Genève, Pierre Cailler, 1948.

MOURAVIEFF (Boris), *Le Testament de Pierre le Grand*, Neuchâtel, La Baconnière, 1948.

MOURAVIEFF (Boris), *La Monarchie russe*, Paris, Payot, 1962.

MUHLSTEIN (Anatole), *Le Maréchal Pilsudski*, Paris, Plon, 1939.

NAUDEAU (Ludovic), *Les Dessous du chaos russe*, Paris, Hachette, 1920.

NAUDEAU (Ludovic), *En prison sous la terreur russe*, Paris, Hachette, 1920.

NAZAREVSKI (V. V.), *Histoire de Moscou*, Paris, Payot, 1932.

NETCHVOLODOW, *Nicolas II et les juifs*, Paris, Chiron, 1924.

NICOLAÏ (colonel), *Forces secrètes*, Paris, Éd. de la Nouvelle Revue critique, 1932.

NICOLAS MIKHAÏLOVITCH (grand-duc), *La Fin du tsarisme*, Paris, Payot, 1968.

NIESSEL (général), *Le Triomphe des bolcheviks et la paix de Brest-Litovsk, Souvenirs 1917-1918*, Paris, Plon, 1940.

NIKOUNINE (Ley), *La Vérité sur le maréchal Toukhatchevski*, Paris, EFR, 1964.

NOLTE (Ernst), *Der europaïsche Bürgerkieg, 1917-1918*, Berlin, Propylaën, 1987. Trad. fr. : *La Guerre civile européenne, 1917-1945*, Paris, Les Syrtes, 2000.

NOTOVITCH (Nicolas), *Le Tsar, son armée et sa flotte*, Paris, Rouam et Cie, 1893.

NOULENS (Joseph), *Mon ambassade en Russie soviétique*, Paris, Plon, 1933.

OSSENDOWSKI (Ferdinand), *De la présidence à la prison*, Paris, Plon, 1926.

OSTROVSKI (Nicolas), *Et l'acier fut trempé...*, Paris, Éditions Hier et Aujourd'hui, 1945.

PALÉOLOGUE (Maurice), *La Russie des tsars pendant la Grande Guerre*, Paris, Plon, 1923, 3 vol.

PALÉOLOGUE (Maurice), *Guillaume II et Nicolas II*, Paris, Plon, 1935.

PALÉOLOGUE (Maurice), *L'Écroulement du tsarisme*, Paris, Flammarion, 1939.

PARDEILLAN (P. de), *La Vie militaire en Russie*, Paris, Charles Lavauzelle, 1896.

PARQUET (lieutenant-colonel du), *L'Aventure allemande en Lettonie*, Paris, Charles Lavauzelle, 1926.

PASCAL (Pierre), *Mon Journal de Russie, 1916-1918*, Lausanne, L'Âge d'Homme, 1975.

PEARSON (Michael), *Le Wagon plombé*, Paris, Belfond, 1987.

PETROVSKY (D.), *La Russie sous les juifs*, Paris, Baudinière, 1931.

PIPES (Richard), *La Révolution russe*, Paris, PUF, 1993.

PIPES (Richard), *Russia under the Bolchevik Regime, 1919-1924*, Londres, Harvill/Harper Collins, 1994.

PLASSERAUD (Yves), *Les États baltes*, Paris, Montchrestien, 1992.

POLIN (Claude), *L'Esprit totalitaire*, Paris, Sirey, 1977.

POLSKY (archiprêtre Michel), *Les Nouveaux Martyrs russes*, Montsûrs, Résiac, 1976.

POURICHKEVITCH (V.), *Comment j'ai tué Raspoutine*, Paris, Éd. Povolozky, 1924.

POZNER (Vladimir), *Le Mors aux dents*, Arles, Actes Sud, 1986 (réédition).

RAMBAUD (Alfred), *Histoire de la Russie*, Paris, Hachette, 1914.

RASPOUTINE (Marie), *Le Roman de ma vie*, Paris, Nouvelle Société d'Édition, 1930.

REED (John), *Dix jours qui ébranlèrent le monde*, Paris, Éditions sociales, 1927.

REVEL (Jean-François), *La Tentation totalitaire*, Paris, Robert Laffont, 1975.

RIASANOVSKY (Nicolas V.), *Histoire de la Russie*, Paris, Robert Laffont/ Bouquins, 1987.

ROBIEN (Louis de), *Journal d'un diplomate en Russie, 1917-1918*, Paris, Albin Michel, 1967.

RODZIANKO (M. V.), *Mémoires, Le règne de Raspoutine*, Paris, Payot, 1927.

ROLLAND (Jacques-Francis), *L'Homme qui défia Lénine, Boris Savinkov*, Paris, Grasset, 1989.

ROPPERT (André), *La Misère et la gloire*, Paris, Armand Colin, 1992.

ROUQUEROL (général J.), *L'Aventure de l'amiral Koltchak*, Paris, Payot, 1929.

SABLÉ (Erik), *Ungern*, Grez-sur-Loing, Pardès, 2006.
SADOUL (Jacques), *Notes sur la révolution bolchevique*, Paris, Éd. de la Sirène, 1919 et Paris, Maspero, 1971.
SAINT-DIZIER (G. V.), *L'Aigle blanc contre l'étoile rouge*, Strasbourg-Paris, Berger-Levrault, 1930.
SALOMON (Ernst von), *Les Réprouvés*, Paris, Plon, 1931.
SALOMON (Ernst von), *Histoire proche*, Paris, Éditions du Porte-Glaive, 1987.
SAPIR (Jacques), *La Mandchourie oubliée*, Paris, Éd. du Rocher, 1996.
SAUVAGEOT (Aurélien), *Histoire de la Finlande*, Paris, Librairie orientaliste Paul Geuthner, 1968, 2 vol.
SAVINKOV (Boris), *Souvenirs d'un terroriste*, Paris, 1931.
SAVTCHENKO (E.), *Les Insurgés du Kouban*, Paris, Payot.
SCHAPIRO (Leonard), *De Lénine à Staline*, Paris, Gallimard, 1967.
SCHAPIRO (Leonard), *Les Révolutions russes de 1917*, Paris, Flammarion, 1987.
SCHMITT (Carl), *La Théorie du partisan*, Paris, Calmann-Lévy, 1972.
SEMARD (Pierre), *Exploits de géants des Cosaques rouges*, Paris, Bureau d'Édition du PCF, 1933.
SERGE (Victor), *L'An I de la révolution russe*, Paris, Librairie du Travail, 1930, réédition augmentée d'inédits en 3 vol. Paris, Maspero, 1971.
SHUKMAN (Harold), *The Blackwell Encyclopaedia of the Russian Revolution*, Oxford, Blackwell, 1994.
SIKORSKI (général L.), *La Campagne polono-russe de 1920*, Paris, Payot, 1928.
SOKOLOFF (Georges), *La Puissance pauvre*, Paris, Fayard, 1993.
SOKOLOV, *Enquête judiciaire sur l'assassinat de la famille impériale russe*, Paris, Payot, 1929.
SOLJENITSYNE (Alexandre), *Août Quatorze*, Paris, Le Seuil, 1972.
SOLJENITSYNE (Alexandre), *L'Archipel du Goulag*, Paris, Le Seuil, 1974.
SOLJENITSYNE (Alexandre), *Deux siècles ensemble, 1975-1995.*
I. Juifs et Russes avant la Révolution, Paris, Fayard, 2002.
II. Juifs et Russes pendant la période soviétique, Paris, Fayard, 2003.

SOUVARINE (Boris), *Staline*, Paris, Plon, 1935, réédition Paris, Champ-Libre, 1977.

SPIRIDOVITCH (général A.), *Histoire du terrorisme russe, 1886-1917*, Paris, 1930.

STEPHAN (John J.), *The Russian fascists*, Londres, Hamish Hamilton, 1978.

STOLYPINE (Arcady), *La Mongolie entre Moscou et Pékin*, Paris, Stock, 1971.

STOLYPINE (Arcady), *De l'empire à l'exil, Mémoires*, Paris, Albin Michel, 1996.

STOLYPINE (Dimitri), *Stolypine, Premier ministre de Nicolas II, écrits de Paris*, septembre 1968.

SUKHANOV (Nicolas N.), *La Révolution russe de 1917*, Paris, Stock, 1965.

SUMMERS (Anthony), MANGOLD (Tom), *Le Dossier Romanov*, Paris, Albin Michel, 1980.

SZELPAL (Arpel), *Les 133 jours de Béla Kun*, Paris, Fayard, 1959.

TCHERNAVINA (Tatiana), *Échappés du Guépéou*, Paris, Payot, 1934.

THARAUD (Jérôme et Jean), *Quand Israël est roi*, Paris, Plon, 1921.

TROTSKI (Léon), *Leur Morale et la nôtre*, Paris, Le Sagittaire, 1939.

TROTSKI (Léon), *Histoire de la révolution russe*, Paris, Le Seuil, 1950, 2 vol.

TROTSKI (Léon), *Ma Vie*, Paris, Gallimard, 1953.

TROYAT (Henri), *Sainte Russie*, Paris, Grasset, 1956.

TROYAT (Henri), *La Vie quotidienne au temps des derniers tsars*, Paris, Hachette, 1975.

ULLRICH (Richard), *L'Armée russe au feu pendant la guerre de 1904-1905*, Paris, Chapelot et Cie, 1911.

ULRICH (Paul), *Les grandes énigmes du Kremlin*, Genève, Crémille, 1973.

VENNER (Dominique), *Histoire de l'armée rouge*, Paris, Plon, 1981.

VENNER (Dominique), *Histoire d'un fascisme allemand, les corps francs du Baltikum*, Paris, Pygmalion/Gérard Watelet, 1996.

VENNER (Dominique), *Le Siècle de 1914, Utopies, guerres et révolutions au XXe siècle*, Paris, Pygmalion, 2006.
VILLEMAREST (Pierre de), *Complicités et financements soviéto-nazis*, Paris, Godefroy de Bouillon, 1996.
VOLINE, *La Révolution inconnue, le pouvoir bolcheviste à Cronstadt*, Paris, Belfond, 1972.
VOLKOFF (Vladimir), *La Trinité du mal*, Paris-Lausanne, De Fallois-L'Âge d'Homme, 1990.
VOLKOFF (Vladimir), *La Garde des ombres*, Paris, De Fallois, 2001.
VOLKOGONOV (Dimitri), *Le Vrai Lénine d'après les archives secrètes soviétiques*, Paris, Robert Laffont, 1995.
VOLKONSKY (prince P. M.), *The Volonteer army of Alexeiev and Denikin*, Londres, Russian Liberation Committee, s.d.

WALTER (Gérard), *Lénine*, Paris, Julliard, 1950.
WALTER (Gérard), *Histoire de la révolution russe*, Paris, Gallimard, 1953.
WALTER (Gérard), *Les Origines du communisme*, Paris, Payot, 1975.
WARNER (Olivier), *Marshal Mannerheim and the Finns*, Londres, Weidenfeld & Nicolson, 1967.
WASSILIEFF (A. T.), *Police russe et révolution*, Paris, Éd. de la Nouvelle Revue Critique, 1936.
WELTER (Gustave), *Histoire de la Russie communiste, 1917-1935*, Paris, Payot, 1935.
WELTER (Gustave), *La Guerre civile en Russie, 1918-1920*, Paris, Payot, 1936.
WELTER (Gustave), *Explication de la Russie*, Neuchâtel, Baconnière, 1948.
WERTH (Nicolas), *Histoire de l'Union soviétique*, Paris, PUF, 1991.
WHITE (D. Fedotoff), *The growth of Red Army*, Princeton, 1944.
WHITE (J. A.), *The Siberian Intervention*, Princeton, 1950.
WOLLENBERG (Erich), *The Red Army*, Londres, 1938.
WRANGEL (général Pierre N.), *Mémoires*, Paris, Tallandier, 1930.

YOUZÉFOVITCH (Leonid), *Le Baron Ungern, Khan des steppes*, Paris, Les Syrtes, 2001.

ZINOVIEV (Alexandre), *Nous et l'Occident*, Lausanne, L'Âge d'Homme, 1981.

INDEX

Aaltonen : 195, 198
Abramov : 404
Akachev : 264
Alexandra Féodorovna : 28-30, 32, 34-36, 54-55, 59, 76, 166, 228, 232, 236
Alexandre Ier : 16, 190
Alexandre II : 43-44
Alexandre III : 41, 43, 225, 294, 438
Alexandre de Serbie : 388
Alexeiev (général) : 11, 15, 26, 37, 76, 79-83, 91, 94-95, 108, 115, 117, 151-152, 155-167, 172, 174-176, 181, 183, 185, 205, 216, 218, 220, 308, 317, 376, 475-476, 480, 487-488
Alexis II (patriarche) : 9
Alexis (tsarévitch) : 30-32, 81-82, 225, 226, 228, 468
Altvater (amiral) : 140
Andolenko (général) : 20, 25
André Vladimirovitch (grand duc) : 59, 82
Anjin (général) : 245
Annenkov (Boris) : 356
Antonelli (Étienne) : 133, 197
Antonov : 406-408, 469, 492
Antonov-Ovsenko : 46, 121, 125, 127-128, 139, 169, 171-172, 185-188, 346, 406, 435, 467
Apollinaire (Guillaume) : 242
Aronson (Grégoire) : 78, 82
Arsinov (P.) : 372
Artamanov (général) : 20
Arvon (Henri) : 247-248
Aschberg (Olof) : 103
Astakhov (aspirant) : 69
Augustin : 250
Avksentiev (N. D.) : 308, 310, 324
Awaloff-Bermondt (prince) : 301
Azev (Avno) : 241-242
Babel (Isaac) : 394-395, 431-432
Bajanov (Boris) : 258
Bakki : 140
Bakounine : 42
Balfour (Lord) : 235
Ballod (colonel) : 300
Baltiiski (général) : 138
Baltiski : 272
Barychnikov : 245
Beliaïev (général) : 22
Beneš (Edvard) : 288

Berberova (Nina) : 78
Berdiaev (Nicolas) : 48, 50
Beresford (lord) : 235
Berthelot (général) : 165, 303, 390
Bertie (lord Francis) : 232
Berzine : 272
Besançon (Alain) : 41, 56
Bezladnov (général) : 96
Bielinski (V. G.) : 40
Bischoff (major) : 299
Blagovietchenski (général) : 20
Blank (Alexandre) : 452
Blücher : 133, 310, 345, 395, 404, 467-468, 493
Blumberg : 341
Bogaïevski (ataman) : 177, 180, 358
Bogatko : 24
Bogrov : 55
Boisdeffre (général de) : 17
Boldyrev (général) : 97, 99, 137, 274, 310, 325
Böll (Heinrich) : 458
Bommart (Jean) : 187
Bonaparte : 112-113, 338, 398, 445, 479
Bontch-Brouïevitch (général M.) : 137-138, 270
Bordes (capitaine Étienne) : 187
Borissov (colonel) : 178
Borovski (général) : 177
Bosch (Eugénie) : 186, 209
Botkine (Dr) : 226, 228
Boubnov : 121, 133, 257, 346
Boudienny : 117, 258, 358, 371-375, 394-395, 397, 402-403, 432-433, 468, 471, 473, 483, 491
Boukharine : 257
Boulatsel (colonel) : 201
Boulavine (Kondrati) : 150
Boulgakov (Mikhaïl) : 442
Boulgakov (Serge) : 50
Bourdier (Jean) : 260, 320, 366
Boutakov (amiral) : 81
Bradley (John) : 221
Brandenstein : 201
Bréhéret (Yves) : 216
Brokdorff-Rantzau (comte) : 102
Broussilov (général) : 15, 27, 37-38, 99, 108-109, 112, 157, 183, 393, 442, 468
Buchanan (sir George) : 22, 232-234, 236-237
Buchanan (Meriel) : 232, 236-237
Burdukov : 416
Bykov (P. M.) : 229
Carnock (lord) : 235
Carnot (Lazare) : 261
Carrère d'Encausse (Hélène) : 10, 35
Cars (Jean des) : 102
Cartwright : 32
Catherine II : 87, 415
Catteau (J.) : 395
Cendrars (Blaise) : 243
Cermak : 214
Chafarévitch (Igor) : 451
Chaliapine : 126
Chambrun : 70
Chaperon du Larrêt : 159
Chapochnikov : 271, 392, 469
Chatilov (général) : 385
Chiappe (Jean-François) : 10
Chichkine (colonel) : 140
Chkouro : 373-374
Chliapnikov : 72, 75, 122, 260
Cholokhov : 216
Chorine : 245, 272
Chouguine : 82
Chtcherbatov : 35
Churchill (Winston) : 102, 243, 280, 302
Clemenceau : 302-303

Comte (Gilbert) : 45
Conquest (Robert) : 449
Constantin (empereur) : 250
Constantin (grand-duc) : 231
Costantini : 398
Courson (capitaine Guy de) : 165
Cromie : 243
Custine (marquis de) : 40
Cyrille (grand-duc) : 74, 149
Czernin (comte) : 140
Dallin (Alexandre) : 102
Danielson : 43
Danilov (général) : 17, 21, 81
Davies (N.) : 397
Denikine (général Anton I.) : 9-11, 23, 95, 101, 114, 117, 136, 152, 155, 157-158, 160, 166-167, 181-183, 185, 187, 205, 216-220, 237-238, 260, 266, 269, 292, 302-305, 308, 317, 323, 338, 342, 346-347, 357-360, 365-375, 377-381, 390-392, 427, 431, 446, 457, 467, 470-471, 476-477, 480, 482-483, 485-486, 488
Denikine (Xénia) : 9
Denissov (S. V.) : 184, 216, 218
Denny (R. B.) : 321
Dieterichs (général) : 223, 274, 336, 344-345
Dimitri (grand-duc) : 58, 230, 282, 421, 434, 449
Djougachvili, dit Staline (Joseph Vissarionovitch) : 170
Dodanov : 340
Dolivo-Dobrovolski : 140
Dostoïevski : 33, 42, 48-49, 255
Doubrovine (A. I.) : 49
Doukhonine (général) : 136-137, 139, 158, 160
Doumenko : 374, 380
Doutov (ataman) : 163, 175, 224, 239, 262, 309, 338-339, 341, 468, 470, 488
Dovkout : 79
Dragomirov (général) : 96, 117, 381
Drozdovski (colonel) : 218-220, 376
Dusterville (général) : 317
Dwinger (E. E.) : 312-314, 322, 328, 331-332, 336, 339, 349, 351, 446-447
Dybenko : 127, 258, 469
Dzerjinski (Félix) : 121, 129, 147, 397, 433, 435, 444, 452, 469
Ebert (F.) : 279
Egorov (général Vladimir) : 138, 186-187, 394, 397, 402, 469-470
Eickorn (feld-maréchal von) : 238
Élisabeth (grande-duchesse) : 231
Elsner (colonel) : 177
Eltsine (Boris) : 9
Engels : 430
Epp (général von) : 453
Erdeli (général) : 117, 176, 180-181
Erikson : 62
Ferro (Marc) : 51
Fervacque (Pierre) : 87, 254, 431
Filmonov (ataman) : 176
Fleming (Peter) : 286, 314, 319, 326
Foch (maréchal) : 21, 398, 447
Fostikov (général) : 405
Fourmanov (Dimitri) : 272-273
Franchet d'Esperey : 303
François-Joseph : 391
Frank (Joseph) : 41
Fretay (commandant de) : 187
Frounze (M. V.) : 47, 116, 257, 272, 342-343, 403, 469-470, 472-473
Furet (François) : 455
Gaï (G.) : 272, 402

Gajda (général) : 214-215, 223, 311, 323-324, 334-335, 338, 341, 344
Galkin (général) : 309
Gapone (pope) : 45
Gaulle (Charles de) : 87, 153, 254, 379, 398, 430-431
George V : 232-233, 235
Gibbs (Sidney) : 229
Gilliard (Pierre) : 229
Gmelin (V. A. von) : 292
Godounov (Boris) : 33
Gogol (Nicolas) : 126
Goldmann : 100
Goloubov : 173, 175
Goltz (R. von der) : 201, 299, 301
Gorbatov (A. V.) : 24, 86
Gorki : 231
Gorodovikov : 403
Gourko (général V.) : 77
Goussev (S. J.) : 265, 346
Goutchkov : 39, 78-79, 82, 94, 107-108
Goutor (général) : 138
Grabbé (comte) : 83
Graf (capitaine N.) : 81, 84
Graves (général W. S.) : 285-286
Greene (sir Conygham) : 317
Grey (Marina) : 9-10, 161, 167, 175, 260, 320, 366, 377
Grichine-Almazov : 303, 427
Grigorenko (général) : 439-440
Grigoriev : 238
Grondijs (Ludovic H.) : 66, 287, 414
Guérassimov (général) : 59-60, 242
Guillaume II (Kaiser) : 29, 77, 89, 102, 143, 191, 236, 324
Guinet (capitaine) : 153-154
Haapalainen : 196, 198
Habsbourg : 211, 305
Haller : 397
Hannula (J. O.) : 203
Hasek (Jaroslav) : 431
Haupt (G.) : 196, 227
Helphand (Israël, dit Parvus) : 102
Herder : 47
Herzen (Alexandre) : 42, 450
Hindenburg (maréchal von) : 18-19, 77, 201
Hitler (Adolf) : 427, 455-456
Hoffmann (général Max) : 19, 140, 142-143, 145-146, 443
Hoover : 450
Hornus (Jean-Michel) : 250
Horthy (amiral) : 344, 453
Horvath (général) : 286, 308, 318, 477-478
Hsü (général) : 417
Iakovlev (A.) : 429
Iartchouk (R.) : 81
Ieremeiev (K. S.) : 121-122, 148
Ikichev (colonel) : 177
Ilyne (Ivan) : 9
Ioffe : 140-141, 437
Ioudenitch (N. N.) : 292, 301, 342, 346-348, 368, 427, 431, 477-478, 482, 491
Ioussefovitch (général) : 139
Ipatiev : 226
Ironside (général) : 292
Ivan VI : 77
Ivanov (étudiant) : 42
Ivanov (général) : 21-22, 76, 182, 476
Jacob (Max) : 242
Jagellon (Ladislas) : 21
Janin (général Maurice) : 58, 108, 288-290, 326-327, 335, 352-354, 479, 491
Jean de Kronstadt (père) : 31
Jitkov (capitaine de vaisseau) : 79
Jloba : 389, 492

Joffre : 22
Joukov (marèchal) : 257, 341, 366, 375, 406
Julia (Édouard) : 32
Kaïourov : 272
Kakourine : 96
Kaledine (ataman) : 136, 149-152, 159, 162-164, 166-167, 169, 171, 173-175, 215, 283, 475, 487-488
Kalinine (O.) : 271, 410
Kalmykov (ataman) : 309
Kamenev (Rosenfeld) : 104, 122, 140, 257, 340, 421, 451
Kamenev (Serge) : 340, 343, 346, 367-368, 373, 392, 397, 399-400, 470-471, 473
Kaplan (Fanny) : 274, 437, 490
Kapnist (comte) : 79
Kapp : 396
Kappel (général Vladimir) : 224, 274, 309, 333-334, 345, 351-352, 355, 478, 491
Karamzine (Nicolas) : 47
Kautski : 266
Kchechinskaïa : 104
Keller (général comte) : 77
Kembovski (général) : 138
Kemp (amiral) : 238, 291
Kennan (George F.) : 285
Kerenski (Alexandre Fédorovitch) : 61, 71-72, 82, 89-90, 92-93, 95, 97, 105-109, 111-121, 123-126, 140, 157-158, 165, 167, 184, 196, 211, 225, 232-233, 236, 238, 243, 308, 316, 345, 468, 475, 479, 487
Khabalov (général) : 66, 76
Khangine : 338, 341, 343-344
Kharitonov : 228
Khrouchtchev (Nikita) : 270, 458, 473
Kikvidze : 186, 259
Kirov : 47
Kirpitchnikov (adjudant) : 68-69
Klimovitch (A.) : 429-430
Kniagnitski : 259
Knox (général Alfred) : 26-27, 288-290, 314, 323, 326, 478
Kokovtsev : 35
Kollontaï (Alexandra) : 104
Koltchak (amiral A. V.) : 10, 97, 99, 166, 222, 229, 237, 271, 274, 287-291, 303-304, 314-319, 322-331, 333-339, 342-345, 347-348, 351-357, 364, 377, 413, 417-418, 427-428, 431, 446, 457, 468, 470-471, 477-479, 484, 489
Kondratovitch (général) : 20
Konopnicki (Guy) : 248
Konovalov : 39, 79
Kornilov (général) : 11, 83, 101, 107-108, 112-115, 117-118, 122, 136, 152, 155, 157-161, 164-168, 174-183, 185, 216-218, 220, 243, 271, 308, 317, 345, 376-377, 405, 467, 475-476, 479-480, 486-489
Kornilov (Nathalie) : 159
Korovitchenko (général) : 138
Kossuth : 40
Koudatchev (prince) : 318
Kouïbychev (V.) : 271, 343
Kourganov : 449
Kouskova (Catherine) : 78, 423
Koutiepov (général) : 173, 292, 367-368, 373, 404-405, 423, 480, 482
Kouzmine : 410
Kovaliov : 150
Kozlovski (E.) : 429
Krasilnikov : 309, 324
Krasnov (général) : 114, 126, 185, 220, 237-238, 256, 358, 480-481, 489
Krioukov : 216, 374

Krivochéine (M. A.) : 386
Kronstadt : 46, 80-81, 84, 96, 111, 123, 133, 137, 275, 410-412, 469, 471, 492
Krylenko : 127, 136-139, 169, 171
Krymov (général) : 57, 79, 114, 117
Kühlmann : 140, 142
Kun (Béla) : 240, 344, 453
Kuvoki (capitaine) : 321
Lachkevitch (capitaine) : 67-68
Lachkevitch (commissaire) : 257, 272, 344, 368
Laidoner (colonel L.) : 297
Lastours (Sophie de) : 254
Laurent (Éric) : 282
Lavergne (général) : 186-187
Lazimir : 121
Lebedev (lieutenant-colonel) : 156
Lébédev (P. P.) : 271, 336, 418
Lebedeva (Nina) : 326, 418
Le Goyet (colonel) : 398
Lénine : 11, 15, 41, 44, 53, 55-56, 72, 75, 89-90, 101-107, 111, 119-120, 122-124, 127-128, 130, 132, 135-136, 142, 144, 146-147, 162, 164, 168-169, 188-189, 192, 194, 196, 205-206, 208-210, 225-228, 230-231, 239, 241, 243-244, 249, 252-253, 255, 257-258, 260-261, 269, 274-275, 279, 281-282, 298, 318, 343-344, 346-347, 368, 390, 395-396, 402, 407, 411, 420-421, 426-427, 429, 433-440, 443-444, 447-453, 455-456, 458, 469-470, 472, 480, 482, 487-488, 490
Letchitski (général) : 24
Léviné (Eugen) : 453
Liebknecht (Karl) : 90
Lieven (prince de) : 300-301, 346-347
Lloyd George (D.) : 232-233, 236, 280
Lockhart (Bruce) : 243-244
Lomonossov (général) : 79
Lopoukhine : 242
Loukhomski : 117
Loukhomski : 157
Lounatcharski : 206
Lozovsky : 452
Ludendorff (général) : 19, 85, 102, 146
Lvov (prince) : 38, 82, 112, 308, 399-400, 402
Mabire (Jean) : 413
Mackensen : 23
Maï-Maïevski : 366, 373, 375-376
Maistre (Joseph de) : 105
Makhno (Nestor) : 186, 238, 358, 368, 371-373, 390, 394, 403-405, 440, 470, 476, 483, 491
Maklalov : 165
Maksudov : 448
Malinovski (Roman) : 56
Mamontov : 367, 374-375
Mangin (général) : 385
Mangold (T.) : 232
Manner : 196, 198, 202
Mannerheim (maréchal Carl Gustav) : 25, 77, 90, 190, 193-195, 198, 200, 202-203, 316-317, 446, 481, 489
Marie : 228
Marie (Jean-Jacques) : 196, 227
Markine : 264, 272
Markov (général) : 117, 157, 177-181, 217, 376
Markov (N.E.) : 50
Marouchevski (général) : 305
Martov : 102
Marx (Karl) : 40-41, 43, 189, 248, 440, 450, 455
Masaryk : 211, 284
Massie (Robert K.) : 51, 232

Masson (Frédéric) : 59, 118
Matkovski : 374, 394
Matveiev : 260
Maxa : 214
Maximov (amiral) : 84
Maximov (Vladimir) : 316
Medvedev (Roy) : 75, 152, 160, 209-210, 216, 357
Melgounov (S. P.) : 78
Meretskov (Cyrille) : 149, 358, 430
Meyesztowicz (Mgr) : 391
Michaguine-Skrydloff (prince) : 153, 276-277
Michel Aleksandrovitch (grand-duc) : 59, 82, 231
Mikhaïlov : 58, 119, 231, 310, 468
Milioukov : 28, 38, 84, 106-108, 233, 308
Miller (général E. K.) : 238, 291-292, 305, 338, 348, 481-482, 489
Minn : 46
Mirbach (comte) : 226, 239
Mironov : 259
Molotov : 72
Moltke : 16
Monkévitz (général de) : 77, 86-87, 110, 114, 118
Monnerot (Jules) : 166, 250, 450, 455
Montandon (Dr Georges) : 413-414
Mourachevski : 140
Mouralov : 271
Mouravieff (Boris) : 86
Mouraviev (colonel) : 172, 184-186, 245
Mstislavski (colonel) : 72
Mussolini (Benito) : 455-456
Nagorny : 226
Nagy, Inre : 227
Nakajima (général) : 318-319, 322
Nakhimson : 240
Napoléon Ier : 16, 40, 190, 263, 345, 350, 427
Naudeau (Ludovic) : 34, 69, 74, 91-92, 104
Nazarov : 175
Needra : 300
Népénine (amiral) : 84
Netchaïev : 42-44, 241
Nevski : 62-63, 67, 111
Neznamov (général) : 138
Nicolaï (colonel) : 103
Nicolas Mikhaïlovitch (grand-duc) : 58, 82, 118-119, 231
Nicolas Nikolaïevitch (grand-duc) : 15, 17, 26, 50, 58, 83, 331, 399, 480
Nicolas II : 9, 13, 15, 29, 32-38, 45-46, 53-54, 58, 66, 76, 79, 81-83, 87, 89, 93, 97, 102, 157, 166, 190, 225, 228-232, 236, 241, 247, 307, 315, 438, 475, 479, 487
Nicolson (H.) : 232
Niejentzev (colonel) : 177, 180-181
Niemetchik (capitaine) : 177
Niessel (général) : 100-101, 124, 135, 186
Nietzsche (Friedrich) : 455
Nikouline (Lev) : 254
Nolde (baron) : 83
Nolte (Ernst) : 455
Noske : 89-90, 111
Notbeck (général) : 139
Novitski (général) : 139, 430
Oboutchev : 17
Odintsev (général) : 138
Olga : 228
Ordjonikidzé : 47, 133
Orlov (prince) : 35, 275
Otani (général) : 290
Oubérovitch : 403

Oulagaï (général) : 403
Oulianov (Alexandre) : 41, 225
Oulianov (Vladimir Ilitch) : voir Lénine
Ouritski (M. S.) : 121, 274
Oustrialov (N.V.) : 50
Paets (K.) : 297
Paléologue (Maurice) : 13-14, 31, 35, 107, 232
Pareto (Vilfredo) : 248
Parsski (général) : 138
Parvus : 102
Pascal (Pierre) : 124
Pasternak (Boris) : 332
Paul (grand-duc) : 231
Paul Ier : 77
Pavlov : 380, 480
Pavlovski : 67-69, 127
Pepeliaev (A.N.) : 333, 337, 354
Pepeliaev (V.) : 333, 354
Perhourov (colonel) : 240
Petlioura : 170-171, 185, 188, 305, 369-371, 390-392, 431, 470, 476, 482-483, 488, 491
Piatakov : 186, 257
Picasso (Pablo) : 242
Pierre Ier le Grand : 33, 40, 87, 150, 442
Pierre III : 77
Pilsudski : 391-392, 394, 400-401, 481, 483-484, 492
Pissarev : 385
Plasseraud (Yves) : 293
Plehve (Viatcheslav) : 241-242
Plekhanov (Gueorgui V.) : 41, 43
Podtiolkov (adjudant) : 150, 173
Podvoïski : 121, 346
Pokrovski : 140, 176, 180, 362
Polivanov (général) : 27, 36, 94
Polotsev (général) : 111
Poole (général) : 292
Popov (général) : 140, 175-176, 178, 216, 218-219
Potapov (général) : 94
Potemkine : 46
Pougatchev : 103, 105, 442
Pourichkevitch (V. M.) : 50, 58
Poutilov : 62, 111, 125, 210, 240
Poutine (Vladimir) : 9-10
Preobrajenski : 14, 65, 68, 127, 480
Prittwitz (général von) : 18
Prochinski (colonel) : 178
Protopopov : 36
Rahja (Eino) : 202
Rakovski : 390, 437
Raskolnikov : 264, 271, 346, 436
Raspoutine (Grégori Efimovitch) : 29, 31-38, 50, 54, 57-58
Reed (John) : 426
Reilly (Sidney) : 243
Rein (amiral) : 81
Relinski (Georgy) : 243
Rengardten : 79
Rennenkampf (général P. K.) : 18-20
Riabouchinski : 39
Riakov : 229
Robeck (amiral) : 383
Robien (Louis de) : 69-70, 74, 96, 99-100, 108, 124, 132, 167
Rochal : 133
Rodzianko : 15, 72, 80-81, 308, 346
Rokossovski : 375, 420-421
Rolland (J.-F.) : 244
Romanov : 45, 82, 166, 225, 230-235
Romanovski (général Ivan P.) : 117, 381
Ropert (André) : 51
Rosenfeld : 340, 451
Rosengoltz (A.) : 264, 271, 346
Roubine : 260

Rouquerol (général) : 330, 337, 341
Roure (Rémy) : 87, 254
Rousski (général) : 15, 79-82, 96-97, 99, 225, 276
Sabline : 171, 173, 186
Sabourov (lieutenant) : 340
Saint-Dizier (G. V.) : 401
Sakharov (général) : 15, 52, 194
Salmela (Hugo) : 201
Salomon (Ernst von) : 297, 301
Salomon (G.) : 451
Samarine : 35
Samoylo (général) : 138
Samsonov : 20
Sassaki : 419
Sauvageot (Aurélien) : 203
Savinkov (Boris) : 114, 240-245, 308
Savitch (général) : 81
Sazonov : 35, 318
Schapiro (Leonard) : 51, 115, 128
Schelling : 47
Schiff (Jacob) : 84-85
Schlieffen : 16-17
Schmitt (Carl) : 455
Schoultz (capitaine) : 161
Schubert (commandant) : 146
Selivatchev (général) : 117
Semachko (Nicolas) : 437-438
Semenov (ataman) : 163, 212, 222, 288, 309, 319-322, 352, 356, 412, 414, 416-418, 477, 484-485, 488
Semenovski : 23, 46, 87
Senn (Alfred E.) : 102
Séraphin de Sarov : 30
Serge (Victor) : 135, 184, 189, 192, 209, 240, 453
Serge Mikhaïlovitch (grand-duc) : 46, 231
Seydlitz : 339
Sidorine (général) : 358, 366, 373, 380
Sikorski : 399-402, 441
Sirola : 196
Sivers : 171-173, 175, 186, 259
Skalon (général) : 140
Sklianski : 261, 267, 271
Sklianski (Ephraïm) : 261
Skobelev : 106
Skobline (général) : 292, 482
Skoropadski (général) : 170, 188, 369, 372, 390, 482, 484-485
Slaschov (général) : 385
Slavine : 263-264, 272
Sloutski : 133
Smilga : 195-198, 344, 346, 368
Smirnov (I. N.) : 47, 264, 271, 346, 471
Snessarev : 430
Sokolnikov : 47, 245, 259
Sokoloff (Georges) : 51
Sokolov (juge) : 226, 229
Sokolov (N. D.) : 72
Soljenitsyne (Alexandre) : 19, 51, 406, 439, 449-452, 457-460
Sorokine : 175, 179, 182, 259-260
Soudoplatov : 482
Soukhé Bator : 417, 419-420, 491
Souleima : 270
Souvarine (Boris) : 41, 102, 433
Souvorov : 52
Spirine (L.) : 207
Stackelberg (général) : 73
Staline : 12, 41, 47, 55, 104, 121, 170, 196, 210, 249, 257-261, 269, 340, 346-347, 367-368, 374, 397-399, 402, 419, 421, 433, 438, 457-458, 467-473, 490
Stamfordham (lord) : 234
Stanislavski (colonel) : 140
Steinberg : 417

Stelmakh : 275
Stolypine (Arcady) : 51
Stolypine (Pierre) : 47, 51-55, 59, 386, 436
Struve (Pierre) : 45, 50, 386, 423
Stucka (Peteris) : 298
Stürmer : 28, 35-36
Sukhanov (N. N.) : 125, 128
Summers (A.) : 232
Sundui : 421
Sverdlov (Iakov) : 121, 226-227, 229-231, 257, 261, 357, 444, 451
Svetchnikov (colonel) : 197-202
Sviecht (colonel) : 311
Svietchine (général Alexandre) : 138, 430
Svinhufvud : 192, 194, 200
Swettenham (J.) : 286
Syrovy (général) : 215, 306, 335-336, 344, 352, 354
Sytine (général) : 138, 260
Taouman : 245
Tatiana : 228
Tchaadaev : 40, 450
Tchaïkovski : 292
Tchapaïev : 272-273, 343
Tchartorigski (général) : 74
Tcherbatchev (général) : 219
Tchérémissov (général) : 99, 139
Tcherkasski : 79
Tchernetsev (capitaine) : 163, 173
Tchernychevski (Nicolas) : 41-44
Tchetchek (lieutenant) : 215, 223-224, 311, 334
Tchoudnovski : 121, 133
Tchougourine : 272
Théophane (archimandrite) : 30-31
Thomas (Albert) : 107-109
Timireva (Anna) : 326, 354, 356
Timochenko : 375
Tkatchev : 42-44
Tocqueville (Alexis de) : 40
Toll (baron) : 315
Tolstoï-Miloslovski : 303, 427
Toukhatchevski (maréchal Mikhaïl) : 23, 87, 245, 254, 256, 265, 271, 341, 394, 397-402, 407-408, 411, 413, 430-431, 468-472, 492
Triapitsyne : 418
Trotski (Lev Davidovitch Bronstein, dit) : 12, 46, 53, 85, 102, 105-106, 111, 116, 119-123, 125, 127-128, 132, 136, 141-144, 146, 169, 171, 186, 192, 194, 211, 214-215, 227, 229-230, 246-251, 253, 256-269, 271, 273, 282, 296, 311, 340, 342-344, 346, 348, 367-368, 374, 392, 395-396, 411, 421, 429, 436, 444, 451-452, 467, 472-473, 478, 490
Troupp : 228
Tséil (général) : 94
Tseretelli : 106
Ulmanis (Karlis) : 298-300
Ungern-Sternberg (Roman F. von) : 164, 288, 321, 412-421, 485
Vassiliev : 410
Vatsetis : 240, 246, 262-263, 271, 295, 343, 346, 367, 470, 472-473
Vereniki (capitaine) : 313-314, 339-340
Verkhovenski : 42
Vial (Pierre) : 250
Viazemski (prince) : 79
Victoria (reine) : 29-30, 232
Vinogradov : 310
Viren (amiral) : 80
Voline (B.) : 372
Volkogonov (Dimitri) : 230, 282, 407, 421, 434, 449

Volkogonov (Dimitri) : 103, 407, 436, 439
Volodarski : 133
Vologodski : 308, 310
Vorochilov (K. E.) : 47, 133, 258, 260, 374, 468, 473
Voytsekhovski (colonel) : 224, 333-334, 352, 355-356
Walden : 125
Wallscourt Waters (général) : 234
Walter (Gérard) : 57, 80, 250, 451
Ward (colonel : 326
Weygand : 398, 400-401, 483, 492
White (J. A.) : 222, 286, 397
Wilson (W.) : 284-286, 428
Winnig (A.) : 299
Witte : 46
Wrangel (général Pierre) : 10, 20, 57-58, 77, 86, 98-99, 109, 114, 166-167, 316-317, 320, 357-366, 372-381, 383-389, 403-405, 412-413, 416, 431, 438, 446-447, 453, 457, 463-466, 468-470, 476, 482, 484, 486, 491
Yourovski (Yacob) : 227-229
Youssoupoff (prince) : 58
Zabel (général) : 83
Zaïontchkovski (général) : 138
Zakharov (général) : 345
Zakheim : 240
Zalejski (V.) : 429
Zassoulitch (Vera) : 241
Zebediev (général) : 138
Zetlin (E.) : 452
Zinoviev (Alexandre) : 452
Zinoviev (Apfelbaum) : 122, 207, 257, 421, 437, 451-452

TABLE

Prologue 8

Chapitre premier. – **Un régime en perdition** 13
L'armée abandonne Nicolas II, 13. – La Russie se sacrifie pour la France, 15. – Un commandement indigne et incapable, 18. – La déroute de Tannenberg, 20. – Des pertes colossales, 23. – Imprévoyance et incurie, 24. – Le redressement de 1916, 26. – Espoirs de paix et propagande révolutionnaire, 28. – Le drame de la famille impériale, 29. – Raspoutine devient indispensable, 31. – Aveuglement et faiblesse de Nicolas II, 32. – La démence au pouvoir, 34. – Nicolas II perd la confiance des généraux, 36. – La conspiration des libéraux, 38. – Naissance du mouvement révolutionnaire, intelligentsia et terrorisme, 39. – Lénine et les révolutionnaires professionnels, 41. – Les libéraux et le parti cadet, 44. – La révolution de 1905, 45. – La réaction slavophile, 47. – Les « centuries noires », 49. – Pierre Stolypine, l'espérance au pouvoir, 51. – L'espérance assassinée, 53. – L'agitation révolutionnaire gagne du terrain, 55. – Assassinat de Raspoutine, 57. – L'annonce d'événements terrifiants, 59.

Chapitre II. – **Février : la révolution de Kerenski** 61
Émeutes de la faim à Petrograd, 61. – Mutinerie des cosaques, 63. – Une garnison délabrée, 64. – Une journée indécise, 65. – Premier assassinat d'un officier, 67. – Les mutins prêtent serment à la Douma, 70. – Création d'un soviet des ouvriers et des soldats, 71. – Une grève insurrectionnelle des soldats, 73. – Rôle du parti bolchevique, 75. – Le haut commandement

contre le tsar, 76. – Généraux et francs-maçons, 78. – Abdication de Nicolas II, 79. – Le général Alexeiev intervient, 81. – Constitution du gouvernement provisoire, 82. – Satisfactions contradictoires chez les Alliés et les Centraux, 84. – Attentisme de l'armée, 86.

Chapitre III. – **Octobre : l'heure de Lénine** 89

Kerenski n'est pas Noske, 89. – Les illusions des libéraux, 90. – Dualité du pouvoir avec le Soviet, 92. – Le *prikaz n° 1*, 93. – Apathie du haut commandement, 95. – Pouvoir de la soldatesque et soumission des officiers, 97. – Désertions et fraternisations, 99. – Le train « plombé », 101. – Un Pougatchev d'université, 103. – Lénine, Trotski et Kerenski, 105. – Albert Thomas en Russie, 107. – L'offensive de Broussilov et le désastre de Tarnopol, 109. – Échec des bolcheviks en juillet 1917, 110. – L'ombre de Bonaparte, 112. – L'affaire Kornilov, 114. – Les bolcheviks retournent la Division sauvage, 116. – Déroute des « kornilovistes » et retour des bolcheviks, 117. – La garnison de Petrograd contre Kerenski, 119. – Armement des gardes rouges, 121. – Préparation du coup de force, 123. – La politique du pire, 124. – Le putsch d'Octobre, 125. – Une folle bacchanale, 127. – Inventer des menaces contre la liberté..., 128. – Dissolution de l'Assemblée constituante, 131. – La prise du pouvoir par la base, 132.

Chapitre IV. – **Brest-Litovsk** 135

Les bolcheviks tiennent leurs promesses, 135. – La bolchevisation de l'armée, 136. – Des généraux sous le drapeau rouge, 138. – Pourparlers à Brest-Litovsk, 139. – Échec de Trotski et paix désastreuse, 142. – Le plan du général Hoffmann, 145. – Création de l'armée rouge, 147. – Révolte du général Kaledine sur le Don, 149. – Résignation et fatalisme des officiers, 151.

Chapitre V. – **Kornilov et Denikine** 155

L'Union des officiers, 155. – La Vendée du général Alexeiev, 158. – Rejoindre les Blancs sur le Don, 160. – Les Blancs prennent Rostov, 162. – Buts de guerre des Blancs, 164. – Kornilov et l'armée des Volontaires, 166. – Mobilisation rouge contre le Don, 168. – Rupture des Rouges avec l'Ukraine, 169. – Offensive des Rouges sur le Don, 171. – Suicide de Kaledine, 173. – En marche vers le Kouban, 175. – Des officiers et des étudiants, 176. – La « campagne de glace », 179. – Mort de Kornilov, commandement de Denikine, 181. – Victoires des Rouges sur le Don, au Caucase et en Ukraine,

184. – Intervention allemande en Ukraine et en Crimée, 186. – Des officiers français au secours de l'armée rouge, 187.

Chapitre VI. – **Victoire en Finlande** 189
Un sentiment national fortement enraciné, 189. – Les chasseurs finlandais, 190. – Les bolcheviks en Finlande, 192. – Le général Mannerheim commande les forces nationales, 193. – Coup de force bolchevique à Helsinki, 195. – Affrontements des gardes rouges et des gardes blancs, 198. – Les Blancs passent à l'offensive, 200. – Intervention allemande, 201. – Les raisons d'une victoire, 202.

Chapitre VII. – **Révoltes sur tous les fronts** 205
Échec de la collectivisation forcée, 205. – Dictature alimentaire et réquisitions, 207. – Le « communisme de guerre », cause de la guerre civile, 209. – La Légion tchèque, 211. – Soulèvement sur le Transsibérien, 213. – Révolte des cosaques du Don, 215. – Victoire politique de la « campagne de glace », 217. – L'exploit du colonel Drozdovski, 218. – Intervention alliée en Sibérie, 221. – Les Tchèques prennent l'offensive, 223. – Massacre de la famille impériale, 225. – Lénine a ordonné la tuerie, 228. – Le roi d'Angleterre abandonne Nicolas II et les siens, 231. – Comment l'Angleterre a fait mentir ses archives, 235. – La révolution encerclée, 237. – Soulèvement des S-R et insurrection ouvrière à Iaroslav, 239. – Boris Savinkov, un ancien terroriste face à Lénine, 241. – Insurrections ouvrières à Ijevsk et Votkinsk, 245.

Chapitre VIII. – **Trotski et l'armée rouge** 247
Portrait de Trotski, 247. – Une hautaine solitude, 248. – Le goût des situations extrêmes, 251. – Des officiers sous surveillance, 253. – Les raisons du lieutenant Toukhatchevski, 254. – Politique des otages et contrôle de l'armée, 256. – Staline et le « groupe de Tsaritsyne », 258. – La lutte contre le phénomène « partisan », 259. – Le sort de la révolution se joue à Sviask, 262. – « Ceux qui trahissent n'échapperont pas aux balles... », 263. – Le train blindé, 266. – Rôle de Lénine dans la guerre civile, 269. – Organisation de l'Armée rouge en 1918, 269. – Encadrement des grandes unités, 271. – Les soldats rouges, 272. – La terreur et le pouvoir de la Tcheka, 274. – Les « Expéditions de la Mort », 276.

Chapitre IX. – **L'intervention alliée en Russie** 279
Personne ne croit à la durée du bolchevisme, 279. – Les causes militaires de l'intervention, 280. – Le projet d'intervention en

Sibérie, 283. – La politique ténébreuse et réaliste du Japon, 285. – Deux généraux en conflit, Janin et Knox, 288. – Imbroglio de l'intervention en Sibérie, 289. – Les Anglais et le général Miller à Arkhangelsk, 291. – Le sort des Pays baltes, 293. – Indépendance et révolution sociale en Lettonie, 294. – Libération de l'Estonie et de la Lituanie, 296. – Offensive rouge en Lettonie, 298. – Les corps francs dans le Baltikum, 299. – Échec français en Crimée, 302.

Chapitre X. – **L'amiral blanc** 305

Usure de la Légion tchèque, 305. – Incertitudes blanches et mystique rouge, 306. – Le chaos sibérien en 1918, 308. – Un Directoire dans la tourmente, 310. – Naissance difficile des armées blanches de Sibérie, 312. – Le marin le plus respecté de Russie, 314. – Un esprit étroitement militaire, 316. – Dans le panier de crabes de Kharbin, 318. – L'ataman Semenov, 319. – Les Japonais contre Koltchak, 322. – Le coup d'État d'Omsk, 323. – Un Régent symbolique, 326.

Chapitre XI. – **Le martyre de l'armée Koltchak** 329

Knout et corruption en Sibérie, 329. – Gamins idéalistes et troupes de choc, 331. – Les Kappelevski, 333. – Retrait et rancœur des Tchèques, 334. – Koltchak prend le commandement, 336. – Les armées blanches de Sibérie au début de 1919, 337. – Difficultés de recrutement et retournement de prisonniers, 339. – L'offensive victorieuse du printemps, 340. – Frounze prépare la contre-offensive rouge, 342. – Koltchak remplace Gajda par Dieterichs, 344. – Ioudenitch menace Petrograd, 346. – Mortelle retraite en Sibérie, 348. – Le calvaire imposé à Koltchak, 352. – La cruauté du destin grandit son prestige, 354.

Chapitre XII. – **Wrangel entre en lice** 357

Réveil des Blancs et des cosaques dans le Sud, 357. – Un général doué pour la guerre irrégulière, 359. – La reconquête du Nord-Caucase, 361. – La méthode Wrangel de remise en ordre, 363. – La grande offensive de Denikine en direction de Moscou, 365. – Un commandement rouge divisé, 367. – Les faiblesses des Blancs, 368. – Denikine s'oppose à Petlioura en Ukraine, 369. – Makhno détruit les arrières de Denikine, 371. – Boudienny brise l'offensive blanche, 373. – L'armée blanche n'existe plus, 375. – Deux conceptions opposées du commandement, 377. – Wrangel succède à Denikine, 379.

Chapitre XIII. – **Les derniers généraux blancs** 383
Une infusion de sang neuf et d'énergie, 383. – La république blanche de Crimée, 385. – Les Blancs reprennent l'offensive, 388. – La Pologne et l'enjeu ukrainien, 389. – Pilsudski entre en scène, 391. – Les Rouges exploitent le sentiment national, 393. – La cavalerie rouge de Boudienny, 394. – « La révolution mondiale passera sur le cadavre de la Pologne ! », 396. – Présomption de Toukhatchevski et vanité de Staline, 398. – Le plan Weygand devant Varsovie, 400. – Le « miracle de la Vistule », 401. – Le dernier combat de Wrangel, 403. – Les « Vendées » de la Volga, 406. – La Commune de Kronstadt, 410. – Effet pacificateur de la Nep, 411. – La légende d'Ungern, le dernier général blanc, 412. – Un tempérament frugal et aventureux, 415. – Division de cavalerie asiatique et Grande Mongolie, 416. – Mort du dernier général blanc, 419.

Chapitre XIV. – **La revanche des vaincus** 423
Les enseignements de la guerre civile, 423. – Armée rouge et guerre totale, 424. – Supériorité initiale des Rouges sur les Blancs, 426. – Différences du commandement, 428. – « L'armée russe est une horde », 430. – Rôle des étrangers dans les deux armées, 432. – Signification de la « dictature prolétarienne », 433. – Lénine perd les pédales, 435. – La terreur de masse et le Goulag, 437. – Une idéologie d'assaut, 440. – Transformation du parti bolchevique, 442. – La Russie réduite à la « table rase », 444. – Les Blancs et la question de l'État, 446. – Le coût humain de la révolution bolchevique, 448. – « Je crache sur la Russie », 450. – Porter la guerre civile dans toute l'Europe, 452. – De la riposte fasciste à la revanche des vaincus, 454.

Annexes 461

I. Pourquoi nous luttons, par le général Wrangel 463

II. Biographies des chefs de l'armée rouge 467

III. Biographies des chefs des armées blanches 475

IV. Chronologie de la guerre civile (1917-1921) 487

V. Bibliographie 495

Index 509

• • • SAGIM • CANALE • • •

Achevé d'imprimer en octobre 2007
sur rotative Variquik
à Courtry (77181)

Imprimé en France

Dépôt légal : octobre 2007
N° d'impression : 10471

L'imprimerie Sagim-Canale est titulaire de la marque
Imprim'vert® 2007